DVWG Jahresband 2009/2010

Ansprüche einer mobilen Gesellschaft
an ein verlässliches Verkehrssystem

DVWG Jahresband 2009/2010
Ansprüche einer mobilen Gesellschaft an ein verlässliches Verkehrssystem
Ausgewählte Beiträge der verkehrswissenschaftlichen Foren und Kongresse

gefördert durch:

Bundesministerium
für Verkehr, Bau
und Stadtentwicklung

ISBN 978-3-942488-05-1
1. Auflage

Herausgeber:
Deutsche Verkehrswissenschaftliche Gesellschaft e.V.
- DVWG -
Agricolastr. 25, 10555 Berlin
Telefon: +49 30 293 60 60, Telefax: +49 30 29 36 06 29
E-Mail: hgs@dvwg.de, Internet: www.dvwg.de

Koordination und Redaktion:	Markus Engemann
Lektorat:	Iris Götsch
	Katrin Schwark
	Thomas Jerger

Layout, Satz und Druck:	Werbeproduktion Bucher
Bildnachweis:	S. 6 © Frank Ossenbrink
	S. 8 © Jürgen Maennelte
	S. 10 © Sven Hoppe, fotolia #7623744
	S. 48 © MC_PP, fotolia #26332366
	S. 90 © BildPix.de, fotolia #11204819
	S. 110 © Christian Canis
	S. 160 © Artusius, fotolia #13447586
	S. 198 © mankale, fotolia #8149257

Inhalt

Gute Vorsätze für eine zukunftsfähige Verkehrspolitik

Die Mobilität von Menschen und Gütern ist von je her eine der wesentlichen Voraussetzungen für persönliche Freiheit und den wirtschaftlichen Erfolg eines Landes. Die wirtschaftliche Stärke Deutschlands beruht ganz wesentlich auf der im Weltmaßstab weit überdurchschnittlichen Leistungsfähigkeit unseres Verkehrssystems.

Diese Tatsache wird in unserem Denken eher unreflektiert vorausgesetzt, als klar zu Bewusstsein gebracht. Das Erfordernis einer hoch leistungsfähigen Verkehrsinfrastruktur ist für unser aller Wohlstand eine der wesentlichen Grunderkenntnisse, an denen sich das politische Handeln – nicht nur das verkehrspolitische, sondern insbesondere natürlich auch das haushaltspolitische – orientieren sollte. Denn Investitionen in unsere Verkehrswege sind Investitionen in die Lebensadern unserer Gesellschaft und Volkswirtschaft.

Die Bürger, die Wirtschaft, das gesamte Gemeinwesen haben sich auf ein jederzeit und unter allen Umständen funktionierendes Verkehrswesen eingerichtet. Die moderne Völkerwanderung ist alltägliches Normalgeschäft. Verkehrsunternehmen, Infrastrukturbetreiber, Politik und Verwaltungen werden tagtäglich an der Erwartung eines bezahlbaren, pünktlichen, sicheren, umweltfreundlichen, energieeffizienten, komfortablen und vor allem jederzeit verfügbaren Transportwesens gemessen.

Unterschätzt werden vielfach die Herausforderungen, vor die unser hochkomplexes Verkehrssystem heute gestellt ist: An erster Stelle steht die erreichte Verkehrsdichte. Dabei denke ich nicht nur an verstopfte Straßen. Gerade auch im Eisenbahn- und Luftverkehr haben wir eine Dichte erreicht, die auf ein perfektes Zusammenspiel aller Faktoren angewiesen ist, und zwar permanent.

Da muss zum Beispiel auch und vor allem das Wetter mitspielen. So haben uns die über Jahrzehnte hinweg milden Winter den Faktor Schnee so gut wie vergessen lassen. Seit dem vorigen Winter hat er sich nun mit Macht zurückgemeldet. Wir waren darauf fast flächendeckend nicht mehr vorbereitet. Das galt für viele private Haushalte wie für Eisenbahnen, für manche Flughäfen und den Winterdienst in vielen Städten und Gemeinden.

Hinzu kommt die seit Jahren angespannte Sicherheitslage, die insbesondere im Flug- und Seeverkehr immer umfangreichere Schutzmaßnahmen erfordert. Und schließlich zwingen uns zur Neige gehende Ölvorräte dazu, die Energieeffizienz unseres Verkehrssystems maßgeblich zu steigern. Das würde auch dann gelten, wenn wir uns nicht im Rahmen der internationalen Klimapolitik zu CO_2-Einsparungen verpflichtet hätten.

All das sind harte Kostentreiber. Was wir brauchen, ist Bewusstseinsschärfung in der Breite der politisch interessierten Öffentlichkeit dafür, dass der Anteil des Sozialprodukts und vor allem natürlich auch des Bundeshaushalts, den wir derzeit in unser Verkehrssystem und insbesondere in seine Infrastrukturen zu investieren bereit sind, eigentlich zu klein ist. Für den Erhalt eines der maßgeblichen Standortfaktoren schlechthin verwenden wir derzeit von Seiten des Bundes gerade einmal 3,3 Prozent des Bundeshaushaltes.

Nicht wenige sprechen daher von der Verwaltung des Mangels als einer Hauptaufgabe des Bundesverkehrsministers. Ich stelle mich dieser Aufgabe natürlich. Deswegen stellen Effizienzgewinne beim Mitteleinsatz einen meiner Schwerpunkte dar. Das Ziel lautet, aus Weniger Mehr zu machen. Und erfreulicherweise haben wir hierbei schon beträchtliche Erfolge erzielen können. Klar ist aber auch, dass Effizienzpotentiale irgendwann einmal ausgereizt sind. Ziel muss es daher sein, bei der Infrastrukturfinanzierung mutig neue Wege zu beschreiten.

Ein anderes Feld, auf dem wir in der öffentlichen Diskussion dringend zu einer positiveren Einstellung finden müssen, ist die Erprobung und der Einsatz neuer Technologien. Zugleich müssen wir den Ausbau unserer Verkehrswege als Zukunftsinvestition und nicht als Bedrohung verstehen lernen. Deswegen sollten wir auch etwas gegen die verbreitete Neigung zur reflexartigen Ablehnung von Großprojekten unternehmen. Häufig bringen nur sie den Qualitätssprung, der einen neuen Wachstumsschub auslöst.

Wir stehen am Beginn eines neuen Jahres. Bekanntlich ist das eine Zeit guter Vorsätze. Der Zukunft unseres Landes zu Liebe sollten wir alle unsere verkehrspolitischen Einstellungen auf den Stand des in unserer Zeit Notwendigen bringen.

Dr. Peter Ramsauer, MdB
Bundesminister für Verkehr, Bau und Stadtentwicklung

Wir sind in Bewegung – Verkehrswissenschaften zwischen Theorie und Praxis

Die Verkehrsleistungen pro Kopf steigen weiter kontinuierlich an und gleichzeitig erhöhen sich die gesellschaftlichen Ansprüche gegenüber den Verkehrsangeboten - diese sollen zuverlässig, ökologisch verträglich, leise, komfortabel, finanzierbar und sicher sein. Die Lebensqualität aber darf durch den Verkehr nicht eingeschränkt werden. Parallel dazu sind Mobilität, Verkehr und Logistik für das Wachstum und den Wohlstand in Deutschland unverzichtbar. Die Sensibilisierung der Bürger für mehr Akzeptanz von Transport, Mobilität und Verkehrsinfrastruktur stellt deshalb eine wichtige, gesellschaftspolitische Aufgabe dar. Mit einer erhöhten Akzeptanz in der Bevölkerung könnten die finanziellen Grundlagen für erforderliche Investitionen in den Verkehr und dessen Infrastrukturen erheblich verbessert werden.

Die Wissenschaft ist hier gefordert, in der Öffentlichkeit einen Sinneswandel zu ermöglichen und Denkanstöße zu entwickeln. Mit den inhaltlichen Diskussionen auf unseren Foren und den Beiträgen dieses Bandes werden argumentative Hilfestellungen geboten, die öffentliche Wahrnehmung gesellschaftlicher Aspekte eines noch besseren Mobilitätsniveaus auf der Grundlage qualitativ und quantitativ hochwertiger Verkehrsinfrastruktur zu schärfen. Aus diesem Grunde ist es uns als verkehrswissenschaftliche Vereinigung ein besonderes Anliegen, mit dem von einer hohen verkehrs- und gesellschaftspolitischen Aktualität gekennzeichneten Jahresband 2009/10 zeitgemäße und perspektivische Fragestellungen im Verkehr aufzugreifen, zu diskutieren und zu publizieren.

Die Schwerpunkte in unserem diesjährigen Jahresband sind Themen wie die zunehmende Berücksichtigung des europäischen Integrationsgedanken, Sicherheit, Umwelt sowie die Auswirkungen des demografischen Wandels auf Finanzierung des Verkehrs und Veränderungen im Mobilitätsverhalten. Diese und weitere Fragen werden uns in Zukunft sehr intensiv beschäftigen und zu manch spannender Diskussionsrunde mit Top-Vertretern der Verkehrsbranche führen. Mit der Auswahl der verschiedenen Autoren treten wir in den aktuellen gesellschaftlichen und fachlichen Dialog im Bereich Verkehr und Mobilität ein. Die Deutsche Verkehrswissenschaftliche Gesellschaft (DVWG) leistet so einen entscheidenden Beitrag zum nachhaltigen, wissenschaftlichen Austausch und fachlichen Debatten zwischen Politik und Wirtschaft sowie in Lehre und Forschung. Mit der Veröffentlichung unseres Jahresbandes unterstreichen wir unsere Funktion als Plattform und Förderer der Verkehrswissenschaften.

Die Beiträge basieren auf Vorträgen und Referaten aus den unterschiedlichsten Veranstaltungen der DVWG. Unser neuer Jahresband 2009/2010 gibt Ihnen auch die Möglichkeit, sich ein Bild über die Vielfalt unserer Themen zu machen. Mit unseren verkehrswissenschaftlichen Veranstaltungen stellen wir unsere Stärke als neutrale und verkehrsträgerübergreifende Plattform unter Beweis. Der Erfolg unserer Arbeit bestätigt unseren eingeschlagenen Weg der Neuausrichtung der DVWG bei gleichzeitiger Bewahrung der in über 100 Jahren gewachsenen Traditionen. Wir hinterfragen auch zukünftig Entwicklungen und Entscheidungen und beleuchten Herausforderungen der Mobilität und Verkehrsgestaltung aus den verschiedenen Blickwinkeln der Wissenschaft, Wirtschaft und Politik sowie vor allem der betroffenen Menschen. Durch die verschiedenen Sichtweisen stellen wir dem Teilnehmer ein Gesamtbild zur Verfügung, aus dem jeder seine ganz persönlichen Folgerungen ziehen kann.

Es macht uns stolz, dass unser erfolgreich eingeschlagener Weg vom Bundesministerium für Verkehr, Bau und Stadtentwicklung (BMVBS) unterstützt und weiterhin vertrauensvoll und konstruktiv begleitet wird.

Schon heute sehe ich mit Spannung unseren nächsten Veranstaltungen entgegen und freue mich, Sie bei der einen oder anderen Gelegenheit persönlich begrüßen zu dürfen. Ich wünsche Ihnen mit unserem neuen Jahresband kurzweilige Unterhaltung und bin sicher, dass Sie interessante und reizvolle Anregungen erhalten werden.

Prof. Knut Ringat
Präsident
der Deutschen Verkehrswissenschaftlichen Gesellschaft

Europa
Nationale Verkehre
im internationalen Kontext

Das anhaltende Wachstum im transeuropäischen Verkehr, basierend auf der globalen Vernetzung und der sich vertiefenden Arbeitsteilung, fokussiert die Probleme in der grenzüberschreitenden Verkehrs- und Infrastrukturplanung. Mit dem vom Europäischen Rat im Juni 2010 verabschiedeten Programm ‚Europa 2020‘ wurde das Ziel für ein intelligentes, nachhaltiges und integratives Wachstum ausgegeben. Eine entscheidende Initiative dabei ist die Modernisierung des Transportsektors zur Entkoppelung des Wirtschaftswachstums vom Ressourcenverbrauch. Der Erfolg eines vereinten und wirtschaftlich starken Europas hängt in ganz entscheidendem Maße von der Etablierung adäquater, aufeinander abgestimmter Verkehrssysteme ab. Die notwendigen marktgerechten Rahmenbedingungen für einen liberalisierten Wettbewerb der Verkehrsträger müssen auf der supranationalen Ebene gestaltet werden. Die zentrale Herausforderung in der europäischen und nationalen Verkehrspolitik liegt in der ressourcen- und umweltschonenden Bewältigung der erwarteten Verkehrszuwächse auf den internationalen Verkehrskorridoren.

Die supranationale Dimension der harmonisierten ordnungs- und verkehrspolitischen Rahmensetzung für Planung, Finanzierung, Bau und Betrieb der transeuropäischen Netze ist dabei von gleichrangiger Bedeutung, wie die Koordination unterschiedlicher nationaler Interessenlagen im Hinblick auf Funktion, Wachstum und Umsetzung eines europäischen Verkehrssystems. Die regional gewachsenen Strukturen müssen in ein länderübergreifendes Gesamtkonzept integriert und berücksichtigt werden.

Die Analyse der verkehrlichen Dimension beruht auf der Suche nach geeigneten effizienten Verkehrs- und Logistikkonzepten. Die Relevanz der Schiene und des Kombinierten Verkehrs für nachhaltige Lösungen im internationalen Gütertransport steht außer Frage. Doch sind noch gewaltige Anstrengungen zu unternehmen, um die betriebswirtschaftliche Effizienz des Kombinierten Verkehrs gegenüber dem reinen Straßentransport zu verbessern. Für neue innovative logistische Prozessketten müssen die intermodalen Wettbewerbsbedingungen derart gestaltet werden, dass ein internationaler fairer Wettbewerb der gesamten Transportkette möglich ist. Die Gestaltung dieser international gültigen Rahmenbedingungen sollte sich an der Chancengleichheit der Verkehrsträger und einer ausgewogenen Nutzung der Verkehrsinfrastruktur ausrichten.

Als ausgewählte Beispiele für kontinentale Nord/Süd- bzw. West/Ost-Achsen und akute Handlungsschwerpunkte in der europäischen Verkehrspolitik werden der ökologisch hochsensible Alpen- und der Ostseeraum mit ihren vielfältigen Nutzungsansprüchen vertieft.

Dr. Theodoros Kallianos

Europa – Nationale Verkehre im internationalen Kontext
Wohin fährt der Zug EUROPA?

Wir Europäer können 60 Jahre nach der Schumann-Deklaration einen wichtigen Meilenstein der Nachkriegsgeschichte auf unserem Kontinent begehen. Daher kann man behaupten, dass dieser Zug bereits eine ziemlich gewichtige Fahrzeit hinter sich hat! Die seit mehr als 60 Jahren gefahrene Strecke der europäischen Integration wurde durch die Verträge von Paris und Rom definiert und hat eine „harmonische Fahrt" zu den ersten sechs Mitgliedsstaaten der Europäischen Wirtschaftsgemeinschaft (EWG) absolviert. Heute, nach mehr als 10 Jahren Reformbemühungen, schaffen die 27 Staaten der Europäischen Union durch den Vertrag von Lissabon neue Prioritäten, Rahmenbedingungen und Impulse. Dadurch werden zweifellos Verhaltensweisen der Wirtschaftsakteure, der Bürger und generell der Gesellschaft beeinflusst und reorientiert.

Der am 1. Dezember 2009 in Kraft getretene Vertrag von Lissabon ersetzt die bestehenden Verträge nicht, er ändert sie lediglich ab und passt sie an die Realitäten unserer Zeit an. Darüber hinaus gibt er Antworten auf die aktuellen Bedürfnisse nach mehr Demokratie, Transparenz und Disparitätenabbau. Insbesondere durch den neuen Vertrag erhält die Europäische Union den notwendigen rechtlichen Rahmen und die Mittelausstattung, um künftige Herausforderungen der europäischen Wirtschaft und Gesellschaft zu bewältigen. Dazu sieht der neue Vertrag folgendes vor:

Ein stärkeres Europäisches Parlament

Die Kompetenzen des direkt gewählten Europäischen Parlaments in Bezug auf die Gesetzgebung, den Haushalt und internationale Übereinkommen werden erweitert. Durch die Ausdehnung des Mitentscheidungsverfahrens bei der Beschlussfassung der EU-Institutionen besteht zwischen dem Europäischen Parlament und dem Rat bei einem erheblichen Teil der EU-Rechtsvorschriften Gleichberechtigung.

Die nationalen Parlamente der Mitgliedsstaaten

haben mehr Möglichkeiten, sich in die Arbeit der EU einzubringen. Es wird noch mehr darauf geachtet, dass die Europäische Union nur dann tätig wird, wenn auf Ebene der EU bessere Ergebnisse erzielt werden können. Die Einhaltung des Subsidiaritätsprinzips wird mit Hilfe einer neu geschaffenen Regelung verstärkt kontrolliert. Dies und die Tatsache, dass auch das Europäische Parlament mehr Gewicht und Kompetenzen erhält, sorgen für einen Zuwachs an Demokratie und Legitimität in der Funktionsweise sowie in den Entscheidungsmodalitäten der EU.

Stärkeres Mitspracherecht der Bürger

Dank der Bürgerinitiative haben eine Million Bürger aus verschiedenen Mitgliedsstaaten die Möglichkeit, die Kommission aufzufordern, neue politische Vorschläge zu unterbreiten. Die Kommission hat nunmehr eine Reihe von genaueren Regeln aufgestellt, die die Europäer bei der Vorlage ihrer Vorschläge beachten müssen. So muss die Anzahl der Unterschriften für jedes Land im Verhältnis zur Einwohnerzahl stehen, also z. B. 4.500 Unterschriften für die vier kleinsten Länder, wie Malta oder Zypern und 72.000 Unterschriften für das größte Land, Deutschland.

Wurden mindestens 300.000 Unterschriften von Bürgern aus mindestens drei Ländern gesammelt, wird der Vorschlag bei der Kommission registriert und darüber entschieden, ob die Initiative in deren Zuständigkeitsbereich fällt. Ab dann haben die Organisatoren ein Jahr Zeit, die fehlenden Unterschriften zu sammeln. Wenn die Initiative den vorgegebenen Kriterien entspricht, prüft die Kommission innerhalb von vier Monaten, um in der Folge einen Rechtsakt zu formulieren, eine Studie einzuleiten oder andere Maßnahmen zu treffen. Ihre Entscheidung muss sie der Öffentlichkeit erläutern. Der neue Vertrag schafft darüber hinaus endlich Klarheit über die immer wieder gestellte Frage der Zuständigkeiten in den verschiedenen Politikbereichen zwischen den Mitgliedsstaaten und EU-Organen.

Wer macht was?

Mit der eindeutigen Zuordnung der Zuständigkeiten werden die Beziehungen zwischen den Mitgliedsstaaten und der Europäischen Union klarer. Der Verkehr fällt unter die Kategorie der so genannten „geteilten" Zuständigkeiten, d.h. sowohl EU-Institutionen als auch Mitgliedsstaaten dürfen regulieren. Hier sei erwähnt, dass die Währungspolitik für die Eurozone-Staaten (ab 2011 werden 17 Mitgliedsstaaten der Eurozone angehören) eine ausschließliche Zuständigkeit der EU ist.

Freiwilliger Austritt aus der Union

Der Vertrag von Lissabon sieht erstmals unter bestimmten Voraussetzungen die Möglichkeit zum Austritt eines Mitgliedstaates aus der Union vor.

Schnelle und effiziente Entscheidungsfindung

Die Beschlussfassung mit qualifizierter Mehrheit im Rat wird auf neue Politikbereiche ausgedehnt, um so eine schnellere und effizientere Entscheidungsfindung zu begünstigen. Ab 2014 allerdings wird die qualifizierte Mehrheit nach der doppelten Mehrheit von Mitgliedsstaaten und Bevölkerung berechnet und ist damit Ausdruck der doppelten Legitimität der Euro-

— Der Autor —

Dr.
Theodoros Kallianos

Lehrbeauftragter an der
Universität Bonn
Europäische Kommission, Brüssel

päischen Union. Eine doppelte Mehrheit ist dann erreicht, wenn 55 % der Mitgliedsstaaten, die gemeinsam mindestens 65 % der europäischen Bevölkerung auf sich vereinen, zustimmen. Das Prinzip „one state one vote" soll dabei einen stärkeren Repräsentationsausdruck der Mitgliedsstaaten darstellen.

Stabilere und schlankere Institutionen

Auf der Grundlage des Vertrags von Lissabon wird erstmals ein Präsident des Europäischen Rates gewählt. Seine Amtszeit beträgt zweieinhalb Jahre. Die Ergebnisse der Wahlen zum Europäischen Parlament werden sich direkt auf die Wahl des Kommissionspräsidenten auswirken. Außerdem enthält der Vertrag neue Bestimmungen für die künftige Zusammensetzung des Europäischen Parlaments sowie klarere Regeln für die engere Zusammenarbeit und die Finanzvorschriften.

Verbesserung der Lebensbedingungen

Der Vertrag von Lissabon verbessert die Handlungsfähigkeit der EU in politischen Bereichen, die für die heutige EU und ihre Bürger Priorität haben. Dies gilt insbesondere für die Bereiche Freiheit, Sicherheit und Recht und vor allem für die Terrorismus- und Verbrechensbekämpfung. In geringerem Maße gilt dies auch für Bereiche wie Energiepolitik, öffentliche Gesundheit, Zivilschutz, Klimawandel, Dienstleistungen von allgemeinem Interesse, Forschung, Raumfahrt, räumlicher Zusammenhalt, Handelspolitik, humanitäre Hilfe, Sport, Tourismus und administrative Zusammenarbeit.

Ein Europa der Rechte und Werte, der Freiheit, Solidarität und Sicherheit

Ziel ist ein Europa, das die Werte der Europäischen Union bewahrt und fördert, die Charta der Grundrechte in das europäische Primärrecht einbindet, neue Instrumente der Solidarität vorsieht und das die europäischen Bürger besser schützt.

Demokratische Werte

Der Vertrag von Lissabon nennt und bekräftigt die Werte und Ziele, auf denen die Europäische Union aufbaut. Diese Ziele dienen als Richtschnur für die europäischen Bürger und zeigen darüber hinaus, was Europa seinen internationalen Partnern anbieten kann.

Solidarität zwischen Mitgliedsstaaten

Der Vertrag sieht auch vor, dass die Europäische Union sowie ihre Mitgliedsstaaten gemeinsam und solidarisch handeln, wenn ein Mitgliedsstaat Opfer eines terroristischen Anschlags oder einer Naturkatastrophe bzw. einer vom Menschen verursachten Katastrophe wird. Dasselbe gilt im Falle von Problemen im Energiebereich.

Europa als Global Player

Dies wird durch eine Zusammenfassung aller außenpolitischen Instrumente der EU sowohl bei der Entwicklung neuer Strategien als auch bei der Entscheidungsfindung erreicht. Mit dem Vertrag werden die wirtschaftlichen, humanitären, politischen und diplomatischen Stärken Europas zur Förderung der europäischen Interessen und Werte weltweit nutzbar gemacht, wobei die besonderen außenpolitischen Interessen der einzelnen Mitgliedsstaaten gewahrt bleiben.

Ein neuer hoher Vertreter der Europäischen Union für die Außen- und Sicherheitspolitik, gleichzeitig Vizepräsident der Europäischen Kommission, verstärkt den Einfluss, die Stimmigkeit und die Wahrnehmbarkeit der europäischen Außenpolitik. Durch Fortschritte in der europäischen Sicherheits- und Verteidigungspolitik wird es zwar weiterhin besondere Beschlussfassungsregeln geben, doch wird gleichzeitig der Weg geebnet für eine verstärkte Zusammenarbeit zwischen kleineren Gruppen von Mitgliedsstaaten.

Die zukünftige Richtung des Zuges EUROPA lässt sich klar definieren:
„In dem festen Willen den Rahmen der Verwirklichung des Binnenmarktes sowie die Stärkung des Zusammenhalts und des Umweltschutzes den wirtschaftlichen und sozialen Fortschritt ihrer Völker unter Berücksichtigung des Grundsatzes der nachhaltigen Entwicklung zu fördern und Politiken zu verfolgen, die gewährleisten, dass Fortschritte bei der wirtschaftlichen Integration mit parallelen Fortschritten auf anderen Gebieten einhergehen."

Die intensive Realisierung des Binnenmarktes, insbesondere hinsichtlich der neueren Mitgliedsstaaten, wird auf dem Transportsektor in der europäischen Verkehrspolitik sicherlich neue Herausforderungen mit sich bringen. Gleichzeitig und unter dem Druck der Globalisierung, der technologischen Entwicklung und der Wirtschafts- und Währungskrise wird sich diese Situation für sämtliche EU-beteiligten Akteure auf allen Ebenen noch akzentuieren.

Vor dem Hintergrund einer Ausrichtung zur multilevel governance (Bürger, Region, EU-Mitgliedsstaat, EU-Institutionen) scheint es, dass die zukünftige Entwicklung Europas sowie ihre Bestandteile nun mehr denn je von der Kraft und der Anpassungsgeschwindigkeit der kompetenten Entscheidungsträger geprägt sein werden. Die Erweiterung und Vertiefung des Binnenmarktes im Sinne eines „regulierten Wettbewerbs" auch im Bereich des Verkehrwesens bedarf daher eines höchstmöglichen Niveaus intensiver Zusammenarbeit unter Gewährleistung von Sicherheit und Nachhaltigkeit.

Die Antwort auf die zentrale Frage der Fahrtrichtung des europäischen Zuges liegt also in der Bereitschaft und im Willen aller Politiker, Bürger und Unternehmer weiterhin zusammenzuarbeiten, um die neuen gemeinsamen Ziele wahrzunehmen und zu realisieren.

Literatur

[1] www.europa.eu

[2] European Union: Project Europe 2030, Challenges and opportunities, Luxemburg, POEU 2010

[3] F. Decoster, Fr.Versini (UE): La politique des Transports vers une mobilité durable, La documentation francaise, Paris 2009

[4] Europäische Union: Konsolidierte Verträge, Charta der Grundrechte, Luxemburg, AVEU 2010

Markus Maibach, Cuno Bieler, Damaris Aeppli

Europa – Nationale Verkehre im internationalen Kontext
Alpentransit – Maßnahmen, Erfahrungen und Perspektiven

Kein anderer Verkehrsbereich ist so stark reglementiert und in der politischen Diskussion wie der alpenquerende Güterverkehr. Die Gründe dafür sind mannigfaltig: Das Phänomen Transitverkehr in sensiblen Räumen, die überdurchschnittliche Belastungssituation, das starke Wachstum, die intensiv geführte Diskussion um die Verlagerung von der Strasse auf die Schiene, und nicht zuletzt der Umstand, dass der Alpentransit einen Kulturraum tangiert, der sich über sechs verschiedene Nationen erstreckt, alle mit unterschiedlichen Sprachen, Interessen, unterschiedlichen Verkehrshistorien und unterschiedlichen verkehrspolitischen Stossrichtungen. Der folgende Artikel zeigt die bisherige Entwicklung auf, wertet die Erfahrungen mit verkehrspolitischen Stossrichtungen aus und zeigt Ansätze für eine koordinierte Alpentransitpolitik auf.

Bisherige Entwicklung Verkehr und Umwelt
Verkehrsentwicklung
Der alpenquerende Güterverkehr ist in den letzten Jahren stark angewachsen. Die Schiene wächst nach wie vor stärker als die Straße, die regionale Verteilung ist aber unterschiedlich. Der Schienenanteil ist in der Schweiz deutlich höher als in den benachbarten Transitländern. Das stärkste Straßenwachstum findet am Brenner statt. Demgegenüber stagnieren die Straßenverkehrsmengen in Frankreich infolge der hohen Maut-

gebühren und in der Schweiz als Folge der Verlagerungspolitik. In der Schweiz verzeichnet indessen der kombinierte Verkehr hohe Wachstumsraten. Deutlich sichtbar an allen Alpenübergängen ist der Einbruch seit 2008 aufgrund der Finanz- und Wirtschaftskrise. Die folgenden Grafiken zeigen die wichtigsten Trends auf.

Verkehr und Umwelt
Nach wie vor sind die Umweltbelastungen hoch und die Grenzwerte für Luftschadstoffe überschritten, insbe-

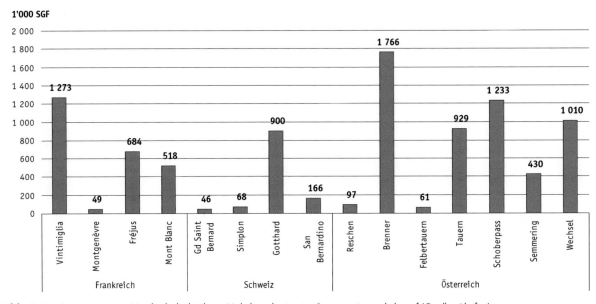

Abb. 1: Der Brenner weist im Vergleich die höchsten Verkehrsvolumina im Strassengüterverkehr auf (Quelle: Alpifret).

sondere in den engen Alpentälern. Dort ist auch die Umweltsensibilität deutlich höher infolge der klimatischen und topografischen Gegebenheiten. Kritisch sind vor allem die Werte in der Nacht. Basierend auf Messungen und Modellrechnungen gilt die folgende Faustregel:

- ein LKW in einem Alpental bewirkt im Jahresmittel gleich viele Luftschadstoffe wie drei LKW im Flachland. Nachts ist das Belastungspotenzial eines LKW im Alpenraum sechs mal so hoch wie im Flachland.

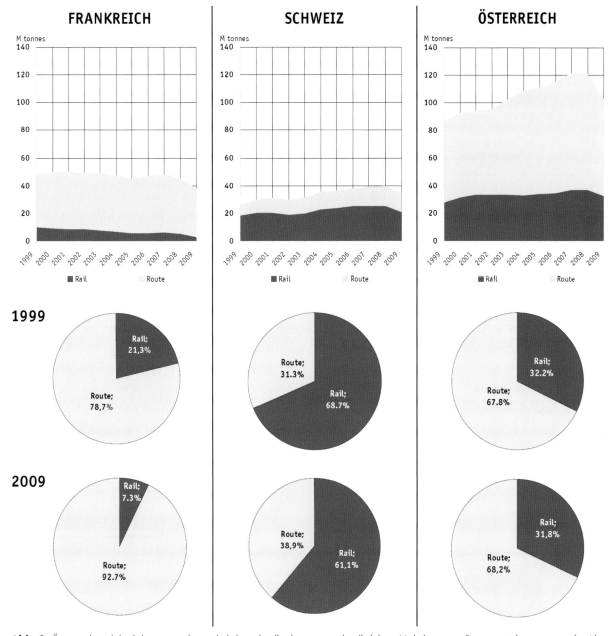

Abb. 2: Österreich und die Schweiz wachsen ähnlich stark, allerdings unterschiedlich bez. Verkehrsträger. Demgegenüber stagniert der Alpenquerende Verkehr in Frankreich. Der allgemeine Einbruch ab 2008 ist auf die Wirtschaftskrise zurückzuführen. (Quelle: Alpifret).

— Die Autoren —

Markus Maibach

Geschäftsleiter
INFRAS GmbH,
Schweiz

Cuno Bieler

INFRAS GmbH,
Schweiz

Damaris Aeppli

INFRAS GmbH,
Schweiz

Entwicklung 1999-2009

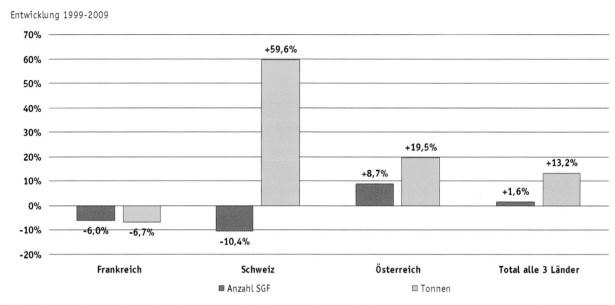

Abb. 3: Das hohe Wachstum des Aufkommens in der Schweiz erklärt sich durch die steigende Auslastung infolge Erhöhung der Gewichtslimite. Demgegenüber ist die Zahl der LKW um 10 % gesunken (Quelle: Alpifret).

Dies deutet auch an, dass Instrumente, die eine spezifische Wirkung während der Nacht erzeugen, eine hohe Effektivität aufweisen. Die folgende Grafik [Abb. 4] zeigt, dass die aktuellen Stickoxid-Belastungen in den meisten Fällen über den Grenzwerten liegen. Im Tirol sind die Belastungen weit über dem Grenzwert.

Potenziale und Strategien
Vergleich Strasse und Schiene

Dass die Schiene noch große Potenziale aufweist ist unbestritten. Vergleicht man die Kostensituation

zwischen Straße und kombiniertem Verkehr, so wird deutlich, dass der kombinierte Verkehr eigentlich niedrigere Gestehungskosten pro Transporteinheit aufweist. Die Preise am Markt sprechen aber eine andere Sprache. Das hat insbesondere damit zu tun, dass der LKW deutlich stärker im Wettbewerb steht und flexibel auf Marktveränderungen reagieren muss. Gleichzeitig ist aber auch die Gefahr größer, dass Vorschriften (Lenkzeit, Geschwindigkeit, Sozialbestimmungen) nicht eingehalten werden, was die Preise zwischen Strasse und Schiene ver-

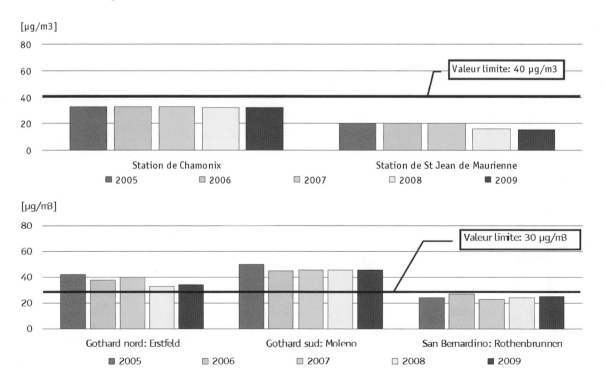

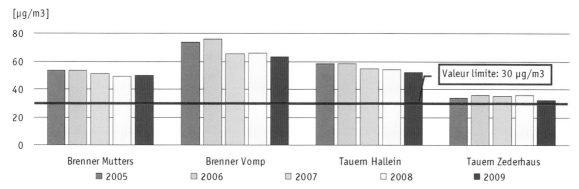

[µg/m3]

Abb. 4: Die Grenzwerte von NO$_2$ werden an fast allen Übergängen überschritten. Die Grenzwerte der EU und der Schweiz sind jeweils eingezeichnet. (Quelle: Alpifret).

zerrt. Bezüglich Umwelt ist die Schiene deutlich umweltfreundlicher, solange die Stromproduktion mit erneuerbaren Ressourcen erfolgt. Bezüglich Lärmbelastung ist die Bilanz zwischen Strasse und Schiene nahezu ausgeglichen.

Das grosse Problem der Schiene bleibt aber die Qualität im grenzüberschreitenden Verkehr nach Italien. Gemäß dem laufenden Qualitätsmonitoring in der Schweiz hat sich die Qualität in den letzten fünf Jahren nicht spürbar verbessert.

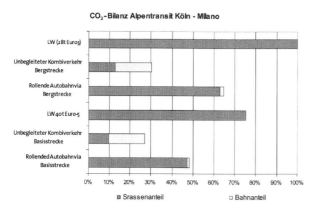

Abb 5: Unterstellt ist der jeweilige Ländermix für die Stromproduktion. Die Schweiz ist dabei deutlich umweltfreundlicher mit einem Anteil Wasserkraft von über 90%. (Quelle: Spielmann/deHaan 2008).

Strategien der einzelnen Länder

Abb. 6 zeigt die wichtigsten Politiken der einzelnen Länder. Auffallend ist, dass die unterschiedlichen Ausgangslagen (Tunnelsituation, Schienenkapazität) und der Umstand, dass die Schweiz aufgrund der Verlagerungspolitik eine deutlich umfassendere Politik (v.a. bei der Förderung des Schienenverkehrs) aufweist. Am Brenner sind sektorale Fahrverbote neu eingeführt wor-

den, die vor allem kurzfristig die Auslastung der Rollenden Landstrasse deutlich erhöht haben. Im Vergleich der Mautgebühren zeigen sich ebenfalls deutliche Unterschiede. Insbesondere die französischen Alpenübergänge weisen hohe Gebühren auf. Dies ist auf die Betreibermodellen für die Tunnelgesellschaften zurück zu führen, deren Ziel in der Vollkostendeckung liegt.

Erfahrungen der Verlagerungspolitik in der Schweiz
Das Konzept

Mit dem Verlagerungsauftrag des Volkes, die LKW-Menge im alpenquerenden Verkehr auf 650.000 zu reduzieren, hat die Schweiz ein umfangreiches Instrumentarium eingesetzt, um dieses Ziel zu erreichen. Im Zentrum stehen folgende Pfeiler:

* Die Erneuerung der Bahninfrastruktur mit den beiden Basistunneln am Lötschberg (seit Mitte 2007 in Betrieb) und Gotthard (voraussichtlich ab 2018 in Betrieb);
* Die Bahnreform im Güterverkehr, um die Produktivität zu erhöhen;
* Umfangreiche Fördermassnahmen im kombinierten Verkehr, insbesondere Investitionsbeiträge und die Abgeltung von Betriebsbeiträgen für den begleiteten und den unbegleiteten Verkehr;
* Die leistungsabhängige Schwerverkehrsabgabe (LSVA), die als modernes marktwirtschaftliches Instrument gleich mehrere Ziele erreicht, nämlich die Internalisierung der externen Kosten, die Abschöpfung der Produktivitätseffekte der erhöhten Gewichtslimite auf 40 Tonnen, die Anreize zur Verlagerung auf die Bahn und vor allem auch die Finanzierung der umfangreichen Schieneninvestitionen. Die LSVA ist seit 2001 stufenweise erhöht worden.

ELEMENTE DER NATIONALEN/EU STRATEGIEN (HAUPTASPEKTE)

Aspekt	F Rhône-Alpes	I Brenner and Aosta Vallley	CH Gotthard	A Brenner
Nationale/EU Alpenpolitik	Allgemeine politische Zielsetzungen (Modal shift, Transportsicherheit)	Allgemeine politische Zielsetzungen (Modal shift, Transportsicherheit) Aufgund der geographischen Lage, keine Instrumente, die auf Erhöhung der Straßengütertransportkosten abzielen.	Spezifische politische Zielsetzungen gemäß der Zielsetzung in der Verfassung zur Reduktion des Gütertransports (Alpen Initiative) und Modal shift. Schwerpunkt auf finanzielle Instrumente mit begleitenden Maßnahmen.	Spezifische politische Zielsetzungen (Reduktion der negativen Auswirkungen des Straßengütertransports, Modal shift). Tirol: Schwerpunkt auf regulierende Maßnahmen
Design der Straßeninfrastruktur	Tunnel (Mont Blanc, Fréjus)	Tunnel nach Frankreich, kein Tunnel am Brenner	Tunnel am Gotthard und San Bernardino	Keine Tunnel
Organisatorische Aspekte (Straße)	Tunnel werden von privaten Betreibern geführt	Autobahnen werden teilweise durch Private betrieben, teilweise durch öffentlich-private Partnerschaften	Tunnel werden durch öffentl. Behörden betrieben.	Autobahnen werden durch private Betreiber geführt (Staatsnahe Unternehmen)
Zustand der Eisenbahn-Infrastruktur	Neuer Basistunnel und Anschlüsse zwischen Lyon und Torino sind geplant.	Neuer Basistunnel und Anschlüsse zwischen Lyon und Torino sind geplant. Basistunnel am Brenner ist geplant.	Zwei Basistunnel sind im Bau: Lötschberg 2007 Gotthard 2017	Basistunnel am Brenner ist geplant.
Finanzielle Instrumente	› Autobahnmaut und Tunnelgebühren (für LKW differenziert gemäß Umweltkriterien) › Einführung der Eurovignetten- Richtlinie im Gang, erster Test in 2008.	› Autobahnmaut für LKW (undifferenziert) › Vignette für PKW.	› LKW-Maut (differenziert je nach Entfernung, Gewicht und Emissionsstandard) › Autobahn-Vignette für PKW.	› Autobahnmaut für Fahrzeuge > 3.5 t (gemäß der Eurovignetten-Richtlinie) › Autobahn-Vignette für PKW. › Zusatzgebühren für bestimmte alpine Strecken (alle Fahrzeugtypen)
Regulierende Maßnahmen für den Straßengüterverkehr	› Wochenend-Fahrverbote für LKW › Verbot von Gefahrenguttransport durch Tunnel. › Sicherheitsbestimmungen für Tunnel	› Wochenend-Fahrverbote für LKW › Nachtfahrverbot für laute LKW (Südtirol) › Fahrverbot für LKW Euro 0+1 in Südtirol (dynamische Anpassung an Euro 2) › Überholverbot auf Italienischer Seite des Brenners	› Nacht- und Wochenend-Fahrverbote für LKW › Zusätzliche Begleitmaßnahmen (Transport und Geschwindigkeitskontrollen) › Verkehrs-Regulierungssystem am Gotthard Tunnel (Dosierungssystem)	› Wochenend-Fahrverbote für LKW › Nachtfahrverbot im Unterinntall und Nachtfahrverbot für laute LKW am Brenner › Geschwindigkeitsbeschränkungen auf der Inntal-Autobahn während der Wintermonate › Fahrverbote für Euro 0+1LKW in Tirol (dynamische Anpassung zu Euro 2) › Ökopunkte System bis 2003
Zusatzmaßnahmen Schiene	› Rollende Landstraße bei Mont Cenis › Subventionen für die Rollende Landstraße	› Subventionen für die Rollende Landstraße und für CT-Terminals › Subventionen für die Rollende Landstraße	› Subventionen für die Rollende Landstraße und den CT › Subventionen für Terminals	› Subventionen für die Rollende Landstraße

Abb. 6: PV Personenverkehr; CT Kombinierter Verkehr (Quelle: MONITRAF)

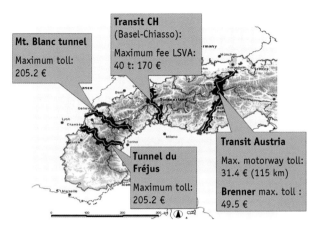

Abb. 7: Quelle: MONITRAF

Bisherige Erfahrungen

Das Instrumentarium wird im Rahmen eines umfassenden Monitorings laufend überprüft. Insbesondere für die LSVA sind eigenständige Evaluationen durchgeführt worden. Die Erfahrungen können folgendermassen zusammengefasst werden:

Die verkehrliche Dimension:

- Große Produktivitätseffekte treten im Straßenverkehr (Auslastungen, Logistik) auf.
- Es ist eine Reduktion der LKW-Kilometer von insgesamt bis zu 8 % erreicht worden.
- Mit dem Kauf von neuen und sauberen LKW (+45 %) ist eine positive Umweltentwicklung ausgelöst worden.
- Im alpenquerenden Verkehr hat sich (wie eingangs gezeigt) der Verkehr zunächst stabilisiert, weil mit der Einführung der 40 Tonnen-Limits auch eine gewisse Rückverlagerung von anderen Alpenübergängen stattgefunden hat. Die LSVA selbst trägt auch zur Verlagerung bei. Der Haupteffekt der ansteigenden Mengen im kombinierten Verkehr ist aber auf die Betriebssubventionen zurückzuführen.
- Die Eröffnung des Lötschbergbasistunnels hat gezeigt, dass ein reibungsloser Betrieb in einer hochwertigen und komplexen Infrastruktur möglich ist. Gleichzeitig hat aber der Schienen-Personenverkehr deutlich stärker profitiert als der Güterverkehr.

Die ökologische Dimension:

- Die Energiebilanz der Verlagerung von der Strasse auf die Schiene ist positiv, dank dem sauberen Bahnstrom mit einer Nettoeinsparung von 500-600 TJ/a. Dies entspricht etwa -12 % Einsparung.

- Die Emissionen weisen ebenfalls eine positive Bilanz bei CO_2, NOx und VOC (-20 %) auf. Beim Rückgang der Dieselrusspartikel in derselben Größenordnung ist die Zunahme der Abriebpartikel Schiene zu berücksichtigen,
- Im Lärmbereich sind geringfügige Änderungen zu verzeichnen.

Ausblick und Herausforderungen

Das Verlagerungsinstrumentarium der Schweiz ist 2009 mit dem Güterverkehrsverlagerungsgesetz in definitives Recht umgesetzt worden. Dabei zeigt sich, dass die ehrgeizige Zielsetzung (neu: Erreichen des Verlagerungsziels bis zwei Jahre nach Inbetriebnahme Gotthardbasistunnel 2019) nur mit zusätzlichen Maßnahmen und einem günstigen Umfeld umgesetzt werden kann. Im Gespräch ist eine Alpentransitbörse, gekoppelt mit einem Ausbau der Rollenden Autobahn durch die Schweiz.

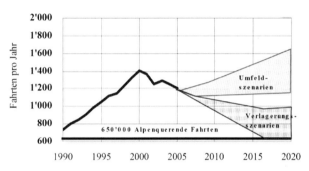

Abb. 8: Das Verlagerungsziel in der Schweiz kann voraussichtlich nur mit zusätzlichen Massnahmen umgesetzt werden. (Quelle: CH-Eidgenossenschaft 2007).

Gemeinsame Umsetzung
Vom Alleingang zum integrierten Ansatz

Das Beispiel der Schweiz zeigt, wie anspruchsvoll eine Politik ist, die Verkehrswachstum zulässt und gleichzeitig die Umweltverträglichkeit in den sensiblen Alpentälern spürbar verbessern will. Die weitere Verbesserung der Umweltverträglichkeit im alpenquerenden Verkehr ist deshalb nur mit einem integrierten und koordinierten Ansatz möglich. Internationaler und transnationaler Verkehr braucht auch international abgestimmte Lösungen. Das Interreg-Projekt MONITRAF – beteiligt sind alle wichtigen Alpenregionen in vier Ländern – hat dazu vier Strategiepfeiler entwickelt:

1. Gemeinsames Monitoring in Verkehr und Umwelt nach einheitlichen Regeln,
2. Einsatz von regionalen Maßnahmen zur Reduktion

der Umweltbelastung in den einzelnen Korridoren,

3. Umsetzung eines Verlagerungsansatzes mit neuer Bahninfrastruktur und erhöhten Anreizen für die Benutzung des kombinierten Verkehrs,

4. Gemeinsames international abgestimmtes Steuerungsinstrument (Alpentransitbörse).

Die Schweiz hat bisher vor allem auf die Pfeiler 1. und 3. gesetzt, während Österreich gute Erfahrungen mit dem Einsatz von regionalen und zielgerichteten Maßnahmen zur Reduktion der Umweltbelastung gemacht hat, z.B. mit starken Einschränkungen von Fahrzeugen mit niedrigen EURO-Klassen oder mit Verboten für bestimmte Segmente. Der vierte Pfeiler hätte Potenzial, als grenzübergreifendes Instrument sicher zu stellen, dass alle Alpenübergänge gleich behandelt werden. Die aktuellen Anstrengungen der Schweiz dienen hier als Treiber.

Umsetzung: Chancen und Stolpersteine

Trotz der guten Konzeptionen wird der Weg zu einem umweltverträglichen alpenquerenden Verkehr steinig bleiben. Die Umsetzung der Instrumente ist sowohl inhaltlich wie auch politisch äußerst anspruchsvoll. Unterschiedliche Ausgangslagen auf der Straße und der Schiene, unterschiedliche regionale Kompetenzen, unterschiedliche Wahrnehmungen und Akzeptanzen in der lokalen und nationalen Bevölkerung erschweren einen gemeinsamen Weg. Der für die Alpenregionen unbeliebte Transitverkehr war und ist für Mitteleuropa auch ein wichtiger Wirtschaftsfaktor. Dennoch gibt es kaum ein Politikfeld, wo so viele Maßnahmen in der Diskussion sind. Die Schweiz hat gezeigt, dass für die Umsetzung auch so genannte Politikfenster notwendig sind, wo alles zusammenpasst und ein großer Schritt unternommen werden kann. Diese können sich dann ergeben, wenn die geplanten Basistunnel am Brenner und zwischen Lyon und Turin realisiert werden und gleichzeitig eine Einbettung in eine international abgestimmte Strategie stattfindet. Ohne Druck der regionalen Bevölkerung passiert allerdings wenig.

--- Literatur ---

[1] ARE 2007 Volkswirtschaftliche Auswirkungen der LSVA mit höherer Gewichtslimite (Ecoplan/INFRAS), Bern/Zürich

[2] ALPIFRET 2009 Observatoire des trafics marchandises transalpins (Egismobilité, INFRAS, Rosinak), Rapport annuel 2009 im Auftrag EU/Schweiz, Lyon

[3] Michael Spielmann, Peter de Haan: Umweltindikatoren im Verkehr, Vergleich der Verkehrsmittel anhand CO_2-Emissionen, Energieaufwand und übriger Umweltauswirkungen, Bern/Zürich Juni 2008

[4] Monitraf 2008 Syntheseberichte, Monitraf Aktivitäten und Ergebnisse, J.Ryan, H. Lücke et.al, Innsbruck

[5] Schweizerische Eidgenossenschaft: Botschaft zur Güterverkehrsvorlage vom 8. Juni 2007, Bern

[6] Schweizerische Eidgenossenschaft: Bericht über die Verkehrsverlagerung vom November 2009, Bern

[7] www.litra.ch

Toni Eder

Europa – Nationale Verkehre im internationalen Kontext
Die NEAT: Instrument für die Verlagerung – Alpentransitbörse

Vorab zwei Tatsachen zur Schweiz als Tunnelland: Die Schweiz ist ein Bergland, ein Drittel des Territoriums liegt in den Alpen, ein Drittel in der Ebene, ein Drittel in hügeligem Gelände. Die Menschen sind mobile Wesen, und Güter werden je länger je mehr auch über weite Distanzen transportiert – dies unabhängig von der Beschaffenheit des Territoriums. Damit Menschen und Güter auch gebirgige Gegenden mit Verkehrsmitteln überwinden können, ohne energie- und zeitaufwendige Serpentinen hoch- und runterfahren zu müssen, braucht es Tunnel. Tunnel hat die Schweiz schon früher gebaut und dieser Tatsache trägt sie auch heute noch Rechnung. Somit gilt: Die Schweiz war, ist und bleibt ein Tunnelland.

Vor über 150 Jahren begann man in der Schweiz mit dem Bau der ersten Eisenbahntunnel. 1858 wurde der Hauenstein-Scheiteltunnel zwischen Basel und Olten, 1882 der Gotthard-Bahntunnel, 1906 der Simplon- und 1913 der Lötschberg-Scheiteltunnel eröffnet. Schon damals waren die Herausforderungen für die Ingenieure beim Tunnelbau groß.

Heute bauen wir an einer neuen Generation von Alpentunneln, den so genannten Basistunneln:

- Seit zwei Jahren ist der erste Tunnel dieser neuen Generation in Betrieb: Der Lötschberg-Basistunnel ist 34 km lang; er wurde am 15. Juni 2007 eröffnet und nahm im Dezember 2007 den Vollbetrieb auf. Über 41.000 Züge haben ihn bis Mitte 2009 passiert, wobei es bisher kaum Einschränkungen durch die Infrastruktur gab. Der Tunnel weist eine sehr hohe Zuverlässigkeit von 99,9 % auf – dies trotz oder gerade dank der Tatsache, dass er ein Hightech-Bauwerk ist und im Bereich der Tunneltechnik zum Modernsten vom Modernsten gehört. Die Praxis zeigt, dass er sich bewährt und sich die relativ hohen Kosten gelohnt haben.
- In rund 8 Jahren (2017) wird der Gotthard-Basistunnel – mit 57 km der längste Tunnel der Welt – eröffnet; er wird es erlauben, die Alpenkette in wenigen Minuten zu durchfahren.

- Und zwei Jahre später (2019) geht der Ceneri-Basistunnel, der die südlichen Ausläufer der Alpen durchquert, in Betrieb.

Vor dem Hintergrund dieser Bauwerke ist heute feststellbar, dass in der Politik das Verständnis für solch große Leistungen wächst.

Kurzer Rückblick: Das Transitland Schweiz – Straßen- und Schienenverkehr

Mit der erwähnten Inbetriebnahme der Gotthardbahn 1882 war der kostengünstigste und zuverlässigste Weg über die Schweizer Alpen für die allergrösste Zahl der Güter für lange Zeit bestimmt. Mit dem Bau des Gotthard-Straßentunnels 1981 und der Fertigstellung der Autobahn A2 als Transitachse durch die Schweiz änderte sich diese Situation jedoch dramatisch. Die Zeitvorteile der Schiene wurden mit einem Schlag zunichte gemacht. Hinzu kamen die sonstigen Vorteile des Straßengüterverkehrs bei der Feinverteilung. Die Bahnen dagegen blieben lange Zeit national organisiert, was den durchgehenden Verkehr erschwerte, z.B. mit dem Wechsel von Zugfahrzeugen und Lokführern an den Grenzen.

Querten 1980, dem Jahr vor der Eröffnung des Gotthard-Straßentunnels 244.000 schwere Güterfahrzeuge die Schweizer Alpen auf der Straße, waren dies drei Jahre später (1983) schon 450.000 und zehn Jahre nach der Eröffnung des Gotthard-Straßentunnels (1991) 800.000 LKWs. Gleichzeitig verlor die Schiene deutlich an Transportvolumen. Der Höhepunkt der Lastwagenlawine wurde 2000 mit 1,4 Millionen schweren Fahrzeugen erreicht.

Die Verkehrsverlagerung

Nach der Abstimmung beschlossen Bundesrat und Parlament, diesen Verfassungsauftrag diskriminierungsfrei und auf marktwirtschaftlichem Weg umzusetzen. Die Verlagerungspolitik konnte somit im Landverkehrsabkommen zwischen der Schweiz und der EU festgelegt werden. So vereinbarten die Schweiz und die EU die Einführung einer leistungsabhängigen Schwerverkehrsabgabe (LSVA) und im Gegenzug verpflichtete sich die Schweiz, die Gewichtsli-

Abb. 1: Verkehrsverlagerung – die Rollende Landstrasse RoLa

Mit der Zeit regte sich in der Bevölkerung Widerstand gegen die Lastwagenflut durch die Alpenkantone. Es wurden Unterschriften für eine Volksinitiative gesammelt. Diese Alpenschutzinitiative kam schließlich am 20. Februar 1994 zur Abstimmung und wurde vom Schweizer Volk mit 51,9 % Ja-Stimmen angenommen. Seither hat die Schweiz einen Verfassungsartikel, der festlegt, dass der alpenquerende Gütertransitverkehr von Grenze zu Grenze auf der Schiene erfolgen muss und dass die Transitstraßenkapazität in den Alpen nicht erhöht werden darf. Die Verkehrsverlagerung ist also ein Auftrag des Volkes.

mite für LKWs schrittweise von 28 t auf die in den Nachbarländern üblichen 40 t zu erhöhen. In der Folge formulierte das Schweizer Parlament diesen neuen Verfassungsgrundsatz in ein Gesetz um, das verlangte, dass die zulässigen Fahrten im alpenquerenden Straßengüterverkehr auf maximal 650.000 Fahrzeuge pro Jahr beschränkt werden müssen (Verlagerungsziel). Der Grundsatz wurde vom Parlament dabei so modifiziert, dass nicht nur der Transitverkehr betroffen ist, womit der Diskriminierungsfreiheit Rechnung getragen wird.

Zur Erfüllung dieses Auftrags stehen zurzeit drei Hauptinstrumente zur Verfügung:
1. Die leistungsabhängige Schwerverkehrsabgabe LSVA: Dabei handelt es sich um eine Maut für LKWs, die flächendeckend auf dem ganzen schweizerischen Straßennetz pro zulässige Tonne und gefahrenen Kilometer erhoben wird;
2. Die Modernisierung des Schienennetzes mit Investitionen von rund 20 Milliarden Euro. Kernstück

┌─ Der Autor ─────────────

Toni Eder

Vizedirektor Bundesamt für Verkehr, Schweiz

dabei ist die Neue Eisenbahn-Alpentransversale (NEAT). Sie besteht aus den drei Basistunneln Lötschberg, Gotthard und Ceneri;

3. Die Bahnreform: Bisher erfolgte deren Umsetzung insbesondere durch die Einführung von Wettbewerb und mehr unternehmerischer Freiheit im Güterverkehr sowie durch die Einführung von flankierenden Maßnahmen, wie etwa der finanziellen Förderung des kombinierten Verkehrs.

Erfolg dieser Maßnahmen

In den ersten Jahren nach der Einführung bescherten diese Maßnahmen der Verlagerungspolitik beachtliche Erfolge: Das Verkehrswachstum durch den Gotthard-Straßentunnel wurde gestoppt und es war ein deutlicher Rückgang der Anzahl alpenquerender Straßengüterfahrzeuge zu verzeichnen (2000 bis 2006: Rückgang von 1.400.000 auf 1.180.000 Fahrzeuge; das entspricht einem Rückgang von 16 %).

Seit 2007 und 2008 nimmt die Anzahl der Fahrzeuge durch den Gotthard-Straßentunnel jedoch erneut zu (2007: +7 %, 2008: +1 %). Gegenüber dem Referenzjahr 2000 vor dem Ergreifen der Maßnahmen kann immer noch ein Rückgang der alpenquerenden Fahrten vom 9 % festgestellt werden. Gegenüber den Jahren vor 2000 ist ein deutlicher Trendbruch sichtbar.

Trotzdem: Die Entwicklung der letzten zwei Jahre hat deutlich gezeigt, dass die heute zur Verfügung stehenden und auch bereits ergriffenen Maßnahmen zur Erreichung des Verlagerungsziels von 650.000 alpenquerenden Fahrzeugen pro Jahr nicht ausreichen. Das sehr ambitionierte Verlagerungsziel ist somit nur mit einem neuen Instrument erreichbar. Dies hat auch die Politik erkannt und als Folge davon im Dezember 2008 mit einem neuen Gesetz (dem Güterverkehrsverlagerungsgesetz) die Rechtsgrundlage für ein zusätzliches Instrument – die Alpentransitbörse (ATB) – geschaffen.

Kleiner Exkurs: Die Alpentransitbörse und was darunter zu verstehen ist

Die Alpentransitbörse ist ein marktwirtschaftliches Instrument. Durch die Schaffung und Vergabe von Durchfahrtsrechten durch die Alpen wird eine men-

genmäßige Steuerung des alpenquerenden Schwerverkehrs möglich. Das Instrument ist mit dem Handel von anderen definierten Rechten vergleichbar, z.B. mit dem Europäischen Emissionshandelssystem. Der Grundsatz der Alpentransitbörse besteht darin, dass für jede Alpenquerung mit einem schweren Güterfahrzeug ein Durchfahrtsrecht benötigt wird.

Das Instrument besteht aus drei Elementen:

1. Die Anzahl erlaubter LKW-Fahrten durch die Alpen wird plafoniert. Dieser Plafond kann schrittweise oder auf einen Schlag erreicht werden. Dazu muss die Anzahl Durchfahrtsrechte festgelegt werden (z. B. 650.000 Fahrzeuge pro Jahr über die schweizerischen Alpenübergänge). Dabei geht es insbesondere um die Frage, wie viele Durchfahrtsrechte insgesamt geschaffen werden sollen und wie viele Durchfahrtsrechte es für ein Land und einen bestimmten Korridor geben soll. Es geht also um die eigentliche Definition und somit um den Geltungsbereich eines Durchfahrtsrechts.

2. Die Durchfahrtsrechte müssen verteilt/zugeteilt werden (Erstvergabe). Dies kann beispielsweise an die aktuellen Akteure erfolgen – als so genanntes Grandfathering – oder per Versteigerung (an den Meistbietenden). Dabei geht es auch um die Frage, ob bereits die Erstzuteilung etwas kosten soll oder nicht. Die Zahl der erlaubten Fahrten wird auf die verschiedenen Alpenübergänge und Zeiträume verteilt.

3. Schließlich können die Durchfahrtsrechte an einer Online-Börse getauscht/gehandelt werden (so genannter Sekundärhandel).

Auch mit der Alpentransitbörse wird am Schweizer Verlagerungsziel von 650.000 LKWs pro Jahr festgehalten. Die Börse ist selbstverständlich diskriminierungsfrei auszugestalten, d. h. dass auch ausländische Transporteure Durchfahrtsrechte erwerben können.

Die NEAT

Zurück zu den ursprünglichen Verlagerungsmaßnahmen, im Besonderen zur NEAT: NEAT bedeutet Neue Eisenbahn-Alpentransversale. Sie wurde vom Schweizer Stimmvolk im Jahre 1992 mit der Annah-

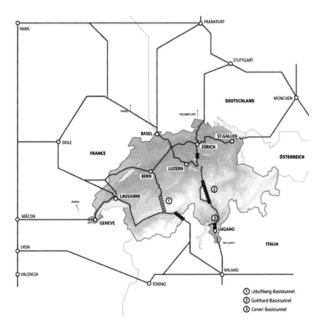

Abb. 2: Die NEAT als Netzvariante

me des Bundesbeschlusses über den Bau der schweizerischen Eisenbahn-Alpentransversale bewilligt. Sie ist eine so genannte Netzvariante, d.h. sie ist eine Kombination aus verschiedenen Ausbauprojekten auf den Achsen Gotthard/Ceneri und Lötschberg/Simplon. Konkret besteht sie aus den drei bereits erwähnten Basistunneln Lötschberg, Gotthard und Ceneri. Dabei soll der Güterverkehr auf die beiden Achsen Lötschberg und Gotthard aufgeteilt werden; zudem sollen beide Achsen auch dem Personenverkehr dienen, d. h. sie weisen Mischverkehr auf. In eben dieser Netzvariante besteht denn auch das Geheimnis des Erfolgs der NEAT.

Europa schaut auf die Schweiz

Die NEAT ist wie erwähnt eine Folge des Willens der Schweizer Bevölkerung, d.h. deren Reaktion auf die erneut zunehmende Anzahl LKWs auf der Straße. Das Dossier Alpentransitbahn gewann in der zweiten Hälfte der 80er-Jahre jedoch noch aus einem anderen Grund erneut an Bedeutung: Die Europäische Gemeinschaft stellte nämlich wenige Jahre nach der Eröffnung der Gotthard-Autobahn die Forderung, diese Transitachse für 40-Tonnen-Fahrzeuge freizugeben. Der Bau neuer Eisenbahnlinien durch die Alpen war also auch eine Alternative zum damals von der EU geforderten Lastwagenkorridor.

Die Schweiz und die EU verhandelten hart miteinander. Schließlich akzeptierte die EU für jede Nord-Süd-Durchfahrt eines LKWs zwischen Basel und Chiasso eine von der Schweiz erhobene Straßenbenutzungsgebühr, die bereits erwähnte LSVA. Die Gebühr sollte schrittweise erhöht werden; ab der Eröffnung des Lötschberg-Basistunnels, d. h. ab dem 1. Januar 2008, sollte die Schweiz berechtigt sein, die volle Gebühr von CHF 325 (rund 210 Euro) zu erheben. Im Gegenzug erklärte die Schweiz sich mit einer schrittweisen Erhöhung der Gewichtslimite für LKWs von 28 t auf 40 t einverstanden.

Ein Pluspunkt – das Finanzierungsmodell der NEAT

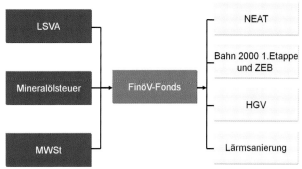

Abb. 3: Der FinöV-Fonds als Finanzierungsmodell für die Schweizer Bahngrossprojekte, u. a. die NEAT

Der Beschluss, die NEAT zu bauen, war ein erster Schritt; deren Finanzierung ein zweiter. Auf die erste NEAT-Abstimmung 1992 folgte im Jahre 1998 die Annahme durch das Schweizer Stimmvolk der Vorlage über den Bau und die Finanzierung der Infrastruktur des öffentlichen Verkehrs, kurz des FinöV-Fonds. Darin enthalten ist die Finanzierung der NEAT und der übrigen Bahngroßprojekte (Lärmsanierung, Anschluss der Schweiz ans europäische Hochgeschwindigkeitsnetz, Bahn 2000, ZEB[1]). Dabei handelt es sich um einen Spezialfonds, der nicht über das ordentliche Budget alimentiert wird, sondern über andere Quellen, wie etwa die bereits erwähnte LSVA, die Mehrwertsteuer und die Mineralölsteuer. Der Fonds stellt eine innovative Lösung für die Finanzierung von Großprojekten durch die öffentliche Hand dar. Das Interesse im Ausland für diese Lösung ist groß. Das Modell wird als gutes Beispiel zitiert und von Projektverantwortlichen anerkannt.

---

[1] ZEB = Zukünftige Entwicklung der Bahninfrastruktur

Die NEAT-Kosten

So viel zu den Einnahmen zur Finanzierung der NEAT. Was aber kosten die Basistunnel? Der Kreditbedarf für die NEAT beträgt CHF 19,1 Mrd. (rund 12,5 Mrd. Euro, Preisstand 1998). Er setzt sich zusammen aus der Endkostenprognose des Bundesamtes für Verkehr von CHF 18,7 Mrd. und Reserven von CHF 0,4 Mrd.

Weitere Investitionen in die Bahninfrastruktur

Mit der NEAT allein sind die Bahninvestitionen nicht erschöpft. So investiert die Schweiz in weitere Bahninfrastrukturprojekte, wie die HGV-Anschlüsse[2], mit denen das schweizerische Bahnnetz besser an die europäischen Metropolen angeschlossen wird und mit einem weiteren Milliardenkredit in das Projekt „Zukünftige Entwicklung der Bahninfrastruktur (ZEB)"; zudem sind – mit Zeithorizont 2030 – unter dem Titel Bahn 2030 weitere Bahninfrastrukturen in Planung.

Es zeigt sich: Die Schweiz ist u. a. deshalb ein Tunnelland, weil sie auch ein Bahnland ist. Die Schweizerinnen und Schweizer fahren gerne Bahn; statistisch betrachtet sind sie „die Weltmeister" in diesem Bereich. So heißt es denn auch: „Für Güter und Personen die Bahn." In der Schweiz sollen – nach den Grundsätzen der Nachhaltigkeit – die Bedürfnisse beider Verkehrsarten effizient und umweltschonend befriedigt werden.

Zusammenarbeit mit den Nachbarländern

Nun hört der Bahnverkehr aber nicht an den Schweizer Grenzen auf. Er ist vielmehr international. So sind die Nord-Süd-Verbindungen durch die Schweiz Teil des Güterverkehrskorridors A Rotterdam – Genua. Das bedeutet Folgendes: Wenn die Schweiz ihre Alpenbahn ausbaut, braucht sie die Garantie, dass die NEAT-Züge dereinst nicht in einer Bahnwüste enden. Weder im Norden, noch im Süden.

Mit ihren direkten Nachbarn Deutschland und Italien hat die Schweiz daher vor knapp zehn Jahren je eine Vereinbarung abgeschlossen. Das Ziel für die Schweiz besteht dabei in der Zusicherung, dass im

Abb. 4: Die NEAT: Teil des Nord-Süd-Korridors Rotterdam – Genua

Norden und im Süden auch künftig genug Bahnkapazitäten zur Verfügung stehen werden – dies sowohl hinsichtlich der Quantität als auch der Qualität.

Im Zusammenhang mit den Bahnanschlüssen im Norden haben Vertreter der Schweiz und der Deutschen Bahn zudem im Frühjahr 2009 in Memmingen eine Vereinbarung unterzeichnet, wonach der Ausbau des deutschen Teils der Bahnverbindung München – Zürich verbessert werden soll.

Und im Süden? Seit Jahren arbeiten italienische und schweizerische Experten an der Frage der Fortsetzung der Bahnverbindungen südlich des Gotthards im Tessin und in Italien. Unter anderem geht es um die Langfristplanung für die Jahre nach 2030. Es liegen verschiedene Studien zur Machbarkeit und Zweckmäßigkeit zweier Linienführungsfamilien vor, die noch vertieft werden sollen, eine zwischen Lugano und Chiasso, die andere

---

[2] HGV = Hochgeschwindigkeitsverkehr

über Luino, die so genannte Gronda Ovest. Der Zweck dieser Arbeiten besteht darin, den politischen Behörden klare Grundlagen zur Verfügung zu stellen.

Konkret sollen im Verlauf dieses Jahres[3] die Ergebnisse der Studie Lugano – Chiasso vorliegen. In der Folge wird die Bestvariante dieser Studie ermittelt, damit diese im Sachplan festgehalten werden kann. Damit kann bis ca. 2011 gerechnet werden. Die von Italien durchgeführten Studien für die Gronda Ovest sind bereits abgeschlossen. Bei der Festlegung der Linienführung via Chiasso respektive Luino werden der Kanton Tessin resp. Italien einbezogen werden. Parallel dazu muss dann auch die Finanzierungsfrage geklärt werden.

Italien und die Schweiz arbeiten also gemeinsam im gegenseitigen Interesse an der Planung der Bahnzukunft. Denn die Schweiz ist angewiesen auf die Fortführung der Bahnlinien Richtung Süden; und der norditalienische Wirtschaftsraum braucht schnelle und effiziente Bahnverbindungen Richtung Norden. Die Schweiz setzt seit über zehn Jahren die erwähnte Netzlösung mit den beiden Achsen Gotthard/Ceneri und Lötschberg/Simplon um. Dabei ist und bleibt der Gotthard – für die Schweiz und Italien – von größter Bedeutung. Diese Sicht wird von beiden Ländern geteilt. Trotzdem oder gerade deshalb gilt es, die Frage der abgestimmten Zulaufstrecken zur NEAT zu vertiefen.

Fazit mit einem Appell

Einer der wichtigsten Grundsätze der Schweizer Verkehrspolitik ist die Verlagerung des Güterverkehrs von der Straße auf die Schiene. Die Schweiz setzt ihre Verlagerungspolitik mit den erwähnten Instrumenten wie der NEAT-Basistunnels und auch neuen Ideen wie der Alpentransitbörse konsequent um.

Die Lage der Schweiz mitten in Europa bringt es mit sich, dass die Verkehrspolitik der Schweiz, u. a. mittels internationaler Verträge, in die Verkehrspolitik der EU eingebunden ist. Dabei ist die wichtigste europäische Nord-Süd-Achse die Verbindung Benelux-Staaten – Ruhrgebiet/Süddeutschland – Schweiz – Mailand/Genua. Diese Achse verbindet die wichtigsten europäischen Wirtschaftsräume miteinander. Aus diesem Grund haben alle Akteure ein großes Interesse daran, dass diese Achse über eine gute Bahninfrastruktur verfügt. Dazu braucht es u. a. die neuen Bahninfrastrukturen, welche die Schweiz heute realisiert (z.B. die NEAT-Basistunnels). Dazu braucht es ebenfalls weitere Ideen sowie eine enge grenzüberschreitende Zusammenarbeit mit den wichtigsten Partnern der Schweiz: Deutschland und Italien. Und dazu braucht es schließlich auch den Willen der Verkehrsakteure, am gleichen Strick zu ziehen. Es ist wichtig, darüber zu reden; entscheidend ist aber – so banal das klingt – den Worten Taten folgen zu lassen.

[3] 2009

Franz Dirnbauer

Europa – Nationale Verkehre im internationalen Kontext
Die ROLA auf der Überholspur

Unter Rollender Landstrasse ROLA verstehen wir ein schienengebundenes Transportsystem, bestehend aus speziellen Güterwagen, sogenannten Niederflurwagen, mit sehr niedrigem (400 mm über Schienenoberkante) und durchgehend befahrbaren Wagenboden. Auf diese aneinander gekuppelten Niederflurwagen können Solo-LKW, LKW-Anhänger-Züge und LKW-Sattelzüge aus eigener Kraft über eine kleine Rampe jeweils am Zugende oder -anfang auf- und abfahren. Die LKW-Lenker begleiten den Transport in einem bequemen und bewirtschafteten Liegewagen. Ein ROLA-Zug kann aktuell, je nach Strecke, bis zu 27 LKW befördern und ein Gesamtgewicht von 1.600 Tonnen erreichen.

Die Alternative zur Straße ist die Fahrt auf der ROLA
Die ROLA ist eine sinnvolle und attraktive Ergänzung zum klassischen Wagenladungsverkehr und unbegleiteten kombinierten Verkehr (UKV). Warum? 1.) 85 % aller LKW-Anhänger, Aufbauten und Sattelauflieger sind nicht kranbar (kodifiziert), d.h. für eine Abwicklung im UKV ungeeignet. 2.) Die LKW-Unternehmer sind vor allem Kleinbetriebe mit 1-10 LKW. Sie verfügen nicht über die Partnernetzwerke für kombinierten Verkehr.

Wenn es die ROLA nicht geben würde, wären 2010 alle 345.000 LKW zur Gänze auf der Straße gefahren, da die Entscheidung, die Ladung per LKW abzufahren, bereits getroffen war, und in diesem Fall nur mehr die ROLA einen Teil der Straßenfahrt auf die Schiene verlagern konnte. Die ROLA kann bei hoher Frequenz bereits ab 90 km Entfernung wirtschaftlich eingesetzt werden und eignet sich aufgrund der komplexen Waggontechnik für Entfernungen bis 700 km.

Abb. 1: ROLA-Zug im Gleisbogen

Die ROLA ist sehr effizient

Ein ROLA-Zug mit 20 LKW kann in ca. 20 Minuten be- und entladen werden. Ein Niederflurwagen wird pro Jahr im Durchschnitt 550 Mal beladen. Auf der Verbindung Brenner – Wörgl – Brenner beträgt der Beladefaktor (Load-Faktor) sogar 2.000 Mal pro Jahr, ein rekordverdächtiger Wert. Dabei legt jeder Niederflurwagen im Jahresschnitt 150.000 km zurück. Die Auslastung der ROLA-Ganzzüge liegt im Durchschnitt bei 85 %, ein Wert, der sich auch mit dem Straßentransport messen kann. Im Vergleich zum unbegleiteten kombinierten Verkehr hat das ROLA-Transportsystem einen geringeren Platz-, Investitions- und Technologiebedarf (keine Umschlagstechnologie!).

Die ROLA ist High-Tech

Die Räder der 8-, 10- oder 12-achsigen Niederflurwagen sind kaum größer als ein Blatt DIN A4-Papier (Der Raddurchmesser beträgt ca. 360 mm). Bei 100 km/h, das ist die Fahrplangeschwindigkeit der ROLA-Züge, entspricht die Raddrehzahl der Niederflurwagenräder der Raddrehzahl der ICE-Räder eines ICE-Zuges bei ca. 250 km/h. Die Niederflurwagen sind als eine der wenigen Güterwagen scheibengebremst wobei das Rad zugleich als Bremsscheibe dient. Deshalb sind ROLA-Züge leiser als herkömmliche Güterzüge und etwas lauter als Reisezüge.

Nutz- und Totlastvergleich kranbarer Sattelaufleger im UKV vs. ROLA

Der Niederflurwagen ist aufgrund seiner speziellen Bauart pro Wageneinheit um ca. 3 Tonnen leichter als eine Taschenwageneinheit des unbegleiteten kombinierten Verkehrs. Kranbare Sattelauflieger haben im Vergleich zu nicht kranbaren Sattelauflegern ein um ca. 1 Tonne höheres Eigengewicht. Eine Sattelzugmaschine wiegt ca. 6 Tonnen. Daraus ergibt sich, dass die ROLA pro Ladeeinheit (kranbarer Sattelauflieger,

---

Der Autor

Franz Dirnbauer

Geschäftsführer ÖKOMBI GmbH
Österreich

LKW-Sattelauflegerzug mit nicht kranbarem Aufleger) und Waggon um ca. 2 Tonnen im Nachteil ist. Korrekterweise muss man auch noch das Gewicht des ROLA-Begleitwagens zu den ROLA-Niederflurwagen dazurechnen. Das sind nochmals 2,5 Tonnen pro Wagen. Somit hat das Transportsystem ROLA einen Nachteil von 4,5 Tonnen pro Waggon (ca. 7 %) bei 61,5 Tonnen Gesamtgewicht (LKW-Zug plus ROLA-Waggon). Fazit: Die ROLA-Züge haben nur eine geringfügig schlechtere Produktivität als UKV-Züge mit Taschenwagen beladen mit kranbaren Sattelauflegern.

Die ROLA in Österreich – Zahlen, Daten, Fakten

2010 verkehrten auf 7 Verbindungen in Summe 21.000 ROLA-Ganzzüge, welche insgesamt 345.000 LKW mit einer Gesamtmasse von 13 Mio. Tonnen zuverlässig und sicher, vor allem im Transit auf der Brenner-, Phyrn-, Tauern- und Donau-Achse beförderten. Der Umsatz betrug 2010 EUR 100 Mio. Der Bevölkerung entlang der 7 ROLA-Verbindungen wurde 2010 ein CO_2-Ausstoß von 74.000 Tonnen erspart. 10.000 Kunden, vor allem kleine und mittlere Transportunternehmen aus ganz Europa, von Nordafrika bis Schweden, von Portugal bis Russland nutzen die Rollenden Landstraßen der ÖKOMBI. ÖKOMBI verfügt über 1.000 Niederflurwagen verschiedener Bauart, 46 ROLA-Begleitwagen (Liegewagen) und beschäftigt am einzigen Firmenstandort in Wien 35 MitarbeiterInnen.

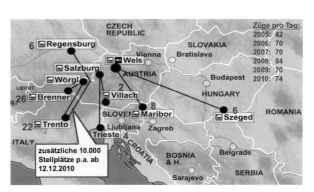

Abb. 2: Landkarte mit ROLA-Zugangebot 2011

ROLA-Zugprogramm 2011

Aktuell verkehren auf 7 ROLA-Relationen 74 ROLA-Züge pro Tag, viele davon auch an Samstagen, Sonn- und Feiertagen. Von den derzeit 74 ROLA-Zügen pro Tag verkehren alleine 54 auf der Brenner-Achse und zwar 26 zwischen Wörgl und Brenner, 22 zwischen Trento und Wörgl und 6 zwischen Trento und Regensburg. Weitere ROLA-Züge werden auf den Verbindungen Salzburg Hbf – Triest Hafen (Italien), Salzburg – Villach, Wels- Maribor (Slowenien) und Wels – Szeged (Ungarn) angeboten, und vor allem von türkischen Transportunternehmern genutzt.

Aufkommensentwicklung ROLA-Gesamt seit 2005

2005, als das ROLA-Aufkommen durch den Wegfall der ÖKO-Punkte auf 200.000 LKW pro Jahr eingebrochen war, wurde ÖKOMBI vom ÖBB / Rail Cargo Austria Konzern gekauft. Vorher war ÖKOMBI ein inhabergeführtes Unternehmen mit einer Vielzahl von Kommanditisten. Durch diverse systemverbessernde Maßnahmen und positive externe Einflüsse konnte das ROLA-Aufkommen innerhalb von nur 5 Jahren um mehr als 70 % auf 345.000 LKW in 2010 gesteigert werden. Wesentlich ist dabei die positive Unterstützung der ROLA v.a. durch die österreichische Verkehrspolitik. Aber auch in Ungarn und Italien wurde bzw. wird die ROLA unterstützt. Für die ROLA-Verbindung Wels – Szeged – Wels konnte von unserer Tochterfirma Hungarokombi eine Marco Polo Förderung für das Projekt Ro-Mo-Net (Rolling-Motorway-Network) gewonnen werden.

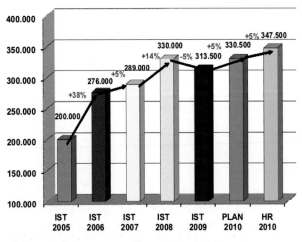

Abb. 3: Aufkommensentwicklung 2005 - 2010

ÖKOMBI-Maßnahmen zur Attraktivierung der ROLA

Folgende Maßnahmen wurden gesetzt um die ROLA noch attraktiver zu machen:
- Verdichtung des Zugangebotes
- Neue Verbindungen
- Qualitätsverbesserung Fuhrpark
- Erhöhung der Kapazität pro Zug

- Verbesserung der Pünktlichkeit
- Jährliche Befragung der LKW-Lenker (Kundenzufriedenheitsanalyse)
- Neue Homepage mit neuen Features (Reservierungsauskunft,...)
- Preisaktionen

Externe Einflussfaktoren mit positiver Wirkung auf die ROLA

Folgende externe Faktoren unterstützten die positive Entwicklung der ROLA:
- Einführung von LKW-Maut
- Erhöhung bestehender Mauten
- Steigende Treibstoffpreise
- Gesetzliche, EU-weit einheitlich geltende Lenk- und Ruhezeiten
- Einführung Digitaler Tacho und Digitale Fahrerkarte
- Häufigere LKW-Kontrollen
- Fahrverbote, Überholverbote
- Geschwindigkeitsbeschränkungen
- Neuregelung der LKW-Lenkerausbildung
- Gestiegenes Umweltbewusstsein (Kyoto-Ziele)

Externe Risiken ROLA

Es gibt aber auch aktuelle Entwicklungen, welche die ROLA negativ beeinflussen könnten:

Intentionen zur Erhöhung des max. zulässigen LKW-Gesamtgewichtes im Vor- und Nachlauf zum kombinierten Verkehr von derzeit 44 Tonnen auf bis zu 52 Tonnen. Die maximale Tragfähigkeit einzelner Niederflurwagen liegt derzeit bei 48 Tonnen.

Die bis zu 26 Meter langen und bis zu 60 Tonnen schweren „Giga-Liner", die derzeit nicht auf Niederflurwagen verladen werden können.

Bestrebungen zur Erhöhung der maximalen Höhe (max. 4,17 Meter) und Breite (max. 2,78 Meter) von LKW und LKW-Aufbauten um durch aerodynamische Maßnahmen den Spritverbrauch der LKW weiter zu senken; damit würde eine Beförderbarkeit im begleiteten (ROLA), aber auch im unbegleiteten kombinierten Verkehr (UKV) unmöglich gemacht werden (die max. möglichen Abmessungen der Ladegefäße beim Bahntransport werden durch Brücken, Tunnel, Bahnsteigdächer und Fahrleitungen begrenzt).

Verfünffachung des ROLA-Aufkommens am Brenner in fünf Jahren

Auf der Brenner-Transit-Achse konnte das ROLA-Aufkommen von 53.000 LKW im Jahr 2005 auf 245.000 LKW im Jahr 2010 fast verfünffacht werden, was einem Marktanteil von 15 % am schweren LKW-Transit entspricht. Kein anderes schienengebundenes Transportsystem konnte in dieser Zeit eine ähnliche Verlagerungsleistung erbringen.

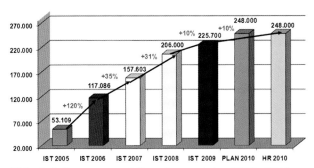

Abb. 4: Aufkommensentwicklung Brenner-Achse 2005 - 2010

Die Auswirkungen der sektoralen Fahrverbote auf das ROLA-Aufkommen am Brenner

Die sektoralen Fahrverbote (SFV) im Tiroler Inntal, Stufe 1 bis Stufe 4, die am 1.5.2008 und am 1.1.2009, 1.1.2010 und 1.7.2010 in Kraft getreten sind, brachten 2010 ca. 90.000 der 245.000 auf der Brenner-Achse beförderten LKW zusätzlich auf die ROLA.

Die ROLA ist pünktlich

2010 verkehrten 21.000 ROLA-Ganzzüge. 82 % aller Züge konnten mit weniger als 60 Minuten Verspätung an ihr Ziel gebracht werden. Weniger als 3 % aller Züge hatten mehr als 180 Minuten Verspätung.

ROLA-Projekte 2011

Ab 2011 wird die ROLA-Stellplatzkapazität um weitere 10.000 Stellplätze auf 415.000 Stellplätze pro Jahr aufgestockt. Das ROLA-Terminal Wörgl soll bis Ende 2011 ein modernes und leistungsfähiges Gate erhalten und bis 2012 um ein drittes Ladegleis erweitert werden, damit dann in 24 Stunden 36 ROLA-Zugpaare abgewickelt werden können, was eine Steigerung der Kapazität um weitere 50 % auf ca. 430.000 Stellplätze pro Jahr ermöglicht.

Auf der Donau-Achse zwischen Wels- und Szeged soll die Fahrzeit der ROLA-Züge weiter verkürzt werden, damit ein Rundlauf in 24 Stunden möglich ist. Eine weitere ROLA-Verbindung zwischen Budapest-Bilk und Wels oder Regensburg ist in Prüfung.

Die vorübergehend eingestellte ROLA-Relation Graz – Regensburg – Graz könnte bei entsprechender Nachfrage mit einem Wochenzugpaar reaktiviert werden.

Eigentumsverhältnisse und Kerngeschäft

ÖKOMBI GmbH gehört zu 100 % dem ÖBB / Rail Cargo Austria – Konzern.

Das Kerngeschäft der in Wien ansässigen ÖKOMBI GmbH ist seit 2005 das Betreiben von Rollenden Landstraßen (ROLA) auf nationalen und internationalen Verbindungen.

Zusammenfassung

Auch im einundvierzigsten Jahr ihres Bestehens – der erste ROLA-Zug verkehrte am 1.10.1969 in Deutschland – beweist die Rollende Landstrasse (ROLA), dass es einen ausreichend großen Markt für diese Transporttechnik gibt, die Marktakzeptanz vorhanden ist, sie umweltfreundlich, effizient, berechenbar, pünktlich, zuverlässig und wirtschaftlich ist.

Die ROLA hat Zukunft und bleibt auf der Überholspur!

Europa – Nationale Verkehre im internationalen Kontext
Der Einfluss der Wirtschaftskrise auf den maritimen Ostseeverkehr und zukünftige Anforderungen im Lichte der EU-Ostseestrategie

Die Ostsee als kleines Nebenmeer der Weltozeane ist durch eine außerordentlich hohe Transportintensität gekennzeichnet; ihr Anteil am Weltseetransport erreicht fast 8 % (gemessen in Tonnen). Abbildung 1 zeigt, dass dieser Ostsee-Anteil bei den Flüssiggütern deutlich über dem Durchschnitt, bei Stückgütern und Massenstückgütern unter dem Durchschnitt liegt.

Ladungsart	Jahr	Welt [1] (Mio. t)	Ostsee [2] (Mio. t)	Anteil Ostsee (%)
Insgesamt	2007	7.882	625	7,9
	2008	8.168	620	7,6
Öl / Flüssige Güter	2007	2.705	274	10,1
	2008	2.749	267	9,7
Hauptschüttgüter	2007	2.013	144	7,2
	2008	2.097	153	7,3
Andere Trockenladungen	2007	3.164	208	6,6
	2008	3.322	201	6,1

Quelle: [1] UNCTAD; [2] Eigene Schätzungen auf Basis von EUROSTAT und russischen Hafenstatistiken

Abb. 1: Position des maritimen Ostseeverkehrs im Weltseetransports

Mengenmäßig dominiert der Transport von Rohöl und Ölprodukten (s. Abb 2), die flüssigen Güter machen mehr als 40 % des Gesamtverkehrs aus. Schüttgüter (Eisenerz, Kohle, Getreide, Düngemittelrohstoffe und Düngemittel, Baustoffe u.ä.) bringen es auf 25 %. In beiden Gruppen steht der ostseeexterne Verkehr, bei dem entweder der Ladehafen oder der Löschhafen außerhalb des Ostseeraumes liegt, mit über 70 % weit im Vordergrund. Das gilt auch für den Transport von Holz und Holzprodukten sowie von Eisen/Stahl/Metallen als Massenstückgüter. Demgegenüber findet der Fähr- und Ro/Ro-Verkehr überwiegend innerhalb der Ostsee selbst statt. Im Containertransport wiederum wird der Ostseeraum über Feederlinien aus den nordwesteuropäischen Haupthäfen an die Weltverkehrsnetze angeschlossen.

Der Güterumschlag aller Ostseehäfen stieg von 601 Mio. t 2000 auf 825 Mio. t 2008, daraus errechnet

sich eine durchschnittliche jährliche Zunahme von 4,7 %. Die höchste Dynamik wies dabei der Containertransport auf, der Wachstumsraten von 13,8 % erreichte. Auch der Fähr- und Ro/Ro-Verkehr mit 7,4 % und der Transport flüssiger Güter mit 7,0 % lag erheblich über dem Durchschnitt, während Schüttgüter nur um jahresdurchschnittlich 1,7 % zulegten und der Transport von Massenstückgütern zurückging.

Ladungsart	Insgesamt		Ostseeexterner Verkehr		Ostseeinterner Verkehr	
	(Mio. t)	Anteil (%)	(Mio. t)	Anteil (%)	(Mio. t)	Anteil (%)
Flüssige Güter	251	43,0	184	73,3	67	26,7
Schüttgüter	144	24,7	105	72,9	39	27,1
Ro/Ro Ladungen	71	12,2	13	18,3	58	81,7
Containergüter	59	10,1	54	91,5	5	8,5
Massenstückgüter/ anderes Stückgut	59	10,1	44	74,6	15	25,4
Insgesamt	584	100,0	400	68,5	184	31,5

Quelle: Eigene Schätzungen auf Basis von EUROSTAT und russischen Hafenstatistiken

Abb. 2: Struktur des maritimen Ostseeverkehrs 2008 nach Gütergruppen

Besonders im Zeitraum von 2000 bis 2008 konnten die neuen Marktwirtschaften des Ostseeraumes (die EU-Länder Polen, Estland, Lettland und Litauen sowie Russland) deutlich überproportionale Transportzuwächse verzeichnen. Abbildung 3 zeigt, dass der Anteil dieser Länder am Hafenumschlag des Ostseeraumes von 27 % 1994/95 auf 33 % 2000 anstieg, dann aber bis 2008 auf 43 % hochschnellte.

Land	1994/95	2000	2007	2008
Entwickelte Marktwirtschaften	362	400	469	467
Schweden	126	159	185	188
Finnland	87	92	116	115
Dänemark	99	97	110	106
Deutschland (Ostsee)	50	53	58	58
Neue Marktwirtschaften	134	201	361	357
Russland (Ostsee)	15	38	174	175
Lettland	39	52	61	61
Estland	15	40	45	36
Litauen	13	23	29	36
Polen	52	48	52	49
Insgesamt	496	601	830	824

Quelle: Zusammengestellt nach EUROSTAT; nationale Hafenstatistiken

Abb. 3: Dynamik des Güterumschlags in Ostseehäfen (Mio. t)

Russland erwies sich dabei als der stärkste Wachstumstreiber. Berücksichtigt man nicht nur den sprunghaft gestiegenen Umschlag über neue und ausgebaute russische Häfen, sondern auch den Transitumschlag über Häfen der baltischen Republiken und Finnlands, so kommt man zur Einschätzung, dass 2008 ca. ein Drittel des Güterumschlags aller Ostseehäfen aus russischen Außenhandelsgütern bestand, dieser Anteil hatte im Jahre 2000 bei ca. 20 % gelegen.

Maritimer Ostseeverkehr in der Wirtschaftskrise

Gehörte der Ostseeraum für mehr als eine Dekade zu den wirtschaftlich dynamischsten Regionen Europas, so war umgekehrt der krisenbedingte Rückgang der Wirtschaftsleistung hier besonders hoch. Im Jahre 2009 sank das Bruttoinlandsprodukt in Lettland um 18 %, Litauen 14,9 %, Estland 14,1 % und Russland um 7,9 %. Finnland mit minus 7,8 % war ebenfalls stark betroffen, gefolgt von Deutschland, Schweden und Dänemark mit jeweils minus 4,9 %. Nur Polen stellte eine Ausnahme dar, hier wurde selbst 2009 ein leichter Zuwachs (1,8 %) erreicht.

┌─ Der Autor ──────────────────────────

Prof. Dr.
Karl-Heinz Breitzmann

Geschäftsführender Direktor Ostseeinstitut an der Universität Rostock

Der Ostseetransport ging bereits im letzten Drittel von 2008 zurück und erreichte im zweiten Quartal 2009 seinen tiefsten Punkt. Dabei wiesen die verschiedenen Ladungsgruppen deutliche Unterschiede auf: Am stärksten war der Umschlagseinbruch bei Massenstückgütern (minus 31 %) gefolgt von Fähr- und Ro/Ro-Ladungen (minus 24 %), Containergütern (minus 22 %) und Schüttgütern (minus 18 %), bei flüssigen Ladungen dagegen lag der Rückgang nur bei 7 % (s. Abbildung 4)

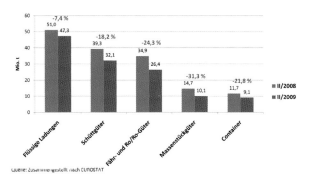

Quelle: Zusammengestellt nach EUROSTAT

Abb. 4: Rückgang des Güterumschlags der Ostseehäfen im 2. Quartal 2009 im Vergleich zum 2. Quartal 2008

Mit anziehender Wirtschaft und steigendem Außenhandel nahm im weiteren Verlauf des Jahres 2009 auch der maritime Transport wieder zu, dabei konnten die am stärksten gesunkenen Marktsegmente nun die größeren Steigerungen nachweisen. Der Gesamtumschlag der Ostseehäfen erreichte damit im Jahre 2009 (in allen Häfen mit einem Jahresgüterumschlag von mindestens 1 Mio. t) mit 695 Mio. t 90,7 % des Umfangs von 2008 (s. Abb. 5). Während der Umschlag von Öl und Ölprodukten nur geringfügig hinter dem Vorjahr zurückblieb, reichte der Einbruch bei den übrigen Ladungsgruppen von 18 % bis 12 %.

Aus den Vorgängen der Krise leiten sich eine Reihe von Fragen für die zukünftige Entwicklung ab: Hat die Krise das rasche Wachstum des maritimen Ostseeverkehrs nur unterbrochen oder ist für die kommenden Jahre mit einer veränderten/verringerten Dynamik zu rechnen? Werden sich die bisherigen Tendenzen fortsetzen oder sind strukturelle Veränderungen zu erwarten?

Die Bedeutung dieser Fragen zeigt sich beispielsweise im Containerverkehr. Abbildung 6 verdeutlicht

Ladungsart	2008 (Mio. t)	2009 (Mio. t)	2009:2008 (%)
Flüssige Güter	317,6	313,0	98,6
Schüttgüter	182,0	160,7	88,3
Ro/Ro-Ladungen	128,7	106,5	82,8
Containergüter	63,5	52,1	82,0
Massenstückgüter / andere Stückgüter	74,2	62,3	84,0
Insgesamt	766,0	694,6	90,7
Insgesamt ohne flüssige Güter	448,4	381,6	85,1

Quelle: Zusammengestellt nach EUROSTAT und russischen Hafenstatistiken

Abb. 5: Güterumschlags der Ostseehäfen 2009 im Vergleich zu 2008 nach Ladungsarten

einerseits das außerordentlich starke Wachstum des Verkehrs bis 2007/8, andererseits den drastischen Rückgang im Krisenjahr 2009. Der Weltcontainertransport hat im Jahre 2010 mit überraschend hohen Zuwachsraten wieder zugenommen, so dass der Vorkrisenhöchststand bereits 2011 übertroffen werden kann. Allerdings rechnen die meisten Prognosen mit einer Abschwächung der Wachstumsraten, so geht das ISL Bremen für den Zeitraum 2009 – 2030 von jährlichen Zuwachsraten von 5,3 % aus gegenüber 10 % 1990 – 2008 [1].

Land	1995	2000	2004	2005	2006	2007	2008	2009	2009:2008
Deutschland	94	82	130	161	284	280	276	189	68,5
Dänemark	456	487	538	614	684	789	729	630	86,4
Schweden	624	797	1.110	1.186	1.286	1.389	1.305	1.215	93,1
Finnland	520	914	1.297	1.314	1.393	1.554	1.599	1.120	70,0
Russland	92	306	846	1.227	1.604	1.950	2.196	1.438	65,5
Estland	39	77	113	128	152	181	269	194	72,1
Lettland	120	85	152	156	177	212	231	181	78,4
Litauen	30	40	174	214	232	321	373	248	66,5
Polen	154	228	449	502	582	768	859	661	76,9
Insgesamt	2.129	3.016	4.809	5.502	6.394	7.444	7.837	5.876	75,0

Quelle: Ocean Shipping Consultants; Eurostat; Nationale Statistikämter; Hafenverwaltungen

Abb. 6: Containerumschlag in Ostseehäfen 1995 bis 2009 (in 1.000 TEU)

Seit längerem wurde die Frage diskutiert, ob sich Direktanläufe von Überseediensten mit Großfrachtern in die Ostsee entwickeln könnten. Nun wird der Containerhafen Gdansk seit 2009 von einer solchen Linie bedient. Nicht in der Hochkonjunktur, als die Umschlagskapazitäten in den Hubports überlastet waren, sondern in der Krise ist es zu dieser Entscheidung gekommen, wobei die Überkapazitäten und die geringen Schiffskosten wichtige Einflussfaktoren waren. Im Wettbewerb mit dem flexiblen und effizienten Feedersystem dürften Direktanläufe jedoch Ausnahmen bleiben.

Eine weitere strukturelle Veränderung betrifft die in der Krise erheblich veränderten Marktanteile im Ostseefeederverkehr zuungunsten Hamburgs und zugunsten Rotterdams. Wird Hamburg seine frühere Position zurückgewinnen?

Anforderungen der EU-Ostseestrategie an den Seeverkehr

Versucht man in die Zukunft des maritimen Ostseeverkehrs zu blicken, so sind Vorhersagen zu voraussichtlichen Entwicklung von Wirtschaft und Außenhandel der Anrainerländer wie auch der Wettbewerb zwischen see- und landgestützten Transportketten von erstrangiger Bedeutung. Zugleich nimmt der Einfluss der steigenden Erfordernisse des Umwelt- und Klimaschutzes zu. Die Komplexität der letzteren Frage soll hier durch Bezugnahme auf die neue EU-Ostseestrategie angedeutet werden.

In der im Oktober 2009 angenommenen EU-Ostseestrategie [2] und in dem dazugehörenden detaillierten Aktionsplan [3] werden Aspekte des Seeverkehrs in allen vier thematischen Pfeilern sowie in den horizontalen Aktionen angesprochen (s. Abbildung 7).

Im thematischen Pfeiler 1 formuliert Priorität 4 das anspruchsvolle Ziel, die Ostsee zu einer Modellregion für saubere Schifffahrt zu entwickeln. Für die Schifffahrt auf der Ostsee ergeben sich – zusätzlich zu den weltweiten Bemühungen um eine Begrenzung der Klimagasemission – spezifische Zielstellungen. Kürzlich hat die HELCOM in einer ganzheitlichen Bewertung festgestellt, dass die Ostsee insgesamt umweltmäßig geschädigt ist, wobei die Eutrophierung durch Nährstoffeinträge aus der Landwirtschaft, die Einleitung gefährlicher Substanzen mit abträglichen Effekten für lebende Organismen und den Meeresboden sowie ein unbefriedigender Status der Biodiversität im Vordergrund stehen [4]. Obwohl der maritime Transport nicht zu den Hauptverschmutzern zählt, muss auch dieser Bereich einen Beitrag zu dem Ziel leisten, bis 2021 eine gesunde Meeresumwelt zu erreichen. Dabei ist bei den wichtigsten negativen Einflüssen des Seeverkehrs auf die Ostsee – Luftschadstoffemissionen, illegale und umfallbedingte Einleitungen von Öl, gefährlichen

I.	**To Make The Baltic Sea Region An Environmentally Sustainable Place**	
	4.	**To become a model region for clean shipping (Coordinator: Denmark)**
	2.	To preserve natural zones and biodiversity (Coordinator: Germany)
		Restrict the introdution of new alien species by ships
	5.	To mitigate and adapt to climate change (Coordinator: Denmark)
II.	**To Make The Baltic Sea Region An Accessible And Attractive Place**	
	6.	To remove hindrances to the internal market (Coordinator: Estonia)
		Implement European space for maritime transport without borders in the Baltic Sea Region
III.	**To Make The Baltic Sea Region An Accessible And Attractive Place**	
	11.	**To improve internal and external transport links (Coordinator: Lithuania and Sweden)**
IV.	**To Make The Baltic Sea Region A Safe And Secure Place**	
	13.	To become a leading region in maritime safety and security (Coordinator: Finland and Denmark)
	14.	To reinforce protection from major emergencies at sea and on land (Coordinator: Denmark)
V.	**Horizontal Actions**	
	▪	Develop integrated maritime governance structures in the Baltic Sea region
	▪	Encourage the use of Maritime Spatial Planning

Abb. 7: Position des Seetransports in der EU-Ostseestrategie (Aktionsplan)

Substanzen und Abfällen sowie Einschleppen fremder Organismen mit dem Ballastwasser und an den Schiffskörpern – anzusetzen.

Von der International Maritime Organization (IMO) wurde die Ostsee (sowie die Nordsee und der Englische Kanal) zu Emission Control Area (ECA) erklärt. Mit einem 2008 beschlossenen Annex VI der MARPOL-Konvention wurde festgelegt, dass der Schwefelgehalt im Schiffstreibstoff von bisher 1,5 % ab 2010 auf 1,0 % und ab 2015 auf 0,1 % gesenkt werden muss, während außerhalt der Sonder-Überwachungsgebiete ab 2012 eine Reduzierung von 4,5 % auf 3,5 % und ab 2010 (ggf. ab 2025) auf 0,5 % vorgeschrieben ist.

Die für 2015 vorgesehene Absenkung steht nun seit Monaten im Zentrum heftiger Auseinandersetzungen. Reedereien und Häfen verweisen darauf, dass die hierzu erforderliche Umstellung des Schiffstreibstoffs auf höherwertige Destillate zu erheblichen Steigerungen der Bunker- und Schiffsbetriebsketten und damit zu einer Schwächung der Wettbewerbsposition des Seetransports führen wird. Das lässt sogar eine Verlagerung von Teilen des maritimen Transports auf den internationalen Straßentransport erwarten, womit letztlich die Umwelt- und Klimabelastungen steigen würden. Diese Ansicht wurde in mehreren Studien belegt, die in Finnland, Schweden, Belgien und Großbritannien und nun auch in Deutschland angefertigt wurde [5]. Die Suche nach einer vernünftigen Lösung ist in vollem Gange, schon jetzt können aber mehrere Schlussfolgerungen abgeleitet werden. So ist es angesichts der hohen Komplexität derartiger Regelungen erforderlich, vor entsprechenden Beschlüssen gründliche Folgenabschätzungen im Sinne der Nachhaltigkeit vorzunehmen. Das wurde hier versäumt, muss aber bei den in nächster Zeit anstehenden Fragen gewährleistet werden, z.B. bei dem evtl. Ausweis der Ostsee als Stickstoff-Emissions-Überwachungsgebiet und als Abwasser-Sondergebiet.

Sehr wichtig ist es zugleich, dass sich möglichst viele Stakeholder an den entsprechenden Schwerpunktvorhaben der EU-Ostseestrategie (s. Abbildung 8) sowie an den hierzu laufenden Interreg-Projekten beteiligen, um frühzeitig alle Erfahrungen in diese Vorhaben einzubringen und ihre Praxiswirksamkeit zu erhöhen.

Priority Area 4: To become a model region for clean shipping

Coordinating country: Denmark

- **Flagship Project 1:** Promote measures to collect ship generated waste
  Lead partner: HELCOM

- **Flagship Project 2**: Promote measures to reduce emissions from ships and enhance the development for shore side electricity facilities or for emission treatment in all major ports around the Baltic Sea in order to aim at a full coverage by 2015
  Lead partner: Finnish Maritime Administration

- **Flagship Project 3**: Introduce different port dues depending on the environmental impact of ship.
  Lead partner: HELCOM

- **Flagship Project 4**: Eliminate the discharge of sewage from ships
  Lead partner: Finnish Maritime Administration

- **Flagship Project 5**: Improve the waste handling on board and in ports
  Lead partner: Region Blekinge/Sweden

- **Flagship Project 6**: Conduct a feasibility study on LNG infrastructure for short sea shipping
  Lead partner: Danish Maritime Authority

Abb. 8: Schwerpunkte zur Umsetzung der EU-Ostseestrategie - Priorität 4 des Aktionsplans

Literatur

[1] Lemper, B.: Prospects for global container transport and shares of Baltic markets, in: Breitzmann, K.-H. (Hrsg.): Baltic maritime transport after the recession – sea transport and port development between continuity and restructuring, Beiträge und Informationen aus dem Ostseeinstitut für Marketing, Verkehr und Tourismus an der Universität Rostock, Heft 30, Rostock 2010

[2] Commission of the European Communities: Communication from the Commission to the European Parliament, the Council, the Economic and Social Committee and the Committee of the Regions concerning the European Union Strategy for the Baltic Sea Region, COM (2009) 248 final, Brussels 10.6.2009

[3] Commission Staff Working Document – concerning the European Strategy for the Baltic Sea Region – Action Plan, Brussels SEC (2009) 712/2, Updated Version, May 2010

[4] Helsinki Commission: Ecosystem Health of the Baltic Sea. HELCOM Initial Holistic Assessment, Baltic sea Environment Proceeding No 122, Finland

[5] Institut für Seeverkehrswirtschaft und Logistik: Reducing the sulphur content of shipping fuels further to 0,1% in the North Sea and Baltic Sea in 2015: Consequences for shipping in this shipping area, Bremen 2010; European Community Shipowners' Association/International Chamber of Shipping: Study to review assessments undertaken of the revised MARPOL Annex VI Regulations – Final Report, ENTEC UK Ltd, London 2010

[6] Hafenstatistiken von EUROSTAT, russischen Häfen, Ocean Shipping Consultants

[7] UNCTAD: Review of maritime transport 2009, New York and Geneva 2009

Prof. Dr. Burkhard Lemper

Europa – Nationale Verkehre im internationalen Kontext
Aussichten für den Globalen Containerverkehr und die Entwicklung im Ostseeraum

Der wichtigste Treiber für alle Güterverkehrsmärkte und damit auch für die Schifffahrt ist der Austausch von Waren bzw. der internationale Handel. Damit besteht die direkte Verbindung der Nachfrageentwicklung in der Schifffahrt und entsprechend auch der Containerschifffahrt zur globalen Wirtschaftsentwicklung. Sowohl bei der globalen Wirtschaft als auch beim Welthandel gab es in den vergangenen zwei Jahren recht turbulente Entwicklungen. Nach einer ungewöhnlich langen Boom-Phase stürzte die Weltwirtschaft infolge der Finanzkrise ab Ende 2008 in die schwerste Krise seit mehr als 60 Jahren. Nachdem zuvor über mehrere Jahre regelmäßig Zuwachsraten von 4 bis über 5 % p.a. in der globalen Produktion verzeichnet worden waren, schließt das Jahr 2009 nach neuesten Berechnungen des Internationalen Währungsfonds (IWF)[1] mit einem Minus von 0,6 % gegenüber dem Vorjahr ab, wobei sich die Industrieländer mit -3,2 % erheblich schlechter entwickeln als die Entwicklungs- und Schwellenländer mit im Durchschnitt immer noch 2,1 % Wachstum.

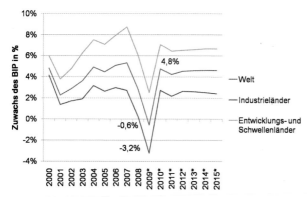

Abb. 1: Jährliches Wachstum der Globalen Produktion (2000-2015*)
Quelle: ISL 2010 auf Basis IMF Economic Outlook Database

Bereits seit Mitte 2009 werden die Prognosen u.a. aufgrund des massiven Eingreifens der öffentlichen Hand mit umfangreichen Konjunkturpaketen und wegen der unerwartet schnellen Stabilisierung des Finanzsektors stetig nach oben angepasst. Inzwischen wird für 2010 global wieder von einem realen Wirtschaftswachstum oberhalb des langfristigen Durchschnitts (3,4 % p.a.) in Höhe von 4,8 %

ausgegangen und auch für die kommenden Jahre sind Zuwächse in einer Größenordnung von über 4 % p.a. angesetzt.

Dies bleibt erwartungsgemäß nicht ohne Auswirkungen auf den Welthandel und entsprechend auch den Seeverkehr insgesamt und besonders auch auf die Containerschifffahrt. Der starke Einbruch des wertmäßigen Welthandels schlug sich vor allem im Austausch höherwertiger Produkte nieder, so dass die Containerschifffahrt deutlich stärker betroffen war als beispielsweise die Massengutschifffahrt. Somit wird zurzeit davon ausgegangen, dass sich der Weltseeverkehr in 2009 um rund 4,3 % vermindert hat, diesen Rückgang in 2010 aber mit +6,8 % mehr als ausgleichen kann.

Globale Krise der Containerschifffahrt
Bereits vor Beginn der drastischen Nachfrageeinbrüche im Winter 2008/09 gab es Anzeichen für eine Ver-

---

[1] Internationaler Währungsfonds (2010): Word Economic Outlook Update, October 2010.

langsamung der Containerkonjunktur. In verschiedenen Regionen der Welt ging das Wachstum des Containerumschlags als wichtiger Indikator für den statistisch nicht umfassend direkt erfassten Containerverkehr bereits ab Frühjahr 2007 bzw. Anfang 2008 deutlich zurück. In den nordamerikanischen Häfen war bereits das vierte Quartal 2007 schwächer als das gleiche Vorjahresquartal. Die europäischen und asiatischen Häfen zeigten diesen Trend etwas später, aber auch schon deutlich vor Beginn der tiefen Krise ab Oktober 2008.

Zwar war das Jahr 2009 aufgrund des erstmaligen Rückgangs der Umschlag- und Verkehrsmengen eines der dunkelsten in der Geschichte der Containerschifffahrt, aber auch in der Krise war bereits früh eine wieder deutlich positive Tendenz zu erkennen. War im Frühjahr 2009 in einer umfassenden Stichprobe von Häfen noch ein Rückgang von -17 % gegenüber dem gleichen Vorjahreszeitraum zu vermelden, so begann ab März 2009 bereits eine starke Erholung. Die Zuwachsraten der Umschlagmengen waren – ausgehend von dem reduzierten Niveau – nicht nur so hoch wie vor der Krise, sondern sie waren deutlich höher und ermöglichten so den Abbau des Rückstandes gegenüber dem Vorjahr auf „nur noch" -10 %. Dieses unerwartet starke Wachstum setzte sich im Jahr 2010 fort. In den ersten 9 Monaten konnte ein Zuwachs von über 16 % zum Vorjahr dokumentiert werden – eine der stärksten Wachstumsraten der Geschichte, die sich aus der immer noch geringen Basis des Vorjahres aber auch aus dem starken globalen Wirtschaftswachstum erklären lässt.

In Europa waren die Trends ähnlich, allerdings im Durchschnitt auf einem niedrigeren Niveau. Eine Ausnahme bildet dabei der Ostseeraum. Die Abbildung 2 zeigt die Veränderungen des Containerumschlags verschiedener europäischer Regionen anhand von

┌─ Der Autor ─────────────────

Prof. Dr.
Burkhard Lemper

Institut für Seeverkehr und Logistik
Direktor Maritime Wirtschaft und
Verkehr

Stichproben. Es wird deutlich, dass der Ostseeraum sowohl in der Krise als auch danach in der Aufwärtsbewegung stärker reagiert hat als Nordwesteuropa oder die erfassten Mittelmeerhäfen.

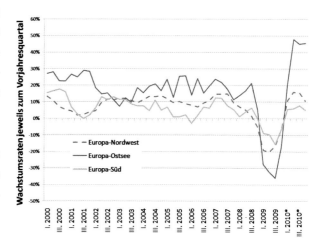

Abb. 2: Wachstumsraten des Containerumschlags in verschiedenen Teilen Europas jeweils zum Vorjahresquartal
Quelle: ISL Hafendatenbank 2010

Außerdem erkennt man zumindest für Nordwesteuropa und den Mittelmeerraum, dass die quartalsweisen Zuwachsraten bereits seit dem Herbst 2007 erkennbar rückläufig waren und dann erst im Winter 2008 ins Minus abrutschten.

Die starke Erholung in 2010 begründet sich sicherlich auf der einen Seite zum Teil auf den Basiseffekt des schwachen Jahres 2009 und auf eine Wiederaufbauphase im Lagerhaltungszyklus. Auf der anderen Seite ist aber die globale wirtschaftliche Entwicklung erheblich positiver gewesen, als dies selbst zum Jahresanfang 2010 noch in allen entsprechenden Prognosen vorhergesagt wurde.

Die aktuellen Einschätzungen des Internationalen Währungsfonds (IWF) aus dem Oktober 2010 lassen sich wie folgt zusammenfassen:
Nach zwei schwächeren Jahren, in denen das Jahr 2009 mit einem globalen Rückgang der Produktion um -0,6 % den Tiefpunkt darstellt, kehrt die Weltwirtschaft im Jahr 2010 praktisch übergangslos wieder zu den sehr hohen Zuwachsraten der Boomjahre bis 2007 zurück. Für das laufende Jahr 2010 wird ein Wirtschaftswachstum von 4,8 % erwartet, wobei sich die Industrie-, vor allem aber die

	2007	2008	2009	2010*	2011*	Ø2012-15*
Weltwirtschaftswachstum	5,3%	2,8%	-0,6%	4,8%	4,2%	4,6%
Entwickelte-/ Industrieländer	2,7%	0,2%	-3,2%	2,7%	2,2%	2,5%
Aufstrebende/ Entwicklungsländer	8,7%	6,0%	2,5%	7,1%	6,4%	6,6%
Welthandelswachstum (Güter u. Dienstl.; Wert)	7,4%	2,9%	-11,0%	11,4%	7,0%	6,9%
Welthandelswachstum (Güter; Wert)**	7,1%	2,7%	-12,0%	12,5%	7,0%	6,7%

Abb. 3: Jährliche Wachstumsraten von Weltwirtschaft und Welthandel 2007-2015*
    * Prognosen IWF Okt 10, ** tw. Schätzung ISL auf Basis Prognosen des IWF, Quelle: IWF (Okt. 10) - ISL-Schätzungen 2010

Entwicklungs- und Schwellenländer wieder sehr positiv entwickeln. Wichtig für die Schifffahrtsmärkte ist, dass in diesem Zusammenhang auch der Welthandel eine sehr dynamische Entwicklung aufweist. Der IWF geht aktuell von einem Zuwachs in der Größenordnung von 12 % aus und auch die OECD unterstellt in der vorläufigen Version des Economic Outlook aus dem November 2010 ein um 12,5 % steigendes Welthandelsvolumen. Hier spielen auch die Kompensationseffekte für die Verluste des vergangenen Jahres eine erhebliche Rolle.

Besonders hervorzuheben ist, dass dieses hohe Wachstumsniveau vor allem der globalen Wirtschaft bis zum Jahr 2015 im Durchschnitt anhalten soll und damit eine direkte Fortsetzung der Boomphase 2003 bis 2007 erfolgt. Damit ist die Basis für eine starke und nachhaltige Erholung der Schifffahrtsmärkte gelegt. Für den Ostseeraum besonders wichtig ist die erwartete überdurchschnittlich positive Entwicklung Russlands, durch die die zunächst noch prognostizierte schwache Konjunkturerholung der Baltischen Staaten kompensiert wird.

Für den Containerverkehr bedeutet diese Wirtschaftsentwicklung auch längerfristig weiter positive Wachstumsaussichten. Selbst unter Berücksichtigung einer deutlichen Abflachung des Wachstumstrends beim Containerumschlag im letzten Quartal 2010, wie sie sich im September und auch im Oktober bereits ankündigte, geht das Institut für Seeverkehrswirtschaft und Logistik davon aus, dass im Gesamtjahr global mindestens um 12 % höhere Umschlagmengen als

in 2009 erzielt werden und dass somit die bisherigen Rekordwerte aus 2008 bereits in 2010 wieder übertroffen werden. Mittel- bzw. langfristig wird eine Rückkehr auf den bereits vor der Krise prognostizierten und konservativen Entwicklungspfad erwartet, der bis 2020 ein durchschnittliches Wachstum der Umschlagmengen von knapp unter 7 % unterstellt – anfangs darüber und gegen Ende des Betrachtungszeitraumes darunter.

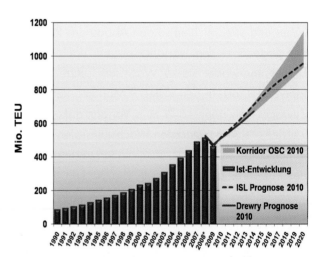

Abb. 4: Zusammenschau verschiedener Prognosen zum weltweiten Containerumschlag
    * 2009 vorläufige Schätzung; ab 2010 Prognose,
    Quelle: ISL Nov. 2010

Trends im Ostsee-Containerverkehr

Dies ist prinzipiell auch auf den Ostseeraum übertragbar. Allerdings sind dort mit großer Wahrscheinlichkeit höhere durchschnittliche Wachstumsraten anzusetzen, da der Nachholbedarf weiter vorhanden ist und mit der anziehenden Nachfrage nach Rohstoffen auch zusätzlich Geld für Importe ins Land kommt.

Bereits im Herbst 2010 wurden in dem Sample ausgewählter wichtiger Häfen im Ostseeraum die monatlichen Spitzenumschlagswerte des Jahres 2008 überschritten und auch über das Gesamtjahr gerechnet, dürften die Höchstwerte aus 2008 nur knapp verfehlt werden.

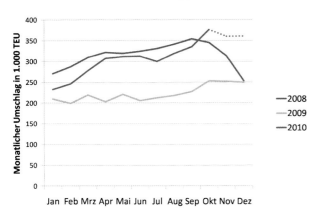

Abb. 5: Monatlicher Containerumschlag ausgewählter Häfen im Ostseeraum seit 2008
Quelle: ISL Hafendatenbank 2010

Die Frage, die sich in diesem Zusammenhang vor dem Hintergrund aktueller Maßnahmen von Reedereien im Ostseeverkehr stellt, ist, ob sich angesichts der wachsenden Mengen mittelfristig Direktanläufe von großen Containerdiensten beispielsweise aus Fernost durchsetzen und Potenziale unter anderem aus den deutschen Nordseehäfen abziehen werden.

Aus Sicht des Verfassers dürfte die wesentliche Ursache für die Experimente vermehrter Direktanläufe großer Schiffe in Ostseehäfen die aktuelle Verfügbarkeit von Schiffsraum zu niedrigen Kosten sein. In der Boomphase bis 2008 wurden in erheblichem Umfang neue Schiffe bestellt, deren teilweise Ablieferung in der Krise zu einem deutlichen Angebotsüberhang führte. Dieser drückte sich aus in der Zahl bzw. der Kapazität der aufliegenden Schiffe. Bis ins Frühjahr 2009 schnellte die inaktive Kapazität der Containerflotte auf über 1,4 Mio. TEU und mehr als 10 % der globalen Tonnage hoch. Dies führte dazu, dass die Charterraten für Einheiten aller Größenklassen einbrachen. Für Schiffe im Besitz der Linien oder aber für große Einheiten mit langen Charterverträgen galt dabei, dass

die Linien kaum die Möglichkeit einer Rückgabe durch Verkauf oder Beendigung der Charter hatten. Damit waren die Bereitstellungskosten (oder auch Kapitalkosten) der Schiffe durch Entscheidungen nicht mehr zu beeinflussen. Die Frage war nur, sollen die Einheiten eingesetzt oder aufgelegt werden.

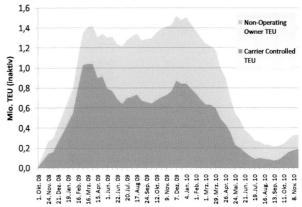

Abb. 6: Entwicklung der inaktiven Containerkapazität
Quelle: ISL auf Basis AXS Alphaliner

In dieser Phase begannen die Linienbetreiber einerseits damit, vor allem ihre Langstreckendienste auf Langsamfahrt (Ultra-Slow-Steaming) umzustellen und so die ohnehin verfügbare Tonnage dazu zu nutzen, insgesamt deutlich weniger Kraftstoff zu verbrauchen. Anderseits war damit auch die Möglichkeit gegeben, direkte Ostseedienste aufzubauen, ohne dass die relativ geringe Auslastung des teuren, großen Schiffes auf der Teilstrecke in die Ostsee voll in die Wirtschaftlichkeitsbetrachtungen eingehen musste. Geht man aber davon aus, dass die aktuell wieder sehr dynamische Entwicklung des Containermarktes bereits im Laufe des Jahres 2011 dafür sorgen wird, dass die Auslastung der Tonnage und in der Folge entsprechend auch die Nachfrage nach Schiffen steigen werden, dann kann auch davon ausgegangen werden, dass Charterraten und Schiffspreise anziehen. Damit gehen die Schiffskosten aber wieder voll in die Wirtschaftlichkeitsbetrachtungen der direkten Ostseelinien ein. In einer solchen normalisierten Lage dürften Direktdienste in die Ostsee mit großen Einheiten eher eine Ausnahme bleiben.

── Literatur ───────────────────────────────

[1]   International Monetary Fund (2010): World Economic Outlook Update, 7th October 2010; Washington D.C. 2010

[2]   OECD (2010): Economic Outlook No. 88 (preliminary edition), November 2010, Paris

Aleksej Bugakov

The development of Kaliningrad port in condition of enclave position of the Kaliningrad region

The port of Kaliningrad has quite a unique geographical position. The port is situated in the heart of Europe and quite capable to provide development of the international cargo transshipment through the port. Constantly port terminals are in rigid competition with other ports of the Baltic Sea for Russian born cargo base. But due to that fact that Kaliningrad's region is surrounded by the EU countries, the cargo traffic is depending on their transit tariff policy. And therefore the favorable geographical position seems to be a problem.

For nowadays the ports potential enables a further development of cargo base. In summary the port cargo capacity allows to transship 35-40 million tons of different cargoes through the port per year. In comparison to the year 2009 only 12 million tons were possible. It is only 34 % from overall port cargo abilities.

The port of Kaliningrad is the only non freezing port of the Russian Federation in the Baltic Sea. The distances to the nearby main transport centers are from 400 to 700 km and it is connected to the 1st and 9th transport corridors.

The berths of the port, with an overall length from 18 km, are located on the northern side of the Kaliningrad-sea-canal and also in the mouth of the river Pregol. The port of Kaliningrad is divided in four cargo regions: Kaliningrad, Svetliy, Baltiysk, Pionersk.

The Kaliningrad-sea-canal was built more than 100 years ago, in case to provide vessels to the inner har-

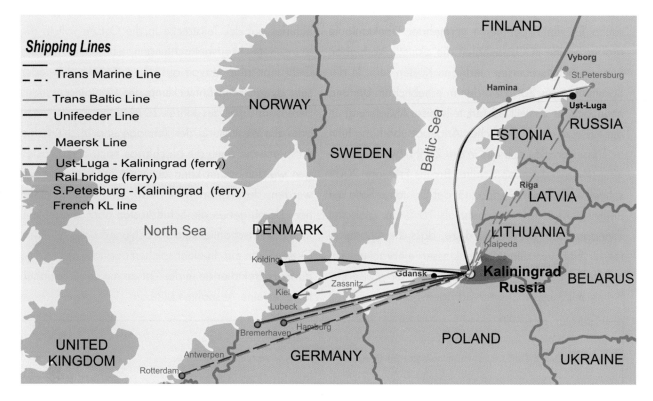

bors of the city. The overall length is 43 km, breadth 50 - 80 m and depth from 9 to 10,5 m. The maximum vessel dimension has a length up to 200 m, draft – 9, 4 m, and maximum load capacity 30.000 tons.

Nowadays 24 stevedoring companies are operating at the port. In the last 20 years the port of Kaliningrad has developed very fast. From 1990 to 2000 3 new terminals with a total annual cargo capacity of 9 million tons and from 2000 to 2010 7 more terminals with an overall annual cargo capacity of 13 million tons were built. The existing terminals also made some modernizations which were allowed to increase their annual cargo capacity up to 8 million tons. At the moment 6 new terminals are in position of architecture and investment development. The law of the special economic zone in the region of Kaliningrad grants tax benefits for new investors.

- Coal – 5 % (for EU)
- Mineral fertilizes – 4 % (for EU)
- Others – 8 %
- Import cargo shares - 32 %:
- Brocken stone – 31 % (from Sweden)
- Soya beams – 23 % (from South America)
- Containers – 21 % (EU, China)
- Ro-Ro – 15 % (EU, Russia mainland)
- Food oil – 2 % (EU)
- Others – 8 %

More than 60 % of Kaliningrad port cargo volumes are oil and mineral oil which are held by 8 oil terminals.

During the post Soviet history the port of Kaliningrad had few recessions. For example, in 1998 the port turnover of goods has decreased to 27,7 %, down to 4, 5 million tons. Meanwhile in the nearby ports in the Baltic

Port water area
Port terminals
New planning port terminals

Today the nomenclature of cargoes handling in the port of Kaliningrad coincides with the nomenclature in other ports of Russia.

The port of Kaliningrad has the following cargo turnover shares:
- Export cargo shares – 68 %:
- Oil products – 58 % (for EU)
- Metals – 13 % (for EU)
- Crude oil – 12 % (for EU)

Der Autor

Aleksej Bugakov

Kaliningrad Maritime Port, Russland

the growth of the cargo turnover was observed: port of Tallinn was increased up to +24,7 %, port of Riga up to 18,7 %. In 2009 the port of Kaliningrad's cargo turnover were decreased down to 20 %. The recession mostly affects the stevedoring companies which are traditionally specialized in handling general and bulk cargoes. In this year the cargo turnover of these companies was decreased down to 45,8 %. The main reasons for those decreases were the world economic crisis and the geographical dependent position of Kaliningrad's region. For 11 months in 2010 the cargo turnover of the port was growing up to 13,2 % (12,6 million tons). The highest rates of growing are in account of general cargoes such as: containers +150 % (20 6664 TEU), +50 % containers by tonnage (812,3 thousand tons), metals almost +72 % (1 311 thousand tons). Growing rate of bulk cargoes +26,4 % (3 million tons), liquid oil cargoes is only +7,5 % (6674,4 million tons).

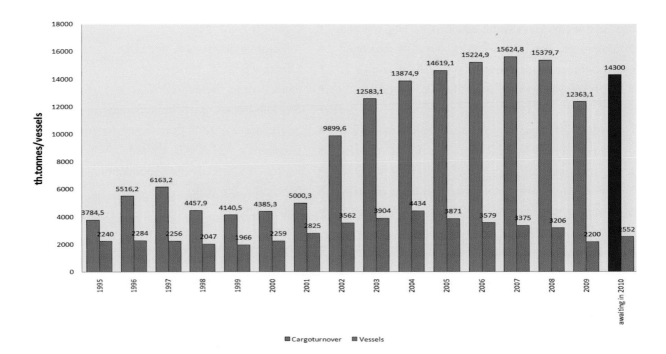

After the recession the port of Kaliningrad had a quite good cargo growing rate. The shares of liquid oil cargo in 2009 were almost 61 % but after the recession the share of oil cargoes in 2010 was decreased down to 55 %. It's a very good fact that the high cost cargoes handling in Kaliningrad port are rising. It means that the regional economic is growing, so the most of high cost cargoes, such as containers, are handled for the assembling facilities situated in the region of Kaliningrad.

As it was mentioned before Kaliningrad's region is enclave with own peculiar logistic difficulties such as transit tariffs, cross border problems, Lithuanian protectionism politics and other problems. Also the port of Kaliningrad has own restrictions, such as long distant canal (43 km), depth 9,4 m, non efficient old type handling terminals.

But along with the negatives the port of Kaliningrad has its own positive qualities: geographical position, the law of special economic zone, active port modernization and development, huge potential for further development of cargo base and constructing new port terminals.

The future for the port of Kaliningrad lies in his new logistics, such as handling for import, internally processing and handling for export – production and handling complexes. These ideas are already becoming reality on terminals such as Sodrugestvo SOYA, which is processing soya beams, and Soyuz TTM, which is processing palm oil. Both of the terminals were built in 2008. In 2009 Baltnafta, the oil terminal was built. And in nearest future it is planned to build one container terminal and one LPG terminal.

Sicherheit
Vom Sicherheitsanspruch zum europäischen Standard

In freien Marktwirtschaften stellen insbesondere Verkehrsinfrastrukturen notwendige Lebensadern dar. Die zuverlässige Versorgung mit und die Möglichkeit zur Mobilität, Information und Kommunikation sind entscheidende Grundlagen einer funktionsfähigen Gesellschaft. Dem Notfallmanagement und Schutz kritischer Infrastrukturen wird deshalb eine zunehmende Bedeutung beigemessen. Fallen diese Systeme aus oder sind in ihrer Funktion (zeitweise) beeinträchtigt, bergen mögliche kaskadierende Effekte großes Schadenspotential in sich. Nationale Verkehrsinfrastrukturen wie Flughäfen, Eisenbahn- und Straßennetze sowie Anlagen des öffentlichen Nah- und Regionalverkehrs stellen gute Beispiele für kritische Infrastrukturen dar.

Die Vergangenheit hat in unterschiedlicher Art und Weise gezeigt, dass Infrastrukturen Schaden und Beeinträchtigungen erleiden können und kritische Prozesse weit reichende soziale, ökologische und ökonomische Folgen haben. Ursachen für erhebliche Schäden und Beeinträchtigungen in verkehrlichen Infrastrukturen sind Naturereignisse, technisches und/oder menschliches Versagen, vorsätzliche Handlungen mit terroristischem oder sonstigen kriminellen Hintergründen oder Kriege.

Der Trend stetig wachsender Mobilitätsansprüche ist sowohl im Personen- als auch im Güterverkehr ungebrochen und gesellschaftlich notwendig. Den daraus erwachsenden Anforderungen müssen sich alle Bereiche, die an der Verkehrssystementwicklung beteiligt sind, stellen. Die praktische Nutzbarkeit der Verkehrssysteme ist unmittelbar an die Garantie entsprechender Standards der Verkehrssicherheit gebunden. Die dynamische Erhöhung der Sicherheitsstandards in den Verkehrssystemen umfasst sowohl die betriebstechnischen Sicherheitskonzepte im täglichen Betriebsablauf als auch die Anforderungen hinsichtlich der ökologischen und subjektiven Sicherheit.

Innerhalb Europas gibt es deutliche Unterschiede in den realen Mobilitätsansprüchen und den damit verbundenen Sicherheitsstandards. Länder mit weniger hohen Anforderungsprofilen im Bereich der Verkehrssicherheit sind kaum in der Lage, signifikante Verbesserungen bis hin zur Anpassung an das höchste Niveau in kürzester Zeit praktisch umzusetzen. Länder mit bereits sehr hohen Standards sind dagegen nachvollziehbar nicht bereit, diese zugunsten einer Angleichung aufzugeben. Die historisch über eine lange Zeit gewachsenen nationalstaatlich geprägten nebeneinander existierenden Verkehrssysteme in den Ländern Europas basieren nach wie vor auf unterschiedlichen Sicherheitskulturen und sind jeweils in die differierenden Rechtssysteme eingebettet.

Der Schutz kritischer Infrastrukturen ist aufgrund der internationalen Dimension umfassend anzugehen. Daher ist es richtig, dass die Nationalstaaten, die europäische Kommission und die europäische Wirtschaft den Dialog über dieses Thema verstärken und gemeinsam Lösungen für mehr Sicherheit entwickeln.

Geographisches Institut
der Universität Kiel

Prof. Dr.-Ing. Ullrich Martin

Sicherheit – Vom Sicherheitsanspruch zum europäischen Standard
Mobile Gesellschaft – Sicher im Verkehr

Die Verkehrsleistungen pro Kopf steigen weiter kontinuierlich an und gleichzeitig erhöht sich das Sicherheitsbedürfnis gegenüber den Verkehrsmitteln, da sich das Gesamtlebensrisiko stetig verringert. Dieser Zusammenhang ist für jeden leicht erkennbar, wenn man die erfreulicherweise wachsende Lebenserwartung betrachtet. Dementsprechend lassen sich hinsichtlich der Sicherheit zwei grundsätzliche Anforderungen an die Verkehrssystemgestaltung ableiten. Einerseits verändern sich die Nutzergruppen und Nutzerprofile in den Verkehrssystemen und andererseits müssen auch die Verkehrssysteme ihren Beitrag zur Verringerung des Gesamtlebensrisikos leisten. Und so ist die Forderung nach einer hinreichend sicheren Gestaltung der Verkehre als Grundlage einer mobilen Gesellschaft auch allgemein akzeptiert. Die praktische Umsetzung dieser berechtigten Forderung zeigt jedoch eine Vielschichtigkeit der damit verbundenen Aufgabenstellungen, die triviale Lösungsansätze schnell an unüberwindbare Grenzen stoßen lassen.

Oft gebrauchte Formulierungen, wie: „Es muß alles getan werden, um die Sicherheit zu gewährleisten" und „An der Sicherheit darf nicht gespart werden!" taugen höchstens für politische Bekenntnisse oder populistische Aussagen in den Medien, sind jedoch aus fachlicher Sicht für die Umsetzung realer Sicherheitsanforderungen in den Verkehrsbereichen völlig ungeeignet. Jeder der sich bereits ernsthaft mit Fragen der Sicherheit beschäftigt hat, wird bestätigen, dass diese Thematik von einer außerordentlich hohen Komplexität geprägt ist. Es kommt also darauf an, dieses Spannungsfeld zwischen kaum handhabbaren allgemeinen Aussagen, die durchaus das Grundbedürfnis der Menschen nach Sicherheit in diffuser Form widerspiegeln, und praktikablen Ansätzen zur Realisierung einer bestimmbaren Sicherheit so zu gestalten, dass die gleichfalls erwünschte und notwendige Verkehrssystementwicklung nicht gehemmt wird.

Entscheidend ist das Verhältnis von objektivem Risiko und subjektiver Risikoakzeptanz.
Der verantwortungsbewußt denkende und handelnde Ingenieur wird stets bestrebt sein, objektiv erfassbare oder bestimmbare Kenngrößen als Grundlage sicherheitsrelevanter Entscheidungen zu verwenden. Die Definition der Sicherheit als Systemzustand der Gefahrlosigkeit darf in diesem Zusammenhang wohl als allgemeingültig anerkannt betrachtet werden. Bei der Bestimmung des Grades der Gefahrlosigkeit hat sich das objektive Risiko als Produkt aus der Wahrscheinlichkeit des Schadenseintritts und dem Erwartungswert für das Schadensausmaß durchgesetzt. Somit steht, trotz verschiedener statistischer Probleme, wie beispielsweise der Seltenheit bestimmter Schadensereignisse, grundsätzlich ein in der Praxis anwendbares Instrumentarium mit entsprechender Methodik zur Verfügung.

Es ist jedoch zu berücksichtigen, daß die konkreten Sicherheitsanforderungen an die einzelnen Verkehrsträger nicht aus dem tatsächlich vorhandenen objektiven Risiko, sondern vielmehr regelmäßig aus der durchschnittlichen gesellschaftlichen subjektiven Risikoakzeptanz (die sich wiederum aus dem Grad der empfundenen Fremdbestimmung innerhalb eines Verkehrssystems herleiten läßt) abgeleitet werden. Dies spiegelt sich auch deutlich in der Gesetzgebung wieder, die eine zwar oftmals in unbestimmten

Rechtsbegriffen qualitativ gefaßte aber dennoch klare Differenzierung der unterschiedlichen Verkehrsträger im Hinblick auf das objektive Risiko vorsieht. Im selbstbestimmt empfundenen Straßenverkehr wird allgemein ein signifikant höheres objektives Risiko als im fremdbestimmt empfundenen Eisenbahnverkehr akzeptiert. Das bedeutet aber, dass bei freier Verkehrsmittelwahl der bei den betreffenden Verkehrsträgern entstehende Mehraufwand für Sicherheit auf andere für den Nutzer wahrnehmbare Art mindestens kompensiert werden muss.

Eine ganzheitliche Betrachtung der Verkehrssicherheit heißt aber auch Berücksichtigung der Bereiche Benutzersicherheit, Arbeitssicherheit und Umweltsicherheit.

Eine weitere wichtige Fragestellung bei der sicherheitsbezogenen Gestaltung der Verkehrssysteme betrifft den Bezugsbereich. Da eine ganzheitliche Systembetrachtung recht schnell zu sehr komplexen, schwer überschaubaren Strukturen in der Modellbildung führt und demzufolge kaum praktikabel ist, beschränkte sich die Betrachtung bislang im Wesentlichen auf die Fokussierung der Benutzersicherheit. Dies ist zulässig, da in reinen Personenverkehrs- und Mischverkehrssystemen grundsätzlich davon ausgegangen werden kann, dass eine hinreichende Benutzersicherheit im Allgemeinen auch eine akzeptable Arbeits- und Umweltsicherheit bewirkt. Trifft dieser Grundsatz in Einzelfällen nicht zu, wird eine spezifische Regelung getroffen oder eine gezielte technische Ergänzung vorgesehen. Mit Blick auf die aktuelle Verkehrssystementwicklung lassen sich jedoch durchaus Trends erkennen, die zu der Notwendigkeit einer künftigen Nivellierung des Bezugsbereichs führen können.

Die wachsende Verkehrsnachfrage einerseits und die nur begrenzt mögliche extensive Erweiterung der Infrastrukturen andererseits zwingen zu einer möglichst intensiven Infrastrukturnutzung. Die höchste Leistungsfähigkeit lässt sich bei einem möglichst homogenen artreinen Verkehr erreichen. Entstehen hierdurch zunehmend reine Güterverkehrssysteme, so kann die Benutzersicherheit offensichtlich nicht mehr als geeignete Bezugsgröße verwendet werden.

Wenn auch die Definition des Schadens im juristischen Sinne unverändert Bestand hat, so ist doch festzustellen, dass sich die Bewertung schädlicher Wirkungen des Verkehrs auf die das Verkehrssystem umgebende Umwelt und die Verkehrsmenge in den letzten Jahren deutlich verändert haben. Beispielsweise wird die Wirkung des Verkehrslärms auf die Umwelt zunehmend kritisch bewertet, ohne dass sich die Benutzersicherheit ändert.

Da das primäre Ziel der Bemühungen um die Verkehrssicherheit darin besteht, generell Schaden zu vermeiden, wird es künftig nicht mehr ausreichen, die Anforderungen der Umweltsicherheit pauschal unter der Benutzersicherheit zu subsummieren. Ob es ausreichen wird, analog der Verfahrensweise bei der Gewährleistung der Arbeitssicherheit, gezielte Einzelfallmaßnahmen zu ergreifen, muss sich erst noch zeigen.

Auf jeden Fall müssen die Quellen der Gefährdung differenziert werden.
Je höher die kinetische Energie ist, die einem bewegten Verkehrsmittel innewohnt und je aufwendiger es ist, diese kinetische Energie zu jedem beliebigen Zeitpunkt kontrolliert abzubauen, desto größer ist das bei einem Unfall zu erwartende Schadenspotential. Demzufolge wächst das Bestreben, mit zunehmender kinetischer Energie bereits Gefährdungen sehr zielgerichtet auszuschließen, da der Übergang vom Zustand der Gefährdung hin zum Unfall praktisch nicht beherrschbar ist.

Methodisch und in der Folge auch im Hinblick auf effektive Maßnahmen ist zwischen Gefährdungen, die aus dem Betrieb des Verkehrssystems heraus entstehen und Gefährdungen, die von außen auf das Verkehrssystem einwirken, zu unterscheiden (Abbildung 1).

┌─ Der Autor ─────────────

Prof. Dr.-Ing.
Ullrich Martin

Universität Stuttgart

Abb. 1: Differenzierung der Quellen der Gefährdungen

Die Vermeidung von Gefährdungen, die aus dem Betrieb des Verkehrssystems heraus entstehen, können durchaus als klassische Grundlage für die Entwicklung der Verkehrssicherheit bezeichnet werden. Interessant ist in diesem Zusammenhang die überproportional häufige Kopplung an einschneidende Schadensereignisse. Wichtige Entwicklungsschritte waren in der Vergangenheit oftmals die Folge als Konsequenz nach dem Schadenseintritt.

Eine vorausschauende Verfahrensweise, wie sie beispielsweise aufgrund des überaus hohen Erwartungswert für das Schadensausmaß in Verbindung mit einer sehr geringen subjektiven Risikoakzeptanz im Bereich der atomaren Energieerzeugung zwingend notwendig ist, könnte dazu dienen, das im Verkehr bereits erreichte hohe Sicherheitsniveau noch weiter zu verbessern, ohne dies vom Eintritt eines größeren Schadensereignisses abhängig zu machen. Dabei darf jedoch die Schwierigkeit der Argumentation bei der möglicherweise auch kostenintensiven Durchsetzung von Maßnahmen zur Vermeidung noch nicht eingetretener – also mehr oder weniger abstrakter – Schadensfälle nicht unterschätzt werden.

Da Verkehr regelmäßig in einem gegenüber der Umwelt nicht abgeschlossenen Umfeld stattfindet, sind zu erwartende Naturereignisse in angemessener Form bei der Sicherheitskonzeption der Verkehrssysteme zu berücksichtigen. Diesen, von außen einwirkenden Gefährdungen kann einerseits durch grundsätzliche Überlegungen der Systemgestaltung (wie z. B. der Linienführung) in Verbindung mit baulichen Maßnahmen (z.B. Schutzbauten) und andererseits mit schadensbegrenzenden leistungsfähigen Frühwarnsystemen begegnet werden.

Solange die Verkehrssysteme bestehen, wirken auf diese von außen Gefährdungen in Form von Sabotage und Vandalismus. Raubritter und Seeräuber sind legendäre Beispiele. Dennoch hat die Qualität derartiger Gefährdungen von außen in den letzten Jahren eine völlig neue Stufe erreicht. Die mit Flugzeugen am 11. September 2001 in den USA ausgeführten Anschläge und die Anschläge auf mehrere Züge in Madrid am 11. März 2004 zeigen dies in erschreckender Deutlichkeit. Die Ursachen dafür liegen u. a. im deutlich gewachsenen Zerstörungspotential aufgrund der den Verkehrsmitteln innewohnenden Energie und in der Konzentration großer Menschenmengen mit entsprechend hohem Schadenspotential in Verbindung mit der gezielt mißbräuchlichen Nutzung der Verkehrssysteme zur Durchsetzung politischer bzw. pseudo-politischer Ziele.

Die Verpflichtung zur wirksamen Vermeidung derartiger Gefährdungen kann jedoch regelmäßig nicht allein dem Betreiber von Verkehrssystemen auferlegt werden, sondern ist vielmehr eine gesamtgesellschaftliche Aufgabe mit internationaler Dimension.

Das führt zu der Frage, wieviel Sicherheit kosten darf. Als untere Grenze im Bereich des öffentlichen Verkehrs lässt sich auch unter wirtschaftlichen Gesichtspunkten die in den gesetzlichen Grundlagen festgeschriebene allgemeine gesellschaftliche Risikoakzeptanz betrachten (Abbildung 2), die in der graphischen Darstellung der Kosten in Abhängigkeit vom Risiko weit links von einem quasiwirtschaftlichem Optimum liegt (qualitativ-rechtlich festgelegte Mindestgrenze).

Die obere Grenze wird qualitativ mit dem Grundsatz beschrieben, dass die Sicherheitsaufwendungen dann nicht mehr als zumutbar angesehen werden können, wenn mit ihrer Umsetzung der eigentliche Systemzweck nicht mehr erreicht werden kann (wirtschaftliche Zumutbarkeitsgrenze) [1]. Während die untere Grenze durch den sich kontinuierlich weiterentwickelnden allgemeinen Gesetzesrahmen quasi im Selbstlauf angepasst wird, unterliegt die obere Grenze bei immer mehr privatwirtschaftlich betriebenen Verkehrssystemen zunehmend wettbewerblichen Diktaten und Randbedingungen.

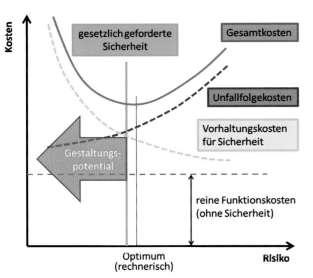

Abb. 2: Kosten für Sicherheit in Abhängigkeit vom Risiko [1]

Rückt nun eine vorbeugende sicherheitsbezogene Systemgestaltung immer mehr in den Vordergrund und beachtet man den zwangsläufig notwendigen Vorlaufzeitraum bis zur netzweiten Wirkung bestimmter Maßnahmen in Verbindung mit der Langlebigkeit der Infrastrukturen, dann muss heute bereits die Frage beantwortet werden, welches Sicherheitsniveau unter den vorgenannten Rahmenbedingungen künftig zu erwarten ist. Bei einer Untersuchung aus dem Jahr 2005 zur Entwicklung der Sicherheit unterschiedlicher Verkehrsträger im Zeitraum zwischen 1960 und 2000 wurde ein interessantes Phänomen erkennbar, das zumindest als Anhaltspunkt für das künftig zu erwartende Sicherheitsniveau verwendet werden kann (Abbildung 3).

Aus dem Verlauf der Summe der Verkehrstoten im betrachteten Zeitraum ergab sich ein recht klarer Trend. Für das jeweils nachfolgende Jahr ist eine Senkung der Verkehrstoten pro eine Milliarde Personenkilometer um etwa fünf Prozent sowohl für jeden Verkehrsträger einzeln als auch in der zusammengefassten Gesamtbetrachtung bezogen auf das vorangegangene Jahr festzustellen (Abbildung 4). [2, 3]

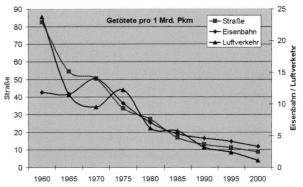

Abb. 3: Getötete pro 1 Mrd. Personenkilometer nach Verkehrsträgern [2]

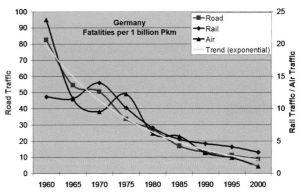

Abb. 4: Getötete pro 1 Mrd. Personenkilometer – Trend gesamt [3]

Zusammenfassende Thesen

Die steigenden Mobilitätsansprüche im zusammenwachsenden Europa mit sich angleichenden Sicherheitsstandards auf steigendem Niveau unter Berücksichtigung eines zunehmenden Gefährdungspotentials durch systeminterne Wirkungen (z.B. Erhöhung der Geschwindigkeit, Zunahme der Verkehrsdichte) aber auch aufgrund externer Einflüsse (z.B. Sabotage, terroristische Aktionen) erfordern systematisch die ständige Weiterentwicklung der Sicherheitsansprüche und Ziele in angemessener Weise ohne überzogene Forderungen auf der Grundlage einer einheitlichen Methodik im Verkehr, die mit anderen Bereichen der technischen Sicherheit harmonisiert wird.

Technische Dimension

Ausschließlich verkehrsträgerspezifische Konzepte sind immer weniger gefragt; sondern beginnend vom methodischen Ansatz bis hin zur praktischen Umsetzung von Maßnahmen und Regelungen ist eine verkehrsträgerübergreifende Betrachtung auch unter Einbeziehung anderer Bereiche technischer Sicherheit zielführend. Dabei ist eine Abstufung und

Koordinierung von geeigneten Aktivitäten der

- Schadensvermeidung,
- Schadensverminderung,
- Selbstrettung und
- Drittrettung

zweckmäßig. Der Mensch im Verkehrssystem muss als Nutzer und Bediener noch stärker in die Gestaltung der Sicherheitssysteme einbezogen werden.

Die empfundene Konkurrenz von Sicherheit und Leistungsfähigkeit kann durchaus als lösbarer Widerspruch betrachtet werden, der die Verkehrssystementwicklung vorantreibt. Die bereits erreichten hohen Sicherheitsstandards einzelner Verkehrsträger sollten im Hinblick auf ihre sinnvolle Übertragbarkeit geprüft werden.

Verkehrsträgerspezifische Dimension

Im Bereich des Straßenverkehrs dürfen insbesondere bei den Nutzfahrzeugen aufgrund vorhandener technischer Innovationen noch signifikante Verbesserungen der Sicherheit erwartet werden. Die Binnenschifffahrt bietet gerade im Güterverkehr nicht nur eine energieeffiziente sondern auch sehr sichere Alternative. Die Weiterentwicklung der Sicherheitskonzepte im Luftverkehr, um externen Gefährdungen wirkungsvoll zu begegnen, nimmt eine Schlüsselstellung ein.

Politische Dimension

Der nationale Blickwinkel reicht bei weitem nicht mehr aus. Die Überlegungen zur weiteren Entwicklung unserer Sicherungssysteme müssen mindestens die europäische Dimension mit unterschiedlichen vorhandenen Standards berücksichtigen. Das schließt insbesondere auch die Vereinheitlichung rechtlicher Regelungen ein. Die europäischen Zielvorgaben zur Verbesserung der Verkehrssicherheit müssen sich an den objektiven Möglichkeiten orientieren und dürfen nicht davon unabhängig betrachtet werden. Der Schwerpunkt liegt gegenwärtig in einer flächendeckenden Migration vereinheitlichter Lösungen und der aufwendigen Anpassung nationaler Regelungen.

Wirtschaftliche Dimension

Privatwirtschaftlich betriebene Verkehrssysteme schließen die Einhaltung und Weiterentwicklung vorgegebener Sicherheitsanforderungen keineswegs aus.

Jedoch wächst mit zunehmender privatwirtschaftlicher Aktivität im Verkehr auch die Aufgabe der Politik bei der Ausgestaltung des Zusammenspiels von wirtschaftlichen und sicherheitsbezogenen Zielstellungen. Überzogene Reaktionen und Aktionismus sind genauso zu vermeiden wie eine Unterschreitung der gesetzlichen Mindestforderungen. Die konzeptionelle Umsetzung der Sicherheitsanforderungen darf kleine und mittlere Unternehmen des Verkehrsbereichs nicht unangemessen behindern.

Das bereits erreichte Sicherheitsniveau der Verkehrssysteme in Deutschland und Europa ist im weltweiten Vergleich beachtlich. Dies sollte Grundlage zur sinnvollen sicherheitsbezogenen Weiterentwicklung der Verkehrssysteme sein und kann auch künftig in noch verstärktem Maße für den Export von Wissen und Technik auf diesem Gebiet genutzt werden.

Im Rahmen einer stets sachlich geprägten Auseinandersetzung mit dem Thema Sicherheit können die Ausführungen des Kardinal Joseph Ratzinger im Mai 1981 in seinem Grußwort an ein in München stattfindendes Symposium für Sicherheitswissenschaft als eine nach wie vor gültige Leitlinie aufgefasst werden: „Die eigentliche Sicherheit des Menschen liegt in der Herrschaft des Ethos. Der Primat der praktischen sittlichen Vernunft vor der theoretischen Vernunft bildet die entscheidende Voraussetzung für die Bewältigung des Fortschritts." [4]

Literatur

[1] Fricke, Hans; Pierick, Klaus: Verkehrssicherung. Vieweg+Teubner. Stuttgart 1990

[2] Martin, Ullrich; Arm, Bernd: Vergleichende Sicherheitsbewertung der verschiedenen Verkehrsträger Stopka, Pällmann (Hrsg.), Edition Internationales Verkehrswesen, Sonderausgabe Für eine neue deutsche Verkehrspolitik, Seiten 97 – 107. Deutscher Verkehrsverlag. Hamburg 2005

[3] Martin, Ullrich: Improvement of Railway Safety (from German Point of View). Tagungsband Railway Safety Symposium 2005. Japanese Ministry of Transport. Tokyo 2005, S. 1 – 9

[4] Ratzinger, Joseph: Grußwort. Symposium für Sicherheitswissenschaft. München Mai 1981

Sicherheit

Clemens Klinke

Sicherheit – Vom Sicherheitsanspruch zum europäischen Standard
Europäische Verkehrssicherheit

Im Jahr 2001 hat die Europäische Union die „Europäischen Charta für die Straßenverkehrssicherheit" vereinbart. Ziel der Charta ist es, die Anzahl der Verkehrstoten von rund 50.000 im Jahr 2001 bis Ende des Jahres 2010 zu halbieren.

Basierend auf der „Europäischen Charta für die Straßenverkehrssicherheit" aus dem Jahr 2001 ist abzusehen, dass die Europäische Union ihr Ziel, die Zahl der Verkehrstoten von rund 50.000 im Jahr 2001 bis Ende des Jahres 2010 zu halbieren, zwar nicht vollständig erreichen wird, dennoch sind erhebliche Fortschritte zu verzeichnen (Abb. 1).

Länder Lettland, Spanien, Estland, Portugal, Litauen und Frankreich könnten das ehrgeizige Ziel noch erreichen. Deutschland kommt mit 4.154 Verkehrstoten im Jahr 2009 und einer Abweichung von lediglich 7,3 % dem ehrgeizigen Ziel bereits recht nahe. Mit Blick auf das neue europäische Programm für Verkehrssicherheit kommt es darauf an, die Strategien für mehr Si-

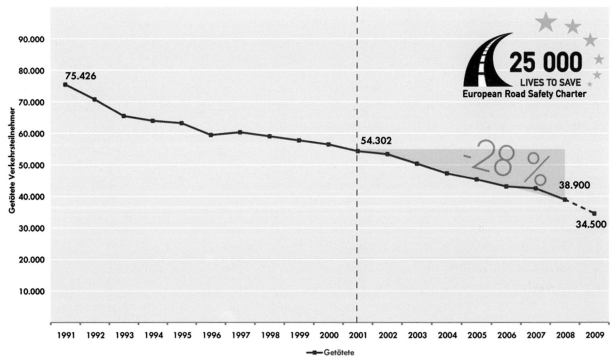

Abb. 1: Anzahl der getöteten Verkehrsteilnehmer in der EU von 1991 bis 2008 (Die Anzahl für 2009 ist eine vorläufige Schätzung)

Analysiert man das vorhandene Datenmaterial der Mitgliedsstaaten für das Jahr 2009 hätte die Reduzierung der Zahl der Verkehrstoten -46 % betragen müssen, um das Ziel Ende 2010 zu erreichen (Abb. 2). Im Durchschnitt gelang es den Mitgliedsstaaten, die Anzahl der Verkehrstoten um -36 % zu reduzieren. Die

cherheit im Straßenverkehr in der Dekade 2011 bis 2020 konsequent weiter zu führen.

Als einer der Erstunterzeichner der „Europäischen Charta für die Straßenverkehrssicherheit" unterstützt DEKRA die Europäische Kommission in ihrer Absicht,

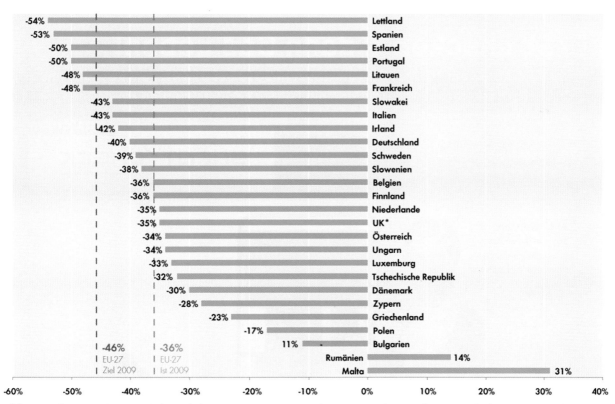

Abb. 2: Reduzierung der Anzahl der Verkehrstoten im Zeitraum zwischen 2001 und 2009 aller EU-Mitgliedsstaaten (EU-27)

die Straßenverkehrssicherheit in Europa zu erhöhen. Die Ziele der Europäischen Union auf dem Gebiet der Verkehrssicherheit decken sich mit dem zentralen Anliegen von DEKRA. Seit der Gründung im Jahr 1925 steht die Erhöhung der Straßenverkehrssicherheit im Mittelpunkt des Unternehmens.

Mit der Unterzeichnung des europäischen Programms für Straßenverkehrssicherheit (2011 – 2020) zu Beginn des Jahres 2010 hat DEKRA erneut das Engagement für mehr Verkehrssicherheit in Europa bekräftigt. Mit diesem Commitment verpflichtet sich DEKRA, bereits etablierte aber auch neu entwickelte Maßnahmen zur Erhöhung der Verkehrssicherheit konsequent umzusetzen.

Verschiedenste Verkehrssicherheits-Projekte von DEKRA sprechen alle Altersgruppen an, um einen Beitrag zu

leisten, damit die Zahl der Verkehrstoten kontinuierlich reduziert werden kann. Ein Beispiel dafür ist die Verkehrssicherheitsaktion für Grundschulkinder „Sicherheit braucht Köpfchen". DEKRA hat im Jahr 2010 über 193.000 rote, retro-reflektierende Schirmmützen an Schulkinder verteilt. Durch die auffälligen Mützen wird die Sichtbarkeit der Kinder im Straßenverkehr deutlich erhöht. Dies ist vor allem in den dunklen Wintermonaten wichtig, wenn die Kinder noch vor Tagesanbruch bereits auf dem Schulweg sind.

Eine weitere Aktion ist der jährliche „SafetyCheck" (Abb. 3) für junge Autofahrer. Hierbei handelt es sich um einen kostenlosen technischen Sicherheitscheck für die besonders gefährdeten Fahranfänger. Da Fahranfänger meist mit älteren Fahrzeugen mobil sind, ist es wichtig, sie für die technischen Risiken, die die älteren Fahrzeuge unter Umständen bergen, zu sensibilisieren.

Ein von DEKRA entwickeltes Spiegeleinstellsystem für Lkw hilft, die tückischen Unfälle im „Toten Winkel" zu vermeiden (Abb. 4). Die Graphik beschreibt den Aufbau des Spiegeleinstellplatzes auf dem der Lkw platziert wird. Befindet sich der Lkw an der Hilfslinie

Der Autor

Clemens Klinke

Mitglied des Vorstands der DEKRA SE

Abb. 3: Printkampagne SafetyCheck 2010 (Zeitraum: 10. Mai 2010 – 26. Juni 2010)

in Parkposition, muss es dem Fahrer aus dem Führerhaus möglich sein, sämtliche markierten Flächen in seinen Spiegeln zu erkennen. Die Experten bei DEKRA haben festgestellt, dass es nicht nur notwendig ist, Spiegel für Lkw vorzuschreiben, diese Spiegel liefern erst einen Mehrwert, wenn sie richtig – auf den Fahrer abgestimmt – eingestellt sind.

Seit 2008 publiziert DEKRA den jährlichen Verkehrssicherheitsreport. Der erste Report befasste sich mit dem Thema „Strategien zur Unfallvermeidung auf den Straßen Europas – Pkw". Darauf folgte im Jahr 2009 der Report über Lkw, der aktuelle Report hat

das Schwerpunktthema Motorrad. Die Reports zeigen jeweils die Sicherheitspotenziale der Verkehrsteilnehmer-Gruppen auf. Die drei Verkehrssicherheitsreports stehen sowohl in deutsch, englisch und französisch unter http://www.dekra.de/de/verkehrssicherheitsreport-2010 als Download bereit.

Obwohl die Zahl der Verkehrstoten seit den 70-iger Jahren stetig zurückgeht, lag sie im Jahr 1991 europaweit mit rund 76.000 noch immer auf einem erschreckenden Höchststand (siehe Abb. 1). Erst Ende 2007 lag sie erstmals unter der Grenze von 40.000 Verkehrstoten. Dabei ist zu berücksichtigen,

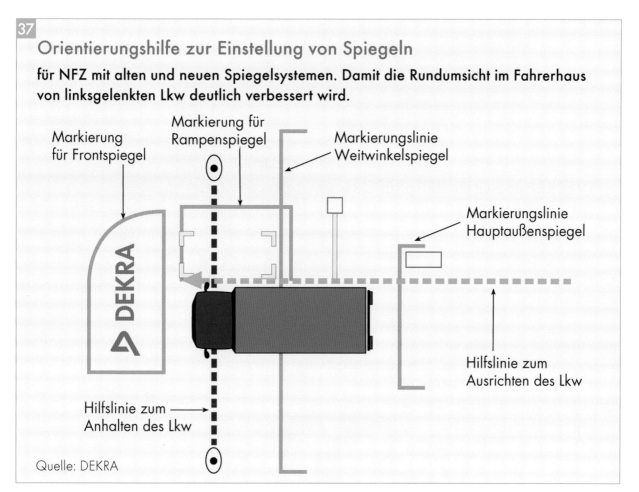

37

Orientierungshilfe zur Einstellung von Spiegeln

für NFZ mit alten und neuen Spiegelsystemen. Damit die Rundumsicht im Fahrerhaus von linksgelenkten Lkw deutlich verbessert wird.

Markierung für Frontspiegel

Markierung für Rampenspiegel

Markierungslinie Weitwinkelspiegel

Markierungslinie Hauptaußenspiegel

DEKRA

Hilfslinie zum Ausrichten des Lkw

Hilfslinie zum Anhalten des Lkw

Quelle: DEKRA

Abb. 4: Darstellung eines Lkw-Spiegeleinstellplatzes

dass allein die Zahl der zugelassenen Pkw im gleichen Zeitraum um mehr als 40 % anstieg und die Gesamtfahrleistungen im Individualverkehr ebenfalls ein starkes Plus verzeichnete. Betrachtet man dies im Zusammenhang mit dem seit Jahren rasant wachsenden Güterverkehr, resultiert daraus ein hohes Unfallrisiko für alle Verkehrsteilnehmer.

Dass die Zahl der Verkehrstoten stetig sinkt, hängt mit intensiven Bemühungen im Bereich der Verkehrssicherheit zusammen. Die verbesserte Fahrzeugtechnik mit zahlreichen technischen Innovationen zur aktiven wie passiven Sicherheit zählt ebenso dazu, wie etwa die in nahezu allen europäischen Staaten gesetzlich vorgeschriebene Gurtanlegepflicht, der moderne Straßenbau und das verbesserte Rettungswesen. Einen entscheidenden Beitrag zur Erhöhung der Verkehrssicherheit leistet aber auch die periodisch technische Überwachung der im Verkehr befindlichen Fahrzeuge. Die konsequente Aufklärung der Verkehrsteilnehmer und die Weiterentwicklung

der Fahrausbildung tragen ebenfalls dazu bei, die Risiken im Straßenverkehr weiter zu entschärfen.

Ansatzpunkte für mehr Sicherheit im Straßenverkehr
Die Verkehrssicherheit ist ein Zusammenspiel verschiedener Faktoren. In Hinblick auf die Unfallvermeidung und Unfallfolgenverminderung stehen insbesondere die Technik, der Mensch und die Infrastruktur im Fokus.

Einen Unfallschwerpunkt stellen beispielsweise Unfälle auf Landstraßen dar. Hier kommen europaweit die meisten Menschen bei Verkehrsunfällen ums Leben. Im Jahr 2009 lag der Anteil in Deutschland bei 59 %. Die meisten Verunglückten waren beim Abkommen von der Fahrbahn zu verzeichnen, sowie bei Zusammenstößen von Fahrzeugen. Zahlreiche Gegenverkehrskollisionen auf Landstraßen ereignen sich vor Kurven oder Kuppen, wobei eine zu hohe Geschwindigkeit in Kurven, häufig in Verbindung mit einer falschen Reaktion des Fahrers beim Brem-

Abb. 5: DEKRA Verkehrssicherheitsreport Motorrad 2010

sen oder Lenken, ein großes Unfallrisiko birgt. Aktive Sicherheitssysteme wie das elektronische Stabilitätsprogramm ESP® helfen dem Fahrer in solchen Situationen, das Fahrzeug in der Spur zu halten und so Kollisionen mit dem Gegenverkehr oder ein Abkommen von der Fahrbahn zu verhindern.

Interesse der Verkehrssicherheit wäre es sinnvoll, die Prüffristen der Hauptuntersuchung für ältere Fahrzeuge auf ein Jahr zu verkürzen. Der damit verbundene Sicherheitsgewinn lässt sich ohne längere Vorlaufzeiten realisieren. Unabhängig vom Fortschritt der Technik zählt das Fehlverhalten der

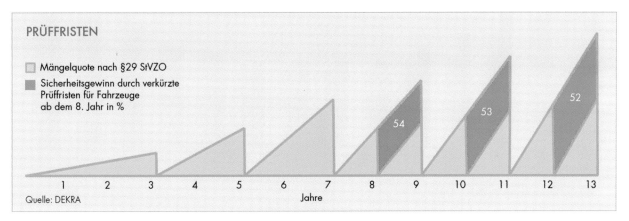

Abb. 6: Mängelquoten Pkw im Verhältnis zum Alter der Fahrzeuge

Die Entwicklungsingenieure und Unfallforscher setzen große Erwartungen in die modernen Fahrerassistenzsysteme. Nachdem das Potenzial der passiven Sicherheit mit geschützter Insassenzelle, Sicherheitsgurt und Airbags weitgehend ausgeschöpft ist, verfolgen Unfallexperten bei der Fahrzeugsicherheit heute das Konzept der integralen Sicherheit, die auch die aktive Sicherheit einschließt. Positive Impulse sind von Fahrerassistenzsystemen, insbesondere von ESP® in allen Pkw-Klassen sowie die Einführung von vorausschauenden „Predictive Safety Systems" zu erwarten, die eine schnellere Reaktion in unfallkritischen Situationen ermöglichen. Die vom EU-Parlament beschlossene Ausrüstungspflicht mit ESP® für alle Fahrzeuge (außer Zweiräder) ab November 2011 bzw. November 2014 wird von daher begrüßt.

Für ein hohes Sicherheitsniveau im Straßenverkehr ist auch der technische Zustand der Fahrzeuge von elementarer Bedeutung. Die Funktionsfähigkeit aller sicherheitsrelevanter mechanischen und elektronischen Fahrzeugkomponenten muss über die gesamte Nutzungsdauer des Fahrzeuges garantiert sein. Analysen zeigen, dass sich mit zunehmendem Alter die Mängelquote der Fahrzeuge und damit auch ihr Unfallrisiko stetig erhöht (Abb. 6). Im

Fahrzeugführer zu den großen Risikofaktoren im Straßenverkehr. Analysen haben ergeben, dass das besonders für Fahranfänger, aber auch für ältere Autofahrer gilt (Abb. 7). Als Hauptursache von Unfällen bei jungen Autofahrern weist die Statistik „nicht angepasste Geschwindigkeit" aus, häufig in Verbindung mit Alkoholeinfluss (Abb. 8). Wichtige Beiträge zur Reduzierung der Unfälle leisten bei dieser Altersgruppe das „Begleitete Fahren mit 17", die Null-Promillegrenze in der Probezeit sowie auch die DEKRA-Aktion „SafetyCheck" (Abb. 3). Weitere Ansätze zur Reduzierung der Unfallzahlen wären, Fahranfänger in einem Fahrsimulator unter Alkoholeinfluss fahren zu lassen oder auch eine Teilnahme an zielgruppenspezifischen Fahrsicherheitstrainings einzuführen. Besonderes Augenmerk muss auch auf die über 65-Jährigen Verkehrsteilnehmer gelegt werden. Sie werden künftig vermehrt als bisher aktiv am Straßenverkehr teilnehmen. Es lohnt sich daher, diese Gruppe von Verkehrsteilnehmern aktiv in Verkehrssicherheitsmaßnahmen einzubinden.

Unfallanalysen haben ergeben, dass sich mit zunehmendem Alter die Anzahl von Vorfahrts- und Abbiegefehlern häufen (Abb. 8). Im Hinblick auf die Unfallvermeidung ist es daher wichtig, die Technik und

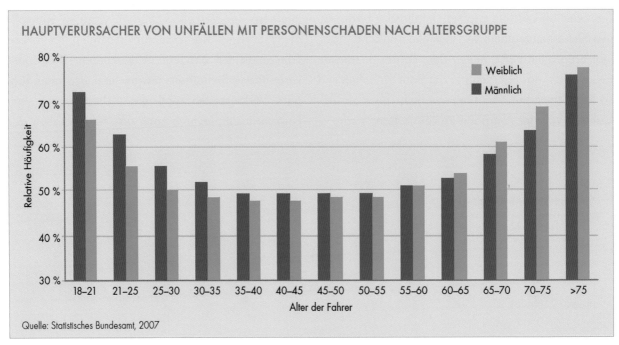

Abb. 7: Hauptverursacher von Unfällen mit Personenschaden nach Altersgruppen

Kommunikation im Fahrzeug besser an die Wahrnehmungsfähigkeit älterer Menschen anzupassen. Freiwillige Mobilitätschecks, zum Beispiel durch Augenärzte oder Allgemeinmediziner, könnten helfen, die Fahrfähigkeiten älterer Menschen zu bewerten. Es gilt hier in erster Linie jedoch, Berührungsängste abzubauen und eine bestimmte Verkehrsteilnehmergruppe nicht zu diskriminieren. Vor allem müsste den älteren Menschen die Furcht vor dem Führerscheinverlust mit adäquaten Aufklärungsmaßnahmen genommen werden.

Mehr Sicherheit durch leistungsfähige Infrastruktur

Die Verkehrsinfrastruktur bietet ebenfalls Ansatzpunkte für mehr Sicherheit. Der Verkehr kann letztlich nur dann sicher rollen, wenn die Leistungsfähigkeit des Straßennetzes kontinuierlich an das steigende Verkehrsaufkommen angepasst wird. Daher sind für die Beseitigung von Unfallschwerpunkten, den Bau von Umgehungen, Kreisverkehren, Schutzvorrichtungen und die Optimierung des Fernstraßennetzes die erforderlichen Investitionen einzuplanen.

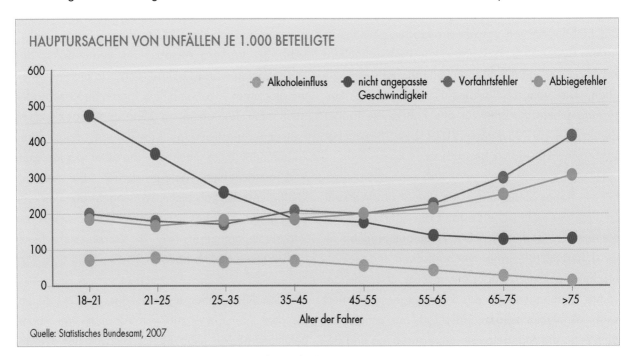

Abb. 8: Hauptursachen von Unfällen mit Personenschaden nach Altersgruppen

Eine wichtige Rolle kommt auch einem intelligenten Verkehrsmanagement zu. Nach Erfahrungen der DEKRA Unfallforschung können Verkehrsbeeinflussungsanlagen dazu beitragen, in der Stadt und auf Autobahnen den Verkehrsfluss zu verbessern und das Unfallrisiko zu senken. Vor allem auf stark belasteten Streckenabschnitten gilt es, die Geschwindigkeit durch ein intelligentes Geschwindigkeitsmanagement variabel an die Verkehrsdichte, die Wetterverhältnisse und den Straßenzustand anzupassen. Je konstanter der Verkehr fließt, desto geringer sind die Unfallrisiken durch dichtes Auffahren, häufige Fahrbahnwechsel und Tempounterschiede.

Mehr Sicherheit bei Lkw

Im Bereich des Güterkraftverkehrs bieten sich nach Analysen der DEKRA Unfallforschung zahlreiche Ansatzpunkte für mehr Sicherheit im Straßenverkehr. Für Lkw sind diverse Fahrerassistenzsysteme, wie Abbiegeassistent, Fahrdynamikregelung ESP® und „Active Brake Assistent" (ABA) verfügbar, dennoch ist der Ausstattungsgrad der Fahrzeuge noch immer relativ gering. Anreizsysteme könnten bis zum verpflichtenden Verbau von ESP® in Neufahrzeugen bis spätestens im Jahr 2014 zur schnelleren Verbreitung der Systeme beitragen.

Grund ihrer Arbeits- und Pausenzeiten gezwungen, in Einfahrten von Parkplätzen oder sogar auf dem Standstreifen über Nacht zu parken, birgt das für alle Verkehrsteilnehmer ein hohes Unfallrisiko. Daher ist es eine wichtige Aufgabe, die Parkraumsituation zügig zu entschärfen. Damit einher geht die Forderung nach mehr Flexibilität im Umgang mit Lenk- und Ruhezeiten.

Die Definition von sicherheitstechnischen Mindestanforderungen sowie die Schaffung einer einheitlichen EU-Unfalldatenbank für alle Verkehrsteilnehmergruppen unterstützt die weitere Reduzierung der Verkehrstoten, da das zu analysierende Unfalldatenmaterial besser vergleichbar und somit besser auswertbar wäre.

Mehr Sicherheit bei Motorrädern

Ein brisantes Thema ist die Sicherheit von Motorradfahrern, denn diese Gruppe ist von allen Verkehrsteilnehmern nach wie vor der höchsten Unfallgefahr ausgesetzt. Das Risiko, einen Unfall zu erleiden, ist bezogen auf die Fahrleistung bei einem Motorradfahrer etwa neunmal höher als bei einem Pkw-Fahrer. Obwohl die Zahl der Verkehrsopfer insgesamt seit Jahren zurückgeht, ist die Zahl der getöteten Motorradfahrer EU-weit in den letzten Jahren leicht gestiegen (Abb. 9).

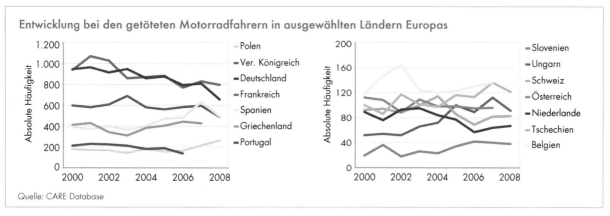

Abb. 9: Entwicklung der Zahl der getöteten Motorradfahrer in ausgewählten Ländern Europas

Die Verwendung von retroreflektierenden Folien tragen zu einer verbesserten Sichtbarkeit von Lkw bei und verringern vor allem die Gefahr schwerer Kreuzungsunfälle bei Nacht. Eine höhere Anschnallquote im Lkw würde bei Unfällen die Verletzungsschwere deutlich reduzieren. Sind Lkw-Fahrer auf

Basierend auf den erschreckenden Statistiken führte die DEKRA Unfallforschung eine Simulationsstudie durch. Dieser Studie zufolge wären bei einer Ausstattung der Motorräder mit ABS 25 bis 35 % der ausgewerteten schweren Unfälle vermeidbar gewesen. In Kombination mit einer Integralbremse und einem

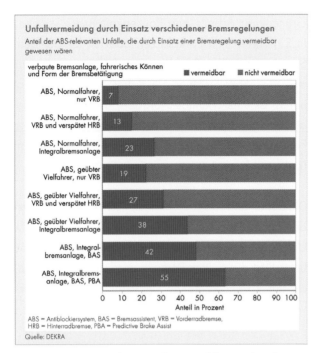

Abb. 10: DEKRA Simulationsstudie zur Unfallvermeidung bei Motorrädern

noch in der Entwicklung befindlichen technischen Bremsassistenten wäre mehr als jeder zweite dieser Unfälle vermeidbar (Abb. 10).

Die hohe Zahl an Motorradunfällen lässt sich aus Sicht von DEKRA nur durch ein Bündel von Maßnahmen verringern. Eine solide Fahrausbildung und regelmäßige Teilnahme an Fahrsicherheitstrainings ist ebenso wichtig, wie das Tragen von kontrastreicher Schutzkleidung mit Protektoren und von Schutzhelmen, die der aktuellen ECE-Norm R 22-05 entsprechen. Passive und aktive Sicherheitskomponenten,

wie der Motorradairbag, sind mit Hochdruck weiter zu entwickeln. Im Bereich der Straßeninfrastruktur empfehlen sich verbesserte Schutzplanken mit Unterzug, die ein Durchrutschen des Motorradfahrers verhindern. Der Verzicht auf Bitumenflickstellen, die für Motorradfahrer gefährliche Rutschfallen darstellen, würde ebenfalls einen Beitrag zur Erhöhung der Verkehrssicherheit leisten.

Fazit

Die Verkehrssicherheit in Europa, insbesondere in Deutschland, befindet sich auf einem guten Weg. Unter dem Zeichen der EU-Charta für die Verkehrssicherheit ist es in den vergangenen zehn Jahren gelungen, beachtliche Erfolge, vor allem bei der Verminderung der Zahl der Getöteten, zu erzielen. Dennoch sind wir längst noch nicht am Ziel. Um die Sicherheit auf den Straßen auch im kommenden Jahrzehnt im gleichen Maß zu erhöhen, sind konsequente und nachhaltige Anstrengungen aller Beteiligten erforderlich, von den Automobilherstellern über deren Zulieferer, dem Gesetzgeber und Forschungsinstituten ebenso wie von den Überwachungsorganisationen, den Verbänden und der Polizei.

Wenn es gelingt, die moderne Fahrzeug- und Kommunikationstechnik, den Ausbau der Infrastruktur und die Qualifikation der involvierten Verkehrsteilnehmer gleichermaßen voranzutreiben, wird man der Vision vom unfallfreien Fahren einen großen Schritt näher kommen.

Sicherheit – Vom Sicherheitsanspruch zum europäischen Standard
Alpentransversalen – leistungsfähig und sicher

Die Zuverlässigkeit und Sicherheit der Alpentransversalen ist ein Thema, das die Länder europaweit beschäftigt und betrifft. Die Nord-Süd-Bahnverbindungen durch die Schweiz führen gezwungenermaßen durch die Alpen und haben deshalb zahlreiche Tunnel. So weist die 200 km lange Strecke zwischen dem Zugersee und Chiasso auf der heutigen Gotthardlinie 67 Tunnel auf, von denen der Gotthard-Scheiteltunnel mit 15 km der längste ist. Der vorliegende Text konzentriert sich hauptsächlich auf die Leistungsfähigkeit, die Sicherheit und die Zuverlässigkeit von Tunneln in der Schweiz, die einen sehr dichten und vielfältigen Bahnverkehr aufnehmen.

Ein paar Tunnel-Kennzahlen aus der Schweiz

Als Einstieg ein paar Kennzahlen zur Schweizer Tunnelgeschichte, die vor gut 150 Jahren ihren Anfang nahm: Zu den bekanntesten Schweizer Tunneln gehören der Gotthard-Bahntunnel (erbaut 1882, Länge 15 km), der Simplontunnel, (erbaut 1906, Länge 19,8 km) und der Lötschberg-Scheiteltunnel (erbaut 1913, Länge 14,6 km).

Die ersten Straßentunnel entstanden erst Mitte der 60er Jahre: der Große St. Bernhard (Martigny – Aosta, erbaut 1964, Länge 5,798 km), der San Bernardino (Rheintal – Missox, erbaut 1967, Länge 6,596 km). Etwas später kam dann der St. Gotthard (Göschenen – Airolo, Baujahr 1980, Länge 16,918 km) hinzu.

Mit der Zeit wurden immer mehr Bahntunnel gebaut. So existieren heute insgesamt ca. 700 Eisenbahntunnel. Gut 40 davon sind länger als 2 km; 6 Tunnel sind länger als 10 km: Simplon, Vereina, Furka, Gotthard (Scheiteltunnel), Lötschberg (Scheiteltunnel) und der neue Lötschberg-Basistunnel. Weitere 5 Tunnel sind im Bau, darunter die beiden Basistunnel durch den Gotthard und den Ceneri.

Abb. 1: Die Gotthardbahn im Jahr 1882

Leistungsfähigkeit der Schweizer Bahntunnel

In der Schweiz wird das Bahnnetz im Mischverkehr genutzt. Dies bedeutet, dass auf ein- und denselben Gleisen sowohl langsame und schwere Güterzüge als auch häufig haltende regionale Personen- und schnelle Fernverkehrszüge verkehren.

Mischverkehr hat verschiedene Auswirkungen auf Infrastruktur und Betrieb. Einerseits gilt es, die Fahrpläne dieser Verkehre so zu organisieren, dass sie sich nicht gegenseitig behindern und ein verspätungs- und störungsfreier Fahrplan gefahren werden kann. Andererseits bedeutet Mischverkehr auch, dass die Infrastruktur jeweils allen Verkehrsarten genügen und gerecht werden muss. Als Beispiele können hier Ausweich- und Kreuzungsstellen, Lärmschutzmaßnahmen, Kurvenradien sowie Überhöhungen oder Steigungen angeführt werden. Für Tunnel und Brücken kommen zusätzlich noch die Anforderungen an das Lichtraumprofil hinzu: Da nicht alle Tunnel gleich hohe „Eckhöhen" aufweisen, können heute z. B. Doppelstockzüge oder großprofilige Güterzüge auf gewissen Strecken nicht fahren (Bsp. Gotthardachse für den großprofiligen Güterverkehr).

Das Schweizer Bahnsystem ist ausserordentlich leistungsfähig und eines der am dichtesten befahrenen Schienennetze der Welt. Auf einer zweigleisigen Strecke verkehren im Mischverkehr durchschnittlich ca. 300 Züge pro Tag (beide Richtungen zusammen). Auf Agglomerationsstrecken mit reinem Personenverkehr verkehren zum Teil über 500 Züge auf zweigleisigen Strecken zwischen 6 Uhr und Mitternacht. Auf der Neubaustrecke zwischen Bern und Zürich verkehren die Reisezüge mit einer Geschwindigkeit von 200 km/h und einer Zugfolgezeit von zwei Minuten.

┌─ Der Autor ─────────────────────

Toni Eder

Vizedirektor Bundesamt
für Verkehr, Schweiz

Lötschberg: Auch im 2007 eröffneten Lötschberg-Basistunnel verkehren die Reisezüge mit einer Geschwindigkeit von 200 km/h. Der teilweise eingleisige Tunnel hat eine Kapazität von 110 Zügen/Tag (davon 42 Reisezüge und ca. 70 Güterzüge). Wie beim Gotthard-Basistunnel ist auch beim Lötschberg-Basistunnel die Infrastruktur auf eine maximale Geschwindigkeit von 250 km/h ausgelegt und zugelassen.

Zwischen der Inbetriebsetzung des Lötschberg-Basistunnels am 9. Dezember 2007 und Ende 2009 durchquerten rund 63.500 Züge den neuen Basistunnel. Die Auslastung der Strecke betrug in diesem Zeitraum durchschnittlich 76,7 %. Insgesamt mussten in den zwei ersten Betriebsjahren rund 1.200 Züge über die Bergstrecke umgeleitet werden, wobei nur gerade 0,18 % dieser Umleitungen Probleme bei der Infrastruktur des neuen Tunnels als Ursache hatten, wie z.B. Ausfall einer Sicherheitseinrichtung. Die Umleitungen erfolgten hauptsächlich wegen Verspätungen, des Rollmaterials oder der Zugelektronik. Die Zuverlässigkeit/Verfügbarkeit des Lötschberg-Basistunnels (Infrastruktur) betrug in den ersten beiden Betriebsjahren somit 99,8 %.

Gotthard: Die Eröffnung des Gotthard-Basistunnel ist spätestens für Dezember 2017 geplant, zwei Jahre später folgt dann der Ceneri-Basistunnel. Somit wird Ende 2019 der zweite NEAT-Korridor vollständig in Betrieb sein. Dadurch werden der Personen- und der Güterverkehr erhebliche Fortschritte erfahren:

- Die Fahrzeit zwischen Zürich und Mailand wird um eine knappe Stunde verkürzt.
- Im Güterverkehr werden zusammen mit der Achse Lötschberg/Simplon insgesamt 9 hochwertige Transittrassen pro Stunde und Richtung angeboten, d.h. 370 Trassen pro Tag. Mit diesen Bahnkapazitäten werden die Voraussetzungen für das angestrebte Verlagerungsziel von maximal 650.000 Lastwagen pro Jahr durch die Schweiz erfüllt.

Das Schweizer Bahnsystem ist außerordentlich leistungsfähig, da mit Hilfe der technischen Möglichkeiten das Optimum aus der bestehenden Verkehrsinfrastruktur herausgeholt und die Technik – wo nötig

– laufend modernisiert wird. Und da, wo heute neue Infrastruktur entsteht – wie etwa bei den Basistunneln –, wird nach dem neuesten Stand der Technik gebaut. Dies gilt sowohl für die Infrastruktur als auch für die Sicherheit.

Sicherheit versus Leistungsfähigkeit

Gerade weil in der Schweiz das Bahnnetz im Mischverkehr betrieben wird, spielt das Thema der Sicherheit in Tunneln eine besonders große Rolle, denn in Tunneln verkehren Personenfernverkehrszüge und Güterzüge. Und dies ist denn auch das Hauptthema dieses Beitrags: Die Sicherheit in Eisenbahntunneln.

Auf Güterzügen werden verschiedenste Güter befördert, auch solche, die als gefährliche Güter gelten. Das sind z.B. Brennstoffe oder Chemikalien, die zum Teil in den Straßentunneln gar nicht zugelassen sind. Bei den Güterzügen besteht also ein großes Gefahrenpotenzial. In den Personenzügen hingegen sitzen bis zu 1000 Reisende; hier besteht folglich ein besonders großes Sicherheitsbedürfnis. Die einfachste Maßnahme wäre, die Durchfahrt von Güterzügen während der Durchfahrt von Personenzügen durch betriebliche Maßnahmen zu verbieten. Eine solche Einschränkung würde aber die Kapazität stark reduzieren.

Somit stehen Sicherheit und Leistungsfähigkeit in Konkurrenz zueinander, sie beeinflussen sich gegenseitig. Das Risiko muss mittels geeigneter Maßnahmen verringert werden, so dass Sicherheit und Leistungsfähigkeit in einem gesunden Verhältnis zueinander stehen.

Die Entwicklung der Sicherheitsanforderungen in Schweizer Eisenbahntunneln hat einen direkten Zusammenhang mit reellen Ereignissen. Ein Auslöser der Entwicklung war der Brand eines S-Bahn-Zuges in einem Tunnel in Zürich im Jahre 1991, bei dem nur knapp ein tragisches Ereignis vermieden werden konnte. Dies war einer von verschiedenen Bahnunfällen in Tunneln zwischen 1970 und dem Jahr 2000. In der Folge wurde die Sicherheit in bestehenden Bahntunneln seit Beginn der 90er-Jahre vertieft analysiert und beurteilt; sie wurde seither kontinuierlich durch Maßnahmen verbessert.

2001 führte das Bundesamt für Verkehr eine umfassende Situationsanalyse zur Sicherheit in den bestehenden Eisenbahntunneln durch, die im „Bericht zur Sicherheit in den Schweizer Eisenbahntunneln" mündete. Laut diesem Bericht sind die Schweizer Bahntunnel grundsätzlich sicher: „Es müssen aufgrund des heutigen Sicherheitsstandards der Tunnel auf dem Schweizerischen Schienennetz keine betriebseinschränkenden Sofortmaßnahmen getroffen werden".

Auf der Grundlage der bestehenden Risikoanalysen und in Zusammenarbeit mit den Bahnen wurden in den Folgejahren Anforderungen an die Sicherheit bestehender Tunnel definiert. Zudem werden heute den einzelnen Tunnelklassen spezifische Maßnahmenpakete der Infrastruktur, des Rollmaterials und des Betriebs zugeordnet.

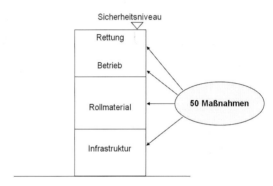

Im "System Bahn" setzt sich die Sicherheit aus mehreren Elementen zusammen.

Abb. 2: Kriterien für die Bewertung der Sicherheit und der Maßnahmen

Die Anforderungen wurden in der Folge in eine Richtlinie überführt, die von allen Tunnelbetreibern, sowohl für Normal- als auch Schmalspurbahnen, anzuwenden sind. Die „Richtlinie betreffend Sicherheitsanforderungen für bestehende Eisenbahntunnel" wurde im August 2009 in Kraft gesetzt.

Allgemein gilt, dass das Unfallrisiko in Tunneln kleiner ist als auf offenen Stecken; im Vergleich zur offenen Strecke ist ein Tunnel viermal sicherer. Gründe dafür sind, dass keine Gleise überschritten werden, dass es keine Bahnübergänge gibt (41 % der Unfälle sind Zusammenstöße auf Bahnübergängen) und dass keine Personen auf Züge oder von Zügen springen. Hingegen ist das Ausmaß eines Unfalls in einem Tunnel klar größer als auf offener Strecke. Dies ist zurückzuführen auf die große Anzahl beförderter Personen (z.B.

lange FV-Züge, Zugdichte), die engen Raumverhältnisse, die Brandentwicklung im Tunnel (Hitze, Rauch) und die erschwerten Bedingungen für die Ereignis-/Rettungsdienste.

Klassifizierung der Schweizer Bahntunnel und Vier-Punkte-Strategie

Aufgrund welcher Kriterien wird die Sicherheit in Bahntunneln bewertet und werden Maßnahmen getroffen? Anhand der Risikoanalysen und der definierten Anforderungen an die Sicherheit ergibt sich eine am Risiko angelehnte Klassifizierung der Tunnel. Einen großen Einfluß auf das Risikopotenzial haben die Länge eines Tunnels, die Zugdichte sowie das gewählte System (1 oder 2 Röhren).

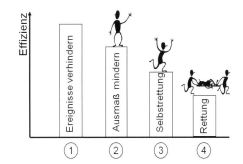

Die Stärke der Bahn liegt in vorbeugenden und ausmaßmindernden Maßnahmen

Abb. 4: Die Vier-Punkte-Strategie

strukturbereich: Mit Hilfe eines Netzes von Zugkontrolleinrichtungen werden „heiße Züge" detektiert und gestoppt, bevor sie in einen langen Tunnel einfahren. Ereignet sich dennoch ein Unfall, soll das Ausmaß

Länge	Eingleisige Tunnel			Zweigleisige Tunnel		
	unter 100 Züge pro Tag	100 bis 300 Züge pro Tag	über 300 Züge pro Tag	unter 100 Züge pro Tag	100 bis 300 Züge pro Tag	über 300 Züge pro Tag
unter 300m	A	A	A	A	A	A
300 bis 1000m	B	B	B	B	B	B
1000 bis 3000m	B	C	C	B	C	C
3000 bis 10'000m	C	C	C	C	D	D
über 10'000m	C	D	D	C	D	D

Abb. 3: Klassifizierung der Schweizer Eisenbahntunnel

Beim Festlegen der Maßnahmen gilt es zudem drei Aspekte zu berücksichtigen, deren Zusammenwirken für die Sicherheit von Bahntunneln grundlegend ist: die Infrastruktur (inkl. bahntechnische Einrichtungen), das Rollmaterial (inkl. Reisezüge, Autoverlad, RoLa, Information der Reisenden) und den Betrieb (inkl. Rettung).

Für die Sicherheit wird die folgende 4-Punkte-Strategie in der folgenden Priorität verfolgt:
1. Verhinderung von Schadensereignissen (präventive Maßnahmen);
2. Schadenminimierung/Ausmaßverhinderung;
3. Selbstrettung und schließlich
4. Drittrettung.

Oberstes Ziel ist es, dafür zu sorgen, dass in einem Tunnel möglichst keine Ereignisse – wie etwa ein Brand – eintreten. Ein Beispiel dazu aus dem Infra-

des Schadens möglichst gering gehalten werden (z.B. technische Hilfsmittel wie Handläufe und Fluchtwegzeichnung an Tunnelwänden oder Lautsprecherdurchsagen, damit kein Chaos entsteht und keine Panik ausbricht). Des Weiteren sollen die Betroffenen sich selbst in Sicherheit bringen können, indem sie sicher zu den Notausgängen geleitet werden (Gehwege, Handläufe, Notbeleuchtung, Querverbindungen etc.). Sind sie an einem vorläufig sicheren Ort (geschützter Querschlag, „gesunde" Tunnelröhre), müssen sie möglichst schnell von Dritten aus dem Tunnel befördert werden, entweder mit Bussen (wie im Lötschberg-Basistunnel) oder mit Zügen. Das oberste Betriebsziel im Ereignisfall ist jedoch das Herausfahren eines Havariezuges aus dem Tunnel.

Sicherheit in neuen Schweizer Bahntunneln

Wie sieht das Sicherheitskonzept für neue Tunnels aus? Allgemein gelten für alle Basistunnel dieselben Sicherheitsziele: Häufigkeit und Folgen von gefährlichen Ereignissen müssen mit allen zur Verfügung stehenden technischen, betrieblichen und wirtschaftlichen Mitteln minimiert werden. Die Umsetzung dieses Grundsatzes zum heutigen Tunnelsystem erforderte einen jahrelangen Prozess. Der heutige Standard sieht für die Alpentransversalen in der Schweiz folgendermaßen aus: Bahntunnel verfügen über zwei mit Querschlägen verbundene Einspurröhren (es handelt sich also nicht um ein System mit einem in der Mitte verlaufenden Rettungstunnel). Diese Lösung konnte erreicht werden, indem zahlreiche Maßnahmen vorgesehen wurden, die dazu führen, dass die „gesunde" Röhre die Rettungsröhre für die „kranke" Röhre ist. Diese Ziele wurden vom Bundesamt für Verkehr gutgeheißen; die detaillierten Ziele sind in den nationalen Regelwerken festgelegt.

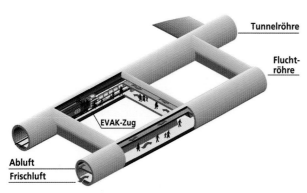

Abb. 6 Präventive Maßnahmen (Infrastruktur): Multifunktionsstelle

Konkret besteht dieses System infrastrukturseitig aus den folgenden Elementen:

- Die Basistunnel bestehen aus zwei getrennten Einspurröhren.
- Diese verfügen alle ca. 325 m über so genannte Querschläge. Bei einem Ereignis, d.h. wenn der Zug an einer beliebigen Stelle im Tunnel anhalten muss, wird in der Gegenröhre ein Überdruck erzeugt, der verhindert, dass z.B. Rauch aus der „kranken" Röhre in die Querschläge und die „gesunde" Röhre übertritt. So können die Leute

innerhalb von 10 - 15 min durch die Querverbindungen in die Gegenröhre evakuiert werden.

- Alle ca. 20 km gibt es eine Multifunktionsstelle. An diesen Stellen sind alle notwendigen Anlagen zur Evakuierung und zur Beherrschung eines Ereignisses vorhanden.
- In den Tunneln sind verschiedene technische Maßnahmen vorgesehen, wie eine minimale Anzahl Weichen, eine Notbeleuchtung, Randwege, Fluchtbezeichnungen, Handläufe, Lautsprecheranlagen/Videoüberwachung, die Verwendung von unbrennbarem Material, das Vermeiden von Brandquellen, das Vermeiden der Weiterleitung von Explosionen durch das Entwässerungssystem, das Vermeiden der Ausbreitung von ausgetretenen Störfallflüssigkeiten durch Retentionsschwellen in der Fahrbahn, redundante Stromversorgungssysteme, Zugang/Zufahrt zu Portalen und Notausstiegen, Löschwasserversorgung im Portalbereich und in den Nothaltestellen/Multifunktionsstellen.

Des Weiteren verfügt auch das Rollmaterial über verschiedene Besonderheiten, wie die Ausrüstung mit ETCS Level 2, welches das Rückwärtsfahren ohne Führerstandwechsel erlaubt (so genannter „Reversing"-Modus), die Zugstillstandverhinderung (Notbremsüberbrückung oder Notbremsanforderung), Brandmeldeanlagen, Brandlöschanlagen und Kommunikationssysteme.

Schließlich sind auch betriebliche Maßnahmen vorzusehen, wie Kontrollsysteme vor den Tunneln in Form von Heißläuferortungsanlagen, ein Unterhaltskonzept, ein Sicherheitsdienst, ein Rettungs- und Interventionskonzept, ein Lüftungskonzept[1] und ein Entwässerungskonzept[2].

Um in Tunneln eine hohe Sicherheit zu erreichen, braucht es also das – auf jeden Tunnel abgestimmte – richtige Zusammenspiel verschiedenster größerer und kleinerer, grundsätzlicher und konkreter Maßnahmen.

---

[1] z. B. Erzeugen eines Überdrucks in der Gegenröhre, damit im Brandfall der Rauch nicht eindringen kann und betroffene Personen durch die Querverbindungen / Querschläge in die Gegenröhre und damit in einen geschützten Bereich gelangen können.

[2] Beim Auslaufen von wassergefährdenden Flüssigkeiten werden diese durch die Tunnelwasserleitung (gegenüber der Bergwasserleitung getrennt) ins Freie geführt. Dort stehen dann Rückhalteanlagen zur Verfügung.

Abb. 5: Präventive Maßnahmen (Infrastruktur): Querverbindungen

Abb. 7: Maßnahmen zur Verminderung des Ausmasses von Ereignissen: Lüftung

Internationaler Kontext

Abschließend noch ein kurzer Blick über die Grenzen: Wie steht die Schweiz denn punkto Sicherheitsanforderungen und -maßnahmen für Eisenbahntunnel im internationalen Kontext da? Die Schweiz pflegt eine regelmäßige Zusammenarbeit mit anderen Ländern Europas, insbesondere auch mit ihren Nachbarländern.

In Sachen Bestimmungen im Bereich Tunnelsicherheit haben sich die europäischen Vorschriften die Sicherheit in Eisenbahntunneln betreffend rasch entwickelt. Basierend auf dem durch die UIC für die Bahnen herausgegebenen Merkblatt, wurden durch den UN-ECE (United Nations Economic and Social Council – Economic Commission for Europe – Inland Transport Committee) Empfehlungen für die Regierungen entwickelt und publiziert. Dann wurden die TSI[3] erarbeitet, welche seit 2005 als Entwurf bekannt waren und 2008 in Kraft gesetzt wurden.

Diese Bestimmungen fließen fortwährend in die Weiterentwicklung der Schweizer Vorschriften ein (EBV, AB-EBV, Richtlinie betreffend die Sicherheitsanforderungen bestehender Eisenbahntunnel, Norm SIA 197, 197/1 usw.[4]). Die Schweiz ist in Bezug auf die Anforderungen, welche an die Tunnelsicherheit gestellt werden, mit ihren europäischen Nachbarn in Kontakt und stimmt diese, wo nötig und wo möglich, aufeinander ab. So wird die Schweiz z.B. für die Strecken des transeuropäischen Eisenbahnnetzes, wenn diese festgelegt sind, die TSI übernehmen.

Fazit

Das Sicherheitsniveau in Schweizer Bahntunneln ist hoch, denn in der Schweiz bestehen hohe Anforderungen an die Sicherheitsausrüstung und den Betrieb von Eisenbahntunneln. Die Anforderungen an Bahntunnel hinsichtlich der erforderlichen Sicherheitsmaßnahmen sind abhängig vom Risikopotenzial eines Tunnels (Systemwahl/Anzahl Röhren; Ausrüstung/Rollmaterial; Betrieb-/Rettungskonzept) und vom darin vorgesehenen Betrieb. Maßgebend für eine hohe Sicherheit ist dabei das richtige Zusammenspiel der verschiedenen Maßnahmen. Als Folge davon – d.h. aufgrund der heute gültigen Sicherheitsmaßnahmen – sind die Tunnelkosten heute deutlich höher im Vergleich zu früher, denn eine hohe Sicherheit hat ihren Preis. Daher gilt es bei jeder Maßnahme abzuschätzen, in welchem Verhältnis sie zu ihrer Wirkung tatsächlich umzusetzen ist. Denn auch bei einem hohen Sicherheitsniveau in Tunneln, wie es in der Schweiz umgesetzt wird, gilt: Eine absolute Sicherheit kann nie garantiert und erst recht nicht finanziert werden.

---

[3] TSI: technische Spezifikationen für Interoperabilität;

[4] EBV: Eisenbahnverordnung; AB-EBV: Ausführungsbestimmungen zur Eisenbahnverordnung.

Sicherheit

Prof. Dr.-Ing. Jörn Pachl

Sicherheit – Vom Sicherheitsanspruch zum europäischen Standard
Aktuelle Entwicklungstendenzen der Bahnsicherungstechnik

Die Sicherheitsforschung der Eisenbahn unterscheidet sich in ihrer Zielstellung deutlich von der Sicherheitsforschung in anderen Verkehrsträgern. Und zwar geht es nicht vordergründig um die Verbesserung der Sicherheit, sondern um den Nachweis, dass das erreichte sehr hohe Sicherheitsniveau auch bei Einführung neuer Technologien und Verfahren erhalten bleibt. Das Risiko, tödlich zu verunglücken, ist für einen Bahnreisenden bezogen auf die gleiche durchfahrende Strecke etwa 30 bis 40 mal niedriger als im Straßenverkehr. Verglichen mit der Luftfahrt ergibt sich bezogen auf die von einem Fahr- bzw. Fluggast zurückgelegte Entfernung etwa das gleiche Risiko, bezogen auf die Aufenthaltszeit im System ist die Eisenbahn auch der Luftfahrt deutlich überlegen.

Der Grund für dieses hohe Sicherheitsniveau liegt in den spezifischen Systemeigenschaften des Schienenverkehrs, die schon frühzeitig zur Einführung von Sicherungsverfahren und -techniken führten. Dabei handelt es sich um zwei maßgebende Eigenschaften:

- Spurführung,
- geringe Haftreibung Rad/Schiene.

Die Spurführung erfordert in einem vernetzten System bewegliche Fahrwegelemente (Weichen) an den Fahrtverzweigungen. Zur Steuerung dieser Elemente sowie zur Sicherung gegen unbeabsichtigtes Umstellen ist eine besondere Steuerungs- und Sicherungstechnik erforderlich. Besondere Sicherungsmaßnahmen müssen auch an höhengleichen Kreuzungen von Schienenbahnen sowie an höhengleichen Kreuzungen einer Schienenbahn mit einem anderen Verkehrsweg getroffen werden. Die Bremskraft eines Landfahrzeugs muss durch die Haftreibung vom Fahrzeug auf den Fahrweg übertragen werden. Der Haftreibungsbeiwert zwischen Rad und Schiene (System „Stahl auf Stahl") ist ca. achtmal kleiner als im Straßenverkehr (System „Gummi auf Asphalt/Beton"). Die dadurch bedingten langen Bremswege übersteigen die Sichtweite oft um ein Vielfaches. Der sichere Verkehr der Eisenbahn setzt daher besondere Techniken zur Regelung und Sicherung der Zugfolge voraus. Da vor jedem Zug zur sicheren Abstandshaltung mindestens der erforderliche Bremsweg freizuhalten ist, wozu in Abhängigkeit vom angewandten Verfahren zur Zugfolgesicherung noch weitere Zuschläge kommen können, ist unter Leistungsgesichtspunkten anzustreben, die Zugverbände möglichst lang zu machen, damit viele zu einem Zug vereinigte Wagen nur einen gemeinsamen Bremsweg benötigen. Eine Aufteilung der gleichen Wagenzahl auf mehrere kürzere Züge führt zu einem Mehrverbrauch an Fahrwegkapazität und senkt den möglichen Durchsatz einer Strecke. Aufgrund der langen Bremswege ist daher die Zugbildung ein wesentliches Charakteristikum des Eisenbahnverkehrs.

Eine weitere Konsequenz dieser Systemeigenschaften ist, dass es sich bei der Eisenbahn um ein fahrwegseitig gesteuertes System handelt. Damit unterscheidet sich die Eisenbahn ganz entscheidend vom Straßenverkehr, aber auch, wenngleich weniger streng, vom Luftverkehr. In keinem anderen Verkehrssystem ist der Entscheidungsspielraum der Fahrzeugführer so gering wie bei der Eisenbahn. Die entscheidende betriebsregelnde Instanz der Eisenbahn ist der Fahrdienstleiter als Mitarbeiter des Eisenbahninfrastrukturunternehmens. Die Betriebsführung der Eisenbahn ist letztlich eine Infrastrukturaufgabe und im deutschen

Allgemeinen Eisenbahngesetz auch den Eisenbahninfrastrukturunternehmen zugeordnet. Dazu ist das gesamte Streckennetz lückenlos in Fahrdienstleiterbezirke eingeteilt. Ein Zug befindet sich somit auf seinem Laufweg unter ständiger Überwachung eines Fahrdienstleiters, der an jeder Zugfolgestelle der Ab- bzw. Weiterfahrt des Zuges besonders zustimmen muss (je nach Betriebsverfahren und technischer Ausstattung durch Hauptsignal, Führerraumanzeigen, schriftlichen Auftrag oder mündliche Fahrerlaubnis). Durch den Fahrtbegriff an einem Hauptsignal der Eisenbahn erteilt der Fahrdienstleiter die Zustimmung, auf einem bestimmten Fahrweg bis zu einem definierten Zielpunkt (in der Regel dem nächsten Hauptsignal) zu fahren. Die Hauptsignale der Eisenbahn unterscheiden sich daher in sehr grundlegender Weise von den Lichtsignalanlagen im Straßenverkehr. Letztere dienen nur der Vorfahrtsregelung, autorisieren aber im Unterschied zu einem Hauptsignal keine individuelle Fahrzeugbewegung. Die entscheidende betriebsregelnde Instanz des Straßenverkehrs ist der Kraftfahrer. Er kann sich unter Beachtung der Sicherheitsregeln freizügig im Straßennetz bewegen. Es gibt keine Leitstellen, die die Straßenfahrzeuge nach vorbestimmten Wegen und Zeiten durch das Netz führen.

Das entscheidende Charakteristikum der Betriebsführung der Eisenbahn besteht letztlich darin, dass in Form der Fahrdienstleitung eine fahrwegseitige Verwaltung der Nutzungsrechte der Fahrwegabschnitte besteht. Eine Fahrt wird nur dann autorisiert, einen Gleisabschnitt zu befahren, wenn durch die fahrdienstleitende Instanz die Vorkehrungen für das sichere Befahren dieses Gleisabschnitts getroffen worden sind. Dies wird, zumindest im Regelbetrieb, durch einen bei anderen Verkehrsmitteln bis heute völlig unerreichten Grad an technisch zwangsläufig wirkenden Abhängigkeiten erzwungen.

┌─ Der Autor ─────────────────

Prof. Dr.-Ing.
Jörn Pachl

Technische Universität Braunschweig

Historischer Hintergrund

Beginnend von den Anfängen des Eisenbahnwesens in der ersten Hälfte des 19. Jahrhunderts lässt sich die Entwicklung der Leit- und Sicherungstechnik in wesentliche Perioden einteilen. Mit dem Bau der ersten Eisenbahnen begann zunächst eine Periode des Experimentierens, während der man über die Eigenschaften des gerade erfundenen neuen Verkehrssystems noch weitgehend im Unklaren war und die Möglichkeiten und Grenzen des Schienenverkehrs erst vorsichtig ausloten musste. Dieser „Experimentierphase" folgte Anfang der 1870er Jahre eine Periode, die man als „Gründerjahre der Signaltechnik" bezeichnen kann und die etwa bis kurz nach der Wende zum 20. Jahrhundert währte. In dieser Periode setzten sich mit Ausnahme der Zugbeeinflussung alle heute bekannten und noch immer gültigen Grundsätze der Sicherung des konventionellen Eisenbahnbetriebes durch, wie

- ortsfeste Signale zur Deckung von Gefahrpunkten und zur Sicherung der Zugfolge,
- Fahren im festen Raumabstand,
- Streckenblock,
- Fahrstraßensicherung mit Signalabhängigkeit, Fahrstraßenfestlegung, Fahrstraßenausschlüssen und Flankenschutzeinrichtungen.

Neben der systemprägenden Funktion begann in diesen Jahren aber auch das internationale Auseinanderdriften grundlegender Prinzipien der Sicherungstechnik und Betriebsführung, das in der weiteren Entwicklung zu teilweise vollkommen verschiedenen Systemlösungen und damit zu der noch heute bestehenden extremen nationalen Prägung der Eisenbahnsicherungstechnik führte. Während bis zu dieser Zeit die gesamte Eisenbahntechnik (nicht nur die Sicherungstechnik) britisch geprägt war, setzte nun sowohl eine Trennung der europäischen von der nordamerikanischen als auch innerhalb Europas eine scharfe Trennung der eine eigenständige Richtung einschlagenden deutschen Sicherungstechnik von der Sicherungstechnik derjenigen Bahnen ein, die sich weiterhin am britischen Vorbild orientierten (im Wesentlichen die westeuropäischen Bahnen). Die Hintergründe dieser Entwicklung sind in [1] näher beschrieben.

Mit dem Ende dieser für die Entwicklung der Leit- und Sicherungstechnik äußerst wichtigen Zeitspanne setzte um die Wende zum 20. Jahrhundert eine über 90 Jahre während Periode ein, die durch technische Generationswechsel geprägt war, in der jedoch mit Ausnahme der Entwicklung von punkt- und linienförmigen Zugbeeinflussungssystemen – letztere in Verbindung mit der Einführung des Hochgeschwindigkeitsverkehrs – die systemtechnischen Grundsätze des Eisenbahnbetriebes weitgehend unverändert bestehen blieben. Die Entwicklung führte in dieser Zeit von den mechanischen Stellwerken über die elektromechanischen und elektropneumatischen Stellwerke (letztere allerdings kaum in Deutschland) zur Relaistechnik und schließlich den elektronischen Stellwerken. Die elektromechanischen und elektropneumatischen Stellwerke orientierten sich weitgehend an der Sicherheitsphilosophie ihrer mechanischen Vorläufer. Der entscheidende Umbruch kam mit der Einführung der Relaisstellwerke, die in Europa kriegsbedingt erst zum Ende der 1940er Jahre begann. Die Einführung der durchgehenden technischen Gleisfreimeldung, die die visuelle Fahrwegprüfung entbehrlich machte, führte zu einem deutlichen Sicherheitsgewinn. Da die Ablösung der aus der Vorkriegszeit stammenden mechanischen und elektromechanischen Stellwerke noch immer nicht zum Abschluss gekommen ist, wird sich in den nächsten Jahren durch den zunehmenden Einsatz elektronischer Stellwerke der hohe Sicherheitsstandard der Bahn weiter verbessern.

Durch die in der Relaistechnik gebotene Möglichkeit der Fernsteuerung von Betriebsstellen waren der Zentralisierung der Betriebssteuerung praktisch keine Grenzen mehr gesetzt, wobei die historisch gewachsene Struktur der Fahrdienstleitung aber zunächst erhalten blieb. In den 1980er Jahren begann dann die Einführung der elektronischen Stellwerke, die bis heute die modernste Stellwerksgeneration darstellen. Eine Eigentümlichkeit der Generationswechsel der Stellwerke bestand darin, dass mit Einführung einer neuen Stellwerkstechnik die älteren Generationen auf Grund ihrer Langlebigkeit nicht verschwanden, so dass heute noch alle Stellwerksgenerationen, die einen Entwicklungszeitraum von mehr als 100 Jahren repräsentieren, in nennenswerter Stückzahl parallel im Einsatz sind. Dieser Umstand dürfte in der Technikgeschichte einmalig sein.

Aktuelle Entwicklungen

Die weitere Entwicklung der Leit- und Sicherungstechnik ist heute durch drei Grundtendenzen gekennzeichnet [2] [3]:

- hochgradige Zentralisierung der Betriebssteuerung,
- Verbesserung der Interoperabilität der europäischen Bahnen durch Harmonisierung der Zugbeeinflussungssysteme,
- wirtschaftliche Leittechnik für Regionalstrecken.

Die Einrichtung großer Betriebszentralen, aus denen Netze mit mehreren zehntausend Kilometern Strecke gesteuert werden, begann in den 1980er Jahren in Nordamerika [4]. In den 1990er Jahren fassten ähnliche Zentralisierungsbestrebungen auch in Europa Fuß, was bei der Deutschen Bahn AG zum Konzept der Bildung von 7 Betriebszentralen mit 75 Steuerbezirken führte. Die Zugdisposition ist bereits heute an den Standorten der Betriebszentralen zusammengefasst, die Fahrdienstleitung soll schrittweise in diese integriert werden. Neben der reinen Zentralisierung wird in den Betriebszentralen eine vollkommen neue Funktionalität der Betriebssteuerung realisiert werden. Dabei wird die rechnergestützte Zugüberwachung mit der fahrplanbasierten Zuglenkung in einer Weise verknüpft, dass die Dispositionsentscheidungen des künftig als Zuglenker bezeichneten Disponenten automatisch in Zuglenkdaten zur Ansteuerung der Prozessebene umgesetzt werden [5]. Die Umsetzung dieser Strategie wird zu einem bislang unerreichten Automatisierungsgrad der Betriebssteuerung führen. Dieses Konzept ist auch im internationalen Maßstab richtungsweisend. In der Folge werden die Systeme zur Fahrplanerstellung immer enger mit der Betriebsleittechnik verknüpft. Während die letzten Jahrzehnte durch ein immer stärkeres Zusammenwachsen der Leittechnik mit der Sicherungstechnik gekennzeichnet waren, folgt nun als neue Entwicklung die zunehmende Verschmelzung der rechnergestützten Betriebsplanungssysteme mit der Leit- und Sicherungstechnik. Die rechnergestützte Fahrplankonstruktion wird sich damit zu einem integralen Bestandteil des Betriebsleitsystems entwickeln. Diese Entwicklung ist folgerichtig, besteht doch der Gegenstand der Zugdisposition genau genommen in nichts anderem als einem Nachjustieren des Fahrplans zur Anpassung an die aktuelle Betriebslage. Ziel ist letztlich die Schaffung einer durchgehenden elektronischen Informations- und Prozesskette vom Arbeitsplatz des Fahrplanbearbeiters über die Dispositionsebene bis zum Einstellen der Fahrstraßen in der Stellwerksebene.

Neben diesen vielversprechenden betrieblichen Möglichkeiten der Zentralisierung ist aber auch eine Anpassung der Betriebsverfahren und Regelwerke an die neuen Bedingungen einer zentralisierten Betriebssteuerung erforderlich. Das betrifft bei der Deutschen Bahn vor allem die Regeln und Verfahren zur Störfallbehandlung und Weiterführung des Betriebes in der Rückfallebene. Hier basieren die traditionellen Verfahren auf einer starken Einbindung des örtlichen Betriebspersonals, z.B. zur ersatzweisen visuellen Freiprüfung von Bahnhofsgleisen oder zum Feststellen der Zugvollständigkeit durch Beobachten des Zugschlusssignals. Ein Beispiel für die Weiterentwicklung der Regelwerke zur Anpassung an die Zentralisierung sind die im Dezember 2009 in Kraft getretenen neuen Regeln zur Störfallbehandlung auf Strecken mit selbsttätigem Streckenblock. Wenn nach einer Zugfahrt Einrichtungen des selbsttätigen Streckenblocks nicht in die Grundstellung kommen, so dass die Grundstellung durch den Fahrdienstleiter mit einer Hilfshandlung in Personalverantwortung hergestellt werden musste, so war nach bisheriger Regelung vorab eine Räumungsprüfung durchzuführen. Dazu war zu prüfen, dass der letzte vorausfahrende Zug auf der nächsten Zugmeldestelle vollständig, d.h. mit Schlusssignal, angekommen ist, dort durch ein Halt zeigendes Signal gedeckt wird und die Signalzugschlussstelle geräumt hat. Mit Ausnahme der Zugvollständigkeit lassen sich diese Feststellungen in den meisten Fällen durch das Auswerten von Meldeanzeigen prüfen. Zur Feststellung der Zugvollständigkeit muss sich der Fahrdienstleiter entweder von einer örtlich besetzten Betriebsstelle eine Zugschlussmeldung geben oder sich die Zugvollständigkeit vom Zugpersonal bestätigen lassen. Beides stößt häufig auf Schwierigkeiten. Örtliches Betriebspersonal ist

immer seltener vorhanden und bei Güterzügen ist die Feststellung der Zugvollständigkeit extrem aufwändig. Auch hat zu dem Zeitpunkt, zu dem die Störung bemerkt wird, weil ein Zug vor einem Halt zeigenden Signal steht, der letzte voraus fahrende Zug den eigenen Steuerbereich oft schon verlassen, so dass eine Räumungsprüfung nicht mehr möglich ist. Wenn die Räumungsprüfung nicht durchgeführt werden kann, musste die Grundstellungsbedienung zunächst unterbleiben und der nächste Zug beauftragt werden, im betroffenen Abschnitt auf Sicht zu fahren. Wenn es auch für diesen und ggf. folgende Züge nicht möglich ist, eine Räumungsprüfung durchzuführen, kann es sein, dass eine ganze Reihe von Zügen nacheinander den betroffenen Abschnitt auf Sicht befahren müssen, bis endlich für einen Zug die Räumungsprüfung gelingt, so dass der Abschnitt in die Grundstellung gebracht werden kann. Dieses betrieblich unbefriedigende Verfahren wurde mit Rücksicht auf die zunehmende Zentralisierung durch die Neuregelung ersetzt, so dass man auch ohne Räumungsprüfung ersatzweise grundstellen darf, wenn dem Zug, der den Abschnitt als nächster befahren soll, vorher der Auftrag zum Fahren auf Sicht erteilt wurde. Dadurch ist sichergestellt, dass es nicht zu einer Gefährdung kommt, wenn das Signal nach der Grundstellungsbedienung auf Fahrt kommt, obwohl der Abschnitt nicht frei ist. Nach dieser einen Zugfahrt auf Sicht ist man anschließend wieder im Regelbetrieb. Dieses betrieblich sehr effektive Verfahren hat daneben die interessante Eigenschaft, dass keine Meldebildanzeigen ausgewertet werden müssen, da eine verfahrensbasierte Sicherung erfolgt. Dabei könnte es sich um den Einstieg in den Ausstieg aus der Verwendung sicherer Meldebildanzeigen handeln, eine unter Sicherheitsgesichtspunkten sehr begrüßenswerte Entwicklung, da damit die Fehlermöglichkeiten des Menschen bei der sicherheitsrelevanten Auswertung hochkomplexer Bildschirmdarstellungen eliminiert werden.

Der entscheidende Beitrag der Leit- und Sicherungstechnik zur Verbesserung der Interoperabilität der europäischen Bahnen ist die Harmonisierung der Zugbeeinflussungssysteme durch Einführung des European Train Control System (ETCS). Über die Konzeption des ETCS und die drei Ausrüstungsstufen (ETCS-Level 1 – 3) wurde in den letzten Jahren sehr viel publiziert, so dass hier auf nähere Erläuterungen verzichtet werden kann. Eine einführende Beschreibung findet sich in [6]. Schwerpunkte der aktuellen Arbeiten sind die Herstellung der vollständigen technischen Interoperabilität der bisher von verschiedenen Herstellern entwickelten Systemlösungen und die Implementierung der nationalen betrieblichen Funktionalitäten, bei denen aufgrund der großen Unterschiede zwischen den betrieblichen Regeln der einzelnen Bahnnetze in absehbarer Zeit keine Harmonisierung zu erwarten ist. Eine recht neue Entwicklung ist die von mehreren Bahnen zur Ausrüstung der konventionellen Netze favorisierte Einführung eines ETCS-Levels 1 mit eingeschränkter Überwachungsfunktion (so genanntes Level 1 LS für „limited supervision"). Die betriebliche Funktionalität soll dabei weitgehend den heute vorhandenen punktförmigen Zugbeeinflussungssystemen entsprechen. Neben einer Reduzierung der Kosten ist der entscheidende Hintergrund dieses neuen Sublevels, dass das Level 1 in der aktuellen Spezifikation aufgrund flacherer Bremskurven bei einigen Bahnen zu einer unvertretbaren Verschlechterung des Leistungsverhaltens führen würde, da die für die Sperrzeitberechnung maßgebenden Bremswege die heutigen Vorsignalabstände deutlich überschreiten. Die Schweizerischen Bundesbahnen haben ermittelt, dass der heutige Fahrplan, der sich in den Taktknoten durch extrem niedrige Zugfolgezeiten unter weitgehendem Verzicht auf Pufferzeiten und Verlagerung der Reserven als Fahrzeitzuschläge auf die Strecken auszeichnet, im ETCS-Level 1 mit Vollüberwachung („full supervision") nicht mehr fahrbar wäre. Auch im Netz der Deutschen Bahn wären die Leistungseinbußen nicht unerheblich. Das ETCS-Level 1 LS bietet dafür eine Lösung, erfordert allerdings die vollständige Beibehaltung des ortsfesten Signalsystems, da eine Führung der Züge durch Führerraumanzeigen nicht möglich ist. Durch die Implementierung der Funktionalität heutiger Zugbeeinflussungssysteme werden zudem betriebliche Unterschiede zwischen den nationalen Bahnnetzen in einem stärkeren Grad manifestiert als ursprünglich vorgesehen. Die Meinungsbildung zu diesem Thema ist aber noch nicht abgeschlossen. Für Hochgeschwindigkeitsstrecken sowie auch wichtige Güterverkehrskorridore wird allgemein das Level 2 favorisiert, das in Deutschland in den nächsten Jahrzehnten die LZB ablösen wird. Gegenüber der LZB wird es dabei aufgrund der geringeren Ortungsgenauigkeit zu leichten Leistungseinbußen kommen, die aber betrieblich akzeptabel sind. Das in der ETCS-Spezifikation enthaltene Level 3, das ein Fahren im absoluten Bremswegabstand ermöglicht, wird derzeit von keiner Bahn verfolgt [7]. Gründe sind neben dem für Güterzüge noch immer ungelösten Problem der fahrzeuggestützten Zugvollständigkeitsprüfung vor allem der geringe betriebliche Nutzen des Fahrens im Bremswegabstand. Von der früher mehrfach propagierten Zielstellung, durch die Einführung des ETCS Level 3 das Leistungsverhalten der Strecken zu verbessern, hat man sich weitgehend verabschiedet. Es hat sich heute allgemein die Erkenntnis durchgesetzt, dass der realisierbare Leistungsgewinn durch den Übergang vom Fahren im festen Raumabstand mit kurzen Blockabschnitten zum Fahren im absoluten Bremswegabstand praktisch zu vernachlässigen ist. Selbst die schon im Level 2 problemlos mögliche Verkürzung der Blockabschnittslängen unter die bei ortsfester Signalisierung übliche Länge des Regelbremsweges lohnt sich nur auf wenigen hoch belasteten Strecken, die sich durch eine trassenparallele Zugfolgestruktur auszeichnen (z.B. Verbindungsbahnen innerhalb großer Knoten). Das Leistungsverhalten einer Strecke wird heute viel stärker durch die Fahrplanstruktur (Geschwindigkeitsschere) und die Verknüpfungen in den Fahrstraßenknoten bestimmt, als durch die Technik zur Abstandsregelung auf der freien Strecke. Als einziger Vorteil des Levels 3 bliebe der Verzicht auf ortsfeste Gleisfreimeldeanlagen. Die dadurch möglichen Einsparungen sind jedoch äußert begrenzt. Da Gleisfreimeldeanlagen nicht nur der Zugfolgesicherung dienen, sondern auch Rangierbewegungen und abgestellte Fahrzeuge detektieren sowie das Freisein der Flankenschutzräume überwachen, sind sie in Bahnhofsbereichen auch im Level 3 nicht entbehrlich. Da die Masse der Gleisfreimeldeanlagen in den Bahnhöfen liegt, sind Einsparungen nur an den Blockabschnittsgrenzen auf der freien Strecke möglich. Sofern sich zwischen zwei Bahnhöfen keine weiteren Blockstellen befinden, entfällt selbst diese Einsparung.

In weiten Teilen der deutschen Regionalnetze ist eine deutliche Überalterung der Leit- und Sicherungstechnik festzustellen. Während im Kernnetz in den letzten Jahren durch forcierten Einbau elektronischer Stellwerke Alttechniken in großem Stil ersetzt wurden, werden ganze Regionalnetze noch mit Technik aus der Vorkriegszeit, teilweise aus dem 19. Jahrhundert, gesteuert. Die Folge ist ein immenser Personalbedarf, der die Kosten der Regionalstrecken immer weiter in die Höhe treibt. Die bisherige Finanzierung dieser die Kosten treibenden Betriebsweise über das Trassenpreissystem durch Erhebung der umstrittenen Regionalfaktoren kann keine Dauerlösung sein und wurde durch die Bundesnetzagentur mit Bescheid vom 05.03.2010 für unzulässig erklärt. Das wirtschaftliche Überleben der Regionalstrecken ist nur durch Einsatz einer zeitgemäßen, einen wirtschaftlichen Personaleinsatz ermöglichenden Leit- und Sicherungstechnik möglich.

Der Einsatz elektronischer Stellwerke der für das Kernnetz entwickelten Leistungsklassen scheidet dafür aus Kostengründen aus. Stattdessen werden zwei Alternativen verfolgt. Für Regionalstrecken eines etwas gehobenen Leistungsniveaus (Hauptbahnen und wichtige Nebenbahnen) kommen vereinfachte elektronische Stellwerke nach dem Lastenheft ESTW-R zum Einsatz, die inzwischen von mehreren Herstellern angeboten werden. Im Unterschied zu den ESTW des Kernnetzes wird auf eine Reihe betrieblicher Komfortfunktionen verzichtet, auch ist die Steuerung aus Betriebszentralen nicht vorgesehen. Auch ohne Anbindung an die Betriebszentralen kann ein ESTW-R die Funktionen einer großen regionalen Leitzentrale übernehmen und damit auch in den Regionalnetzen einen sehr hohen Zentralisierungsgrad der Betriebssteuerung ermöglichen. Als zweite Alternative wurde für Regionalstrecken geringerer Bedeutung (ausnahmslos Nebenbahnen) eine pragmatische Lösung auf Basis des Signalisierten Zugleitbetriebes (SZB) entwickelt, für den es schon seit längerem Realisierungsformen in Relaistechnik gibt. Der Signalisierte Zugleitbetrieb ist eine weiterentwickelte Form des Zugleitbetriebes, bei der die Strecke mit einem vereinfachten Signalsystem sowie einer Streckenblocksicherung

ausgerüstet ist. Die im Signalisierten Zugleitbetrieb bewirkte technische Zugfolgesicherung ermöglicht die Zulassung höherer Geschwindigkeiten und Zugdichten als im nur nichttechnisch gesicherten Zugleitbetrieb. Die fernmündlichen Meldungen des Zugleitbetriebes bleiben jedoch in einer leicht angepassten Form erhalten. Wenn bei Signalisiertem Zugleitbetrieb eine Zugnummernmeldeanlage mit Zugnummerndrucker vorhanden ist, darf im Regelbetrieb auf die Abgabe von Zuglaufmeldungen durch die Zugpersonale verzichtet werden [8]. Auf dieser Grundlage wurde ein Signalisierter Zugleitbetrieb mit elektronischem Stellwerk (SZB-E) entwickelt. Gegenüber den sonst bei deutschen Eisenbahnen eingesetzten elektronischen Stellwerken ergibt sich die erhebliche Vereinfachung, dass keine sicherere Melde-Bedien-Anzeige erforderlich ist. Da der Zugleiter die Zugfahrten anhand der eingehenden Zuglaufmeldungen im „Zugmeldebuch für den Signalisierten Zugleitbetrieb" protokolliert, kann der Betrieb im Störungsfall nach den Grundsätzen des Zugleitbetriebes weiterlaufen. Sofern die Betriebsstellen über örtliche Bedieneinrichtungen verfügen, bleibt dabei sogar die technische Fahrweg- und Zugfolgesicherung weitgehend erhalten. Die Bedienoberfläche des Zugleiters kann damit gegenüber einem elektronischen Stellwerk erheblich vereinfacht werden. Erforderlich ist lediglich eine Darstellung der Gleistopologie mit Anzeige besetzter Gleise und eingestellter Fahrstraßen, über die der Zugleiter das Einstellen der Fahrstraßen vornehmen kann. Eine detaillierte Darstellung von Verschlusszuständen der Außenanlagen sowie Eingabemöglichkeiten für zählpflichtige Bedienungen können entfallen. Auf den Anwendungsstrecken dieses Verfahrens im Bereich der Deutschen Bahn AG ist zudem zugelassen, im Regelbetrieb auf die fernmündliche Fahrerlaubnis zu verzichten, indem die Zugfahrten unmittelbar durch die Fahrtbegriffe der Hauptsignale zugelassen werden [9]. Damit hat man streng genommen den eigentlichen Kerngedanken des Zugleitbetriebes aufgegeben und im Regelbetrieb einen vollwertigen signalgeführten Betrieb realisiert. Die Unterschiede zu einem normalen ferngesteuerten Betrieb beschränken sich auf die Beibehaltung einzelner Elemente des

Zugleitbetriebes, wie Verfolgung der Zugfahrten anhand von Zuglaufmeldungen und eine andere Gestaltung der Rückfallebene.

Es bleibt abzuwarten, welche dieser beiden Alternativen sich in den Regionalnetzen überwiegend durchsetzen wird. In den aktuellen Projekten dominieren die ESTW-R. Auf jeden Fall wird sich in den nächsten Jahren die ESTW-Technik massiv auch auf Regionalstrecken durchsetzen und auch in diesem Marktsegment zu dem längst überfälligen Ersatz der personalintensiven Alttechniken führen.

Literatur

[1]   Pachl, J.: Stand und Perspektiven der Leit- und Sicherungstechnik der Eisenbahn. in: Leit- und Sicherungstechnik für die Bahn von morgen, Schriftenreihe der DVWG, Band B 257 (2002), S. 88-114

[2]   Pachl, J.: Entwicklung der Leit- und Sicherungstechnik für das System Bahn. Eisenbahntechnische Rundschau 54(2005)3, S. 96-102

[3]   Pachl, J.: Perspektiven der Leit- und Sicherungstechnik im Bahnbetrieb. Ingenieurspiegel 2/2009, S. 31-33

[4]   Pachl, J.: Übertragbarkeit US-amerikanischer Betriebsverfahren auf europäische Verhältnisse. Eisenbahntechnische Rundschau 50(2001)7/8, S. 452–462

[5]   Bormet, J.: Funktion der fahrplanbasierten Zuglenkung für Betriebszentralen. Der Eisenbahningenieur 53(2002)6, S. 36–43

[6]   Pachl, J.: Systemtechnik des Schienenverkehrs - Bahnbetrieb planen, steuern und sichern. 5. Aufl., Vieweg+Teubner, Wiesbaden 2008

[7]   Level 3 slips over the horizon. Railway Gazette International 156(2000)6, S. 333

[8]   Deutsche Bahn AG: Zug- und Rangierfahrten im Signalisierten Zugleitbetrieb durchführen (SZB) – Richtlinie 437, gültig ab 01.03.1998

[9]   Brinkmann, Ch.; Menne, D.: Signalisierter Zugleitbetrieb, Teil 1: Betriebliche Anforderungen. Signal und Draht 96(2004)5, S. 11–15

Jens Leven, Tanja Langescheid, Univ.-Prof. Dr.-Ing. Jürgen Gerlach

Sicherheit – Vom Sicherheitsanspruch zum europäischen Standard
Sicherheitskonzepte im ÖPNV –
Handlungsspielräume zur Gefahrenminderung bei Großveranstaltungen [1]

Unvorhergesehene Ereignisse im ÖPNV können den Betriebsablauf erheblich beeinträchtigen und zu großen Schäden führen. Zu nennen sind insbesondere Unfälle, Brände und Explosionen, aber auch Terrorismus, Naturereignisse oder Pandemien, die teils schwere Folgen haben können. Derartige Ereignisse sind auch in Deutschland keinesfalls selten, wobei selbst schwere Straftaten in Form von Anschlägen mit Spreng- und Brandvorrichtungen gegen den ÖPNV zu verzeichnen sind – offizielle Statistiken sind Verschlusssache. Die Folgen reichen von schweren Personen- und Sachschäden über Störungen des Betriebsablaufes, straf- und zivilrechtlichen Konsequenzen, Vertrauensverlust des Kunden und Einnahmeausfällen bis hin zu Wettbewerbsnachteilen.

Um diese Folgen zu vermeiden, ist „ein ganzheitliches Sicherheitskonzept anzustreben", heißt es in der 2008 überarbeiteten Fassung der VDV-Mitteilung 7018 (VDV Sicherheitsleitfaden für ÖPNV-Unternehmen – Safety und Security). Die Sinnhaftigkeit und Ausgestaltung eines Sicherheitskonzeptes hängen entsprechend des Fazits der Mitteilung nicht von der Größe des Unternehmens ab. Das Sicherheitskonzept sei dabei ein Instrument für den Entlastungsnachweis für Unternehmer und Betriebsleiter [2]. Während Safety den Schutz von Objekten oder Personen vor fahrlässiger oder zufälliger Schädigung durch betriebliche oder technische Gefahren oder Naturereignisse beschreibt, wird unter Security der Schutz von Objekten oder Personen vor absichtlicher Schädigung durch Regelverletzung, Ordnungswidrigkeiten und Straftaten verstanden [2]. Insbesondere im Bereich Safety leisten die Verkehrsunternehmen große Anstrengungen. Die Basis für Sicherheitskonzepte sind Risikoanalysen, auf dessen Grundlage Maßnahmen abgeleitet werden. Diese Maßnahmen können in vier Bereiche eingeteilt werden: organisatorische, personelle, bauliche und technische Maßnahmen [2].

Bei den folgenden Erhebungsergebnissen eines Forschungsprojektes liegt der Fokus auf organisatorischen und personellen Maßnahmen. Zunächst wird kurz auf den Kontext einer erfolgten Befragung eingegangen und die Datengrundlage beschrieben. Nach einer Beschreibung des Soll-Zustandes anhand der Skizzierung einiger ausgewählter Empfehlungen werden die Befragungsergebnisse der Verkehrsunternehmen den Zielen gegenübergestellt, um auf der Grundlage gewonnener Erkenntnisse Handlungsfelder abzuleiten.

Bundesweite Befragung im Rahmen des Forschungsprojektes VeRSiert

Das vom Bundesministerium für Bildung und Forschung (BMBF) geförderte Projekt „VeRSiert" (Vernetzung von Nahverkehrsgesellschaften, Einsatzkräften, Veranstaltern und Fahrgästen für Sicherheit im Öffentlichen Personennahverkehr bei Großveranstaltungen; Förderkennzeichen 13N9703) ist Teil des Programms „Forschung für die zivile Sicherheit" als Teil der High-Tech-Strategie. Informationen können der Internetseite www.versiert.info entnommen werden.

Im Jahr 2009 wurde im Rahmen dieses Forschungsprojektes eine Befragung bei 440 Verkehrsunternehmen und 188 Kommunen mit über 50.000 Einwohnern durchgeführt. Thema dieser Befragung war die Sicherheit im ÖPNV bei Großveranstaltungen.

Die Schwerpunkte der Befragung bildeten z.B. Angaben

- zur Unternehmensstruktur,
- zum Kommunikationsprozess bei der Planung von Großveranstaltungen,
- zu Security-Maßnahmen (organisatorisch, personell) und
- zu Security-Maßnahmen aus den Bereichen Öffentlichkeitsarbeit, betriebliche Weiterbildung und Präventionsprojekte.

Dieser Beitrag geht auf die Themenbereiche „Kommunikation und Kooperation zwischen Verkehrsunternehmen und weiteren Akteuren" ein und zeigt die Umsetzungsrealität von personellen und organisatorischen Maßnahmen bei den Verkehrsunternehmen.

Datengrundlage und Aussagekraft der Ergebnisse

Die Datengrundlage bildeten Antworten von 74 Verkehrsunternehmen aus 13 Bundesländern. Die teilnehmenden Verkehrsunternehmen repräsentieren:

- bezüglich der Fahrleistung der Linienbusse rund 25 % der Betriebsleistung der Sparte Bus, die von den Mitgliedsunternehmen des VDV erbracht wurde,
- in Bezug auf die Gesamtzahl der Mitarbeiter 30 % der Mitarbeiter, die in den Mitgliedsunternehmen des VDV organisiert waren und
- in Bezug auf die Mitarbeiter im Fahrdienst 30 % dieser Mitarbeitergruppe, die in den Mitgliedsunternehmen des VDV organisiert waren. (jeweils Bezugsjahr 2007, [3])

Einen Einblick in die Struktur der an der Befragung beteiligten Verkehrsunternehmen geben die nachfolgenden Übersichten. Abb. 1 zeigt, dass in fast allen beteiligten Unternehmen Linienbusse im Einsatz sind. Knapp ein Drittel betreiben Straßen- oder Stadtbahnen. Abb. 2 stellt die Verteilung der Verkehrsunternehmen nach Betriebsgröße (Gesamtzahl der Mitarbeiter) dar.

Diese Zahlen zeigen, dass die ÖPNV-Unternehmen, die an der Befragung teilgenommen haben, einen relevanten Anteil des ÖPNV in Deutschland repräsentieren. Angemerkt werden muss, dass entsprechend der Fokussierung auf Großveranstaltungen in der Stichprobe kleine Verkehrsunternehmen sowie die Mehrheit von kleinen Omnibusunternehmen unterrepräsentiert sind. Darüber hinaus stellt die Stichprobe in gewissem Umfang eine Positivauswahl dar. Die Deutsche Bahn AG wurde nicht befragt.

Bediente Teilverkehrssysteme

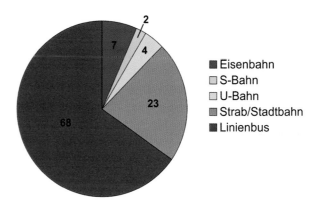

Abb. 1: Teilverkehrssysteme der an der Befragung beteiligten Verkehrsunternehmen (Mehrfachnennungen)

Vorhandene Empfehlungen zum Thema Security und ÖPNV

Neben der VDV-Mitteilung 7018 existieren weitere Empfehlungen zur Gefahrenminderung, die aufgrund ihrer Einstufung als Verschlusssache nicht allen Unternehmen präsent sind.

Im Folgenden sind ausgewählte Beispiele von organisatorischen und personellen Maßnahmen in An-

┌─ Die Autoren ─────────────────────────────

Jens Leven

Büro für Forschung, Entwicklung und Evaluation

Tanja Langescheid

Bergische Universität Wuppertal

Univ.-Prof. Dr.-Ing. **Jürgen Gerlach**

Bergische Universität Wuppertal

Summe Mitarbeiter/innen Gesamt	Anzahl Verkehrsunternehmen
Weniger als 50	11
51 - 100	11
101 - 200	17
201 - 400	8
401 - 800	15
801 - 1.600	3
Mehr als 1.600	9

Abb. 2: Betriebsgröße (Gesamtzahl der Mitarbeiter) der an der Befragung beteiligten Verkehrsunternehmen

lehnung an die VDV-Mitteilung 7018 aufgeführt, die ÖPNV-Unternehmen im Rahmen von Maßnahmenplänen aufgreifen könnten (die dargestellte Reihenfolge stellt keine Dringlichkeit dar):

- Erhebung des Lagebildes und Umsetzung der Erkenntnisse in Einsatzvorgaben,
- Einrichtung einer Aufbauorganisation für Security und für Notfälle/Krisen,
- Einrichtung von Leit- und/oder Einsatzstellen,
- Vorhalten von Kommunikationsmöglichkeiten und Notfallausrüstungen,
- Erstellen von Notfallplänen und Evakuierungskonzepten,
- Durchführung von (regelmäßigen) Notfallübungen mit Einsatzkräften und Verkehrsunternehmen,
- Abstimmung und Vernetzung mit Sicherheitsbehörden,
- Sicherheitsüberprüfung von Mitarbeitern,
- interne Kommunikation und Öffentlichkeitsarbeit,
- Sensibilisierung von Fahrgästen,
- Einsatz von Sicherheitsdienst/Fahrkartenprüfdienst/Betriebsdienst/Servicepersonal,
- anforderungsgerechte Auswahl und Ausbildung der Mitarbeiter und
- regelmäßige Fortbildung und anforderungsgerechte Ausrüstung der Mitarbeiter.

Ein Ziel der Befragung der Verkehrsunternehmen war es, in Teilbereichen zu ermitteln, ob diese Empfehlungen in deutschen Verkehrsunternehmen bereits umgesetzt sind.

Kommunikation von Verkehrsunternehmen mit den Kommunen, Veranstaltern und Sicherheitsbehörden
Verkehrsunternehmen verfügen über viele in der Pra-

xis bewährte Konzepte. Die fachliche Qualifikation oder die entsprechende Kompetenz der Mitarbeiter bewegen sich auf einem hohen Niveau [2]. Die Entwicklungen der „Sicherheitslage" erfordern eine regelmäßige Auseinandersetzung mit den Themen Safety und Security mit dem Ziel, den Blick auf mögliche Gefährdungspotentiale, Schadensereignisse und Gefahren zu schärfen.

Eine besondere Herausforderung stellen in diesem Zusammenhang Großveranstaltungen dar. Diese sind, wie die Befragung der Kommunen gezeigt hat, ein häufig vorkommendes Ereignis mit zum Teil erheblichen Besucherzahlen und müssen auch unter Sicherheitsgesichtspunkten besondere Berücksichtigung finden.

In 62 der 188 befragten Kommunen mit mehr als 50.000 Einwohnern hatten im Jahr 2008 262 Großveranstaltungen stattgefunden (ohne Bundesligaspiele). Die Großveranstaltungen wurden nach Angaben der Kommunen von ca. 72 Millionen Gästen besucht. Abb. 3 gibt einen Überblick über die verschiedenen Veranstaltungsarten nach Kategorien und ihrer Teilnehmerzahl (Summe der Teilnehmer, auch mehrtägige Veranstaltungen).

Mit über 50 % der Nennungen kommen Stadtfeste besonders häufig vor und wurden im Jahr 2008 von 56,9 Mio. Menschen besucht. Zu der Kategorie Stadtfeste gehören z.B. Straßenfeste, Volksfeste, Weihnachtsmärkte oder Karneval/Fasching. An zweiter Stelle wurden zu 29 % Sportveranstaltungen benannt. Der größere Anteil (17,6 %) war dabei eher zuschauerorientiert (z.B. Fußballspiele/Public Viewing, Motorsport, Tennis, Segeln oder Straßenradrennen). Im Unterschied hierzu gehören zu den teilnehmerorientierten Großveranstaltungen z.B. Massenläufe oder Massenwanderungen. In geringem Umfang benannten die Kommunen auch Demonstrationen als Großveranstaltungen.

Großveranstaltungen erfordern lange im Vorfeld einen intensiven organisatorischen und kommunikativen Austausch zwischen verschiedenen Akteuren (Kommune, Veranstalter, Sicherheitsbehörden und Verkehrsunternehmen, etc.). Abstimmungspannen, veraltete Pläne, immer kürzere Genehmigungsphasen, politische Einflussnahme, unklare Zuständigkeiten, nicht erreichbare Verantwortliche bei Veranstaltern und externen Sicherheitsdiensten – um nur einige zu nennen – sind

bei der Kommunikation mit den Kommunen im Zusammenhang mit Großveranstaltungen. Abgebildet sind die jeweiligen prozentualen Zustimmungen zu verschiedenen Aussagen, getrennt nach KMU und großen Verkehrsunternehmen (VU).

Veranstaltungsarten	Häufigkeit	Teilnehmer/ Besucher in Mio.	Durchschnittliche Teilnehmer/ Besucher in Tsd.
Stadtfeste	141	56,9	400
Sportveranstaltungen (zuschauerorientiert)	46	9,5	128
Sportveranstaltungen (teilnehmerorientiert)	28		
Konzerte	22	5,4	132
Andere kulturelle Großveranstaltungen	19		
Sonstige (Demo, Ausstellungen, Messen)	6	0,2	33
Gesamt	262	72	-

Abb. 3: Benannte Großveranstaltungen im Jahr 2008

Probleme, die dabei vorkommen können. Im „Normalbetrieb" wirken sich solche Probleme nicht gravierend aus, bei Notfällen oder Krisen sind jedoch schwerwiegendere Folgen denkbar. Dabei verfügen Kommunen selbst selten über veranstaltungsspezifische Notfall- und Krisenpläne, in denen z. B. konkrete Schadensereignisse durch Szenarien berücksichtigt sind. 73,1 % der Kommunen gaben an, für Ereignisse wie Sturm oder Hagel, Bombendrohung oder Anschlag, Amoklauf, Brände oder technische Störungen im Rahmen der Vorbereitung von Großveranstaltungen keine Pläne vorzuhalten.

Ein Teilbereich der oben beschriebenen Empfehlungen zur Verbesserung der Sicherheit im ÖPNV befasst sich mit dem Themenkomplex Kommunikation und Abstimmung. Im Rahmen der Befragung der Verkehrsunternehmen wurde die Zufriedenheit mit der Kommunikation im Rahmen der notwendigen Abstimmungen mit den Akteuren thematisiert. Für die Auswertung wurden die Verkehrsunternehmen in zwei Gruppen eingeteilt (kleine und mittlere Unternehmen (KMU) <250 Mitarbeiter und große Verkehrsunternehmen ab 250 Mitarbeitern). Die folgenden Prozentangaben beziehen sich jeweils auf 40 KMU und 34 große Verkehrsunternehmen. Die Abb. 2 bis 6 geben einen Einblick in die Strukturen und die Zufriedenheit

Es besteht bei den Verkehrsunternehmen ein großer Wunsch, von Beginn an in die Planungen von Großveranstaltungen eingebunden zu werden und dabei regelmäßig und eng mit der Kommune zu kooperieren (Abb. 4 und 5). Rund 68 % der KMU und 77 % der großen Verkehrsunternehmen kommunizieren auch intensiv mit den Kommunen (Abb. 6). Insbesondere große Verkehrsunternehmen verfügen über feste Strukturen für den erforderlichen Abstimmungsprozess (79,4 %) (Abb. 7). Standardkommunikationsmittel sind neben dem unverzichtbaren persönlichen Austausch, Telefon, Fax und E-Mail. Webbasierte Arbeitsplattformen oder ein gemeinsames Intranet oder Extranet kommen sehr selten zum Einsatz, wie die Befragung bei den Kommunen gezeigt hat. Für KMU besteht die gute strukturelle Vernetzung mit den Kommunen im Vergleich zu den großen Unternehmen deutlich weniger (z.B. in Form von festen Arbeitsgruppen).

Fast die Hälfte aller KMU und mehr als jedes dritte große Verkehrsunternehmen gibt an, dass die Abstimmungen und die Kommunikation mit der Kommune und weiteren Akteuren bei der Vorbereitung von Großveranstaltungen intensiviert werden müssten (Abb. 8). Diese Aussagen weisen auch unter Berücksichtigung der meist fehlenden kommunalen Pläne für reagierende Maßnahmen auf unvorhergesehene Ereignisse auf ein deutliches strukturelles Optimierungspotential hin, das neben Verbesserungen im Betriebsablauf vor allem die Abstimmung und Koordination für den Bereich Security betrifft.

Umsetzungsrealität von Security-Maßnahmen

Im Rahmen der Befragung sollten die Verkehrsunternehmen vorhandene organisatorische und personelle Maßnahmen im Unternehmen benennen. Hierbei standen die Antwortmöglichkeiten „Ja, trifft zu", „In Planung", „Nein, trifft nicht zu" und als weitere Antwortmöglichkeit „Es besteht kein Bedarf" zur Verfügung. Die Angaben sind hier aus Gründen der Übersichtlichkeit zusammengefasst dargestellt. Zusätzlich sind die Verkehrsunternehmen in KMU und große Verkehrsunternehmen eingeteilt. Für den Bereich der organisatorischen Strukturen hat die Befragung die im Folgenden beschriebenen Ergebnisse gezeigt (Abb. 9 bis 19).

Die befragten ÖPNV-Unternehmen sind im Regelfall an Leitstellen angeschlossen. Über 90 % der großen und 75 % der kleinen und mittleren Unternehmen gaben an, über eine ständig besetzte Leitstelle zu verfügen (Abb. 9). Im Regelfall verfügen die Unternehmen heute über sichere Kommunikationsmöglichkeiten (Funk). KMU und große Verkehrsunternehmen unterscheiden sich dabei wenig (Abb. 10).

62 % der großen Verkehrsunternehmen gaben an, über einen Security-Beauftragten zu verfügen. In KMU ist dies selten der Fall, hier gaben nur 20 % der KMU an, über eine feste Person zu verfügen, die sich für den Themenbereich Security zuständig fühlt (Abb. 11). Diese Angaben korrespondieren mit den Angaben zur Aufbauorganisation. Eine betriebliche Struktur für den Bereich Security ist kaum verfügbar. Rund ein Drittel der großen Verkehrsunternehmen gaben an, über eine entsprechende betriebliche Struktur zu verfügen. In KMU ist eine solche Struktur nachvollziehbar kaum verfügbar (Abb. 12).

Die dargestellten Rahmenbedingungen zur Aufbauorganisation und zu den Security-Beauftragten erschweren auch die Vorbereitung und Einleitung konkreter

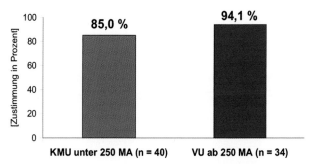

Abb. 4: Wunsch nach Einbindung in Planungen von Beginn an

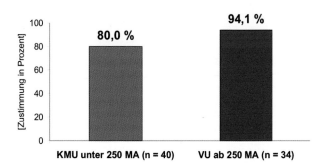

Abb. 5: Wunsch nach regelmäßiger enger Kooperation

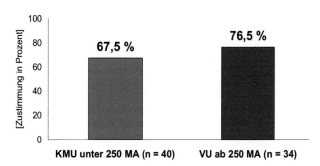

Abb. 6: Eine intensive Kommunikation mit der Kommune findet statt

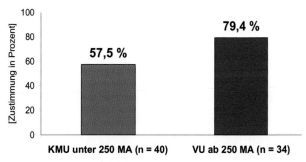

Abb. 7: Es bestehen feste Strukturen der Kommunikation

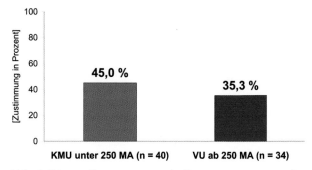

Abb. 8: Weitere Abstimmungen mit der Kommune wären notwendig

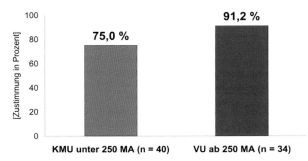

Abb. 9: Eine Leitstelle ist verfügbar und ständig besetzt

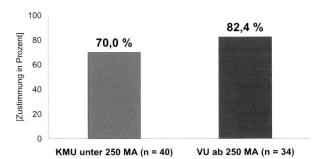

Abb. 10: Sichere Kommunikationsmittel sind verfügbar

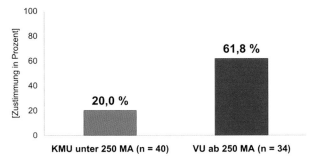

Abb. 11: Security-Beauftragte bzw. damit betraute Personen sind

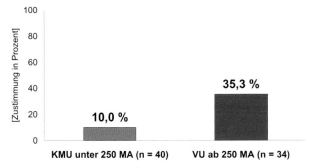

Abb. 12: Eine spezifische Aufbauorganisation für Security ist verfügbar

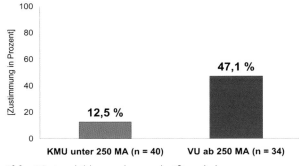

Abb. 13: Lagebilder werden regelmäßig erhoben

Maßnahmen zur Verbesserung der Sicherheit (Security). Obwohl die Wahl geeigneter Maßnahmen zur Verbesserung der Sicherheit im ÖPNV von der Entwicklung der Lagebilder und der entsprechenden Risikoanalyse abhängt, erheben die Unternehmen offenbar mehrheitlich keine eigenen Lagebilder. Gemeint ist hier z. B. eine aussagekräftige Übersicht über Ordnungswidrigkeiten und Straftaten im Bediengebiet des Unternehmens, um auf dieser Grundlage geeignete gezielte Präventionsmaßnahmen einzuleiten. Bei den KMU sind nicht vorhandene eigene Lagebilder der Regelfall (Abb. 13). Demgegenüber zeigen die Befragungsergebnisse, dass diese Verkehrsunternehmen in Kontakt zu den Sicherheitsbehörden stehen, sich regelmäßig abstimmen und Informationen austauschen. Rund 60 % der großen und jedes dritte KMU gaben an, sich regelmäßig mit den Behörden und Organisationen mit Sicherheitsaufgaben (BOS) auszutauschen oder abzustimmen (Abb. 14).

Notfall- und Evakuierungspläne tragen dazu bei, bei Ereignissen schnell und angemessen reagieren zu können. Sowohl die KMU als auch die großen Verkehrsunternehmen verfügen laut Befragung zwar mehrheitlich, aber längst nicht flächendeckend über Notfallpläne. 30 % der großen Verkehrsunternehmen und 40 % der KMU gaben an, nicht über Notfallpläne zu verfügen (Abb. 15). Einzelne Merkmale zur Aktualität und Qualität dieser Pläne wurden im Rahmen der Befragung nicht ermittelt.

Eine gute theoretische und praktische Vorbereitung auf ungeplante Ereignisse mit Notfall- und Evakuierungsübungen ist eine wesentliche Hilfe, um bei Ereignissen „planvoll" zu reagieren. Rund 60 % der großen Verkehrsunternehmen gaben an, regelmäßig Notfallübungen durchzuführen. In den KMU ist dies mit einem Drittel der Unternehmen deutlich seltener der Fall. Ähnlich wie bei den Notfallübungen sieht die Realität auch für vorgehaltene Notfallausrüstungen aus. Während gut 60 % der großen Unternehmen angaben, entsprechende Ausrüstungen vorzuhalten, war dies bei den KMU mit rund 38 % seltener der Fall (Abb. 16 und 17).

Eine gezielte Öffentlichkeitsarbeit durch Verkehrsunternehmen zur Information der Fahrgäste über sicherheitsrelevante Aspekte im Bereich Security ist nicht der Regelfall. Mit 47,1 % gaben weniger als die Hälfte der großen Verkehrsunternehmen an, im Rahmen ihrer Öffentlichkeitsarbeit das Thema Security zu behandeln. Bei KMU findet eine solche eigene Öffentlichkeitsarbeit praktisch nicht statt (Abb. 18).

Im Bereich der personellen Maßnahmen stellt der Einsatz von Sicherheitsdiensten einen Schwerpunkt bei den Security-Maßnahmen der Verkehrsunternehmen dar. Größere Verkehrsunternehmen setzen mit 62 % mehrheitlich eigene oder externe Sicherheitsdienste ein. Bei KMU war dies mit 38 % weniger häufig der Fall (Abb. 19).

Fazit

Die Befragungsergebnisse zeigen, dass die Verkehrsunternehmen in Deutschland zum Teil auf einem guten Weg sind, der konsequent weitergegangen werden sollte. Die vorhandenen Leitfäden und Hilfestellungen, z.B. des VDV, bilden hierfür eine Grundlage.

Wenngleich die Ergebnisse der Befragung statistisch nicht repräsentativ sind, so geben sie doch einen guten Einblick in die Umsetzungsrealität von ausgesuchten personellen und organisatorischen Maßnahmen und Strategien im Bereich Security im ÖPNV im Jahr 2009. Es hat sich in der Summe gezeigt, dass die Strukturen der Kommunikation zwischen Verkehrsunternehmen und Kommunen im Alltag „funktionieren". Dies ist jedoch bei kleineren und mittleren Unternehmen (KMU) weniger häufig der Fall. Für eine optimierte Abstimmung und Kommunikation mit den Kommunen, Veranstaltern und Sicherheitsbehörden sind Handlungsspielräume erkennbar. Webbasierte Informations- und Kooperationsportale oder z.B. auch landesweite Kompetenz-Center könnten eine sinnvolle Unterstützung sein. Insgesamt sind hier sicherlich auch die Verkehrsverbünde angesprochen, Informationen und Kompetenzen zu bündeln, um sie auch den kleineren Verkehrsunternehmen verfügbar zu machen.

Für den Bereich der organisatorischen und personellen Maßnahmen zur Verbesserung der Sicherheit (Security) existieren in Deutschland einzelne große Verkehrsunternehmen als „Leuchttürme" und „Vorbilder". Die Hamburger Hochbahn ist hier z.B. besonders

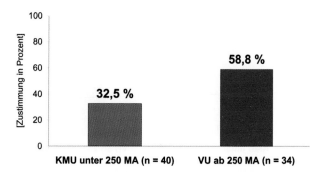

Abb. 14: Es erfolgen permanente Abstimmungen mit den BOS

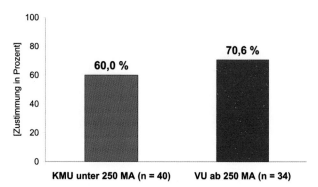

Abb. 15: Notfallpläne sind verfügbar

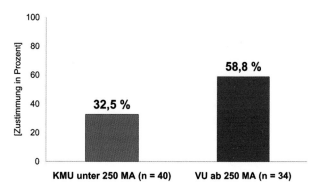

Abb. 16: Notfallübungen finden regelmäßig statt

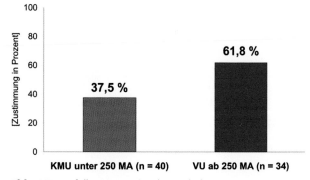

Abb. 17: Notfallausrüstung wird vorgehalten

zu erwähnen. Diese Verkehrsunternehmen verfügen über gute Ansätze, Maßnahmen und Projekte im Bereich Security. Bundesweit – dies hat die Befragung gezeigt – werden derartige Konzepte allerdings bislang wenig umgesetzt. Wesentliche Aufgabe sollte es

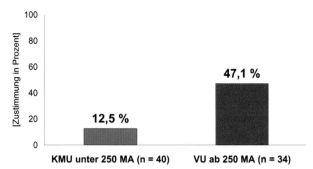

Abb. 18: Eine gezielte Öffentlichkeitsarbeit zu Security findet statt

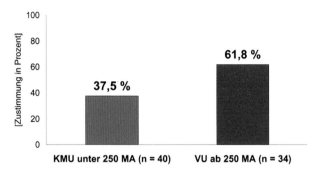

Abb. 19: Ein eigener oder externer Sicherheitsdienst ist verfügbar

chitektur". Ebenso wurden Defizite bei der Verbreitung von besonderen betrieblichen Aufbaustrukturen für Security in den Unternehmen und bei der Verfügbarkeit von Security-Beauftragten ermittelt. Es ist zu vermuten, dass ein erhebliches Weiterbildungspotential bei Mitarbeitern in ÖPNV-Unternehmen für den Bereich Security besteht.

Darüber hinaus findet eine gezielte Kommunikation mit Kunden über das Thema Security im Rahmen eines Kundendialoges oder einer angemessenen Öffentlichkeitsarbeit bislang kaum statt.

Insgesamt hat die Befragung vor allem in kleineren und mittleren Verkehrsunternehmen, aber auch verdichtend bei den größeren Unternehmen gezeigt, dass eine regelmäßige sachliche Diskussion über die Thematik Security angeregt werden sollte, ohne die Kunden zu verschrecken. Auch wenn bei kleinen und mittleren Verkehrsunternehmen die verfügbaren personellen und finanziellen Ressourcen oder die Sensibilisierung für das Thema Security geringer sind, so sind diese Unternehmen doch Teil des Gesamtsystems ÖPNV und sollten fester Bestandteil und Partner einer möglichst gemeinsamen Sicherheitsstrategie sein. Dies gilt im Besonderen, wenn diese Unternehmen wie die „Großen" ihre Verkehrsleistung in Oberzentren und Ballungsgebieten erbringen.

sein, diese guten Beispiele zu beschreiben, möglichst zu evaluieren und auch für andere Unternehmen bei Bedarf verfügbar und übertragbar zu machen.

Obgleich Leitfäden und Hilfestellungen für den ÖPNV weitgehend vorhanden sind, ist die Umsetzungsrealität von Maßnahmen verbesserungsfähig. Dies betrifft insbesondere die Integration der kleinen und mittleren Verkehrsunternehmen in die jeweilige „Sicherheitsar-

┌─ Literatur ──

[1]   Leven, J; Langescheid, T.; Gerlach, J.: Sicherheitskonzepte im ÖPNV – Handlungsspielräume zur Gefahrenminderung bei
        Großveranstaltungen. DER NAHVERKEHR 4/2010 S. 14 -19

[2]   Verband Deutscher Verkehrsunternehmen (Hrsg.): VDV-Sicherheitsleitfaden für ÖPNV-Unternehmen – Safety und Security
        (Fortschreibung der VDV-Mitteilung 7018). VDV-Mitteilung Nr. 7018. Mai 2008.

[3]   Verband Deutscher Verkehrsunternehmen (Hrsg.): VDV Statistik 2007.

Ökologie
Auf dem Weg zur Green Mobility

Die für Marktwirtschaften und Gesellschaften unentbehrlichen Verkehrssysteme stellen deren Leistungsfähigkeit sicher. Die Herausforderung für den Verkehrssektor liegt darin, die Risiken des hohen Mobilitätsaufkommens für Klima, Umwelt und Lebensqualität zu begrenzen. Die Endlichkeit der Ressourcen, globale Energiepreispolitik und Versorgungssicherheit machen einen effizienten Einsatz von Energie, die Nutzung erneuerbarer Energiequellen und alternativer Rohstoffe auch im Verkehrssektor unabdingbar. Gleichzeitig gewinnt der Klimaschutz im öffentlichen Bewusstsein an Bedeutung, auch wenn die Menschen weiterhin nicht auf individuelle nachhaltige Mobilität verzichten wollen.

Die sich ändernden Rahmenbedingungen in einer hochmobilen Gesellschaft, vor allem aber der Klimawandel erfordern vom Verkehrssektor und unserem Mobilitätsverhalten einen deutlichen Beitrag zur Senkung klimaschädlicher Emissionen. Um in den kommenden Jahrzehnten den Übergang zu einer klima- und umweltfreundlichen nachhaltigen Mobilität zu ermöglichen, stehen weit reichende, zum Teil strukturelle Veränderungen im Personenverkehr und Gütertransport an.

Die entscheidenden Handlungsebenen liegen nicht nur im Aufbau der Grundlagen für eine marktfähige Elektromobilität mit einer netzfähigen Infrastruktur und ergänzenden Systemkomponenten, sondern auch in der Weiterentwicklung des Ressourcen schonenden Umgangs mit fossilen Energieträgern. Im Zusammenspiel mit der Verknappung dieser Rohstoffe erhöht sich der Innovationsdruck auf Forschung, Wirtschaft und Gesellschaft. Die Entwicklung umweltverträglicher nachhaltiger alternativer Kraftstoffe ist zu intensivieren und weitere Effizienzsteigerungen bei den konventionellen Verbrennungsmotoren zu identifizieren. Gleichzeitig sind alternative Mobilitätskonzepte, welche die Nutzung der umweltfreundlichen Verkehrsmittel fördern, zu etablieren.

Auch wenn die Elektromobilität die konventionellen Antriebe allmählich substituieren, herrscht in der Industrie Einigkeit darüber, dass die Verbrennungsmotoren noch auf längere Zeit das Rückgrat der Mobilität bleiben. Für die nahe Zukunft ist „Mehrgleisigkeit" gefordert, denn ein marktfähiger Systemwechsel kann nur gelingen, wenn alle Komponenten effizient aufeinander abgestimmt sind und die Akzeptanz der Kunden treffen. Die Herausforderungen an die Gestaltung einer nachhaltigen Mobilität sind vielschichtig, aber sie bieten auch zahlreiche Potentiale für Gesellschaft und Wirtschaft.

Nur wenn technische Innovationen einhergehen mit der Integration neuer Infrastrukturen in die bestehenden und dies im Kontext mit der Gestaltung von ordnungspolitischen und raumstrukturellen Rahmenbedingungen auf eine hohe gesellschaftliche Akzeptanz bei den Nutzern stößt, wird der Übergang erfolgreich gelingen.

Dr. Wiebke Zimmer

Ökologie – Auf dem Weg zur Green Mobility
Ein Weg für klimagerechte Mobilität?

Angesichts des fortschreitenden globalen Klimawandels sind deutliche Minderungen der Treibhausgasemissionen in naher Zukunft zwingend erforderlich, wobei insbesondere im Verkehrssektor ambitionierte Minderungsziele angesichts des erwarteten Anstiegs des Verkehrsaufkommens eine besondere Herausforderung darstellen. Wie können wir in Deutschland in Zukunft hohe Mobilität für alle gewährleisten und gleichzeitig die Treibhausgasemissionen deutlich mindern? Diese Frage wurde im Rahmen des Projektes Renewbility gestellt, das vom Bundesministerium für Umwelt, Naturschutz und Reaktorsicherheit gefördert wurde.

Konzeption und Ziele von Renewbility

Das Verbundvorhaben Renewbility „Nachhaltige Mobilität im Kontext erneuerbarer Energien bis 2030" hatte zum Ziel, ein in mehrfacher Hinsicht integratives Analyseinstrumentarium zu entwickeln, das Maßnahmen und Wirkungen einer zukünftigen nachhaltigen Verkehrspolitik abbildet und Minderungspotenziale quantifiziert. Wesentliche Neuerungen des integrativen Modellierungsansatzes waren die gekoppelte, dynamische Betrachtung von Mobilitätsangebot und -nachfrage, die Modellierung des Mobilitätsverhaltens im Personenverkehr auf Mikroebene für repräsentative Regionen, die Berücksichtigung von Wechselwirkungen zwischen Verkehrs- und Energiesektor im Hinblick auf die Förderung erneuerbarer Energien sowie eine enge Kooperation mit gesellschaftlichen Akteuren bei der Modell- und Szenarioentwicklung.

Betrachtet wurden der innerdeutsche Straßen-, Schienen-, Binnenschiff- und Luftverkehr. Wichtig ist anzumerken, dass im Gegensatz zur Klimaberichterstattung bei der Emissionsbilanzierung im Rahmen von Renewbility nicht nur die direkten Treibhausgasemissionen der Verkehrs- und Energieträger berücksichtigt wurden, sondern auch Emissionen, die bei der Herstellung der Kraftstoffe im In- und Ausland und bei der Fahrzeugproduktion entstehen.

Die wesentlichen Ziele des Vorhabens waren:

- die Entwicklung eines integrierten Modells zur Abbildung von Instrumenten und Maßnahmen für eine nachhaltige Mobilität im Bereich des Personen- und Güterverkehrs unter Berücksichtigung von Wechselwirkungen mit dem Energiesektor;
- die frühzeitige Einbindung wesentlicher gesellschaftlicher Akteure bei der Modellentwicklung und -erprobung;
- die Entwicklung eines konsistenten Klimaschutzszenarios für den Verkehrssektor bis 2030 unter Beteiligung von Stakeholdern.

Das Kernteam des Vorhabens bildeten das Öko-Institut (Projektleitung) und das Institut für Verkehrsforschung des DLR; weitere wissenschaftliche Partner (IFEU, DBFZ, TU-Dresden) haben das Projekt unterstützt.

Modell- und Szenarienentwicklung

Eine Gruppe aus Vertretern der Automobil-, Bahn-, Energie- und Logistikbranche sowie Umwelt- und Verbraucherschutzverbänden[1] war maßgeblich in die

---

[1] Die Szenario-Gruppe setzte sich aus Mitgliedern der folgenden Institutionen zusammen: ADAC e.V., Bundesverband Bioenergie e.V. (BBE), Bundesverband Erneuerbare Energie e.V. (BEE), Bund für Umwelt und Naturschutz Deutschland (BUND), Dachser GmbH & Co KG, Deutsche Bahn AG, Deutsche BP AG, Deutsche Post DHL, E.ON AG, Shell Deutschland, Verkehrsclub Deutschland e.V. (VCD), Verband der Automobilindustrie (VDA).

Modell- und Szenarienentwicklung einbezogen. Über einen Zeitraum von etwa zwei Jahren hat sich diese Szenario-Gruppe zwölf Mal getroffen und intensiv in das Forschungsvorhaben eingebracht.

Zunächst wurden in diesem Rahmen die Teilmodelle und die Technologiedatenbasis seitens der Forschungsnehmer vorgestellt und im Kreise der Stakeholder diskutiert. In einem zweiten Schritt wurde dann ein Basisszenario definiert, das diejenigen verkehrspolitischen Maßnahmen berücksichtigt, die bereits geltendes Recht sind bzw. von denen bereits feststeht, dass sie in den kommenden Jahren in geltendes Recht umgesetzt werden müssen. Das Basisszenario stellt damit keine klassische Trendprojektion dar, sondern nimmt bereits spürbare Veränderungen im Mobilitäts- und Energiesektor insgesamt an. Es dient im Rahmen von Renewbility als Vergleichsbasis, um die Wirkung neuer, zusätzlicher Maßnahmen und Annahmen auf den Verkehrssektor quantifizieren zu können. Um das Basisszenario zu modellieren, wurden verschiedene Annahmen getroffen, die auf existierenden Prognosen und Szenarien basieren – hauptsächlich auf der Verkehrsprognose 2025 des Bundesministeriums für Verkehr, Bau und Stadtentwicklung (BVU & Intraplan Consult 2007) und dem Leitszenario 2008 des Bundesministeriums für Umwelt, Naturschutz und Reaktorsicherheit (BMU 2008). Ausgehend von der Entwicklung in der Verkehrsprognose steigt damit im Basisszenario die Personenverkehrsleistung von 2005 bis 2030 um rund 16 %. Im Güterverkehr werden noch höhere Wachstumsraten erwartet. Hier beträgt der Anstieg bis 2030 sogar 91 % bezogen auf 2005.

Basierend auf Ergebnissen verschiedener analytischer Szenarien erfolgte im Kreis der Szenario-Gruppe eine eingehende Diskussion der Funktionalität des Analyse-

┌─ Der Autor ─────────────

Dr.
Wiebke Zimmer
Öko-Institut e.V.

instrumentariums und der Wirkungsweise und -mächtigkeit von unterschiedlichen Maßnahmen. Auf Basis dieser Analysen gelang es im Projektverlauf ein konsistentes Bündel von Annahmen und Maßnahmen abzuleiten. Maßgabe hierbei war es, zusätzlich zum Basisszenario weitere Handlungsoptionen für den Klimaschutz im Verkehrssektor zu identifizieren und in ein schlüssiges Nachhaltigkeitsszenario („Klimaschutz im Verkehr: Perspektiven bis 2030") – unter Einbeziehung von Strom und Wärme – für Deutschland zu integrieren.

Szenario „Klimaschutz im Verkehr: Perspektiven bis 2030" – Annahmen und Maßnahmen

Die Annahmen und Maßnahmen, die dem Szenario „Klimaschutz im Verkehr: Perspektiven bis 2030" zu Grunde liegen, sind im Einzelnen:

- eine deutliche Ausweitung des Angebots im öffentlichen Verkehr,
- die Fortschreibung der CO_2-Grenzwerte für Pkw auf 80 g/km in 2030,
- ein zunehmender Anteil von Fahrzeugen mit elektrischem Antrieb verbunden mit dem Einsatz von erneuerbaren Energien zur Deckung von deren Strombedarf,
- ein markt- und steuerinduzierter Anstieg der Kraftstoffpreise auf rund 2,50 €$_{2005}$/Liter bis 2030 und die Umstellung der Mineralölsteuer auf die Treibhausgasintensität der Kraftstoffe (inkl. Herstellungsaufwand),
- soziale und ökologische Nachhaltigkeitskriterien für Biokraftstoffe, die über die aktuellen Vorgaben der EU-Richtlinie hinausgehen,
- eine Umstellung der Bezugsgröße der Kfz-Steuer für Lkw auf deren CO_2-Emissionen,
- eine weitere Optimierung von Logistikstrukturen,
- eine verstärkte Umsetzung von verbrauchsarmer Fahrweise,
- der Einsatz von Telematiksystemen und I&K-Technologien,
- eine weitere Erhöhung der Lkw-Maut auf 0,37 €$_{2005}$/km bis 2030.

Szenario „Klimaschutz im Verkehr: Perspektiven bis 2030" – Ergebnisse

Um die Klimarelevanz des Verkehrssektors zu analysieren und zu beurteilen, ist es wichtig, die gesamten Emissionen zu berücksichtigen, also nicht nur die Treibhausgase aus der Betriebsphase der Fahrzeuge, sondern die komplette Emissionsfracht an Treibhausgasen, die Verkehrssysteme mit sich bringen. Berücksichtigt wurden bei der Emissionsbilanzierung im Rahmen von Renewbility daher nicht nur die direkt von den Verkehrsträgern emittierten Treibhausgase, sondern ebenso die sogenannten indirekten Emissionen, die durch die Herstellung der Kraftstoffe im In- und Ausland und durch die Produktion der Fahrzeuge entstehen.

Das in der Szenario-Gruppe erarbeitete Szenario „Klimaschutz im Verkehr: Perspektiven bis 2030" zeigt, dass bis zum Jahr 2030 Minderungen der gesamten Treibhausgasemissionen des Verkehrs um fast ein Viertel gegenüber 2005 möglich sind, wenn die hinterlegten politischen Maßnahmen und Annahmen zur Entwicklung der Rahmenbedingungen optimal zusammenwirken. Im Basisszenario bleiben die Treibhausgasemissionen des Verkehrs verglichen mit dem Basisjahr 2005 trotz zunehmender Fahrleistung aufgrund effizienterer Fahrzeuge und steigendem Anteil von Biokraftstoffen noch nahezu konstant. Mit dem ausgewählten Bündel von Maßnahmen und Annahmen für künftige Rahmenbedingungen können die Emissionen bis 2030 aber um 52 Mio. t auf 174 Mio. t gesenkt werden. Dies entspricht einer Minderung von 23 % gegenüber dem Basisjahr 2005.

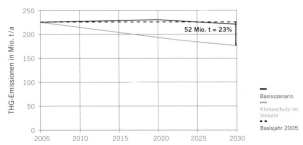

Abb. 1: Treibhausgasemissionen (direkt, indirekt und Materialvorleistungen) des Verkehrs bis zum Jahr 2030 im Basisszenario und im Szenario „Klimaschutz im Verkehr: Perspektiven bis 2030"

Personenverkehr

Im Personenverkehr werden bereits im Basisszenario ohne weitere emissionsmindernde Maßnahmen bis 2030 Reduktionen um 23 Mio. t gegenüber 2005 erreicht, obwohl die zugrundeliegenden Prognosen davon ausgehen, dass die Verkehrsleistungen bis dahin

um 7 % steigen. Die Emissionsminderung bei gleichzeitig steigender Verkehrsleistung ist zum einen auf effizientere Pkw aufgrund des Flottengrenzwertes für 2012, zum anderen auf den wachsenden Anteil von Biokraftstoffen zurückzuführen. Das Bündel von Annahmen und Maßnahmen, das die Szenario-Gruppe erarbeitet hat, kann darüber hinaus noch deutlich höhere Minderungspotenziale ausschöpfen. Die Reduktionen der Treibhausgase summieren sich im Szenario „Klimaschutz im Verkehr: Perspektiven bis 2030" auf 63 Mio. t bzw. 36 % bezogen auf das Jahr 2005.

Verbrauchsarme Fahrzeuge machen den motorisierten Individualverkehr bei konstanten Kraftstoffpreisen wirtschaftlicher und somit attraktiver. Im Szenario „Klimaschutz im Verkehr: Perspektiven bis 2030" werden daher mögliche ökologisch negative Rebound-Effekte – vor allem ein Anstieg der Verkehrsleistung – durch die angenommene Erhöhung der Kraftstoffpreise auf 2,50 €$_{2005}$/Liter Benzin bzw. 2,55 €$_{2005}$/Liter Diesel verhindert. Blieben die Kraftstoffpreise dagegen auf dem Niveau des Basisszenarios (1,65 bzw. 1,47 €$_{2005}$/Liter) und würde sich die Pkw-Effizienz gemäß dem Szenario „Klimaschutz im Verkehr: Perspektiven bis 2030" entwickeln, würde die Fahrleistung von 633 Mrd. auf 691 Mrd. Fahrzeugkilometer deutlich steigen und somit selbst der Wert des Basisszenarios in 2030 übertroffen werden. Das Modellierungsergebnis zeigt damit, dass das Potenzial zur Minderung der Treibhausgasemissionen durch die Einführung sparsamer Fahrzeuge in Verbindung mit höheren Kraftstoffpreisen noch weiter gesteigert werden kann. Ein Preisanstieg dürfte sogar notwendig sein, um tatsächlich die – durch die Einführung effizienterer Pkw – verfolgte Treibhausgasminderung zu erreichen. Dieses Beispiel zeigt auf, welche Bedeutung der Berücksichtigung von Rebound-Effekten bereits bei der Konzeption geeigneter Maßnahmenbündel beigemessen werden sollte.

Dass die Ausgestaltung der Maßnahmen stets vor dem Hintergrund der konkreten Raumstruktur erfolgen sollte, zeigt sich deutlich am Beispiel der ÖPNV-Förderung. Dabei ist die zu erzielende Attraktivitätssteigerung maßgeblich abhängig von der Ausgangssituation. In den Agglomerationsräumen (wie beispielsweise Berlin oder Hamburg), welche bereits über ein gut aus-gebautes ÖPNV-Angebot verfügen, sind substantielle Verbesserungen und damit einhergehend Modal-Split-Änderungen nur noch schwierig zu erzielen. Auch zeigen die Ergebnisse für den ländlichen Raum, dass selbst eine umfangreiche Angebotsverbesserung bei einem niedrigen Ausgangsniveau keine ernstzuneh-mende Alternative zum motorisierten Individualverkehr darstellt und daher nur geringe Verlagerungseffekte bewirkt. Die größten Potenziale zeigten sich bei der Modellierung des verstädterten Raumes (Bsp. Braun-schweig). Basierend auf einer guten Grundversorgung konnten hier die größten Zuwächse bei der Nutzung des ÖPNV erzielt werden. Gleichzeitig bedeutet dies aber auch, dass Preisänderungen im motorisierten Individualverkehr nur dann zu signifikanten Verlage-rungseffekten auf andere Verkehrsträger führen, wenn attraktive Alternativen, wie beispielsweise ein umfang-reiches ÖPNV-Angebot, zur Verfügung stehen.

Güterverkehr

Im Basisszenario steigen die Treibhausgasemissio-nen des Güterverkehrs bis 2030 um fast 20 Mio. t gegenüber dem Basisjahr 2005. Durch die getrof-fenen Annahmen und Maßnahmen kann dieser An-stieg zwar deutlich auf 11 Mio. t gedämpft werden, gegenüber dem Ausgangsjahr 2005 werden aber keine Emissionsminderungen erzielt. Hauptursache hierfür ist der durch Industrie und Konsum induzierte, starke Anstieg der Transportleistung im Güterverkehr. Die spezifischen Treibhausgasemissionen pro Ton-nenkilometer nehmen zwar durch die zusätzlichen Annahmen und Maßnahmen wie Effizienztechnologi-en, Erhöhung der Lkw-Maut und Logistikoptimierung um rund 35 % gegenüber dem Basisjahr 2005 ab – insgesamt steigen die Emissionen jedoch wegen der starken Zuwächse in der Transportleistung an. Auch bleibt der Lkw trotz einer leichten Verschiebung hin zu Bahn und Binnenschiff unter den getroffen Annah-men weiterhin das dominante Güterverkehrsmittel.

Erneuerbare Energien im Verkehr

Eine wichtige Komponente für den Klimaschutz im Verkehr sind nachhaltig bereitgestellte Biokraftstoffe. Im Rahmen von Renewbility wird ein Großteil der eingesetzten Biokraftstoffe aus biogenen Abfall- und Reststoffen hergestellt. Im Szenario „Klimaschutz im Verkehr: Perspektiven bis 2030" dient Biomasse vor-wiegend zur Strom- und Wärmebereitstellung, Bio-kraftstoffe werden gemäß den EU-Zielen bzw. deren Fortschreibung berücksichtigt und es wird angenom-men, dass Importe aus dem Anbau auf degradierten Flächen stammen. Nur unter diesen gesetzten Rand-bedingungen lassen sich Nutzungskonkurrenzen um Anbauflächen vermeiden.

Im Szenario „Klimaschutz im Verkehr: Perspektiven bis 2030" werden Elektrofahrzeuge ausschließlich mit Strom aus zusätzlichen erneuerbaren Energien be-trieben. Der durch den Einsatz von Elektrofahrzeugen bedingte zusätzliche Strombedarf an erneuerbaren Energien bei einem Bestandsanteil von etwa 10 % Elektro-Pkw im Jahr 2030 beträgt rund 10 TWh und erfordert damit nur einen vergleichsweise geringen zusätzlichen Strombedarf aus erneuerbaren Energien über das Leitszenario des BMU hinaus.

Der Ausbau der Nutzung erneuerbarer Energien im Verkehr (Biokraftstoffe und erneuerbarer Strom für Elektrofahrzeuge) führt bis zum Jahr 2030 dazu, dass der Anteil der erneuerbaren Energien am gesamten Endenergiebedarf des Verkehrs von heute knapp 4 % auf gut 16 % ansteigt. Dies ist auch in einer starken Effizienzsteigerung bei Fahrzeugen begründet, die ins-gesamt eine Minderung des Endenergiebedarfs des Verkehrssektors bis 2030 um knapp 20 % ermöglicht.

Ein Weg für klimagerechte Mobilität?

Die dargestellten Ergebnisse des Szenarios „Klima-schutz im Verkehr" beschreiben einen durchaus mög-lichen und plausiblen Entwicklungspfad innerhalb der Modellgrenzen. Verglichen mit dem Basisszenario basieren sie auf zusätzlichen Annahmen und Maß-nahmen. Gleichwohl stellt sich angesichts der Her-ausforderungen im Klimaschutz die Frage, ob wei-tere Maßnahmen bzw. geänderte Grundannahmen denkbar sind, die zu einer weiteren Minderung der Treibhausgasemissionen im Verkehr führen können.

So wird in diesem Szenario von einem anhaltenden Wirtschaftswachstum, von steigenden Einkommen und einem unveränderten Mobilitätsbudget ausgegangen. Längerfristige Veränderungen der Siedlungsstruktur, die Auswirkungen auf das Mobilitätsverhalten haben, wurden nicht abgebildet. Ähnliches gilt für den Güterverkehr. Da in der Szenarienbetrachtung keine Veränderung der wirtschaftlichen Rahmendaten angenommen wird, orientieren sich das Güterverkehrsaufkommen und die Transportleistung an den Angaben der Verkehrsprognose 2025 des Bundesverkehrsministeriums. Vor dem Hintergrund der aktuellen Wirtschaftskrise stellt sich aber durchaus die Frage, ob nicht zukünftig auch andere, als die im Szenario „Klimaschutz im Verkehr: Perspektiven bis 2030" angenommenen Entwicklungspfade, realistisch sind; Entwicklungen also, die mit einem geringeren Anstieg der Transportleistung einhergehen. Auch sind weiterführende Maßnahmen denkbar, die einen Einfluss auf die Transportleistung und damit in Konsequenz auch auf die Treibhausgasemissionen im Güterverkehr haben. Denn würde sich beispielsweise die Transportleistung des Güterverkehrs im Jahr 2030 durch veränderte Rahmenbedingungen oder weitere Maßnahmen auf dem Niveau des Jahres 2005 stabilisieren, läge die Minderung der Treibhausgasemissionen bei den im Szenario „Klimaschutz im Verkehr" betrachteten Annahmen und Maßnahmen bei 35 %.

Auch wurden im Rahmen des Szenarios „Klimaschutz im Verkehr: Perspektiven bis 2030" weitere Varianten modelliert, in denen einzelne geänderte bzw. zusätzliche Annahmen – z.B. bezüglich Fahrzeugkonfigurationen, Kraftstoffzusammensetzung und -preisentwicklung, fiskalischer oder ordnungspolitischer Maßnahmen – zugrunde gelegt wurden, und die einen weiteren Ansatzpunkt für zusätzliche Minderungspotenziale darstellen.

Fazit

Die im Stakeholder-Szenario „Klimaschutz im Verkehr" aufgezeigten Potenziale für den Klimaschutz und die Steigerung des Einsatzes erneuerbarer Energien im Verkehrssektor sind mit verkehrspolitisch ambitionierten Maßnahmen und Annahmen verbunden und zei-

gen bereits deutliche Minderungsoptionen auf. Vor dem Hintergrund der Erfordernisse des Klimaschutzes sollte aber auch die Frage gestellt werden, ob weitere bzw. weitergehende Maßnahmen nicht zusätzlich notwendig sind, um dem Ziel der Bundesregierung, die Treibhausgasemissionen bis 2020 um 40 % zu senken, gerecht zu werden. Mit dem im Rahmen des Projektes Renewbility entwickelten Modellverbund steht nun ein Instrument zur Verfügung, um entsprechende Maßnahmen auszuloten und gegebenenfalls auch weitere Minderungspotenziale aufzuzeigen.

Das Bundesministerium für Umwelt, Naturschutz und Reaktorsicherheit hat sich daraufhin entschlossen, gemeinsam mit dem Umweltbundesamt das Projekt Renewbility weiterzuführen. Ein wesentliches Ziel von Renewbility II ist die Weiterentwicklung des Modellverbundes dahingehend, dass nicht nur die Entwicklung der Verkehrsnachfrage und die Treibhausgasminderungspotenziale betrachten werden können, sondern zusätzlich eine fundierte und nachvollziehbare Bewertung einer nachhaltigen Mobilitätsstrategie aus volkswirtschaftlicher Sicht möglich ist. Entsprechend hat sich das Projektteam zusammengefunden: Die Kooperationspartner des Forschungsvorhabens Renewbility mit dem Öko-Institut und dem DLR werden ergänzt durch die ökonomische Expertise des FHG-ISI, welches das Modell ASTRA zur Modellierung der volkswirtschaftlichen Effekte einbringen wird.

Auch wird im Rahmen von Renewbility II der partizipative Stakeholder-Prozess weitergeführt. Ziel hierbei wird es sein, die Diskussion um die Entwicklung eines konsistenten Klimaschutzszenarios für den Verkehrssektor bis 2020/2030 fortzuführen und zusätzliche Maßnahmen zu identifizieren, die – verglichen mit dem Szenario des Vorläuferprojektes – zusätzliche Treibhausgasminderungspotenziale erschließen können.

Weitere Informationen finden sich unter:
www.renewbility.de

Literatur

[1] BMU (2008): Weiterentwicklung der „Ausbaustrategie Erneuerbare Energien" vor dem Hintergrund der aktuellen Klimaschutzziele Deutschlands und Europas, „Leitstudie 2008", Dr. Joachim Nitsch, Untersuchung im Auftrag des Bundesministeriums für Umwelt, Naturschutz und Reaktorsicherheit, Oktober 2008

[2] BVU, Intraplan Consult (2007): Prognose der deutschlandweiten Verkehrsverflechtungen 2025. München, Freiburg. Gutachten im Auftrag des BMVBS.

Ökologie

Prof. Dr. Frank Fichert

Ökologie – Auf dem Weg zur Green Mobility
Rahmenbedingungen für Nachhaltigkeit im intermodalen Vergleich

Die allgemeine Forderung nach diskriminierungsfreien Rahmenbedingungen für den intermodalen Wettbewerb ist in der Verkehrspolitik weitestgehend konsensfähig. Jedoch werden die aktuellen Rahmensetzungen im Verkehrssektor außerordentlich kontrovers beurteilt, wobei die unterschiedlichen Interessenlagen der Beteiligten zumeist deutlich erkennbar sind.

Der Luftverkehr sieht sich in dieser Diskussion immer wieder dem Vorwurf ausgesetzt, er sei gegenüber anderen Verkehrsträgern - insbesondere dem Schienenverkehr[1] - privilegiert. Die Gegenüberstellung des „guten" Verkehrsträgers Bahn mit dem „Klimakiller Nummer eins" Luftverkehr durch einen Abgeordneten des Europaparlaments[2] ist dabei nur eines von vielen Beispielen für die verbreitete Tendenz zur verkehrspolitischen Schwarz-Weiß-Malerei. Nicht zuletzt unter Bezugnahme auf die vergleichsweise hohen spezifischen Emissionen des Luftverkehrs wird die Forderung erhoben, (vermeintliche oder tatsächliche) Begünstigungen des Luftverkehrs möglichst vollständig abzubauen[3]. Die Gegenposition nehmen insbesondere die Vertreter der Luftverkehrswirtschaft ein, die in erster Linie auf die (nahezu) vollständige Wegekostendeckung des Luftverkehrs verweisen und daher keine Rechtfertigung für eine zusätzliche steuerliche Belastung des Luftverkehrs erkennen können[4].

Vor dem Hintergrund dieser schon seit vielen Jahren strittig geführten Diskussion sind in diesem Beitrag die Rahmenbedingungen für den intermodalen Wettbewerb zwischen dem (Personen-)Luftverkehr und konkurrierenden Verkehrsträgern überblicksartig dargestellt und hinsichtlich ihrer Diskriminierungsfreiheit gewürdigt. Dazu werden nach einer kurzen Begriffsabgren-

zung und der Darstellung wesentlicher theoretischer Grundlagen die besonders kontrovers diskutierten Bereiche steuerliche Rahmenbedingungen, Betriebskosten, Infrastrukturkosten und externe (Umwelt-)Kosten im Einzelnen thematisiert sowie abschließend hinsichtlich ihrer Beiträge zur Nachhaltigkeit gewürdigt.

Begriffsabgrenzungen und theoretische Grundlagen
In seiner umfassenden Definition beschreibt der Nachhaltigkeitsbegriff eine ökologische, eine ökonomische und eine soziale Dimension[5]. Der ökonomischen Komponente werden in erster Linie die Arbeitsplatz- und Einkommenseffekte des Luftverkehrs zugerechnet; die soziale Dimension bezieht sich unter anderem auf die Erfüllung der Mobilitätsbedürfnisse der Bevölkerung und die Situation der Beschäftigten. Im Mittelpunkt dieses Beitrags stehen die ökologischen Aspekte des (Luft-)Verkehrs.

Die Diskriminierungsfreiheit der staatlichen Rahmensetzungen für die einzelnen Verkehrsträger kann dabei als eine wesentliche Voraussetzung für eine nachhaltige Entwicklung des Verkehrssektors angesehen werden. Im engen Sinn geht es hierbei um die Gleichbehandlung der einzelnen Verkehrsträger im Steuersystem, den Verzicht auf diskriminierende Beihilfen sowie die einheitliche Anlastung von Wegekosten und externen

---

[1] Zudem wird auf Wettbewerbsverzerrungen zulasten des Busverkehrs hingewiesen. Vgl. RDA (2009), S. 34.

[2] Cramer (2010).

[3] Vgl. unter vielen Umweltbundesamt (2008).

[4] Vgl. stellvertretend für die Stellungnahmen aus der Luftverkehrsbranche Deutsches Verkehrsforum (2003).

[5] Zu einer umfassenden Analyse der Nachhaltigkeit des Luftverkehrs in der Schweiz siehe BAZL et al. (2008).

Effekten[6]. Aus volkswirtschaftlicher Perspektive ist im Sinne einer gesamtwirtschaftlichen Allokationseffizienz zudem die vollständige Internalisierung aller Kostenbestandteile zu fordern. Die Verwirklichung der Diskriminierungsfreiheit im engen Sinn führt für sich genommen zu einer effizienten Aufteilung des Verkehrs auf die einzelnen Verkehrsträger (modal split). Für die gesamtwirtschaftliche Allokationseffizienz sind zudem die Preisrelationen zwischen dem Verkehrssektor und den anderen Sektoren der Volkswirtschaft bedeutsam.

Rahmenbedingungen für Nachhaltigkeit in unterschiedlichen Bereichen
Allgemeine Umsatzsteuer vs. Luftverkehrsteuer

Im Bereich der Verbrauchsbesteuerung lassen sich in Deutschland einige Unterschiede in der Behandlung der einzelnen Verkehrsträger erkennen[7]. Zwar sind Inlandsverkehre im Fernverkehr einheitlich dem Normalsatz der allgemeinen Umsatzsteuer unterworfen. Im grenzüberschreitenden Verkehr hingegen ist der Luftverkehr komplett von der Umsatzsteuer befreit[8], während der Schienenverkehr für die inländischen Streckenanteile Mehrwertsteuer entrichten muss. Insbesondere bei Privatreisenden[9] wirkt sich dies tendenziell zugunsten des Luftverkehrs aus. Die Erhebung der allgemeinen Umsatzsteuer im grenzüberschreitenden Verkehr verstößt zwar nicht, wie gelegentlich behauptet, gegen die Bestimmungen des Chicagoer Luftver-

— Der Autor —

Prof. Dr.
Frank Fichert

Fachhochschule Worms

kehrsabkommen, ließe sich jedoch als nationaler Alleingang nur schwer implementieren[10]. Zudem wäre zu diskutieren, ob sich die Steuererhebung – analog zum Schienenverkehr – nur auf den jeweiligen inländischen Streckenabschnitt oder auf den gesamten abgehenden Verkehr beziehen sollte. Dabei ist wiederum zu berücksichtigen, dass die Besteuerung des Schienenfernverkehrs europaweit nicht einheitlich erfolgt.

Als Substitut einer Einbeziehung von Flugreisen in die allgemeine Umsatzbesteuerung kann eine spezielle Luftverkehrsteuer angesehen werden, wie sie von mehreren europäischen Staaten erhoben wird. Üblich ist dabei die Erhebung eines Fixbetrages pro Passagier (Mengensteuer), wobei nach der Flugentfernung und teilweise zudem nach der Beförderungsklasse differenziert wird. In Großbritannien hat die seit dem Jahr 1993 erhobene Air Passenger Duty mittlerweile eine fiskalisch bedeutsame Größenordnung erreicht. Seit dem 1. November 2010 liegt der Standardsatz zwischen 24 und 170 Britischen Pfund, der ermäßigte Satz für Passagiere in der niedrigsten Beförderungsklasse immerhin zwischen 12 und 85 Britischen Pfund. In Frankreich reichen die Sätze der seit dem Jahr 2006 erhobenen Solidarity tax von einem Euro (Kurzstrecke, economy class) bis zu 40 Euro für Business und First Class Flüge auf Langstrecken.

Zum 1. Januar 2011 führte auch die Bundesrepublik Deutschland eine Luftverkehrsteuer ein[11], die ausschließlich entfernungsabhängig gestaffelt ist. In dem für den intermodalen Wettbewerb relevanten Kurzstreckenbereich beträgt der Abgabensatz 8 Euro pro Passagier. Für Auslandsverkehre dürfte die Luftverkehrsteuer, die nur beim Abflug aus Deutschland erhoben wird, häufig unter dem Betrag liegen, der im grenzüberschreitenden

---

[6] Siehe hierzu ausführlich Vestner (2004).

[7] Die Energiebesteuerung, die zur Gruppe der speziellen Verbrauchsteuern gehört, wird weiter unten im Zusammenhang mit der Internalisierung externer Effekte diskutiert.

[8] Diese Regelung findet sich in § 26 (3) Umsatzsteuergesetz. Der mitunter in diesem Zusammenhang angeführte § 4 (2) UStG bezieht sich auf die Steuerfreiheit von Luftfahrzeugen, die für grenzüberschreitende Beförderungen eingesetzt werden.

[9] Sofern bei Geschäftsreisen ein Vorsteuerabzug möglich ist, kommt es lediglich auf den Nettopreis der Reise an, sodass hier die unterschiedlichen Regelungen für den intermodalen Wettbewerb keine Rolle spielen.

[10] Eine grundsätzlich denkbare Steuerbefreiung des grenzüberschreitenden Schienenverkehrs, wie sie etwa von der DB AG (2009, S. 6) gefordert wird, ist aus administrativen Gründen ebenfalls schwer vorstellbar, da der Schienenverkehr im Unterschied zum Luftverkehr ein weitgehend offenes System ist, sodass Möglichkeiten zur Steuerausweichung entstünden.

[11] Vgl. Bundesregierung (2010).

Ökologie

Schienenverkehr als inländischer Mehrwertsteueranteil zu entrichten ist[12]. Im Inlandsverkehr entsteht hingegen durch die Einführung der Luftverkehrsteuer eine Diskriminierung zulasten des Luftverkehrs, da zusätzlich zur speziellen Steuerbelastung in Höhe von 16 Euro (bei Hin- und Rückflug) die Mehrwertsteuer erhoben wird[13]. Speziell das niederländische Beispiel zeigt, dass die Erhebung einer Luftverkehrsabgabe in grenznahen Regionen zu deutlichen Nachfrageverlagerungen ins Ausland führen kann[14], die für sich genommen aufgrund des induzierten Verkehrs eher nachteilig auf die Erreichung der Nachhaltigkeitsziele im Verkehr wirken. Mit zunehmender Verbreitung einer speziellen Luftverkehrsteuer in Europa verliert dieser gegenläufige Effekt an Bedeutung. Österreich hat bereits angekündigt, dem deutschen Beispiel folgen zu wollen.

Betriebs- und Infrastrukturkosten

Die eigentlichen Kosten der Leistungserstellung werden bei den im Personenfernverkehr konkurrierenden Verkehrsträgern grundsätzlich von den jeweiligen Anbietern getragen und sind somit in den Beförderungspreisen enthalten. Allerdings ist für den Luftverkehr auf die folgenden Ausnahmen hinzuweisen:

(1) Aus regionalpolitischen Gründen können Luftverkehrsverbindungen durch öffentliche Mittel bezuschusst werden. In Deutschland spielen diese „Public Service Obligations" (PSO) nur auf sehr wenigen, aufkommensschwachen Strecken eine Rolle[15].

(2) Trotz des grundsätzlichen Subventionsverbots im europäischen Binnenmarkt erhalten in manchen Staaten inländische Fluggesellschaften öffentliche Beihilfen. Dies verzerrt nicht nur den intermodalen sondern auch den intramodalen Wettbewerb.

(3) Im deutschen Steuerrecht sind teilweise vorteilhafte Regelungen für Abschreibungen auf Flugzeuge vorgesehen[16].

(4) Die Hersteller von Flugzeugen erhalten staatliche Hilfen, die zu einer Senkung der Beschaffungspreise der Fluggesellschaften und damit zu einer Senkung der Betriebskosten führen. Im Jahr 2008 beliefen sich diese Hilfen auf 80 Mio. Euro[17], wobei zu berücksichtigen ist, dass der überwiegende Teil dieser Vergünstigungen ausländischen Luftverkehrsgesellschaften als Kunden der Flugzeughersteller zugute kommt.

Im Personenfernverkehr auf der Schiene existieren keine spezifischen Betriebsbeihilfen. Es sei an dieser Stelle lediglich auf Subventionen für die Fahrzeugentwicklung (insbesondere beim Hochgeschwindigkeitsverkehr) hingewiesen, die indirekt den Eisenbahnunternehmen zugute kommen. Darüber hinaus kann die erhebliche Förderung des Schienenpersonennahverkehrs, insbesondere durch die so genannten Regionalisierungsmittel, die Wettbewerbsverhältnisse zwischen den Verkehrsträgern im Fernverkehr mittelbar beeinflussen.

Von zentraler Bedeutung für den intermodalen Wettbewerb ist der Kostendeckungsgrad im Bereich der Infrastruktur. Dabei ist zu berücksichtigen, dass die Infrastrukturkosten im Schienenfernverkehr systembedingt höher sind als im Luftverkehr, wobei dieser Systemvorteil des Luftverkehrs mit zunehmender Streckenlänge zunimmt.

Der Luftverkehr deckt den überwiegenden Teil seiner Infrastrukturkosten durch spezifische Nutzerentgelte. Insbesondere werden die Kosten der Flugsicherung komplett von den Luftverkehrsgesellschaften getragen. Die Flughafenentgelte sind ebenfalls im Regelfall kostendeckend. Bei den großen Verkehrsflughäfen, die sich in Deutschland überwiegend im öffentlichen Eigentum befinden[18], existieren nur wenige Subventionstatbe-

---

[12] Ab einem Nettopreis von rund 21 Euro für den einfachen innerdeutschen Streckenanteil (Fernverkehr) liegt der Mehrwertsteuerbetrag im Schienenverkehr für Hin- und Rückreise oberhalb von 8 Euro.

[13] Am Rande sei vermerkt, dass Inlandsflüge in Großbritannien von der allgemeinen Umsatzsteuer befreit sind.

[14] Vgl. SEO (2009).

[15] Konkret geht es um die Verbindungen Erfurt-München, Hof-Frankfurt und Rostock-München. Eine aktuelle Aufstellung der PSO findet sich auf der Homepage der Europäischen Kommission.

[16] Vgl. INFRAS/ISI (2010), S. 48.

[17] Vgl. ebenda, S. 47.

[18] Bei einigen Flughäfen existieren private Beteiligungen. Eine Aufstellung der Eigentumsstrukturen der deutschen Flughäfen findet sich auf der Homepage der Arbeitsgemeinschaft deutscher Verkehrsflughäfen (ADV).

stände, sodass der Kostendeckungsgrad sehr nahe bei 100 % liegt. Anders sieht die Situation bei den Regionalflughäfen aus, die teilweise in erheblichem Maße auf öffentliche Mittel angewiesen sind. Das Defizit je Fluggast betrug beispielsweise im Jahr 2008 auf dem Flughafen Dortmund 17,50 Euro, auf dem Flughafen Lübeck sogar rund 20 Euro[19]. Da es sich bei den stark defizitären Flughäfen um Anbieter mit relativ geringem Passagieraufkommen handelt, ist der Kostendeckungsgrad des Luftverkehrs im Bereich der Infrastruktur zwar insgesamt sehr hoch. Auf einzelnen Relationen und bei bestimmten Angebotskonzepten (Low Cost Verkehr) können jedoch bei gesamtwirtschaftlicher Betrachtung nennenswerte Kostenunterdeckungen auftreten, die den intermodalen Wettbewerb verzerren.

Das Ausmaß der staatlichen Finanzierung im Bereich der Schienenverkehrsinfrastruktur ist insgesamt erheblich, weist jedoch eine geringe Transparenz auf[20]. Relativ eindeutig ist, dass die Kosten für den Betrieb und die laufende Instandhaltung der Schieneninfrastruktur über Trassenentgelte gedeckt sind, nicht jedoch die Kosten der Netzerweiterung und -modernisierung. Speziell Hochgeschwindigkeitsstrecken, die zu einer deutlichen Reduzierung der Reisezeiten und damit zu einer verbesserten Wettbewerbsfähigkeit des Schienenverkehrs im intermodalen Wettbewerb führen, sind besonders kostenintensiv. Die staatlichen Gesamtzuschüsse für die Schienenverkehrsinfrastruktur beziffert Hausmann (2009, S. 82) für das Jahr 2005 auf 7,2 Mrd. Euro. INFRAS/ISI geben für das Jahr 2008 die Höhe der Infrastrukturhilfen für den Eisenbahnverkehr (Personenverkehr ohne ÖPNV) mit rund 5,9 Mrd. Euro an[21]. Ein Vergleich mit den Fahrgelderlösen der DB Fernverkehr, die im Jahr 2008 rund 3,65 Mrd. Euro betrugen[22], lässt die erhebliche Bedeutung der Infrastrukturfinanzierung des Bundes erkennen.

Anlastung externer Kosten

Die Erstellung von Verkehrsleistung ist nahezu untrennbar mit dem Auftreten externer Kosten verbunden, insbesondere in den Bereichen Lärm, lokal wirksame Luftschadstoffe und Klimawirkungen. Durch vielfältige umweltpolitische Instrumente wird an zahlreichen Stellen versucht, das Ausmaß externer Effekte zu begrenzen. Die folgenden Ausführungen konzentrieren sich auf die aktuell besonders intensiv diskutierten Klimaaspekte[23].

Als Instrumente zur Begrenzung des Ausstoßes an Kohlendioxid kommen in Europa sowohl Steuern (in Form von Energiesteuern[24]) als auch handelbare Emissionsrechte zum Einsatz. Im Segment der industriellen Großemittenten existiert seit dem Jahr 2005 ein Emissionsrechtehandel für das Klimagas CO_2, der auch die Stromproduzenten mit einbezieht[25]. Für den Schienenverkehr bedeutet dies eine zusätzliche Kostenbelastung, wobei der Anteil der unentgeltlich zugeteilten Emissionsrechte derzeit 90 % beträgt. Ab dem Jahr 2013 ist eine vollständige Auktionierung der Emissionsrechte vorgesehen, was zu entsprechenden Kostenbelastungen für die Eisenbahnunternehmen führt[26]. Der Luftverkehr wird erst ab dem Jahr 2012 in den europäischen Emissionsrechtehandel einbezogen, wobei anfänglich eine Auktionierung von 15 % der Emissionsrechte vorgesehen ist. Dieser Prozentsatz bezieht sich jedoch auf 95 % der Emissionen im vorgegebenen Referenzzeitraum, sodass in der wachsenden Luftverkehrsbranche der Anteil der unentgeltlich zugeteilten Emissionsrechte geringer als 85 % des Zertifikatbedarfs ist. Dennoch ist hier eine Ungleichbehandlung der Verkehrsträger zu konstatieren.

Zu den „Dauerbrennern" in der Diskussion um diskriminierungsfreie Rahmenbedingungen im Verkehrs-

---

[19] Eigene Berechnungen auf Basis von Angaben in den Geschäftsberichten der Flughäfen. Dabei wurde angesichts der Paarigkeit im Luftverkehr die Zahl der Passagiere (= Einsteiger und Aussteiger) durch zwei dividiert.

[20] Der Versuch einer Gesamtdarstellung findet sich bei Hauswald (2009), S. 71ff.

[21] Vgl. INFRAS/ISI (2010), S. 53.

[22] Quelle: Geschäftsbericht der DB AG.

[23] Zu den sonstigen luftverkehrsbedingten Umweltbelastungen siehe überblicksartig Sterzenbach/Conrady/Fichert (2009), S. 69ff. Auch im Schienenverkehr spielen weitere Umweltbelastungen eine Rolle, insbesondere der Schienenverkehrslärm.

[24] Am Rande sei vermerkt, dass hier ein potenzieller Konflikt zwischen dem fiskalischen und dem nicht-fiskalischen Ziel der Steuererhebung besteht.

[25] Zu den Auswirkungen unterschiedlicher Ausgestaltungen des Emissionsrechtehandels auf den intermodalen Wettbewerb vgl. Bühler et al. (2009).

[26] Allerdings ist zu berücksichtigen, dass die Opportunitätskosten unentgeltlich zugeteilter Emissionsrechte ebenfalls in den Preisen enthalten sein können.

Ökologie

sektor gehört die Energiebesteuerung[27]. Der gewerbliche Luftverkehr ist von der Mineralölsteuer befreit, während der Personenfernverkehr auf der Schiene mit der Energiesteuer auf Strom belastet ist. Zwar wird für den Schienenverkehr nur der ermäßigte Satz von 11,42 € /MWh angewendet, dennoch ist hier wiederum eine Ungleichbehandlung zulasten des Schienenverkehrs festzustellen. Eine Besteuerung des Flugzeugtreibstoffs Kerosin wäre für den Inlandsverkehr zwar seit dem Jahr 2003 europarechtlich möglich (Richtlinie 2003/96/EG), würde jedoch zu einer Benachteiligung deutscher Anbieter im internationalen Wettbewerb führen. Es ist daher kaum überraschend, dass bislang lediglich die Niederlande von dieser Option Gebrauch gemacht haben, wobei angesichts des faktisch kaum vorhandenen Inlandsluftverkehrs in den Niederlanden diese Besteuerung eher eine symbolische Bedeutung hat[28]. Der oftmals angeführte Vergleich mit der Mineralölbesteuerung im Straßenverkehr ist zudem wenig geeignet, da sich die Mineralölbesteuerung dort als Substitut für eine direkte Anlastung der Infrastrukturkosten ansehen lässt.

Fazit

Der intermodale Wettbewerb im Personenfernverkehr wird durch eine Vielzahl staatlicher Rahmensetzungen beeinflusst. Dabei kann nicht von einer generellen Besser- oder Schlechterstellung einzelner Verkehrsträger gesprochen werden. Vielmehr lassen sich bei isolierter Betrachtung vielfältige Ungleichbehandlungen identifizieren, die teilweise den Schienenverkehr, teilweise jedoch auch den Luftverkehr im Vergleich zu seinen intermodalen Wettbewerbern benachteiligen. Für einfache „Gut-Böse"-Argumentationen ist die Thematik jedenfalls deutlich zu komplex.

Eine Quantifizierung der Gesamteffekte kann wiederum auf der Basis unterschiedlicher methodischer Ansätze erfolgen, sodass die Ergebnisse vorliegender Studien nicht eindeutig sind. Insbesondere bei der Monetarisierung externer Effekte bestehen zahlreiche Gestaltungsoptionen, die wiederum die Ergebnisse eines Verkehrsträgervergleichs wesentlich beeinflussen. Beispiele für derartige Gestaltungsoptionen sind der Wert, der für die CO_2-Emissionen angesetzt wird sowie die mögliche Einbeziehung der besonderen Klimawirkungen von Luftverkehrsemissionen in den oberen Atmosphärenschichten.

Bei der Ableitung politischer Handlungsempfehlungen ist neben der Unsicherheit über das Ausmaß der Ungleichbehandlung der Verkehrsträger zu berücksichtigen, dass sich die Verkehrsträger nur teilweise im intermodalen Wettbewerb befinden, staatliche Rahmensetzungen jedoch zumeist auf alle Angebotsbereiche wirken. Konkret ist beispielsweise die enge Verbindung zwischen Schienennah- und -fernverkehr ebenso relevant wie der ausgeprägte internationale Wettbewerb im Luftverkehr auf Mittel- und Langstrecken sowie die Wechselwirkungen innerhalb von Hub-and-Spoke-Systemen. Dies schließt für den Luftverkehr die meisten nationalen Alleingänge aus und selbst europäische Lösungen wie der Emissionsrechtehandel führen in bestimmten Marktsegmenten zu Wettbewerbsnachteilen für inländische Anbieter[29].

Schließlich ist unter dem Gesichtspunkt der Nachhaltigkeit darauf hinzuweisen, dass jede Änderung der Rahmenbedingungen für den intermodalen Wettbewerb der Verkehrsträger Anpassungserfordernisse für Nutzer und Beschäftigte mit sich bringt, d. h. sich auf die ökonomische und die soziale Nachhaltigkeitsdimension auswirkt. Diese Perspektive wird bei den meisten umweltpolitisch motivierten Diskussionen über die Rahmenbedingungen des intermodalen Wettbewerbs auf Verkehrsmärkten ausgeblendet, spielt jedoch in einem umfassend verstandenen Nachhaltigkeitskonzept eine nicht zu vernachlässigende Rolle.

---

[27] Vgl. etwa Fichert (1997).

[28] Auch Norwegen besteuert den Kerosinverbrauch auf Inlandsflügen, allerdings mit einem Steuersatz im einstelligen Eurocent-Bereich. Vgl. OECD (2005).

[29] Siehe etwa Schaefer et al. (2010).

Literatur

[1] BAZL et al. (2008), Nachhaltigkeit im Luftverkehr – Synthesebericht, ohne Ortsangabe.

[2] Bühler, G., et al. (2009), Wettbewerb und Umweltregulierung im Verkehr. Eine Analyse zur unterschiedlichen Einbindung der Verkehrsarten in den Emissionshandel, Mannheim.

[3] Bundesregierung (2010), Gesetzentwurf der Bundesregierung für ein Haushaltsbegleitgesetz 2011, Bundestags-Drucksache 17/3030, Berlin.

[4] Cramer, M. (2010), Steuerliche Benachteiligung des Guten, in: Frankfurter Allgemeine Zeitung, 6. März, S. 12.

[5] DB AG (2009), Die DB im Wettbewerb: Schiene im Verbund der Verkehrsträger stärken, Positionspapier, Berlin.

[6] Deutsches Verkehrsforum (2003), Fakten zum Luftverkehrsstandort Deutschland, Berlin.

[7] Fichert, F. (1997), Globale Umweltbelastungen durch den zivilen Luftverkehr – Kerosinsteuer als Allheilmittel?, in: Zeitschrift für angewandte Umweltforschung, 10. Jg., H. 3, S. 327-341.

[8] Hauswald, T. (2009), Technisch-wirtschaftliche Bewertung von Bahnprojekten des Hochgeschwindigkeitsverkehrs, Diss., Berlin.

[9] INFRAS/ISI (2010), Verkehrsträgeranalyse. Kosten, Erträge und Subventionen des Strassen-, Schienen- und Luftverkehrs in Deutschland, Zürich/Karlsruhe.

[10] OECD (2005), The political economy of the Norwegian Aviation Fuel Tax, COM/ENV/EPOC/CTPA/CFA(2005)18/FINAL, Paris.

[11] RDA (2009), Jahrbuch der Bustouristik 2008/2009, Köln.

[12] Schaefer, M., et al. (2010), The economic impact of the upcoming EU emissions trading system on airlines and EU Member States - an empirical estimation, in: European Transport Research Review, Online-Journal.

[13] SEO (2009), Implicaties van de invoering van de ticket-tax, Report 2009-09, Amsterdam.

[14] Sterzenbach, R./ Conrady, R./ Fichert, F. (2009), Luftverkehr. Betriebswirtschaftliches Lehr- und Handbuch, 4. Aufl., München.

[15] Umweltbundesamt (2008), Umweltschädliche Subventionen in Deutschland, Dessau-Roßlau.

[16] Vestner, K. (2004), Diskriminierungsfreie Rahmenbedingungen im Personenfernverkehr. Basis für ein umweltverträgliches Verkehrssystem, Aachen.

Ökologie

Dr. oec. habil. Ralf Haase

Ökologie – Auf dem Weg zur Green Mobility

Elektromobilität und der Auf- und Ausbau elektrischer Stadtbussysteme in Deutschland

Nachhaltigkeit ist das anspruchsvollste Programm von Politik und Wirtschaft, um die zukünftigen Lebensgrundlagen der Menschen in Natur und Gesellschaft zu sichern. Wenn die öffentliche Debatte darüber in Deutschland häufig als abgedroschen empfunden wird, so liegt das weniger an brauchbaren Konzepten sondern vielmehr an bestehenden Denkbarrieren. Bestehende Technologien werden mangelhaft genutzt bzw. nicht aktuell an gegebene Strukturen und veränderte Rahmenbedingungen angepasst. Zu diesem Themenkreis gehört auch die Nutzung der Elektromobilität im straßengebundenen ÖPNV mittels elektrischer Stadtbussysteme.

Klimaschutz und Ressourcenschonung sind entscheidende Gradmesser deutscher und europäischer Gesellschaftsstrategien für die Zukunft

Die Umweltbelastungen (CO_2-Emissionen, Stick-Oxide, Feinstaub, Lärm) haben in Deutschland in den letzten Jahren dramatisch zugenommen und mindern die Lebensqualität besonders in den Städten und Ballungsräumen.

Der Slogan „Weg vom Öl" stellt angesichts der immer knapper werdenden Reserven an fossilen Rohstoffen keine leere Phrase dar, sondern gilt als nüchternes Kalkül verantwortungsvoller Wirtschaftspolitik in der Einheit von Verkehrs-, Energie- und Umweltpolitik. Das Verbrennen von Erdöl zur Energiegewinnung sowohl im stationären als auch im mobilen Bereich bedeutet schon seit langem keine wirkliche Alternative mit Blick auf die Zukunft unseres Planeten.

Die BRD geht seit Jahren einen konsequenten Weg in Richtung erneuerbare Energien, ohne jedoch bereits einen Durchbruch erzielt zu haben. Im Vergleich mit anderen führenden Industriestaaten kann man dennoch von einer weltweiten Vorbildwirkung sprechen, welche als Maßstab für alle anderen Industriestaaten und vor allem die Schwellenländer gelten kann.

Die EU-Kommission und das Europäische Parlament fordern scharfe und einschneidende Regelungen zum Klimaschutz und zur perspektivischen Energieversorgung. Die Förderung innovativer Technologien steht weit oben auf der Agenda. Dennoch und das beweisen die Reaktionen verschiedener Mitgliedsstaaten sind hier nationale Widerstände unübersehbar, welche ihre Ursachen in den unterschiedlichen Ausgangsbedingungen und wirtschaftspolitischen Philosophien haben.

Es gibt aber keine Alternative, wenn unsere Mobilität erhalten bleiben soll: Wir brauchen den Umstieg auf erneuerbare Energien und drastische Verringerungen bei Klimakillern besonders von CO_2.

Der Nationale Entwicklungsplan „Elektromobilität" der Bundesregierung - Einstieg in die postfossile Mobilität

Ausgehend von diesen grundsätzlichen Überlegungen führte die Bundesregierung am 25./26. November 2008 in Berlin eine „Nationale Strategiekonferenz Elektromobilität" durch, deren Inhalte von den Bundesministerien für Verkehr, Bau und Stadtentwicklung, Umwelt, Naturschutz und Reaktorsicherheit, Wirtschaft und Technologie sowie Bildung und Wissenschaft getragen werden. Als Ergebnis aller vorgestellten Konzepte wurde die Ausarbeitung eines „Nationalen Entwicklungsplanes Elektromobilität" in Auftrag gegeben, welcher zwischenzeitlich als Kabinettsbeschluss (NR. 227/2009 vom 19. August) vorliegt. Als Quintessenz ist festzuhalten: Deutschland

Ökologie

soll zum Leitmarkt für Elektromobilität werden. Dafür bestehen in unserem Land in der Tat gute Chancen, um im globalen Wettbewerb bestehen zu können.

Der Fokus dieser Überlegungen ist auf den Elektro-Pkw gerichtet. Im Jahr 2020 sollen eine Million Elektrofahrzeuge auf deutschen Straßen verkehren. Dafür wurden bisher 500 Millionen Euro Fördermittel im Rahmen des Konjunkturpaketes II zur Bewältigung der Wirtschafts- und Finanzkrise bewilligt. So wichtig und richtig dies sein mag, es bleibt mit Bedauern festzustellen, dass für den elektrisch angetriebenen straßengebundenen ÖPNV im Rahmen der beiden Konjunkturpakete keine Zusatzmittel bereitgestellt wurden.

Doch von der erwähnten Förderung müssen jedoch auch Nutzfahrzeuge wie Stadtbusse und Fahrzeuge des Wirtschaftsverkehrs in den Städten profitieren. Erst hartnäckige Interventionen haben hier Abhilfe geschaffen. Dies gilt es jetzt konsequent zu verfolgen.

Der Elektrobus von heute ist eine echte Alternative zum Dieselbus

Der elektrische Stadtbus (O-Bus oder Trolleybus) des Jahres 2010 ist ein besonders umweltfreundliches Nahverkehrssystem: lokal emissionsfrei, extrem geräuscharm, sanft und doch kraftvoll beim Anfahren und Bremsen. Er ist einfach und kostengünstig in die vorhandene Infrastruktur zu integrieren und sorgt für mehr Lebensqualität in der Stadt. Der elektrische Stadtbus ist somit umweltverträglich, kundenfreundlich und stadtkonform und arbeitet mit hoher Wirtschaftlichkeit. Er ist weit davon entfernt als „Dinosaurier-Technologie" bezeichnet zu werden. Insgesamt stellt das System Elektrobus eine umweltgerechte Zukunftstechnologie besonders dann dar, wenn der benötigte Strom aus erneuerbaren Energien gewonnen wird.

Das gegenwärtige Hauptproblem in Deutschland

```
┌─ Der Autor ─────────────────────────────
│
│      Dr. oec. habil.
│                          **Ralf Haase**
│
│                          Hauptgeschäftsführer der DVWG
│                          a. D.
│
└──────────────────────────────────────────
```

besteht in der Finanzierbarkeit der erforderlichen Investitionen. Die ÖPNV-Unternehmen sehen darin mit Recht ein Entscheidungskriterium, das Bund, Länder und Kommunen mit Sparhaushalten über längere Zeit konfrontiert werden. Doch was geschieht, wenn die gegenwärtigen Dieselflotten in den Städten ausgetauscht werden müssen?

Aus verkehrsplanerischer Sicht müssen dazu langfristig strategische Entscheidungen getroffen werden. Denn die gegenwärtig hochgepriesenen Hybridbusse stellen trotz bedeutender Forschungsleistungen der Automobilindustrie nur eine Brückentechnologie dar, welche es rasch zu überwinden gilt.

ÖPNV-Systeme in Städten müssen komplett auf den elektrischen Antrieb setzen

Die Experten sind sich einig: Dem elektrischen Antrieb von Straßenfahrzeugen im öffentlichen Verkehr der Städte und Ballungsräume gehört die Zukunft.

Um hier den Worten auch Taten folgen zu lassen, bedarf es der Überwindung von Denkbarrieren und falschen Vorurteilen in den Kommunen und bei vielen ÖPNV-Unternehmen. Das Ende der Verbrennungskraftmaschine in Stadtbussen ist absehbar, wenngleich diese Fahrzeugsysteme natürlicherweise noch längere Zeit das Bild auf unseren Straßen prägen werden.

Erinnern wir uns an die historischen Fakten: Im Jahre 1821 entwickelte Michael Faraday das Konstruktionsmuster für den ersten Elektromotor. Er ist damit älter als der Verbrennungsmotor, welcher 1860 von Jean Joseph Etienne Lenoir (Gasmotor mit elektrischer Zündung) und 1862 von Nikolaus August Otto (Motor mit Kompression) entwickelt wurde. Werner von Siemens baute 1881 die erste elektrische Straßenbahn und 1882 den ersten elektrisch angetriebenen Omnibus, genannt „Elektromote".

In den 20er Jahren des 20. Jahrhunderts gab es in Deutschland 74 Städte mit O-Busverkehren, welche überwiegend bis in die 60/70er Jahre zuverlässig ihren Dienst verrichteten; heute sind es noch drei (Solingen, Esslingen und Eberswalde). Nach dem 2. Weltkrieg kam es in Deutschland zur Entwicklung leistungsfähiger Dieselmotoren für Busse, so dass der Dieselbus schrittweise den Oberleitungsbus verdrängte. Dennoch verkörpert der Elektrobus keine „Dinosaurier-Technologie", wie häufig ketzerisch vermerkt wird. Vielmehr erlebt er heute als fahrdrahtgebundene Technologie rund um den Globus eine rasche Ausbreitung. Die Gründe dafür liegen auf der Hand: Der Elektrobus ist lokal emissionsfrei, geräuscharm, leistungsstark, kundenfreundlich und zunehmend auch wirtschaftlich dem Dieselbus gleichwertig.

Über 360 Elektrobusstädte weltweit sind es heute und ein ständiges Wachstum kann nachgewiesen werden. Dies sollte auch Ansporn für Deutschland sein, sich seiner großen Tradition zu erinnern. Das Flottenmanagement elektrischer Bussysteme bietet exzellente Voraussetzungen für diese Technologie und damit für die Erreichung der abgesteckten Klima- und Energieziele.

Wir brauchen eine neue Philosophie, um auch in Deutschland eine Renaissance des Elektrobusses zu erreichen. Dabei spielen sich Tradition und Innovation gegenseitig in die Hände.

Elektromobilität in Städten verlangt nach innovativen Technologien

Für Fahrzeugflotten im Linienbetrieb mit Bussen haben wir es heute mit der traditionellen bzw. konventionellen Technologie zu tun. Sie arbeitet mit Fahrdraht und Stromversorgung aus Unterwerken analog dem Stadtbahnbetrieb. Diese Technologie ist energieeffizient, ausgereift und in moderner Version komplett verfügbar. Sie leidet jedoch unter der Tatsache, dass die investiven Kosten vor allem durch Fahrleitung und Masten zu hoch sind. Auch gibt es städtebauliche Vorbehalte wegen des „Blechs am Himmel", was jedoch in Städten mit Straßen- bzw. Stadtbahnen niemanden stört.

Aus diesen Gründen konzentriert sich die Forschung und Entwicklung auf innovative Technologien, welche ein Fahren gänzlich ohne Fahrdraht oder nur punktueller Stromversorgung vorsieht. Diese Entwicklung läuft in Richtung leistungsfähiger Energiespeicher (Batterien) im Fahrzeug und induktiver Energieübertragung aus der Straße heraus. Je leistungsfähiger Großbatterien werden, umso rascher kann eine Nachladung an Verkehrsknoten und Endpunkten von Linien erfolgen. Hier ist forschungsseitig viel in Bewegung gekommen.

Abb. 1: 18 m-Trolley von HESS/Vossloh Kiepe im Betrieb bei den Stadtwerken Solingen

Abb. 2: 24 m-Doppelgelenkbus von HESS (Schweiz), welcher als Hybridbus und in vollelektrischer Version mit Fahrleitung im Einsatz ist

Die Chancen für die nächsten Jahre sind enorm gewachsen. Nach Aussagen der Industriepartner könnten voll gebrauchsfähige Lithium-Ionen-Batterien für Pkw ab 2010 und für Busse ab 2012 zur Verfügung stehen. Bei schweren Nutzfahrzeugen im Güterverkehr deutet alles darauf hin, dass hier nach dem Jahre 2015 die wasserstoffbasierte Brennstoffzelle die Lösung von Elektromobilität bringen wird.

Aber auch Elektrofahrräder, Elektromotorräder und -roller werden bald in unseren Städten verstärkt zum Einsatz kommen. Damit bestehen sehr gute Voraussetzungen für integrierte Mobilitätskonzepte in den Städten auf der Grundlage der Elektromobilität.

Für neue Konzepte müssen bessere verkehrs-, energie- und umweltpolitische Rahmenbedingungen geschaffen werden. Sie bedürfen der Forschungsförderung und Anschubfinanzierung.
Für den ÖPNV besteht die Forderung, Elektrobusse mit und ohne Fahrdraht einer besonderen finanziellen Förderung anheim zu stellen. Für fahrdrahtgebundene Lösungen kommt es bei vorhandener Technologie auf eine Anschubfinanzierung bei Systemeinführung an. Die laufenden Betriebskosten liegen dann weitgehend unter denen für Dieselbusse. Hierbei ist zu beachten, dass aufgrund vorliegender Prognosen die Dieselkraftstoffpreise in den nächsten Jahren enorm steigen werden, was ein weiteres Argument für den

Elektroantrieb bedeutet. Bei den innovativen Technologien muss eine Forschungsförderung erfolgen, wobei Pilotprojekte wie sie in den 8 deutschen Modellregionen laufen, schneller auf die Umrüstung von Hybrid- auf Elektrobusse ausgerichtet werden müssen. Die Hybridtechnologie, welche jetzt im Rahmen der Förderprogramme dominiert, stellt nur eine Übergangstechnologie auf dem Weg zum vollelektrischen Stadtbus dar. Aus diesem Grunde müssen die Förderprogramme mit dieser Schwerpunktsetzung nach dem Jahre 2011 konzentriert weitergeführt werden.

Zusammenfassende Wertung und Ausblick
Während in europäischen und außereuropäischen Metropolen der Elektrobus immer regeren Zuspruch erfährt, stagniert dieser Prozess in Deutschland. Darüber kann auch die Tatsache nicht hinweg täuschen, dass in den gegenwärtigen Elektrobusstädten Solingen, Esslingen und Eberswalde die bestehenden Flotten erhalten und erneuert werden.

Doch es fehlen verkehrspolitische Anreize, um Kommunen gezielt zu unterstützen, die dem Elektrobus aufgeschlossen gegenüber stehen. Besonders in Mittelstädten, wo ein Systemwechsel vom Dieselbus zu alternativen Lösungen ansteht, könnten solche Orientierungen den Entscheidungsprozess unterstützen, zumal dort der Aufbau von Stadtbahnnetzen aus finanziellen Gründen in absehbarer Zeit nicht erreichbar sein wird. In

Großstädten mit einem gewachsenen Mix von ÖPNV-Systemen könnten Elektrobusse in Erweiterungs- und Ergänzungsnetzen als Zubringerverkehr zu Stadt-, Regional- und Fernbahn verstärkt fungieren und dabei auch sensible Zonen (z.B. Siedlungsgebiete und historische Innenstädte) umweltfreundlich erschließen.

Doch solange der Nationale Entwicklungsplan Elektromobilität den Fokus vor allem auf den Elektro-Pkw richtet, werden parallele Forschungs- und Entwicklungsarbeiten besonders bei innovativen Technologien im Bussektor weitgehend unbeachtet bleiben.

Andererseits ist festzustellen, dass auch die Automobil- und Zulieferindustrie zunehmend erkennt, dass der elektrische Antrieb in Nutzfahrzeugen – zu denen ja letztlich auch Stadtbusse gehören – immer größeres Interesse findet. Fortschritte besonders in der Batterie- und Ladetechnik lassen diese Annahme nähren und machen neugierig auf die kommenden Jahre.

Doch solange in Deutschland keine einheitliche Plattform „Elektrobus" zustande kommt und sich eine dergestaltige Allianz gründet, bleiben leider partielle Entwicklungen das Maß aller bisherigen Dinge.

Abb. 3: 18 m-Trolleygelenkbus der Barnimer Busgesellschaft BBG in Eberswalde auf MAN-Basis und mit Elektrik von Vossloh Kiepe

Schiene
Strategische Infrastrukturplanung im Herzen Europas

Die aktuellen Megatrends in Wirtschaft und Gesellschaft werden den Schienenverkehr in den kommenden Jahren einem strukturellen Wandel unterziehen. Das Aufkommen im zukünftigen europäischen Schienenverkehr wird geprägt durch die Qualität und Quantität der Infrastrukturen (HGV-Strecken, Kapazitäten), der Diskussion zu den Kundenrechten, insbesondere aber auch durch Fragen der Sicherheit und Zuverlässigkeit der Systeme. Das Wachstum der Personenverkehrsnachfrage wird sich zwischen und in den Metropolregionen konzentrieren, während in ländlichen Räumen ein weiterer Rückgang der Besiedlungsdichte zu erwarten ist. Der Schienengütertransport muss Antworten finden auf die Herausforderungen der Green Logistic und der weiteren Diversifizierung der Transportströme, um seine Systemvorteile gegenüber dem Straßengütertransport in die Waagschale zu werfen.

Die EU versucht die Schiene insbesondere auf grenzüberschreitenden Strecken im Güterverkehr stärker einzubinden. Mit der Verordnung „Zur Schaffung eines europäischen Schienennetzes für einen wettbewerbsfähigen Güterverkehr" bemüht sie sich, Qualität und Wettbewerbsfähigkeit des internationalen Schienengüterverkehrs zu verbessern. Die EU schlägt vor, Mitgliedsstaaten, Infrastrukturbetreiber und andere Marktteilnehmer zur grenzüberschreitenden Kooperation zu verpflichten, indem internationale Güterverkehrskorridore identifiziert und Korridorgesellschaften gegründet werden. Diese sollen eingebunden in gesetzlich vorgegebenen Organisationsstrukturen detaillierte von der Kommission vorgegebene Maßnahmen umsetzen. Die Erfahrungen aber zeigen, dass die Probleme der Korridore sehr unterschiedlich sind und spezifischer Lösungen bedürfen.

Taktverkehre und zunehmende Unterschiede in den Höchstgeschwindigkeiten der einzelnen Zugsysteme stellen neue Anforderungen an die Schieneninfrastruktur und reduzieren die Leistungsfähigkeit. Durch die politisch gewollte Trennung von Infrastrukturbetreibern und Eisenbahnverkehrsunternehmen sind die Interessen der Beteiligten am Bahnverkehr nicht mehr identisch. Der Netzbetreiber muss aus ökonomischen Interessen viele Trassen verkaufen, um die Kosten für Instandhaltung sowie Neu- und Ausbau zu finanzieren. Viele Trassen stehen jedoch häufig im Widerspruch zu Taktverkehren oder Verkehren mit großen Geschwindigkeitsunterschieden. Überlagert werden die Ansprüche und Wünsche durch europäische Vorgaben, die Vorrang für europäische Güterverkehre festschreiben, ohne dass die nationalen Netzbetreiber hier einen direkten Einfluss haben. Gleichzeitig liberalisiert die EU schrittweise den Schienenpersonenfernverkehr (SPFV) auf der internationalen Ebene. Die Vorgaben aber werden nicht in allen Ländern so konsequent umgesetzt wie in Deutschland.

Die Neu- und Ausbauplanungen der Schieneninfrastruktur können nur in dem Rahmen erfolgen, wie der Bundeshaushalt es zulässt. Daher ist es wichtig, die Zeithorizonte bis zur Inbetriebnahme von neuen Infrastrukturen zu beachten und im Anspruchsdenken der Nutzer und der Öffentlichkeit zu verankern.

Karl-Heinz Garre

Schiene – Strategische Infrastrukturplanung im Herzen Europas
SPFV unter anderen Bedingungen –
Anforderungen an die Infrastrukturdimensionierung aus Kundensicht

Der Personenverkehrsmarkt in Deutschland und Europa wird in den kommenden 20 Jahren einem großen Strukturwandel ausgesetzt sein. Die Veränderung der sozioökonomischen und ökologischen Randbedingungen wird das Verkehrsgeschehen nachhaltig beeinflussen. Die DB wird nichts unversucht lassen, um an diesem Wandel erfolgreich zu partizipieren.

Sozioökonomische und ökologische Trends

Es sind im Wesentlichen drei langfristige Trends, die den Verkehrsmarkt in Zukunft stark beeinflussen werden:

- Die erwartete weitere Urbanisierung wird zu einem Wachstum der Ballungsräume und zu einer Zunahme der Bevölkerungsdichte in den Zentren führen.

- Internationalisierung und Globalisierung werden die grenzüberschreitenden Wirtschaftsbeziehungen wachsen lassen.

- Bevölkerungsentwicklung und demographischer Wandel werden zu veränderten Anforderungen an leistungsfähige Verkehrssysteme führen. Hier werden unterschiedliche Entwicklungen in Deutschland und Europa erwartet. In wirtschafts-

schwachen Regionen wird der Wegzug weiter anhalten, während in Ballungszentren aufgrund der Arbeitsmarktlage die insgesamt abnehmende Bevölkerungsentwicklung durch Zuzug aufgehalten werden kann.

Insgesamt ist damit zu rechnen, dass trotz sinkender Gesamtbevölkerung die Mobilitätsnachfrage vor allem zwischen den Metropolregionen steigen wird.

Die Prognosen (z.B.: Verflechtungsprognose 2025 ITP – BMVBS) lassen innerhalb der deutschen Metropolregionen ein unterschiedliches Wachstum der Verkehrsnachfrage erwarten. Nimmt man die sechs Zen-

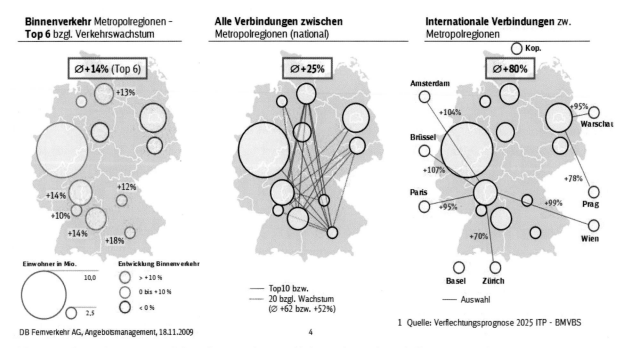

Abb. 1: Wachstum des Personenverkehrsaufkommens hauptsächlich zwischen und innerhalb von Metropolregionen 2004-2025

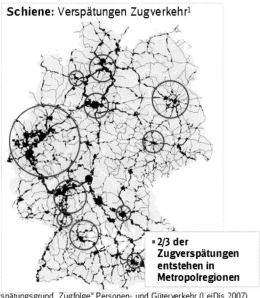

Schiene: Verspätungen Zugverkehr[1]

- 2/3 der Zugverspätungen entstehen in Metropolregionen

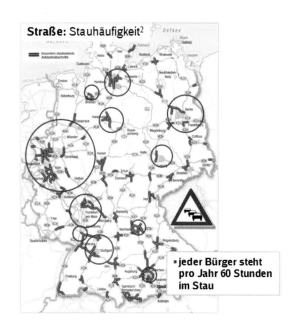

Straße: Stauhäufigkeit[2]

- jeder Bürger steht pro Jahr 60 Stunden im Stau

1 Verspätungsgrund „Zugfolge" Personen- und Güterverkehr (LeiDis 2007)
2 Prognose für Wochenende 10.-12.08.08, Quelle: ADAC
DB Fernverkehr AG, Angebotsmanagement, 18.11.2009   6

Abb. 2: Engpässe im bestehenden Infrastrukturnetz

tren mit den größten Zunahmen, so lassen diese ein Wachstum der Nachfrage von 14 % erwarten. Anders sieht es zwischen den deutschen Metropolregionen aus. Hier wird eine Zunahme der Verkehrsnachfrage von durchschnittlich 25 % erwartet, wobei der Verkehr zwischen einzelnen Regionen bis zu 62 % ansteigen wird. Betrachtet man die Verkehrsentwicklung in Europa, so wird mit einem durchschnittlichen Wachstum von 80 % zwischen den Metropolen gerechnet, wobei der Verkehr auf einzelnen Relationen bis zu 107 % zunehmen wird.

Diese Veränderungen des Verkehrsgeschehens sind verbunden mit einer weiteren Belastung von Schadstoff- und Lärmemissionen, einem erhöhten Energiebedarf und einem vermehrten Flächenbedarf für Verkehrswege. Hier hat die Bahn gegenüber dem Straßenverkehr allerdings weitaus günstigere Voraussetzungen, denn die Belastungen durch den Schienenverkehr sind bei den wichtigsten Kriterien günstiger (Energieverbrauch,

CO_2-Ausstoß, Feinstaub, Stickoxid) und der Flächenverbrauch für neue Verkehrswege beträgt nur etwa ein Drittel. Allerdings ist bei beiden Verkehrsträgern der Mehrverkehr nicht mehr über die vorhandenen Verkehrswege abwickelbar. So entstehen zwei Drittel der Verspätungen im Zugverkehr in den nicht ausreichend leistungsfähigen Knoten in den großen Ballungszentren und auch auf der Straße steigt die Stauhäufigkeit in und um die Ballungszentren stark an.

Bei der Entscheidung für den Ausbau der Verkehrswege sind langfristige Trends, wie Ressourcenverknappung und Klimawandel, unbedingt zu berücksichtigen. Unter diesen Gesichtspunkten ist die Schiene das einzig sinnvolle Verkehrsmittel, welches die Voraussetzungen für die künftigen Verkehrsbedürfnisse wirtschaftlich und mit der geringsten Belastung an Schademissionen erfüllt. Deshalb richtet sich der Appell der DB an die Verkehrspolitik, jetzt Zeichen für eine zukunftsträchtige Entwicklung der Mobilität zu setzen und den Ausbau des Schienennetzes nachhaltig zu fördern.

Nachfrageentwicklung im Fernverkehr

Der Hochgeschwindigkeitsverkehr in Deutschland hat seit seiner Einführung im Jahr 1991 eine sehr erfolgreiche Entwicklung genommen. Die Nachfrage hat sich gegenüber 1993 mehr als verdreifacht und der Anteil der Zugleistungen im ICE-System ist – gemessen

┌─ Der Autor ─────────────────

Karl-Heinz Garre

Angebotsmanagement der DB Fernverkehr AG

Schiene

an allen Zugleistungen im Fernverkehr – von 18 % in 1993 inzwischen auf 65 % angestiegen.

Maßgeblicher Hebel für das überproportionale Nachfragewachstum war neben der Komfortverbesserung in erster Linie die Verkürzung der Reisezeiten. In wichtigen Metropolrelationen konnten durch Inbetriebnahme von Schnellfahrstrecken und Einführung des ICE-Verkehrs die Reisezeiten um ein Drittel gekürzt bzw. sogar halbiert werden.

Die attraktiven Reisezeiten spiegeln sich auch im erreichbaren Marktanteil wider. Während der SPFV-Marktanteil in ganz Deutschland gegenüber anderen Verkehrsmitteln nur ca. 8 % beträgt, lassen sich in gut ausgebauten Metropolrelationen mit ICE-Anbindung bis zu 60 % erreichen.

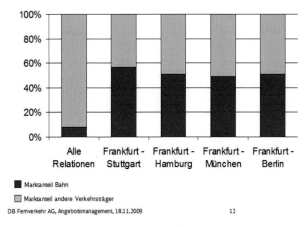

Abb. 3: Marktanteil Bahn im Verhältnis zum Gesamtmarkt Personenverkehr in Deutschland

Dies ist auch für die DB Fernverkehr AG zu einem profitablen Geschäft geworden, denn die Nachfrage ist seit Einführung des ICEs gegenüber der Angebotsausweitung stärker gestiegen und durch die höhere Zahlungsbereitschaft der Kunden für attraktive Leistungen konnten beim Umsatz noch höhere Steigerungsraten erzielt werden.

Dies führte in den Jahren 2004 bis 2008 zu einer durchschnittlichen Umsatzzunahme von 6 % p.a. Und so konnte das defizitäre Betriebsergebnis II der DB Fernverkehr AG des Jahres 2003 um 745 Mio. € verbessert werden und betrug +336 Mio. € in 2008. Dies wurde neben vielfältigen Vermarktungsstrategien in hohem Maß durch den Erfolg des Hoch-

geschwindigkeitsverkehrs und durch konsequente Reduzierung von wirtschaftlich nicht tragfähigen Zugleistungen erreicht.

Auch wenn die globale Konjunkturkrise für 2009 und 2010 diesen Wachstumstrend unterbrechen wird, so lassen die Prognosen für die Folgejahre eine erneute Steigerung des Verkehrsmarktes erwarten.

Infrastrukturentwicklung

Die Erfolge des ICE-Verkehrs sind auch auf die vermehrte Anzahl neuer Hochgeschwindigkeitsstrecken zurückzuführen. Nach dem Bundesverkehrswegeausbaugesetz werden im nächsten Jahrzehnt weitere HGV-Strecken in Betrieb genommen, u.a. die Projekte VDE 8.2 und VDE 8.1 (Halle/Leipzig – Erfurt – Nürnberg) und die Strecken Stuttgart – Ulm, Karlsruhe – Basel (komplett) und Rhein/Main – Rhein/Neckar.

Zur Entlastung insbesondere für die starken Güterverkehrsrelationen in Norddeutschland (Seehafen-Hinterlandverkehr) soll auch vordringlich an der sog. Y-Strecke Hamburg/Bremen – Hannover weiter geplant werden.

Auch in den europäischen Nachbarländern werden im nächsten Jahrzehnt weitere Schnellstrecken in Betrieb genommen. Insbesondere in Frankreich, aber auch in Österreich und der Schweiz, nach Dänemark und in Polen werden schnelle Strecken die Schienennetze ergänzen.

In Deutschland umfasst der Anteil der HGV-Strecken (250 km/h und höher) derzeit 12 % des Fernverkehrsnetzes. Auf diesen Strecken werden aber 50 % der Zugleistungen abgewickelt. Der Streckenanteil wird bis 2020 auf 16 % steigen. Auf diesen Strecken sind dann 60 % der Zugkilometer des Fernverkehrs geplant.

Netzengpässe

Der steigende Mobilitätsbedarf in und zwischen den Metropolregionen stellt hohe Anforderungen an die Netzinfrastruktur im kommenden Jahrzehnt. Heute zeichnen sich vor allem drei Schwachpunkte ab:
• Engpässe in den Knoten, die heute schon an der Grenze der Leistungsfähigkeit angelangt oder

bereits in hohem Maß überlastet sind – Beispiele: Hamburg oder Frankfurt a. M.

- Gegenseitige Behinderungen auf gemeinsam genutzten Strecken durch Verkehre mit unterschiedlichen Geschwindigkeitsniveaus – Beispiele: Strecken Frankfurt a. M. – Fulda oder Hamburg – Hannover
- Kapazitätsbegrenzende Eingleisigkeiten und niveaugleiche Ausfädelungen – Beispiele: Strecke (Göttingen –) Sorsum – Hildesheim – Braunschweig – Fallersleben (– Wolfsburg) oder Münster – Lünen (– Dortmund).

den. Allerdings sollte das Netz so ausgebaut werden, dass zusammenhängende, unabhängige Korridore für den Güterverkehr und den Fernverkehr entstehen, so dass die Verkehre mit unterschiedlichen Geschwindigkeitsniveaus weitestgehend entmischt werden können. Hier muss wieder mehr die frühere Strategie „Netz 21" greifen, die leider Anfang dieses Jahrzehnts nicht mehr konsequent weiter verfolgt wurde.

Dann gilt es, Schwachstellen im Netz, z.B. eingleisige Abschnitte auf wichtigen Korridoren auszubauen, um so für einen reibungsloseren Betrieb und zur

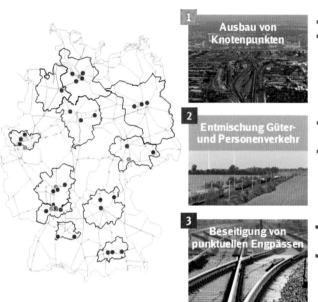

1 Ausbau von Knotenpunkten

- Ein **Verkehrskollaps** in den **Ballungsräumen droht**
- **Beispiel Hamburg Hbf:**
  Kapazitätsende erreicht: Regionalzüge enden am Stadtrand und **Taktverdichtung** Fernverkehr **nicht möglich**

2 Entmischung Güter- und Personenverkehr

- **Güter- und Personenverkehr behindern sich** gegenseitig in ihrem **Wachstum**
- **Beispiel Frankfurt-Fulda:**
  Personen- und Güterverkehr teilen sich Gleise, dies **verhindert** die **Einführung neuer Verbindungen**

3 Beseitigung von punktuellen Engpässen

- **Engpässe** (bspw. Eingleisigkeit) **begrenzen die Kapazität**
- **Beispiel Frankfurt-Berlin:**
  3 eingleisige Streckenabschnitte führen oft zu **deutlichen Verspätungen**, die sich **im gesamten Fernverkehrssystem** der Bahn auswirken

Abb. 4: Der steigende Mobilitätsbedarf in Metropolregionen muss über drei Hebel bewältigt werden

Die Steigerung der Leistungsfähigkeit von hochbelasteten Strecken und Knoten wird eine der vordringlichsten Aufgaben der DB Netz AG sein. Dies dient allen Verkehrsnutzern auf dem Schienennetz.

Für die Zukunft gilt es, den großen Knoten in den Metropolregionen vermehrt Beachtung zu schenken. Hier führen vor allem die gegenseitigen Abhängigkeiten zwischen Fern- und Nahverkehr und das Erfordernis, kundengerechte Anschlüsse zwischen den Zugleistungen herzustellen, zu gegenseitigen Beeinflussungen, die in vielen überlasteten Knoten sich schnell zu Verspätungen mit weitreichenden Auswirkungen aufschaukeln.

Der bisher eingeschlagene Weg, durch neue Strecken überlastete Korridore zu entlasten, muss fortgeführt wer-

Vermeidung gegenseitiger Behinderungen zu sorgen. Eingleisige Abschnitte wie die oben genannten Beispiele determinieren den gesamten Fernverkehrsfahrplan und führen dazu, dass an anderen Stellen des Fernverkehrsnetzes keine optimale Fahrplangestaltung mehr möglich ist.

Neue Fahrzeuge

Um dem zunehmenden Verkehrsaufkommen gerecht zu werden, hat die DB Fernverkehr AG mehrere Programme entwickelt. Hierzu zählen:

- Erhöhung der Platzkapazitäten durch Redesign-Programme, wie dies bereits bei den ICE 1-Zügen geschehen ist. Auch für die anderen Bauarten, die die „Lebensmitte" erreicht haben (ca. 15 Jahre alt), sind im nächsten Jahrzehnt

Redesign-Programme vorgesehen (ICE 2, ICE T, ICE 3). Dabei können durch bessere Ausnutzung und Aufteilung in allen Fällen mehr Sitzplätze untergebracht werden, ohne dass am Komfort Abstriche gemacht werden müssen.

- Inbetriebnahme von 15 neu beschafften ICE 3-Zügen (BR 407) in den Jahren 2011 und 2012. Diese Züge sind vor allem für den Einsatz nach Belgien und Frankreich auf den neuen HGV-Strecken vorgesehen (L2 + L3 Brüssel – Aachen, LGV Est Paris – Strasbourg / Saarbrücken, LGV Rhin-Rhône). Außerdem werden sie im innerdeutschen Verkehr als notwendige Verstärkereinheiten eingesetzt.

- Beschaffung einer neuen Fahrzeuggeneration ICE x als Ablösung der z.T. weit über 30 Jahre alten IC-Reisezugwagen (200 km/h) sowie als Nachfolgefahrzeuge für ICE 1 und ICE 2 (250 km/h). Die im vergangenen Jahr erfolgte Ausschreibung umfasst eine Flotte von bis zu 300 neuen Fahrzeugen, die vom Komfort und der Kundenanmutung den ICE-Zügen entsprechen. Sie sollen für den IC-Verkehr mit einer Höchstgeschwindigkeit von 230 km/h ausgelegt werden, während sie im ICE-Verkehr für 250-280 km/h vorgesehen sind. Dafür hat die DB eine Plattformstrategie entwickelt, die diese beiden unterschiedlichen Geschwindigkeitsniveaus berücksichtigt. Dies klingt zunächst wie ein Widerspruch, aber durch die in weiten Teilen einheitliche Konstruktion kann ein großes Maß an gleichen Bauteilen realisiert werden, wodurch sich Synergien in der Ersatzteilhaltung ergeben und insgesamt eine hohe Komplexitätsreduzierung in Wartung und im Betriebseinsatz erreicht wird. Darüber hinaus werden die Züge so ausgelegt sein, dass sie wesentlich wartungsärmer, energiesparsamer und universeller einsetzbar sind, als die vorhandenen IC-, ICE 1- und ICE 2-Züge. Dies führt zu deutlich geringeren Life-Cycle-Costs, wodurch ein weiterer Benefit bezüglich eines wirtschaftlichen Betriebes erzielt wird.

Der ältere Fahrzeugpark der DB Fernverkehr AG wird bis 2025 durch eine einheitliche Flotte komplett erneuert, die auf die künftig hauptsächlich vorhandenen Geschwindigkeiten im HGV-Netz optimal ausgerichtet ist. Die Ablösung der Hochgeschwindigkeitszüge mit 300 km/h und höher sowie der Spezialflotte der Neigetechnikzüge muss dann ab 2030 aus einer neu zu entwickelnden Fahrzeuggeneration erfolgen.

Mit dieser Fahrzeugstrategie wird die DB in der Lage sein, die künftigen Anforderungen des Verkehrsmarktes in Deutschland und Europa zu beherrschen und das erwartete Wachstum zu befriedigen. Ökologisch, ökonomisch und Ressourcen sparend ausgerichtet und trotzdem komfortabel und schnell werden die neuen IC- / ICE-Züge der DB Fernverkehr AG gut für die Herausforderungen der Zukunft gerüstet sein.

Stephan Bunge

Schiene – Strategische Infrastrukturplanung im Herzen Europas
Defizite in der Bedienung durch den SPFV in Deutschland

Sechzehn Jahre nach dem Start der Bahnreform am 1. Januar 1994 hat sich der Schienenverkehrsmarkt in Deutschland grundlegend verändert. Im Regionalverkehr erreichten Fahrzeugkomfort und Fahrplanangebot einen Qualitätssprung; zudem entwickelte sich ein reger Wettbewerb, bei dem die Konkurrenten der Deutschen Bahn mittlerweile einen Marktanteil von 20,3 Prozent erreicht haben (Stand 2009). Auch im Güterverkehr nahm in dieser Zeit der Wettbewerb an Fahrt auf, hier lag der Marktanteil der DB-Konkurrenz im Jahr 2009 sogar bei fast einem Viertel. Nicht zuletzt durch ihre stark gestiegene Verkehrsleistung werden diese Bereiche in der Regel als positive Beispiele für die Effekte der Bahnreform angesehen.

In der politischen und fachlichen Diskussion über die Entwicklung des SPFV in Deutschland herrscht dagegen in weiten Teilen die Meinung vor, dass es spätestens seit der Umsetzung des Programms MORA P durch die Deutsche Bahn AG in den Jahren 2001 und 2002 zu einem Niedergang des Fernverkehrs auf der Schiene gekommen ist, verbunden mit einer Vernachlässigung der regionalen Erschließung. So weisen die Geschäftsberichte der Fernverkehrssparte der Deutschen Bahn in den Jahren zwischen 2000 und 2003 einen drastischen Einbruch der Fahrgastzahlen von ca. 150 Millionen auf ca. 110 Millionen aus (Abbildung 1). Auch der Wettbewerb im SPFV machte in diesem Zeitraum so gut wie keine Fortschritte – der Marktanteil der Deutschen Bahn AG lag 2009 unverändert bei 99 Prozent.

Allerdings wäre es übereilt, den Schluss zu ziehen, dass der starke Rückgang der Fahrgastzahlen auf Grund mangelnder Attraktivität des SPFV zu verzeichnen ist: Bezogen auf die angebotenen Leistungen verzeichnete die Deutsche Bahn nämlich eine weitgehend konstante Zahl von Fahrgästen zwischen 79 und 85 Fahrgästen pro 100 angebotenen Betriebskilometern (Abbildung 1). Da zwischen 2000 und 2003 aber das Angebot im Zuge des Programms MORA P reduziert wurde, kam es dem-

zufolge auch zwingend zu einem Rückgang der absoluten Fahrgastzahlen, da die Fahrgäste der abgebauten Verkehre dem in der Regel ersatzweise bestellten Regionalverkehr zugerechnet wurden.

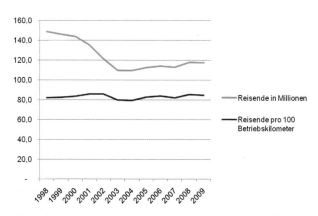

Abb. 1: Fahrgäste gesamt und Fahrgäste pro Betriebskilometer DB Fernverkehr AG (Quelle: Geschäftsberichte DB Reise&Touristik AG / DB Fernverkehr AG)

Um einen Beitrag zur weiterhin sehr lebhaften Diskussion um die Qualität und Zukunft des SPFV in Deutschland zu geben, sollte daher im Rahmen eines Dissertationsvorhabens am Fachgebiet Schienenfahrwege und Bahnbetrieb der TU Berlin ein Verfahren entwickelt werden, das eine objektive Bewertung der Erschließungsqualität des deutschen SPFV ermöglicht und fundierte Aussagen über den Status Quo des SPFV in der Bundesrepublik erlaubt.

Methodischer Ansatz

Der methodische Ansatz basiert auf der Überlegung, dass das Verkehrsangebot auf der Schiene im Gegensatz zum Straßenverkehr neben der materiellen Infrastruktur auch durch eine immaterielle Infrastruktur bestimmt wird (Abbildung 2).

Der Fahrgast der Eisenbahn ist eben nicht in der Lage, direkt die materielle Infrastruktur (Fahrweg, Bahnhöfe, Fahrzeuge) zu nutzen, sondern nur indirekt über das von den Eisenbahnverkehrsunternehmen unterbreitete Angebot aus Fahrplan- und Preissystemen und den verbundenen sonstigen Serviceleistungen. Für eine Beschreibung der Angebotsqualität im SPFV ist daher über die materielle Infrastruktur hinaus auch zwingend der Zustand der immateriellen Infrastruktur zu erfassen. Dieser ist jedoch nur empirisch für einen definierten Stichtag messbar, da Frequenzen, Umsteigezeiten und Fahrpreise grundsätzlich durch den Anbieter relativ einfach geändert werden können und deshalb von Fahrplanzustand zu Fahrplanzustand differieren können. Aus diesem Grund muss am Beginn einer Untersuchung die empirische Erhebung von Daten aus einem Fahrplan stehen, danach kann deren Analyse und schließlich die Aufbereitung und Bewertung der erhaltenen Ergebnisse erfolgen.

Datenerhebung

Im Rahmen dieser Studie wurde für den Stichtag 13. Oktober 2010 in der Zeit von 4 Uhr bis 1 Uhr des Folgetages das Eisenbahn-Verkehrsangebot auf 2.485 Relationen zwischen 71 deutschen Oberzentren und Mittelzentren mit oberzentraler Teilfunktion (MOZ) erfasst. Die Auswahl der einzubeziehenden Städte erfolgte somit nicht auf Grundlage der Einwohnerzahlen sondern auf Grund raumordnerischer Kriterien, um eine flächendeckende und repräsentative Verteilung über das Untersuchungsgebiet zu erreichen.

┌─ Der Autor ─────────────

Stephan Bunge

Technische Universität Berlin

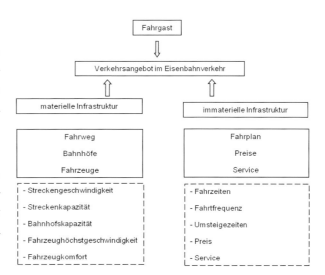

Abb. 2: Materielle und immaterielle Bestandteile des Verkehrsangebots im Schienenpersonenverkehr

Das Fahrplanauskunftsprogramm Hafas, das für die Erhebung der Fahrplandaten genutzt wurde, gibt dabei allerdings pro Relation oftmals eine Reihe von gleichzeitig verkehrenden Zugverbindungen aus, die im Hinblick auf verschiedene Kundenpräferenzen ausgewählt wurden, also besonders preisgünstig, aber zeitaufwändig sind oder besonders schnell, aber mit vielen Umsteigevorgängen verbunden sind. Da sowohl die Auswahl einer einzigen – eventuell der zeitschnellsten – als auch aller Zugverbindungen das Ergebnis verzerren würde, ist es erforderlich, für die Erfassung der Fahrplandaten nur die für den Fahrgast relevantesten Zugverbindungen auszuwählen, d.h. die wahrscheinliche Kundennachfrage über den Tagesverlauf abzubilden. Diese Auswahl erfolgt mit Hilfe eines Punktesystems, das auf der Bewertung der Reisezeit und des Umsteigeaufwandes beruht (Abbildung 3).

Aus den erhobenen Zugverbindungen wird für jede Relation eine Anzahl von Indikatoren berechnet, die die Angebotsqualität aus Kundensicht abbilden sollen. Die Definition der dafür relevanten Fahrgastpräferenzen erfolgte auf Grundlage einer Studie im Auftrag des Bundesverbandes der Verbraucherzentralen aus dem Jahr 2008. Die zu berechnenden Indikatoren sind:

* für den Preis: Fahrpreis pro Kilometer
* für die Frequenz: Zahl der Verbindungen
* für die Reisezeit: Abweichung Bahn-Reisezeit/ Pkw-Reisezeit, Umwegfaktor Bahn/Pkw

- für den Umsteigeaufwand: Umstiege pro 100 Kilometer, durchschnittliche Zeit pro Umstieg, Anteil Umsteigezeit/Reisezeit
- für die Geschwindigkeit: Beförderungsgeschwindigkeit
- für die Ausstattung/Service: Anteil SPFV-Züge an der Strecke.

miert und damit in Relativwerte umgewandelt. Diese sind dimensionslos, ein Wert von 100 entspricht dem arithmetischen Mittel. Anschließend konnten diese gewichtet zu einem Index der Erschließungsqualität einer Relation aufsummiert werden. Für die Gewichte der Indikatoren wurden auf Grundlage der Studie im Auftrag des Bundesverbandes der

Halt	ab	an	um	Dauer	Produkte	Punkte															
Erfurt Hbf	17:27	21:31	1x	04:04	ICE, ICE	262	■														
Erfurt Hbf	19:27	23:31	1x	04:04	ICE, ICE	262		0													
Erfurt Hbf	11:27	15:32	1x	04:05	ICE, ICE	263		0	0												
Erfurt Hbf	13:27	17:32	1x	04:05	ICE, ICE	263		0	0	0											
Erfurt Hbf	15:27	19:32	1x	04:05	ICE, ICE	263		0	0	0	0										
Erfurt Hbf	09:23	13:32	1x	04:09	ICE, ICE	267		0	0	0	0	0									
Erfurt Hbf	07:21	11:32	1x	04:11	ICE, ICE	269		0	0	0	0	0	0								
Erfurt Hbf	10:22	14:33	1x	04:11	ICE, ICE	269		0	0	0	0	0	0	0							
Erfurt Hbf	15:21	19:32	1x	04:11	ICE, ICE	269		0	0	0	0	0	1	0	0	0					
Erfurt Hbf	06:21	10:33	1x	04:12	ICE, ICE	270		0	0	0	0	0	0	0	0	0	0				
Erfurt Hbf	08:21	12:33	1x	04:12	ICE, ICE	270		0	0	0	0	0	0	0	0	0	0	0			
Erfurt Hbf	16:21	20:33	1x	04:12	ICE, ICE	270		0	0	0	0	0	0	0	0	0	0	0	0		
Erfurt Hbf	18:21	22:41	1x	04:20	ICE, ICE	278		0	0	0	0	0	0	0	0	0	0	0	0	0	
Erfurt Hbf	07:27	11:32	2x	04:05	ICE, ICE, ICE	281		0	0	0	0	0	0	1	0	0	0	0	0	0	0
Erfurt Hbf	09:27	13:32	2x	04:05	ICE, ICE, ICE	281		0	0	0	0	0	0	1	0	0	0	0	0	0	0
Erfurt Hbf	08:27	12:33	2x	04:06	EC, ICE, ICE	282		0	0	0	0	0	0	0	0	0	0	1	0	0	0
Erfurt Hbf	10:27	14:33	2x	04:06	EC, ICE, ICE	282		0	0	0	0	0	0	0	1	0	0	0	0	0	0
Erfurt Hbf	06:27	10:33	2x	04:06	IC, ICE, ICE	282		0	0	0	0	0	0	0	0	0	1	0	0	0	0
Erfurt Hbf	12:27	16:33	2x	04:06	IC, ICE, ICE	282	■	0	0	0	0	0	0	0	0	0	0	0	0	0	0
Erfurt Hbf	16:27	20:33	2x	04:06	IC, ICE, ICE	282		0	0	0	0	0	0	0	0	0	0	0	1	0	0
Erfurt Hbf	07:46	12:29	0x	04:43	IC	283		0	0	0	0	0	0	0	0	0	0	1	0	0	0
Erfurt Hbf	09:46	14:29	0x	04:43	IC	283		0	0	0	0	0	0	0	1	0	0	0	0	0	0
Erfurt Hbf	13:46	18:29	0x	04:43	IC	283	■	0	0	0	0	0	0	0	0	0	0	0	0	0	0
Erfurt Hbf	15:46	20:29	0x	04:43	IC	283		0	0	0	0	0	0	0	0	0	0	0	1	0	0
Erfurt Hbf	04:55	09:32	1x	04:37	ICE, ICE	295	■	0	0	0	0	0	0	0	0	0	0	0	0	0	0

Abb. 3: Fahrgastrelevante Zugverbindungen der Relation Düsseldorf Hbf – Erfurt Hbf (Ausschnitt). Rot markiert sind die als günstig eingestuften Verbindungen.

Datenanalyse und -bewertung

Mit Hilfe der dargestellten Indikatoren kann die Qualität der Elemente eines Verkehrsangebotes auf einer Relation anschaulich dargestellt werden. Eine Einordnung und ein Vergleich der Qualität dieser Elemente ist allerdings ebenso wenig möglich, wie die Bezifferung der Gesamtqualität einer Relation, da die Indikatoren unterschiedliche Dimensionen besitzen und von unterschiedlicher Bedeutung für den Fahrgast sind. Um dies zu erreichen, wurden die absoluten Werte der Indikatoren in Bezug auf das arithmetische Mittel aller untersuchten Relationen nor-

Verbraucherzentralen folgende Werte definiert:
- Ausstattung/Service: 0,242
- Reisezeit: 0,379
- Geschwindigkeit: 0,131
- Frequenz: 0,072
- Umsteigeaufwand: 0,176.

Ergebnisse

Die nachfolgende Tabelle zeigt zusammengefasst die Durchschnittswerte der Indikatoren für alle untersuchten Relationen des SPFV-Angebotes in Deutschland. Dabei wird deutlich, dass die Bahn-Reisezeiten mit durchschnittlich fast 19 Prozent relativ deutlich über den entsprechenden Pkw-Reisezeiten liegen. Dass die erreichte Geschwindigkeit der Züge dabei trotzdem relativ hoch ist, zeigt der Wert von ca. 107 km/h, der durchschnittlich auf jeder Relation bei der Beförderungsgeschwindigkeit erreicht wird. Die Variationskoeffizienten verdeutlichen, dass insbesondere bei den Indikatoren für den Umsteigeaufwand hohe Streuungen um den Mittelwert auftreten. Dagegen sind die Werte der untersuchten Relationen für die Beförderungsgeschwindigkeit relativ dicht um den deutschen Durchschnitt gruppiert. Dies weist zusätzlich darauf hin, dass die erreichte Geschwindigkeit nicht wesentlich ursächlich für die hohe Abweichung der Bahn-Reisezeit von der Pkw-Reisezeit ist: Die durchschnittliche Beförderungsgeschwindigkeit ist hoch und schwankt unter den Relationen nur schwach.

Indikator	Ø Deutschland 2010	Variations- koeffizient
Preis pro Fahrkilometer	0,18 Euro	8,1 %
Verbindungen pro Tag	14	14,6 %
Abweichung Bahn-Reisezeit/Pkw-Reisezeit	+19 %	10,1 %
Umstiege pro 100 Kilometer	0,35	25,5 %
Durchschnittliche Zeit je Umstieg	15,0 Minuten	16,2 %
Anteil der Umsteigezeit an der Reisezeit	8,3 %	24,4 %
Beförderungsgeschwindigkeit	107,1 km/h	6,8 %
Umwegfaktor Bahn/Pkw	1,08	4,0 %
Anteil SPFV-Züge	72,8 %	14,9 %

Abb. 4: Gesamtergebnis der Untersuchung des SPFV-Angebots in Deutschland 2010

Werden die Index-Werte der Relationen nach ihren jeweiligen Quell- bzw. Zielstädten zusammengefasst, ergibt sich ein Bild der räumlichen Verteilung der Erschließungsqualität des SPFV in Deutschland. In Abbildung 5 ist diese farblich dargestellt, wobei die Farbe dunkelgrün eine überdurchschnittliche (Index über 110), hellgrün eine durchschnittliche (Index zwischen 90 und 110), orange eine unterdurchschnittliche (Index zwischen 80 und 90) sowie rot eine stark unterdurchschnittliche (Index unter 80) Erschließungsqualität anzeigt.

Dabei ist festzustellen, dass die Erschließungsqualität eines Oberzentrums direkt von seiner Einbindung in das Fernzugnetz der Deutschen Bahn AG abhängt. Die überdurchschnittlich erschlossenen Städte befinden sich ausschließlich entlang des ICE-Netzes, während überhaupt nicht an das ICE-/IC-Netz angebundene Städte in der Regel nur unterdurchschnittliche Indexwerte erreichen. Augenfällig ist zudem, dass ostdeutsche Oberzentren tendenziell schlechter erschlossen sind als die untersuchten Städte in den alten Bundesländern.

Auch hier zeigte sich, dass die erreichten Streckengeschwindigkeiten bei dieser Verteilung eine eher untergeordnete Rolle spielen – entscheidend für ein positives oder negatives Abschneiden sind vor allem Zahl und Dauer der Umsteigevorgänge. Die Einbindung in das Fernzugnetz der Bahn ist hierfür deshalb so entscheidend, da in der Untersuchung gezeigt werden konnte, dass sich alle Relationen bereits aus dem Fahrplanangebot heraus auf wenige Achsen – die mit ICE und IC bedienten Strecken – im deutschen Netz konzentrieren. Dieses Fernzugsystem ist somit so etwas wie ein „Netz im Netz", und um dieses zu erreichen, ist für die nicht eingebundenen Oberzentren deshalb in jedem Fall ein erhöhter Umsteigeaufwand notwendig. Der Ausgestaltung dieses unumgänglichen zusätzlichen Umsteigeaufwandes kommt daher eine hohe Priorität zu, um die Attraktivität des Schienenpersonenverkehrs auch auf langen Distanzen zu erhöhen.

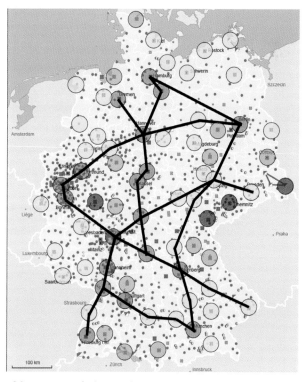

Abb. 5: Geografische Anordnung der Indizes der Erschließungsqualität und Netz des ICE-Taktverkehrs der Deutschen Bahn AG

Die Anwendung der vorgestellten Untersuchungsmethodik auf den Verkehr zwischen 10 Agglomerationszentren der Schweiz und der Vergleich mit den Ergebnissen für Deutschland zeigte, dass die Attraktivität des deutschen SPFV insgesamt als gut angesehen werden kann. Allerdings unterstrich das schweizer Beispiel auch nochmals die Bedeutung eines geringen Umsteigeaufwandes: Obwohl die durchschnittliche Beförderungsgeschwindigkeit mit ca. 94 km/h weit unter dem deutschen Durchschnittswert liegt (107 km/h), ist die Reisezeitbilanz gegenüber dem Pkw mit 11 Prozent Abweichung deutlich besser als in Deutschland (+19 Prozent). Dies wiederum beruht auf dem insgesamt wesentlich besseren Ergebnis des Umsteigeaufwandes im Schweizer Netz, sowohl in Bezug auf die Dauer als auch die Anzahl der notwendigen Umsteigevorgänge.

Auch wenn von einem Abhängen der Regionen durch die Unternehmenspolitik der Deutschen Bahn im Fernverkehr keine Rede sein kann, muss die Verbesserung der Verknüpfungen zwischen Fern- und Regionalzügen verstärkt in den Fokus rücken, ebenso wie die Schaffung zusätzlicher Direktverbindungen: Die Schwachstelle des deutschen SPFV besteht nicht in einer unattraktiven Streckeninfrastruktur, die eine Erhöhung der Geschwindigkeit nötig macht, sondern in einem insgesamt zu hohen Umsteigeaufwand, der sich letztlich auch negativ auf die Reisezeit der Eisenbahn auswirkt. Den Aufgabenträgern der Länder kommt dabei eine wesentliche Rolle zu: neben ihrer Verantwortung für den klassischen Nahverkehr tragen sie auch die Verantwortung für die Anbindung der Regionen an den Fernverkehr. Das vor einigen Jahren vorgestellte RE-X-Konzept der BAG SPNV weist dabei als Lösungsansatz ebenso in die richtige Richtung wie die Idee eines Deutschland-Taktes.

Literatur

[1] Aberle, Gerd (2003): Transportwirtschaft: Einzelwirtschaftliche und gesamtwirtschaftliche Grundlagen. 4. Auflage, Oldenbourg Wissenschaftsverlag, München.

[2] Brenck, Andreas / Mitusch, Kay / Dams, Jan (2008): Verbrauchererwartungen an Dienstleistungsqualität im Bahnverkehr. Studie im Auftrag des Verbraucherzentrale Bundesverbandes. IGES Institut GmbH, Berlin.

[3] Bundesamt für Bauwesen und Raumordnung (Hrsg.) (2005): Raumordnungsbericht 2005. Selbstverlag des BBR, Bonn.

[4] Bundesarbeitsgemeinschaft der Aufgabenträger des SPNV (Hrsg.) (2003): Wir verbinden Deutschlands Regionen, schnell – direkt – attraktiv. Konzept zur Entwicklung eines interregionalen Expressnetzes. Berlin.

[5] DB Reise&Touristik AG / DB Fernverkehr AG (1998-2009): Geschäftsberichte der Jahre 1998 bis 2009.

[6] Heinze, G. Wolfgang et al. (2002): Überregional bedeutsames Schienennetz in Deutschland aus raumordnerischer Sicht. In: Raumforschung und Raumordnung. Ausgabe 5-6/2002.

[7] Perrey, Jesko (1998): Nutzenorientierte Marktsegmentierung. Ein integrativer Ansatz zum Zielgruppenmarketing im Verkehrsdienstleistungsbereich. Gabler Verlag, Wiesbaden.

[8] Rohwer, Götz / Pötter, Ulrich (2002): Methoden sozialwissenschaftlicher Datenkonstruktion. Juventa Verlag, Weinheim/München.

[9] Stielike, Jan M. (2009): Privatisierung der Deutschen Bahn AG. Anforderungen an die Organisationsstruktur der Eisenbahn aus raumordnerischer Sicht. In: Raumforschung und Raumordnung, Ausgabe 5-6/2009.

[10] Voßkamp, Rainer (2001): Disparitäten in der Anbindung der deutschen Großstädte an das Eisenbahnnetz. Eine Untersuchung des Personenfernverkehrs für die Jahre 1998 bis 2001. In: Wirtschaftswissenschaftliche Diskussionsbeiträge der TU Chemnitz, Ausgabe 42/2001, Chemnitz.

Schiene – Strategische Infrastrukturplanung im Herzen Europas
Schienengüterverkehr – Strukturen, Konzepte und Herausforderungen

Auch wenn der Schienengüterverkehr im letzten Jahr erhebliche Einbrüche verzeichnen musste, spricht sehr viel dafür, dass der Bahntransport in der Zukunft wieder erheblich ansteigen wird. Im Folgenden werden zunächst wesentliche Charakteristika der Schienengüterverkehrsbranche vorgestellt, um im Anschluss daran auf zentrale strategische Fragestellungen für Schienenverkehrsunternehmen einzugehen.

Der Schienengüterverkehrsmarkt

Seit Jahren ist ein Anstieg der Transportweiten zu beobachten, ein Trend von dem das fixkostenintensive Transportsystem Schiene profitiert. Darüber hinaus werden mit zunehmender internationaler Arbeitsteilung grenzüberschreitende Schienenkonzepte wieder mehr zum Tragen kommen. Schließlich steigen in Zukunft die Personal- und Energiekosten weiter, wovon die Schiene weit weniger betroffen ist.

Entscheidend ist jedoch die durch den intensiven intermodalen Wettbewerb in den letzten Jahren erheblich gestiegene Effizienz und Qualität der Güterbahnen. Hier besteht jedoch in Ländern wie Frankreich noch Handlungsbedarf, wo aufgrund von Qualitätsmängeln seit Jahren schienenaffine Sendungen an die Straße verloren gehen.

Funktionierender Markt für Schienenleistungen

Heute existiert ein funktionierender Zuliefermarkt für alle Arten von Schienenleistungen, von Loks über Waggons, Lokführer bis hin zum Eisenbahnbetriebsleiter. Die Beschaffungsbranche ist den Güterbahnen auch international gefolgt und hat leistungsfähige Or-

Verhandlungsmacht Kunden
- Ausgeprägte A-Kundenstruktur
- Gefahr Selbsterstellung durch Kunden
- Kundenmacht, da Geschäft fixkostenintensiv und Auslastung entscheidend
- Auswechselbarkeit Bahnen bei einfachen Leistungen
- geringe Kundenloyalität

Verhandlungsmacht Lieferanten
- Heute Lieferantenwettbewerb (Markt für Eisenbahnleistungen)
- Qualität/Preise jedoch auch konjunkturabhängig
- Sonderfall: Energiekosten

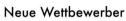

Wettbewerb der vorhandenen Güterbahnen

Intermodaler Wettbewerb
- Intensiver Wettbewerb zu Lkw und Binnenschiff
- schnelle Reaktion auf Marktänderungen durch Lkw
- spezifische Bahnvorteile tendenziell in stagnierenden Märkten (Güterstruktureffekt...)

Neue Wettbewerber
- zumeist geographische Ausdehnung bestehender EVU's
- Markteintrittsbarrieren (geringe Kapitalrendite, alte Wagen/Loks Fixkostendegression, Lernkurveneff.)
- Marktaustrittsbarrieren f. etabl. Anbieter (Remanenzkosten, pol. Restriktionen)

Abb. 1: Analyse der Güterbahnbranche auf Basis der Wettbewerbskräfte nach Porter, Quelle: Wittenbrink (2007)

ganisationen und Strukturen aufgebaut. Dabei ist das Risiko ungleich verteilt: Während die Eisenbahnverkehrsunternehmen (EVU) im intensiven Wettbewerb stehen und der Gefahr ausgesetzt sind, im Rahmen von Ausschreibungen Aufträge in dem fixkostenintensiven Geschäft zu verlieren, behalten die Zulieferer/Dienstleister nicht selten auch bei einem Wechsel der Güterbahn die Aufträge, da auch das „neue" EVU wiederum Personal und Assets benötigt. Nicht zuletzt deswegen ist die Rendite im Beschaffungsmarkt höher als bei den Güterbahnen, und Kapitalgeber investieren eher in den Beschaffungs- als in den EVU-Markt.

Kapitalrendite angesichts der Risiken zu gering

Aufgrund der Langlebigkeit von Loks und Waggons müssen Güterbahnen langfristige Investitionsentscheidungen in einem dynamischen Marktumfeld treffen. Das Eingehen dieser Investitionsrisiken ist dann akzeptabel, wenn das erhöhte Risiko durch eine entsprechende Kapitalrendite abgegolten wird. Dies ist jedoch im Schienengüterverkehr nicht der Fall: Nicht erst seit der Finanzkrise schaffen es die meisten EVU gerade einmal, den Kapitaldienst zu finanzieren. Von einer angemessenen Rendite sind sie noch weit entfernt. Weitere Marktbereinigungen werden die Folge sein.

Strategische Fragestellungen

Ohne an dieser Stelle im Detail auf mögliche Anpassungsstrategien eingehen zu können, stehen Schienenverkehrsunternehmen vor einigen zentralen strategischen Fragestellungen, die im Folgenden kurz erläutert werden.

Fokussierung auf Geschäftsfelder

In Zeiten sinkender Mengen und zunehmenden Wettbewerbs ist eine Fokussierung auf die Geschäftsfelder notwendig, bei denen die eigenen Kernkompetenzen am besten zum Tragen kommen. Basis für die Kernkompetenzen sind dabei Ressourcen und Fähigkeiten (vgl. Abb. 2).

Ressourcen	Fähigkeiten	Strategische Wichtigkeit
• Lok- und Wagenpark • Anzahl, Qualifikation und Flexibilität Mitarbeiter • Infrastruktur/Werkstatt • Standort, Anlagen • Finanzielle Mittel • Know-how, IT • Strecken-/Netzkenntnis national/international • Kundenstamm/-bindung • Unternehmensimage • Partner/Lieferanten	• Fähigkeit, Ressourcen durch zielorientierte Ausrichtung und Koordination zu nutzen: • Organisation/Struktur • Systeme/Prozesse • Führungssysteme • Planungs- und Controllingsysteme • Anreizsysteme • Controllingsysteme	• wertvoll für die Kunden, d.h. Kunde ist bereit, dafür zu zahlen • Ziel: schwer imitierbar/ substituierbar • Führen zu Wettbewerbsvorteil
Ressourcen schaffen	**Ressourcen nutzen**	**Kernkompetenzen**

Abb. 2: Ressourcen und Fähigkeiten als Basis für Kernkompetenzen, Quelle: Eigene Darstellung in Anlehnung an Hungenberg (2008), S. 148.

┌─ Der Autor ─

Prof. Dr.
Paul Wittenbrink

Duale Hochschule
Baden-Württemberg Lörrach

Reduzierung der Komplexität

Der Eisenbahnbetrieb ist mit einer hohen Komplexität verbunden, woraus ein erheblicher Koordinationsaufwand resultiert. Wie Abbildung 3 zeigt, sinken zwar mit zunehmender Unternehmensgröße die Produktionskosten, da die Fixkosten auf eine größere Menge verteilt werden und Einkaufsvorteile realisiert werden können.

Mögliche Geschäftsfelder von Güterbahnen (national und international)			
Reg. Produktion Arbeitszüge, SZ	**Einfache Traktion**	**KV-WLV-Operateur Bahnspedition**	**Netzwerk-Managemt. Zugsysteme**
• regionale Produktion Arbeits-(Bahnbau) /Sonderzüge • sehr hohe Markt- und Produktionsflexibilität • reg. Know-how • einfache, schlanke Produktion, Disposition /Administration • multifunkionale Mitarbeiter	• Schlanke Traktion von Ganzzügen • standard. Leistung • industrielle Produktion • geringe Komplexität • hohe Ressourcen-produktivität (Lok-/ Wagenumläufe...) • kaum Overhead, sehr schlanke Einheit(en) • eher produktionsorien-tierte Mitarbeiter	• Operteur(KV/WLV) • Vertriebsorganisation • Einkauf Bahn-Leistg. für Kunden • Bündelung zu Zügen und Gesamtpaketen (Auslastungsrisiko) • Angebot Wagen und bahnlogist. Leistg. • Branchen-Know-how • umfangreicher Kundenservice... • eher vertriebsorientierte Mitarbeiter	• Betrieb und Vertrieb von Traktionssystemen für KV- und WLV-Operateure • Ausrichtung am Netzoptimum und Qualität • schlanke Organisation, kaum Overhead

Asset-Dienstleister (Angebot von Personal, Loks, Wagen ...zu Marktpreisen)

Abb. 3: Mögliche Geschäftsfelder von Güterbahnen

Gleichzeitig steigen aber mit der Unternehmensgröße auch die Komplexität und der interne Koordinationsaufwand, was zumeist mit einer höheren Inflexibilität, schlechterer Ressourcennutzung und steigenden Overheadkosten verbunden ist. Viele Eisenbahnen begegnen der Komplexität durch zentrale Strukturen, wodurch jedoch fast zwangsläufig hohe Overheadkosten und Informationsnachteile resultieren. Eine Alternative dazu ist die klare Fokussierung auf organisatorisch eigenständige Geschäftsfelder, bei denen die eigenen Kernkompetenzen zum Tragen kommen.

Abbildung 4 zeigt eine mögliche Aufteilung nach Geschäftsfeldern. Wichtig ist, dass jedes Geschäftsfeld für sich überlebensfähig ist und Gewinne erwirtschaftet, denn in Zeiten des Wettbewerbs wird jegliche Quersubventionierung vom Markt sanktioniert.

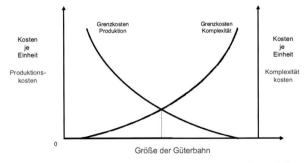

Abb. 4: Zusammenhang zwischen Unternehmensgröße und den Produktions- und Komplexitätskosten

Reduzierung der Fertigungstiefe und Assetlastigkeit

Insbesondere die ehemaligen Staatsbahnen neigen dazu, mit einer sehr hohen Fertigungstiefe und mit weitgehend eigenen Ressourcen (z.B. Loks, Wagen) zu produzieren, wodurch eine hohe Assetlastigkeit und ein erhebliches Auslastungsrisiko resultieren.

Abbildung 5 veranschaulicht die Situation: Der Verkaufstrichter stellt dabei den mit Eintrittswahrscheinlichkeiten und Auftragssummen bewerteten Erwartungswert der Angebote/Aufträge dar. Ein Unternehmen sollte immer über ein über die eigenen Produktionsmöglichkeiten hinausgehendes potenzielles Auftragsvolumen verfügen, damit die eigenen Ressourcen ausgelastet werden. Bei vielen ehemaligen Staatsbahnen ist der Verkaufstrichter jedoch kaum größer als die Produktionsmöglichkeiten. Dies liegt sowohl an dem zu geringen Auftragsbestand als auch an der hohen Fertigungstiefe, d.h. dem Wertschöpfungsanteil eigener Produktion. Die Folge sind höhere Kosten, da die Aufträge kaum ausgewählt werden können, die Ressourcen für die Spitzenlast vorgehalten werden und enorme Auslastungsrisiken bestehen (Güterbahn A). Besser steht da Güterbahn B dar, indem insbesondere die Grundlast selbst produziert wird und ein Teil der Ressourcen, insbesondere für die Spitzenlast, eingekauft wird. Hier kommen auch Bahnspeditionen ins Spiel, indem sie

Aufträge akquirieren und sich die besten Produktionsmöglichkeiten suchen. Das können natürlich auch eigene Bahnspeditionen von Güterbahnen sein.

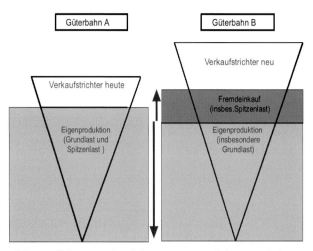

Abb. 5: Effekte unterschiedlicher Fertigungstiefe bei Güterbahnen

Daher sollte angestrebt werden, möglichst die Grundlast mit eigenen Ressourcen zu produzieren und die Spitzenlast zuzukaufen. Auch ist zu prüfen, ob das Vorhalten sämtlicher Assets wirklich zum Kerngeschäft einer Güterbahn gehört, oder ob sich hier nicht vielmehr Kooperationen und strategische Allianzen mit Lok- und Wagenvermietern anbieten.

Das Controlling ist bei vielen Güterbahnen nach wie vor unterentwickelt. Für die effiziente Steuerung des Geschäfts sind detaillierte Informationen darüber notwendig, wo die Kosten exakt anfallen, was die tatsächlichen Kostentreiber sind und mit welchen spezifischen Kosten die einzelnen Prozesse verbunden sind.

Kooperationen können einerseits auf derselben Wertschöpfungsebene bestehen, indem z.B. EVU gemeinsame Züge vermarkten, Gruppen und Einzelwagen über Hub-Systeme verbinden, Ressourcen zusammenlegen oder gemeinsames Know-how nutzen. Sofern keine kartellrechtlichen Restriktionen bestehen, kann dies erhebliche Synergie-, Zeit-, Risiko- und Flexibilitätsvorteile mit sich bringen.

Herausforderungen beim Einzelwagenverkehr
Angesichts der aktuellen Entwicklung stellt sich auch die Frage, wie die Perspektive des Einzelwagenverkehrs in Europa aussieht. Hierbei besteht aktuell eine Vielzahl von Herausforderungen:

- Trenitalia hat ab Mai 2010 über 90 % Prozent der Güterverkehrsstellen für den Einzelwagenverkehr geschlossen und bedient seither nur noch ca. 50 Güterverkehrsstellen, wodurch es schon jetzt zu deutlichen Verkehrsverlusten gekommen ist.
- Die Fret SNCF hat sich angesichts massiver Verluste im Einzelwagenverkehr zum Ziel gesetzt, unrentable Einzelwagenverkehre systematisch auszusteuern.
- Nach dem Kesselwagenunfall in Viareggio (Italien) am 30.6.2009, bei dem 26 Menschen ums Leben kamen, haben die Zulassungsbehörden eine Reihe von zusätzlichen Sicherheitsauflagen eingeführt. Die erhöhte Sorgfalt der Werkstätten bei der Achs-Instandhaltung hat bei einigen Wagengattungen inzwischen zu einem erheblichen Wagenmangel geführt, da die Werke dem Instandhaltungsbedarf kaum nachkommen und europaweit Achsen fehlen.
- Nicht zuletzt aufgrund dieses Unfalls ist die Regulierungsdichte bei Güterwagen in Europa massiv gestiegen, was zu hohen Kosten führt. Es gibt Stimmen, die von einer Überregulierung sprechen, weil die Behörden kaum noch Ermessensspielräume zulassen. Konkret werden in 10 EU-Staaten und der Schweiz ab Ende 2010 nur noch Güterwagen befördert, wenn die Halter nachweisen können, dass sie ein europaweit einheitliches Pflichtenheft für ordnungsgemäße Instandhaltung einhalten (ECM-Regime).
- Angesichts der Wirtschaftskrise waren viele Güterbahnen gezwungen, Ressourcen und Personal abzubauen. Bei nun wieder anziehender Konjunktur fehlen teilweise diese Ressourcen, sodass z.T. Kapazitätsengpässe resultieren.

Vor diesem Hintergrund ist natürlich die X-Rail-Initiative zu begrüßen, von der sich die beteiligten Güterbahnen, ohne Trenitalia und Fret SNCF, eine erhebliche Qualitätssteigerung, schnelle Angebotsprozesse und bessere Transportinformationen für den Einzelwagenverkehr versprechen. Ob diese Initiative letztendlich zum Erfolg führt, wird wesentlich davon abhängen, ob die beteiligten Akteure bereit sind, ihre Eigeninteressen dem Erfolg des Gesamtproduktes unterzuordnen, zumal die Preisbildung nicht Gegenstand der Kooperation ist. Angesichts der aktuellen Herausforderungen besteht Anlass zur Hoffnung, dass nicht alle früheren Fehler wiederholt werden.

Fazit

Insgesamt zeigt sich, dass der Schienengüterverkehr Perspektiven hat, aber auch vor erheblichen strukturellen Herausforderungen steht. Die richtig aufgestellten Schienenverkehrsunternehmen werden jedoch die Chancen nutzen, notwendige Anpassungen vornehmen und gestärkt aus der Krise hervorgehen. Dies ist auch dringend notwendig. Ohne einen funktionierenden Schienengüterverkehr werden die verkehrlichen Herausforderungen in der Zukunft kaum zu bewältigen sein.

Literatur

[1] Hungenberg, Harald (2008), Strategisches Management in Unternehmen – Ziele, Prozesse, Verfahren, Wiesbaden, S. 147ff.

[2] Wittenbrink, Paul (2007), Wo steht der Wettbewerb in der Güterbahnbranche?, in: Güterbahnen 4/2007, S. 13-15.

[3] Wittenbrink, Paul (2009a), Der WLV-Operateur kommt, Ein neues Geschäftsmodell könnte den Bahnspeditionen weitere Felder erschließen und den Einzelwagenverkehr wieder auf die Erfolgsspur setzen, in: DVZ, Nr. 57 v. 12.5.2009.

[4] Wittenbrink, Paul (2009b), Strategische Allianzen im Schienengüterverkehr: Eine Analyse auf Basis möglicher Geschäftsfelder, in: Die Volkswirtschaft – Das Magazin für Wirtschaftspolitik, Nr. 2/2009, S. 13-16, Bern.

[5] Wittenbrink, Paul (2009c), Schienengüterverkehrsmarkt – Besonderheiten und Anpassungsstrategien, in: ByRailNow 2009, Sonderausgabe Güterverkehr 2009, November 2009, S. 24-25.

[6] Wittenbrink, Paul (2010a), Green Logistics führt zu Kosten- und Wettbewerbsvorteilen, in: Internationales Verkehrswesen, Nr. 5/2010, S. 16-20.

[7] Wittenbrink, Paul (2010b), Transportkostenmanagement Straßengüterverkehr, Grundlagen – Optimierungspotenziale – Green Logistics, Wiesbaden 2010.

Schiene

Prof. Dr.-Ing. habil. Jürgen Siegmann

Schiene – Strategische Infrastrukturplanung im Herzen Europas
Neue Netzstrategie erforderlich für Mehrverkehr und stabilere Fahrpläne auf der Schiene

Nicht nur seit dem Streit über Stuttgart 21 ist die Konzeption zum Ausbau des Schienennetzes in Deutschland umstritten. Die finanziellen Engpässe des Bundes und die Erwartungen der Netznutzer in allen Verkehrssparten klaffen weit auseinander.

Der SPFV will seine Hochgeschwindigkeitslücken schließen, der SPNV will mehr vertaktete Systeme mit erheblichem punktuellen Ausbaubedarf und der Schienengüterverkehr (SGV) braucht mehr Trassen auf seinen Magistralen, um die Zusatzmengen gemäß den aktuellen Prognosen marktadäquat abfahren zu können.

Die Öffentlichkeit gewinnt aber zuweilen den Eindruck, die Politik orientiert sich nicht mehr an bewährten Leitlinien oder stellt neue auf, sondern handelt eher tagesaktuell, spontan und unkoordiniert. Dazu führt auch, dass Infrastrukturausbauten eher nach Proporz und Kirchturm als nach überzeugenden Konzepten erfolgen. Der Bundesverkehrswegeplan (BVWP) hat seine Reize auch durch ständige Unterfinanzierung und zumindest fragwürdige Beurteilungskriterien verloren.

Grundlinien der Verkehrspolitik sind u.a.:
- Mobilität ist Lebensqualität und eine bezahlbare und qualitativ akzeptable Mobilität ist gut für Ausbildung, Wirtschaft, Freizeit und Kultur.
- Politisch, fiskalisch und rechtlich sollen alle Verkehrsträger so weit wie möglich gleich behandelt werden.
- Die Nutzer dürfen ihr Verkehrsmittel frei wählen.
- Die öffentliche Infrastruktur wird durch die öffentliche Hand bereitgestellt. Diese wird ggf. im Wettbewerb privat genutzt.
- Die Infrastrukturen sind föderal gegliedert, dabei sind die fernverkehrsrelevanten Infrastrukturen mit Ausnahme der Flughäfen im Besitz des Bundes, der sich für deren Erhalt und Ausbau verpflichtet hat.

- Der inter- und intramodale Wettbewerb schafft die besten, d.h. markt- und kundengerechten Angebote.

Für jeden sollte es eine akzeptable Alternative zum motorisierten Individualverkehr (MIV) in Form des ÖPNV/SPFV geben, besonders für die Nutzer ohne Zugang zum eigenen Pkw.

Die Motivation zur Förderung des Systems Bahn muss mehr umfassen als den Willen zur Entlastung der Autobahnen von den Lkw zugunsten der Pkw. Verkehrspolitik ist eben viel mehr als Fiskal- und Infrastrukturpolitik! Es ist deshalb notwendig, dass die Bundespolitik eine Strategie für ihre Fernverkehrsnetze entwickelt. Am Anfang einer Strategie steht die Zieldefinition, die Vision. Diese sollte hier in etwa lauten:
Die zukünftige Schienennetzqualität stellt die hochwertige Verbindung der Großstädte mit dem SPFV derart sicher, dass dieser eine echte Alternative zur Straße und zum Kurzstreckenluftverkehr ist. Das Netz stellt die Trassen für einen, von den Ländern zu verantwortenden SPNV, zur Verfügung, die dafür entsprechend Regionalisierungsmittel erhalten. Der SPNV hat eine wichtige Aufgabe in der Verzahnung der Städte mit ihren Regionen und im Vor- und Nachlauf zum SPFV.

Außerdem gewährleistet das Schienennetz die marktgerechte Abfuhr des Schienengüterverkehrs, insbesondere auf großen Distanzen und international. Der SGV soll dadurch in die Lage versetzt werden, mindestens seinen Modal-Split-Anteil zu halten, besser noch ihn zu erhöhen. Grundsätzlich wird der SPFV und der SGV eigenwirtschaftlich im Wettbewerb betrieben, im SPNV sollten die Teilnetze nach Ausschreibungen vergeben werden.

Notwendige Strategie des Bundes für sein Schienennetz
Die Bahnreform im Jahr 1994 war ein guter Ansatz und muss konsequent zu Ende geführt werden. Vorgaben der EU fordern die Trennung von Netz und Transport, damit die Eisenbahnverkehrsunternehmen (EVU) untereinander unter gleichen Bedingungen im Wettbewerb antreten können. Dazu muss das Netz neutral gestellt werden, was am besten durch Auftrennung des integrierten Konzerns DB AG gelingen kann.

Umwelt- und Verkehrsaspekte erfordern die Abwicklung des Verkehrswachstums nach Möglichkeit auf der umweltfreundlichen Schiene – dort müssen aber auch die dafür notwendigen Kapazitäten geschaffen werden. Aus der politischen Zielsetzung leiten sich die Gesamtnetzaspekte sowie die Rolle der Bahnen ab und damit auch die konkreten Netzausbauten. Die VDE-Projekte nach der Wiedervereinigung waren ein derart umfassender Ansatz, nun gilt es, dieses z.B. zur besseren Abwicklung des Langstrecken-Güterverkehrs zu wiederholen.

Als Leitvorgabe für den Erhalt und den Ausbau des Bestandsnetzes müssen die von der DB Netz definierten und politisch abzustimmenden Zielausbauten der Streckenelemente, die Streckenstandards gelten. Dort sind Leitgeschwindigkeit, Gleiszahl, Überholungsgleisabstände und deren Nutzlängen sowie auch die Ausrüstung mit Leit- und Sicherungstechnik und damit die Sollkapazitäten bei gutem Betriebsablauf definiert. Sie werden mit einem Buchstaben (M für Mischverkehr, G für vorwiegend Güterverkehr und P für vorwiegend Personenverkehr) und der Sollgeschwin-

- Der Autor -

Prof. Dr.-Ing. habil.
Jürgen Siegmann

Technische Universität Berlin

digkeit in km/h bezeichnet. Eine M160 Strecke wird demnach sowohl vom Personen- als auch Güterverkehr genutzt mit Geschwindigkeiten bis 160 km/h, die allerdings selten durchgängig eingehalten werden können. Um diesen Verkehr stabil durchführen zu können, sind besondere Bahnhofsanordnungen und Streckenausrüstungen notwendig, die im Ist-Zustand nicht immer idealtypisch vorhanden sind.

DB Netz sollte daher verpflichtet werden, einen Defizitbericht „Ist-Sollzustand" (gemäß dem jeweiligen Streckenstandard) für Knoten und Strecken zu erstellen einschließlich einer Kostenabschätzung für die notwendigen Ausbaumaßnahmen. Die Streckenstandards und die Einordnungen der Netzelemente sollten zukünftig nur mit Zustimmung bzw. auf Verlangen des Bundes geändert werden können.

Engpässe im Schienennetz für den Personenverkehr
Heute werden mehr als 60 % der Zugleistungen auf weniger als 25 % der Netzlänge erbracht. Es bestehen erhebliche Kapazität einschränkende Engpässe in diversen Knoten. Die zunehmende Geschwindigkeitsschere zwischen schnellen Zügen mit 200 km/h und mehr sowie dem SPNV/SGV mit effektiv eher 80-100 km/h reduziert weiter die Trassenmöglichkeiten auf den Mischverkehrsstrecken. Die Engpässe liegen vor allem in den Nord-Süd-Korridoren, die den auch nach der Krise wieder stark wachsenden Seehafenhinterlandverkehr kaum noch aufnehmen können.

Daneben sind wichtige Elemente des ICE-Netzes noch eingleisig, was sehr schnell zu Verspätungen führen kann, wenn die Gegenrichtung verspätet ist. Jede Linie muss Altstrecken mit Mischverkehr nutzen, wo maximal 200 km/h möglich sind. Damit relativieren sich die Fahrzeitgewinne auf den Neubauabschnitten deutlich. Mit etwa 180 km/h als mittlere Reisegeschwindigkeit mit dem ICE ist Deutschland nur am unteren Rand der Schnellverkehrssysteme dieser Welt.

Viele SPNV-Netze können weitere Taktverdichtung mangels Netzkapazität nicht umsetzen, obwohl die Finanzierung über die Regionalisierungsmittel dieses u.U. erlauben würde. Die Abstimmung der Takte zwischen SPFV und SPNV ist heute eher zufällig und wird manchmal durch eine hohe Zugfrequenz im SPNV kaschiert. Strecken mit engeren SPFV/SPNV-Zugfolgezeiten als 15 min sind praktisch für den SGV nur nachts nutzbar. Aber diese ehemals favorisierte zeitliche Entmischung ist infolge härterer intermodaler Konkurrenz heute nicht mehr überall marktfähig.

Auf dem 8. Bahnforum der DVWG im September 2010 haben namhafte Referenten ihre Vorstellungen von der idealen Schieneninfrastruktur für den SPFV dargelegt. Die Fahrzeiten im SPFV werden auch durch zeitraubende Bahnhofsein- und -durchfahrten sowie teilweise auch durch zu viele Zwischenhalte reduziert. Besonders schmerzlich sind die HGV-Lücken zwischen Fulda und Frankfurt, Frankfurt und Mannheim, Stuttgart und Augsburg und Berlin und Dresden. Ein Referent wies darauf hin, dass bei konsequenter Realisierung eines HGV-Netzes auch „heilige Kühe" wie die ICE-Halte im Kopfbahnhof Frankfurt Hbf. infrage gestellt werden müssen.

Es wurden natürlich auch kritische Stimmen zu den eher peripheren Schnellfahrstrecken Stuttgart – Ulm oder Hamburg/Bremen – Hannover laut. Für das SPFV-System sind die zentraleren SFS Frankfurt – Mannheim und Fulda – Frankfurt, über die u.U. auch der Verkehr Frankfurt – Würzburg geleitet werden könnte, wichtiger.

Im Schienenpersonenverkehr (SPV) kann ein Mehrverkehr vor allem über eine höhere Auslastung erreicht werden, unterstützt durch eine gezielte Vermarktung der Restkapazitäten der Züge in Schwachlastzeiten. Hierzu dienen spezielle Preissysteme und die zuggenaue Buchung über das Internet. Derzeit beträgt die Sitzplatzauslastung im SPFV etwa 50 %, auch weil in Deutschland kein Reservierungszwang besteht.

Kurz- und mittelfristige Maßnahmen zur Erhöhung der Netzkapazitäten

Beseitigung von Langsamfahrstellen, Erhöhung von Einfahrgeschwindigkeiten in Bahnhöfen, Verbesserung von Abzweigen, Beseitigung von Kapazität einschränkenden höhengleichen Bahnsteigzugängen, Schaffung seitenrichtiger, zuglanger Überholungsgleise sind „kleine" und relativ kurzfristig realisierbare Maßnah-

men, um die vorhandenen Kapazitäten netzweit auch ausschöpfen zu können. Generell müssen die Strecken und Knoten mittelfristig entsprechend ihrem definierten Streckenstandard engpassfrei ausgebaut werden.

Zur besseren Abwicklung des Seehafenhinterlandverkehrs ist die direkte Anbindung der Seehäfen zu verbessern. Dies betrifft u.a. die laufenden Maßnahmen im Raum Hamburg wie Hausbruch, aber auch die Verbindungskurve nach Buxtehude, um über die Elbe-Weser-Bahn den Zwischenhafenverkehr und die Abfahrt in Richtung Ruhrgebiet zu verbessern. Damit wird insbesondere der Knoten Harburg entlastet. Im Vorfeld der Häfen sind weitere Aufstellmöglichkeiten für Containerzüge zu schaffen, auch für Privatbahnen.

Mindestens das Europäische Lichtraumprofil G2 ist durchgängig auf allen wichtigen Strecken zu schaffen, auch wenn damit immer noch kein Doppelstock-Containerverkehr möglich ist, der bei dem hier verwendeten Fahrleitungssystem ohnehin unrealistisch ist. Wichtig ist auch die Beseitigung von höhengleichen Bahnsteigzugängen (auch an wichtigen Güterstrecken wie Bremerhaven – Bremen, Hannover – Göttingen, Stuttgart – Ulm etc.), die zeitweise eine zweigleisige Strecke in eine eingleisige verwandeln.

Höhengleiche Abzweige von hoch belasteten Strecken sollten zur Vermeidung von Engpässen möglichst höhenfrei (mit Brücken) ausgelegt und die Gemeinschaftsstrecke mit genügend Gleisen ausgestattet werden. Die Schaffung einer Drei- bzw. Viergleisigkeit kann mittelfristig und abschnittsweise auch durch Verbindung der vorh. Überholungsgleise (z.B. Lüneburg – Uelzen – Celle, Wunstorf – Minden) erreicht werden, so etwa in der Übergangszeit bis zur vollen Entmischung.

Mehr Kapazitäten für den SGV

Schon heute sind auf vielen Hauptkorridoren wie den Rheinstrecken oder dem Abschnitt Stelle – Lüneburg – Uelzen – Celle kaum noch weitere Zugtrassen unterzubringen. Unter gegebenen Umständen sind netzweit geschätzt noch 20 % Mehrverkehr für den Schienengüterverkehr (SGV) im Vergleich zu 2007 zu verkraften. Aus heutiger Sicht wird ein Mehrverkehr im SGV wahrscheinlich auch in den bestehenden Engpassrelationen auftreten, so dass ohne Kapazitätsausweitungen ein Mehrverkehr auf der Schiene nur noch in wenigen Fällen verkraftet werden kann. Im Einzelwagenverkehr ist zwar Mehrverkehr mit geringem Trassenmehrbedarf realisierbar, jedoch befriedigt dieser nur bedingt die Ansprüche des potentiellen Mehrverkehrs.

Moderner Schienengüterverkehr erfordert zeitgemäße Güterwagen mit den technisch erprobten Basiskomponenten automatische Kupplung, Telematik, Scheibenbremsen und optimale Beladetechnik. Deren Einführung scheitert aber bis heute stets an der Wirtschaftlichkeit. Höhere Transporterlöse sind am Markt in Konkurrenz zum Lkw und auch durch den intramodalen Wettbewerb kaum zu erzielen. Die EU will durch Einführung von lärmabhängigen Trassenpreisen Anreize schaffen, in moderne Technik zu investieren.

Das Kapazitätsproblem des Schienengüterverkehrs der Zukunft ist Gegenstand mehrerer aktueller Studien. Die im Folgenden ausgeführten Überlegungen wurden im Auftrag der DIHK, Berlin, im Jahr 2009 vom Autor entwickelt und der Öffentlichkeit präsentiert [1].

Die Transportleistung (tkm) im Schienengüterverkehr hat sich in Deutschland von 2003 bis 2007 von 85 auf 114 Mrd. tkm um 30 % erhöht. Das entspricht einer Wachstumsrate von im Schnitt 5,2 % p.a. Damit hat die Schiene einen Modal-Spilt-Anteil von knapp 20 % gemessen an den Tonnenkilometer (tkm) (im Vergleich: Straße 432 Mrd. tkm = 70 %, Binnenschiff 64 Mrd. tkm = 11 %).

Wenn sich die Summe 2007 von 620 Mrd. tkm (ohne Luftfracht, Pipeline oder Seeverkehr) mittelfristig um 70 % erhöht, beträgt dann das Gesamtvolumen aller Verkehrsträger 1.054 Mrd. tkm/a, 20 % Marktanteil davon entsprächen etwa 200 Mrd. tkm für die Schiene im Jahr 2020. Für die 114 Mrd. tkm (2007) wurden 300 Mio. Trassenkilometer (Trkm) auf dem deutschen Netz benötigt (380 tkm/Trkm). Darin enthalten sind viele, relativ schlecht ausgelastete Sammler- und Verteilerzüge des Einzelwagenverkehrs.

Aufgrund des Trends zu schweren Direktzügen, aber unter Beibehaltung des Einzelwagenverkehrs

mit schwankenden Zugauslastungen, wird eine moderate Auslastungsverbesserung auf 400 tkm/Trkm unterstellt, so dass daraus 500 Mio. Trkm/a resultieren (200 Mrd. tkm / 400 tkm/Trkm). Da der internationale Anteil am Verkehr steigen wird, wächst die Zahl der Güterzugbildungen nur unterproportional. Immerhin entspricht das einer Anzahl Güterzüge zum Prognosezeitpunkt von etwa 5.700, also 50 % mehr als im Jahr 2007.

Es ist anzunehmen, dass der Trend zum Container anhält, nicht nur im Seehafen-Hinterlandverkehr. Massengutganzzüge werden eher auf dem heutigen Niveau verharren, Massenstückgutzüge mit Containern und Automobilen, Rohren, Stahlprodukten etc. werden stark steigen. Die klassischen gemischten Züge aus unterschiedlichen Güterwagen zwischen den großen europäischen Zugbildungsbahnhöfen werden allenfalls unterproportional zunehmen.

Infolge der zunehmenden europäischen Verknüpfung der Bahnsysteme wird auch der Transit durch Deutschland stark zunehmen. Neben der Relation Nord (DK, S, N) – Süd (I, F, E, Balkan) über die Alpen, wird das auch die Relationen West-Ost (NL/B/F – Osteuropa/A/Balkan) betreffen. Daraus folgt, dass ca. 60 % der zusätzlichen Güterzüge Deutschland Richtung Nord-Süd durchqueren werden und etwa 40 % eher Ost-West.

Mit diesen Trends wird eine Güterzugzahl für 2020 von 5.700 abgeschätzt, die sich zusammensetzen aus etwa 900 Ganzzügen, 2.600 Zügen des Einzelwagenverkehrs (EWV) und 2.200 Zügen des Kombinierten Verkehrs. Der Schienengüterverkehr der Zukunft zeigt also eine bessere Auslastung je Zug und längere Laufweiten, folglich auch eine höhere Effizienz.

Das engpassfreie Güterverkehrsnetz

Ein zielführender und mittelfristig realisierbarer Ansatz für neue Kapazitäten ist NETZ21, die konsequente Entmischung von schnellem Personenverkehr und relativ langsamem Güterverkehr, der allenfalls mit einem angepassten SPNV in Harmonie auf der gleichen Strecke fahren kann. Die Netzstrategie Netz21 wurde bereits 1995 propagiert und in ersten Schritten angepackt. Mangels Geld und anderen Prioritäten des BVWP, aber auch, weil sich wichtige Kernelemente von Netz21 bisher nur sehr schwer durchsetzen lassen, wie z.B. der viergleisige Ausbau der Oberrheinstrecke Offenburg – Basel, wurde diese Strategie nicht konsequent umgesetzt. Netz21 ist auch eine übergreifende Strategie, die dem Netzgedanken eine höhere Priorität einräumt als der Einzelfallentscheidung.

Erst mit Knotenausbauten können die vorhandenen Streckenkapazitäten für den SGV voll ausgenutzt werden. Einige Knoten sind bereits oder werden in Kürze ausgebaut. Für weitere Knotenengpässe liegen Pläne vor, es gibt aber noch keine Finanzierungsvereinbarungen. Die DB AG entwickelt eine Verbesserung der Disposition der Güterzüge durch die Knoten, aber dadurch wird deren Ausbau nicht überflüssig.

Eine Entmischung der schnellen und langsamen Züge auf jeweils eigenen Gleisen erlaubt wesentlich besser eine stabile und flexible Betriebsführung und das Einlegen von im SGV immer häufiger anzutreffenden unterjährigen Trassen oder sogar spontanen Zügen, die nur einmal verkehren. Allerdings verlangt die Wirtschaftlichkeit eine Mindestauslastung auf allen Gleisen. Die heutigen Zugzahlen sind dabei allerdings nur ein erster Ansatz, da ein Mehr an auch tagsüber verfügbaren Trassen für den SGV erheblichen Mehrverkehr auf die Schiene holen könnte.

Das Ziel eines „Masterplans Schienengüterverkehr" der Bundesregierung sollte es sein, ein Gitternetz von leistungsfähigen Trassen mit Priorität für den SGV über Deutschland zu legen und dieses konsequent engpassfrei zu gestalten. Neben dem Lichtraumprofil G2 sollten dazu auf diesen Kernstrecken 750 m lange Güterzüge mit bis 2500 Bt/Zug und bis 25 t/Achse möglich sein. Die Strecken sollten so flach sein (12,5 ‰), dass diese Züge mit Einfachtraktion und ohne Nachschieben mit max. 120 km/h und ohne Langsamfahrstellen mit durchschnittlich 80 km/h gefahren werden können. Damit soll sichergestellt werden, dass für jeden Güterzug in diesem Gitternetz alternative Laufwege ohne Restriktionen zu vergleichbaren Kosten und Zeiten zur Verfügung stehen und

damit eine größere Chance besteht, die Wunschtrasse auch bei Mehrverkehr zu erhalten.

Das Gitternetz besteht aus acht Nord-Süd- und sechs Ost-West-Korridoren auf Basis des bestehenden Netzes. Die Strecken werden langfristig so ausgebaut, dass der Güterverkehr und der schnelle Personenverkehr reibungslos nebeneinander abgewickelt werden können.

Konsequent auf der linken Rheinseite von Venlo und Nijmegen/Kleve sollte ein Nord-Süd-Korridor über Krefeld, Köln, Koblenz (Abzweig Moselstrecke), Basel geschaffen werden, wozu eine Umfahrung Mainz durch Ausbau der Strecke über Bad Kreuznach nach Karlsruhe und ggf. eine linksrheinische Fortsetzung in Frankreich über Straßburg nach Basel bzw. Burgundische Pforte erfolgen sollte. Hiermit entsteht ein völlig neuer Korridor von den Niederlanden bis zur Schweiz linksrheinisch, perspektivisch sogar mit einer neuen Strecke zwischen Bonn und Bingen („über die Höhen", autobahnparallel A61), um den lärmgeplagten Rheinkorridor zu entlasten. Allerdings darf Lärm nicht das einzige Argument dafür sein, ein Mehrtrassenbedarf auf der linken Rheinseite von etwa 100 Trassen/Tag und Richtung sollte schon nachgewiesen sein.

Die rechte Rheinseite: von der Betuwe-Linie – Emmerich – Duisburg – Köln – Gremberg – Oberlahnstein – Mainz – Bischofsheim – Mannheim – Karlsruhe nach Basel. Dazu ist ein Ausbau Duisburg – Emmerich – Betuwe konsequent auf vier Gleise, statt wie heute im Bau, drei Gleise, vorzusehen. Außerdem muss Karlsruhe – Basel durchgängig viergleisig werden, wie beschlossen und teilweise im Bau.

Eine neue Ostruhrgebietsachse könnte von Wilhelmshaven/Emden über Münster – Dortmund/Hamm – Hagen – Siegen – Gießen – Frankfurt – Darmstadt – Heidelberg – Stuttgart nach Zürich geführt werden.

Eine weitere Achse führt von Bremerhaven – Bremen – Verden – Nienburg – Minden – Herford – (bzw. Nienburg – Wunstorf – Hameln) über Altenbeken – Kassel – Marburg – Gießen – Hanau nach Aschaffenburg und eventuell später weiter bis Ulm. Die Strecken Verden – Rotenburg und Nienburg –

Minden müssen dazu ein zweites und Nienburg – Verden ein drittes Gleis erhalten, falls die Y-Trasse nicht für den SGV ausgelegt wird.

Die fünfte Nord-Süd-Achse ist die bisher schon intensiv genutzte Leine-Werra-Sinn-Main-Achse von Flensburg – Hamburg – Lehrte – Göttingen (Leinetal und SFS nachts SGV) – Bebra – Fulda – Würzburg (SFS und Altstrecke) – Ansbach – Augsburg bis München und weiter nach Kufstein.

Die Achse Puttgarden – Lübeck – Hamburg – Wittenberge – Stendal – Magdeburg – Halle – Saalfeld – Nürnberg – München – Kufstein (später Erfurt – Nürnberg (NBS VDE 8.1/8.2) – München) könnte nach Ausbau Lübeck – Lüneburg den Raum Hamburg entlasten. Im Osten von München Ost sollten S-Bahn und SGV von München Nord bis Südbahn/Abzweig nach Kufstein entmischt und München – Rosenheim viergleisig ausgebaut werden.

Ein Teil des Korridors Rostock – Berlin – Leipzig – Hof – Regensburg – Mühldorf – Salzburg wird auch im „Wachstumsprogramm der DB AG" für den Ausbau vorgesehen. Im Osten von Deutschland verläuft die Achse Stralsund – Berlin – Dresden und weiter bis Prag.

Ein wichtiges Nord-Süd-Projekt ist die sog. Y-Trasse, die als Hochgeschwindigkeitsstrecke geplant, den ICE-Verkehr von Bremen und Hamburg nach Süden bündeln soll und damit Kapazitäten für den SGV auf den Engpässen Verden – Nienburg und Lüneburg – Celle schaffen soll. Um die Wirtschaftlichkeit der Y-Trasse im BVWP nicht zu gefährden, werden derzeit die eher zu realisierenden und oben vorgeschlagenen Ausbauten der vorhandenen Strecken seitens der DB AG nicht weiter verfolgt. Wenn aber die Prognosen eintreffen und der Seehafenhinterlandverkehr auf der Schiene sich verdoppelt, werden alle Ausbaumaßnahmen nötig werden, sie sollten deshalb parallel verfolgt werden. Außerdem sollte die Y-Trasse planerisch sofort viergleisig ausgelegt werden und bis zur Strecke Celle – Lehrte verlängert werden. Auf jeden Fall ist ein Ausbau Harburg – Buchholz – Abzweig bei Rotenburg auf dann vier Gleise notwendig.

Ost-West-Korridore:

- Rügen – Rostock – Lübeck – Hamburg – Bremen – Osnabrück – Dortmund/Hamm mit Ertüchtigung Harburg – Buchholz – Bremen im Vorlauf zur Y-Trasse
- Frankfurt/Oder – Berlin – (Magdeburg – Braunschweig) Hannover – Bielefeld – Hamm – Niederlande mit Ausbau Wunstorf – Minden auf vier Gleise
- Horka – Leipzig – Erfurt – Bebra – Fulda – Frankfurt
- Görlitz – Dresden – Leipzig – Halle – Erfurt – Bebra – Kassel – Paderborn – Hagen bzw. über Nordhausen
- Passau – Regenburg – Nürnberg – Ansbach – Stuttgart – Karlsruhe – Saarland
- Nürnberg – Bamberg – Schweinfurt – Gemünden – Aschaffenburg – Darmstadt – Mainz
- Salzburg – München – Stuttgart – Karlsruhe/Mannheim – Saarland

Mit diesem Gitternetz sollten mehr als 200 Güterzugtrassen/Tag und je Korridor zusätzlich realisierbar sein. Überschläglich ergibt sich eine Zusatzkapazität von knapp 300 Mio. Trkm/a, also zusammen mit der Ist-Kapazität etwa 450 Mio. Trkm/a. Es werden Kapazitäten für etwa 500 Mio. Trkm für erforderlich gehalten, um den Modal-Split-Anteil von 20 % bei einer 70 %-igen Steigerung des Gesamtmarktes zu halten. Das verdeutlicht, dass alle der vorgeschlagenen Maßnahmen konsequent verfolgt, optimiert und möglichst bald umgesetzt werden müssen. Da es sich jeweils um kleinere Maßnahmen gegenüber den Neubaustrecken für den Hochgeschwindigkeitsverkehr handelt, kann die Reihenfolge gut der jeweiligen Mittelverfügbarkeit angepasst werden.

Die Kosten für die vorgeschlagenen Ausbaumaßnahmen wurden grob auf etwa 15 Mrd. € zum Preisstand 2008 abgeschätzt. Das bedeutet, dass jährlich etwa 1,5 Mrd. € zusätzlich in das Schienennetz fließen sollten, um das engpassfreie Netz zu erreichen.

Zusammenfassung
Die politische Absicht, den Güterverkehr auf die Schiene zu verlagern, ist nur mit einer konsequenten Schaffung von Zusatzkapazitäten glaubwürdig. Dazu bedarf

es einer langfristig angelegten, umfassenden Netzstrategie weit über Einzelmaßnahmen, wie bisher mit dem BVWP geschehen, hinaus. Deutschland hat mit den Verkehrsprojekten Deutsche Einheit (VDE) schon einmal ein derartiges Mammutprogramm bewältigt.

Nun steht an, den prognostizierten Mehrverkehr zu bewältigen, vor allem im europäischen Güterverkehr. Die Vision der Politik sollte lauten:
SPFV mit effektiv 200 km/h zwischen den großen Zentren verlagert den Kurzstreckenflugverkehr und zieht möglichst viel MIV auf die Schiene. Das Schienennetz wird so ausgebaut, dass die Eisenbahnverkehrsunternehmen trotz zu erwartender Steigerungen der Gesamttransportleistungen die Chance haben, ihren Modal-Split-Anteil im Schienengüterverkehr von 2008 (knapp 20 %) zu halten und zu erhöhen. Dazu muss intensiv ins Netz investiert werden.

Die Bundespolitik sollte das Konzept der Entmischung von schnellen und langsamen Zügen konkret, wie hier vorgeschlagen, umsetzen. Es wird dafür ein Gitternetz aus acht Nord-Süd- und sechs Ost-West-Korridoren vorgeschlagen. Zumeist handelt es sich um punktuelle Ausbaumaßnahmen, die allerdings sicherlich auch nicht immer ohne Schwierigkeiten vor Ort umzusetzen sein werden. Dafür werden Gesamtkosten von etwa 15 Mrd. € geschätzt, zusätzlich zu den bereits zugesagten/verplanten Mitteln, umzusetzen in etwa 15 Jahren. Zusammen mit den Investitionen in Betrieb und Erhalt des vorhandenen Netzes (LuFV und Ersatzinvestitionen) sind daher jährlich mindestens 5 Mrd. € zu investieren.

Die Politik sollte sich dieses Netzdenken nicht nur für die Schiene zu Eigen machen und wesentlich mehr als bisher strategische Vorgaben erarbeiten, Kontroll- und Anreizsysteme entwickeln und so die privat organisierten, aber in Staatsbesitz verbleibenden Netzbetreiber aktiv führen, damit diese für die Verkehrsunternehmen mehr attraktive Trassen zur Verfügung stellen können.

─ Literatur ─

[1]   Siegmann, Jürgen, Gitternetz für den Schienengüterverkehr, Kurzstudie für den Deutschen Industrie und Handelskammertag, DIHK, Berlin, 2009

Schiene

Sven Andersen

Schiene – Strategische Infrastrukturplanung im Herzen Europas
Vorschlag für ein HGV-Zielbedienungskonzept in Deutschland

In diesem Aufsatz wird ein Zielbedienungskonzept für den HGV-Verkehr in Deutschland dargestellt, das Grundlage für zukünftige Bauvorhaben sein kann. Da der BVWP von Grund auf überarbeitet werden soll, drängt sich das gestellte Thema auf. Es werden Ausbaumaßnahmen beschrieben, die für das vorgestellte Zielbedienungskonzept notwendig sind. Auf Grund der dann möglichen Reisezeitverkürzungen wird ein gegenüber heute vermehrtes ICE-Zugangebot auf den neu konzipierten HGV-Strecken angenommen. Dieses wird an Hand von Bildfahrplanstudien für die Relationen Hamburg – Hannover – München bzw. Ffm/Süd – Stuttgart und Karlsruhe dargestellt. Die Bildfahrplanstudien werden erläutert und die Reisezeitverkürzungen auf wichtigen Relationen erklärt.

Deutschland hat kein zusammenhängendes Hochgeschwindigkeitsnetz sondern nur einzelne, nicht zusammenhängende Streckenabschnitte, auf denen etwas schneller gefahren werden kann als auf den übrigen Strecken. Deshalb sind die erzielbaren Reisegeschwindigkeiten trotz der NBS gering. In Frankreich ist die SNCF wegen überstarker Nachfrage auf der NBS Paris – Lyon gezwungen, für diese Relation ab 2020 eine zweite NBS zu bauen [1]. Verkehrsfachleute begründen die unterschiedliche Entwicklung des HGV-Verkehrs in beiden Ländern mit der starken polyzentrischen Siedlungsstruktur in Deutschland im Gegensatz zu Frankreich. Deshalb müssten die Züge in Deutschland öfter halten und können nicht wie in Frankreich lange Strecken ohne Halt verkehren. Diese Ansicht trifft bei näherem Hinsehen nicht zu. In Deutschland verkehren auf der NBS Hannover – Würzburg seit Inbetriebnahme dieser NBS (1991) bis heute 3 ICE-Linien pro Stunde und Richtung. An diesem Zustand wird sich auch in Zukunft nichts ändern, sofern man nicht bereit ist, aus den Fehlern zu lernen und sie zu korrigieren. Hierzu soll diese Abhandlung einen Beitrag liefern.

Zielführende Baumaßnahmen

Für ein erfolgreiches HGV-Bedienungskonzept sind die richtigen Baumaßnahmen eine Grundvoraussetzung. Bei einer Entwurfsgeschwindigkeit von >250 km/h sollen Neubaustrecken nur noch als reine SPFV-Strecken geplant werden [2]. Die technischen Standards von Personen- und Güterzügen gehen zu weit auseinander, so dass Mischverkehrsstrecken immer weniger beiden Verkehren gerecht werden können. Dies trifft auch für flach geneigte güterzugtaugliche Strecken zu, denn hinsichtlich der Achslast gehen die Anforderungen von HGV und SGV diametral auseinander. So beträgt z.B. die Achslast des modernsten Triebzuges N 700 der Japan Railways Central bei voller Auslastung nur 11,2 t [3], während nach [2] 22,5 t für Mischbetriebsstrecken anzusetzen sind und für reine Spezialstrecken ohne technische Einschränkungen in Zukunft sogar bis zu 35 t angestrebt werden.

Die vom Autor vorgeschlagenen Baumaßnahmen (Abb. 1) sind nach folgenden Gesichtspunkten konzipiert worden:

1. Bündelung einer HGV-Nachfrage auf möglichst wenigen, aber durchgehend zusammenhängenden HGV-Strecken,

2. Erreichung einer Reisezeit zwischen Berlin und Frankfurt(Main) von weniger als 3 h,

3. Schaffung zusätzlicher Kapazität auf Bestandsstrecken durch Verlagerung des SPFV auf die Neubaustrecken und in zwei Fällen

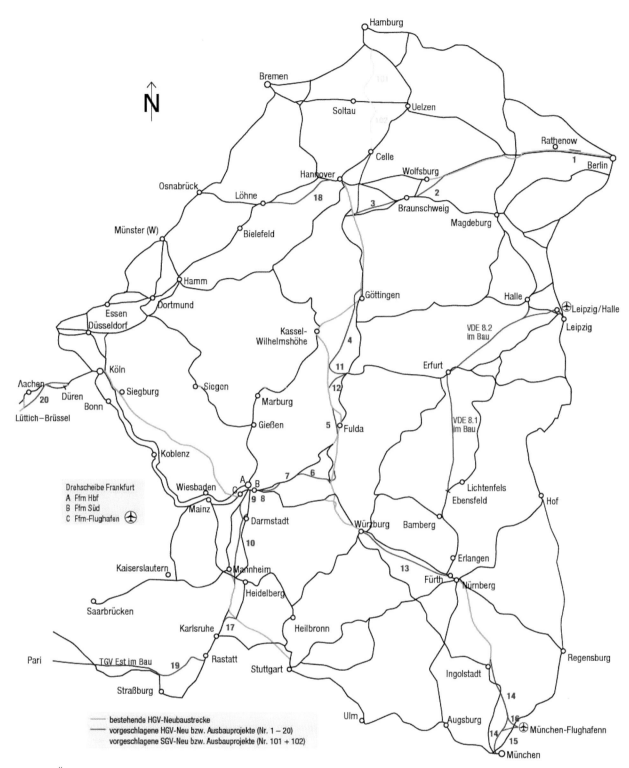

Abb. 1: Übersicht HGV in Deutschland – Ausbauvorschläge

4. Verbesserung internationaler Verbindungen, um Reisezeiten von Paris nach Frankfurt(M) bzw. Köln von ≤3 h zu erreichen.

Die Notwendigkeit der Maßnahmen 101 und 102 hat der Verfasser vor kurzem in [4] ausführlich diskutiert. Es ist evident, dass eine reine Neubaustrecke

Der Autor

Sven Andersen

für den SGV den größten Zuwachs an Kapazität für den Güterverkehr bringt. Dieser ist in diesem Raum für den Seehafen-Hinterlandverkehr auch unbedingt notwendig. Über Munster/(Örtze) – Uelzen schließt diese Relation ohne jeglichen Konflikt mit dem SPFV an die neu konzipierte „Korridor Ost-Achse" für den SGV an [5]. Auf dem 7. DVWG Bahnforum wurde von einem Vortragenden hierzu ein interessanter Detailhinweis gegeben: Durch Infrastrukturmaß-nahmen für den Seehafen-Hinterlandverkehr würde abseits der Hauptrelation Hamburg – Uelzen – Han-nover nur ein Zehntel der Bevölkerung von Lärmpro-blematik betroffen sein, verglichen mit dem Anteil der Bevölkerung, der entlang der Strecke Hamburg – Uelzen – Hannover wohnt.

Die Maßnahmen zu den Punkten 4 und 5 stellen den zentralen Punkt aller Vorschläge des Autors dar. Sie bedeuten nichts anderes als eine Sanierung der Lini-enführung der NBS Hannover – Würzburg. Die Tras-sierung der ersten NBS Hannover – Würzburg über Göttingen anstatt über den Raum Holzminden wie ur-sprünglich von der Bahn und dem Bund gewünscht, war ein schwerwiegender Fehler, unter dem der ge-samte Hochgeschwindigkeitsverkehr in Deutschland bis heute leidet. In [6] hat der Verfasser die Proble-matik ausführlich beschrieben. Die fachliche Begrün-dung für den Vorschlag zu 4 zeigt eine Fahrschaulinie für einen ICE mit 250 km/h in der Relation Hannover – Frankfurt(Main) (Abb. 2). Die in dieser Abbildung

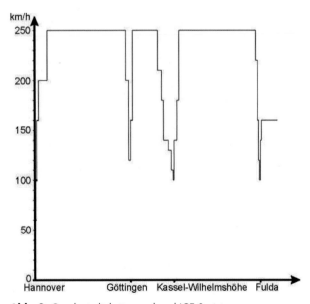

Abb. 2: Geschwindigkeitswegeband ICE Sprinter

dargestellten Geschwindigkeitseinbrüche bei der Durchfahrung von Göttingen und Hannover werden durch die Maßnahme zu 4 vermieden. Es ist in diesem Zusammenhang weiter darauf hinzuweisen, dass zwi-schen Göttingen und Hannover versuchsweise schon v=316 km/h auf der NBS gefahren wurde [7].

Die vorgeschlagenen Maßnahmen zu den Punkten 8 und 9 sind neu. Für den SPFV wird der Geschwindig-keitseinbruch bei der Durchfahrung von Hanau ver-mieden, die Bestandsstrecke Hanau – Offenbach – Ffm/Süd kann so allein dem Regionalverkehr dienen. Für den Knotenbereich Frankfurt(M) hat die Bahn das Konzept „Drehscheibe Frankfurt(M)" entwickelt. In ihm sind die drei Bahnhöfe Ffm/Hbf, Ffm/Süd und Ffm/Flughafen als gleichwertige Drehscheiben kon-zeptionell definiert. Vom Verfasser wird diese Kon-zeption wie folgt ausgebaut:

1. Ffm/Süd wird Durchgangsbahnhof für den ICE-Verkehr in den Relationen Hamburg – Stuttgart bzw. Basel und Ruhrgebiet – Würzburg – Nürn-berg – München sowie in einer neuen Relation Karlsruhe – Würzburg – Nürnberg. Durch seinen hervorragenden S-Bahn und U-Bahn-Anschluss kann Ffm/Süd auch als Bahnhof für Ziele im Stadtzentrum angesehen werden.

2. Ffm/Hbf wird Start und Zielbahnhof zu den Zug-läufen in 1.), wenn diese in Frankfurt enden oder beginnen sowie Start- und Zielbahnhof für alle internationale Linien und

3. durch Bau einer niveaufreien Verbindung zwischen Abzweig Mönchswald – Abzweig Mönchshof soll Ffm/Flughafen vermehrt auch Umsteigebahnhof im SPFV/SPNV werden. Auf dieser Konzeption basiert der Ausbauvorschlag des Autors für den Knotenbereich Frankfurt(M) (Abb. 3). Die Nutzung des Bahnhofs Ffm/Süd als Durchgangsbahnhof ist dringend geboten. Anders als im Fall Stuttgart sind hier die durchgehenden SPFV-Ströme wesent-lich höher anzusetzen, besonders wenn man vom vorgeschlagenen Zielkonzept ausgeht.

Der Vorschlag zur NBS Rhein/Main – Rhein/Neckar (Abb. 4) baut auch hier auf. Die Aufteilung einer von Süden kommenden NBS Rhein/Main – Rhein/ Neckar in Höhe Darmstadt/West in einen kurzen

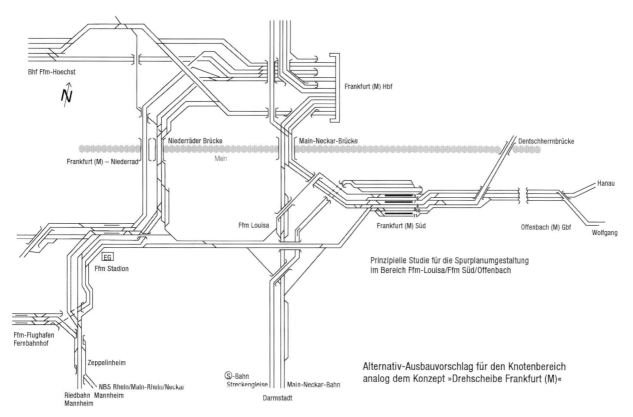

Abb. 3: Alternativausbau Drehscheibe Frankfurt

HGV-Abzweig in Richtung Darmstadt-Arheilgen und einen etwas längeren nach Zeppelinheim entspricht der tatsächlichen verkehrlichen Nachfrage. Hier gilt es einen schwerwiegenden konzeptionellen Fehler zu korrigieren. Der SPFV von Süden nach Frankfurt(M) ist auf den Laufweg über Darmstadt – Ffm/Louisa – Main-Neckar-Brücke westliche Einfahrt Ffm/Hbf – Main-Neckar-Brücke Bebra/Ausfahrt nach Ffm/Süd ausgerichtet. Auf diesen Laufweg muss sich unbedingt die Planung einer NBS Rhein/Main – Rhein/Neckar im Knotenbereich Frankfurt(M) ausrichten. Für die Umsetzung des Konzeptes Drehscheibe Frankfurt ist ergänzend von Ffm/Louisa der HGV-Laufweg nach Ffm/Süd zu konzipieren.

Durch das Einbrechen über die Bestandsstrecke Darmstadt – Frankfurt(M) in den Knotenbereich Frankfurt(M) vermeiden die SPFV-Züge den neuralgischen Knoten Ffm/Stadion.

Bildfahrplanstudien für das Zielbedienungskonzept
Dem Zielbedienungskonzept liegen folgende Prämissen zu Grunde:
1. Der zu erwartende starke Mehrverkehr lässt eigenständige ICE-Leistungen pro Stunde und Rich-

tung in den drei wichtigen SPFV-Relationen von Berlin – Braunschweig, Hamburg – Hannover und Dortmund – Köln/Deutz tief zu den Zielen Mannheim – Stuttgart, Karlsruhe – Basel und Würzburg – Nürnberg – München möglich erscheinen, so dass Systemverknüpfungen wie in Mannheim in Zukunft vermieden werden können,
2. ICE-Züge sollen nur noch einseitig, das heißt auf zeitlich nachfolgende ICE-Züge Anschlüsse vermitteln.
3. Die Haltezeit für ICE-Züge soll auf allen Bahnhöfen nur noch nach verkehrlichen Notwendigkeiten bemessen werden.

Mit diesen Maßnahmen soll erreicht werden, dass ICE-Züge auf dem ganzen Zuglauf möglichst ohne betriebliche Einschränkungen verkehren können und so eine hohe Reisegeschwindigkeit erzielen.

Abbildung 5 zeigt die Bildfahrplanstudie für den Abschnitt Hamburg – Hannover. Die Bündelung der stündlich drei ICE-Linien zu den Abfahrtminuten 20, 24 und 28 bietet optimale Voraussetzungen für die Verknüpfung von SPNV/SPFV in Hamburg/Hbf. Sie ist zudem eine Voraussetzung, um auf die bestehen-

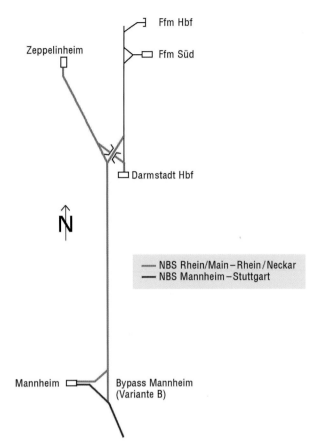

Abb. 4: Vorschlag NBS Rhein/Main – Rhein/Neckar

den Metronom-Überholungen verzichten zu können. Das dargestellte Bedienungskonzept kann deshalb als ein Optimum zwischen den Interessen des SPFV und SPNV angesehen werden, welches ohne Investitionen in die Infrastruktur möglich ist.

Abbildung 6 zeigt die konzeptionelle Bildfahrplanstudie für die neu konzipierte NBS/ABS (Hannover-) Hannover – Wülfel – Frankfurt(M)/Süd: Auf dieser Strecke sollen die HGV-Züge ungehindert vom übrigen Verkehr mit einer Betriebsgeschwindigkeit von 300 km/h ohne Geschwindigkeitseinbruch bis Gelnhausen verkehren. Wie wichtig für den HGV eine ausreichend lange Streckenlänge ist, auf der ohne Geschwindigkeitseinbrüche fahrzeugbezogene Geschwindigkeiten gefahren werden können, zeigt die vor einem Jahr in Betrieb gegangene für 350 km/h zugelassene 968 km lange HGV-Strecke von Wuhan nach Guangzhou in China. Der HGV-Triebzug fährt ständig mit einer Geschwindigkeit von 337-345 km/h; nur wenn Verspätungen aufzuholen sind, wird die Höchstgeschwindigkeit von 350 km/h ausgefahren.

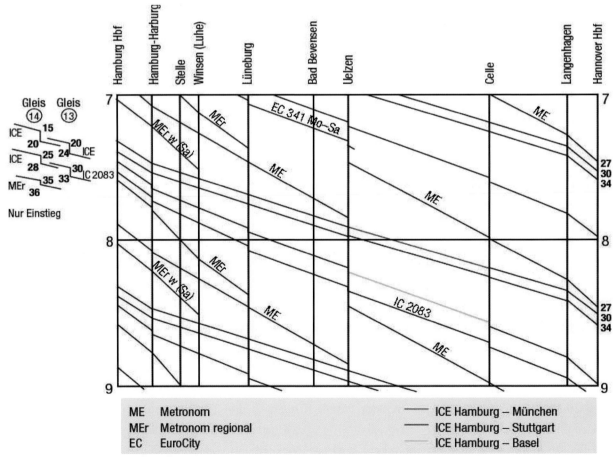

Abb. 5: Bildfahrplanstudie Hamburg – Hannover

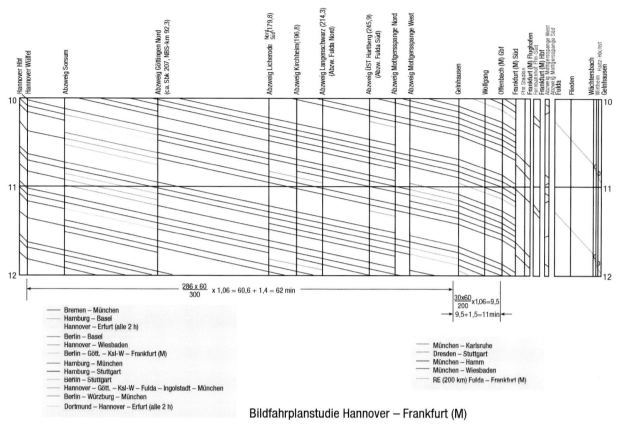

Abb. 6: Bildfahrplanstudie Hannover – Frankfurt(M)

Die verschiedenen HGV-Abzweige auf der NBS Hannover – Würzburg sind wie bei der SNCF zu gestalten: im geraden Strang für eine Betriebsgeschwindigkeit von 300 km/h, im abzweigenden Strang für 220 km/h. Für die kürzeste Zugfolge wurde nach den Ausführungen in [8] eine Zugfolge von 4 min gewählt. Damit kann in Ffm/Süd trotz eines Verkehrshaltes von 3 Minuten jeder übernächste Zug in dasselbe Bahnsteiggleis einfahren. Die tabellarische Übersicht der Zugläufe vermittelt auf einen Blick die Umsteigemöglichkeiten am selben Bahnsteig in Ffm/Süd.

Im Regionalverkehr sollte gemeinsam zwischen SPFV und SPNV angestrebt werden, SPNV-Züge von der Strecke Kassel – Gießen – Frankfurt(M) in Ffm/Hbf nach Fulda durchzubinden, um in Ffm/Süd Anschlüsse an den ICE-Verkehr herzustellen. Für das Umsteigen bietet der Bahnhof Ffm/Süd die kürzesten Umsteigewege zum ÖPNV-Netz von allen deutschen Fernverkehrsbahnhöfen.

Im Bereich Mannheim würde die in Abbildung 7 dargestellte Konzeption zu einem Fahrtrichtungswechsel der in Mannheim/Hbf haltenden ICE-Züge führen. Der Nachteil einer längeren Standzeit von 4 Minuten

wird durch das Vermeiden des Befahrens eines um zwei Minuten längeren Fahrweges über die im Raumordnungsverfahren konzipierte Variante A durch den Käfertaler Wald und Einführung von Westen in den Hauptbahnhof Mannheim ausgeglichen.

Im Zulauf auf Stuttgart verdeutlicht die Bildfahrplanstudie zwei betriebliche Probleme auf diesem Abschnitt. Es ist zum einen die Nutzung einer HGV-Strecke mit Zügen unterschiedlicher Höchstgeschwindigkeit. Die Führung von 200 km/h, bzw. sogar nur 160 km/h schnellen Zügen (IRE) nimmt wesentlich mehr Streckenkapazität in Anspruch als die hier mit 280 km/h unterstellten HGV-Züge. Die fahrplantechnische Planung dieser Züge muss immer sorgfältig mit der für die HGV-Züge rückgekoppelt werden. Keinesfalls darf die Planung dieser Züge die Planung der HGV-Züge beeinträchtigen. Zum zweiten münden die Paris–Stuttgart-Züge im Abzweig Rollenberg über eine eingleisige höhengleiche Verbindungskurve von Bruchsal kommend in diese Strecke. Um diesen gravierenden Fahrplanzwangspunkt zu vermeiden, wird die Baumaßnahme Nr.17 in Abbildung 1 vorgeschlagen.

Hannover Hbf	an	8.30	8.34				8.51	8.58			
Hannover Hbf	ab	8.33	8.37	8.45			8.57	9.01		9.05	
Berlin Hbf tief	ab				7.35	7.43					8.07
B-Spandau	ab				7.45	7.53					8.17
Braunschweig	ab				8.37	8.45					9.09
Göttingen	an				9.13						
Göttingen	ab				9.16						
K-Wilhemshöhe	an				9.34						
K-Wilhemshöhe	ab				9.37						
Eisenach	an									10.11	
Erfurt Hbf	an									10.42	
Leipzig Hbf	ab								8.06		
Erfurt Hbf	ab								8.51		
Eisenach	ab								9.22		
Fulda	an				10.03						
Fulda	ab				10.09						
Würzburg Hbf	an	9.47				10.03	10.11				
Würzburg Hbf	ab	9.49			weiter	10.05	10.13				
Nürnberg Hbf	an	10.18			siehe	10.34	10.42				
Nürnberg Hbf	ab	10.20			näch-	10.36	10.44				
München Hbf	an	11.06			ste	11.22	11.30				
München Hbf	ab	11.10			Seite		8.24			8.36	
Augsburg Hbf	an	11.43									
Nürnberg Hbf	ab	Zug-					9.11			9.23	
Würzburg Hbf	ab	ende					9.42			9.54	
Ffm Süd	an		10.00	10.04			10.20	10.24	10.28	10.32	10.36
Ffm Süd	ab		10.03	10.07			10.23	10.27	10.31	10.35	10.39
Ffm-Flughafen	an									10.45	
Ffm-Flughafen	ab									10.48	über
Köln Messe Deutz	an		über					über		11.42	Mannh.
Mannheim Hbf	an		Mannh.	10.32			10.49	Mannh.	10.57	nach	Bypass
Mannheim Hbf	ab		Bypass	10.36			10.53	Bypass	11.01	Dort	
Heidelberg Hbf	ab								11.14	mund	
Stuttgart Hbf	an		10.56	11.08					11.48		
Karlsruhe Hbf	an						11.14	11.09			11.21
Karlsruhe Hbf	ab						A' n.	11.11			11.23
Basel SBB	an						Basel	12.58			13.10

Zugläufe und Umsteigemöglichkeiten am selben Bahnsteig in Ffm/Süd

Die konzeptionelle Bildfahrplanstudie für den Abschnitt Abzweig Mottgersspange – Würzburg – Nürnberg – München belegt, dass auf dieser NBS abschnittsweise mit einer minimalen Zugfolge von 3 min auf der HGV-Strecke operiert werden kann, da die Züge im Abzweig Mottgersspange aus zwei verschiedenen Richtungen von Norden (Abzw. Mottgersspange Nord) und von Westen (Abzw.

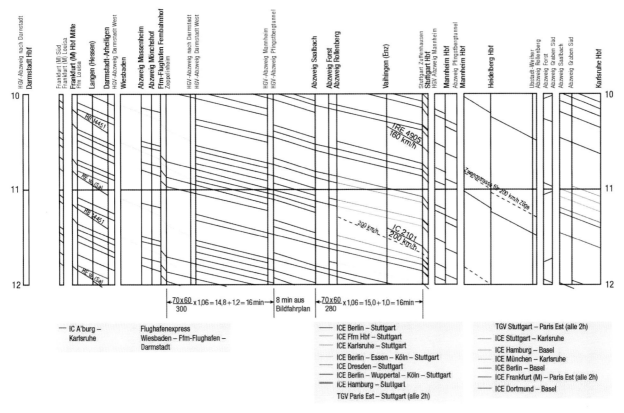

Abb. 7: Bildfahrplanstudie Frankfurt (M) – Stuttgart bzw. Karlsruhe

Mottgersspange Süd) in die NBS einscheren (Abb. 8). Für die Bahnhöfe Würzburg und Nürnberg wird das Einfahren in verschiedene Bahnsteiggleise unterstellt. Zur Entlastung der Gleisbelegungssituation in München/Hbf wird angenommen, dass fallweise ICE-Züge nach 4 Minuten Aufenthalt nach Augsburg weiter verkehren und hier enden können. Im Zulauf auf München Hbf wird unterstellt, dass der Abschnitt vom Abzweig zum Flughafen München bis München/Hbf zusammen mit den besonderen, schnellen und nonstop verkehrenden Flughafenzügen genutzt wird. Für den Anschluss von Nürnberg zum Flughafen München sollte sich auf 300 km/h schnelle Flughafenzüge verständigt werden, die zweimal stündlich als Abbringer von den verschiedenen ICE-Linien in Nürnberg/Hbf zum Münchener Flughafen dienen können.

Für ein HGV-Kernnetz, welches nach Befahren von eigenständigen HGV-Strecken(abschnitten) durch die ersten Haltebahnhöfe mit den Städten Berlin, Hannover, Hamburg, Bielefeld, Osnabrück und Köln im Norden sowie mit Karlsruhe, Stuttgart und München im Süden eingegrenzt werden kann, ist es nun interessant zu wissen, wie sich die erzielbaren Reisegeschwindigkeiten in Verbindung mit dem durchschnittlichen Halteabstand darstellen. Bei konsequenter Ausrichtung der NBS auf ein zusammenhängendes HGV-Netz könnten auch in Deutschland ähnlich hohe Reisegeschwindigkeiten wie in anderen Ländern mit einem durchgehenden HGV-Netz erreicht werden.

Betrachtungen zum Korridor Ffm/Flughafen – München
Für den Korridor Ffm/Flughafen – München sind zwei Laufwege möglich, zum einen über Ffm/Süd – Würzburg – Nürnberg, und zum zweiten über Mannheim – Stuttgart – Ulm – Augsburg – München. Dem Laufweg über Ffm/Süd – Würzburg – Nürnberg ist der Vorzug zu geben, denn der Laufweg über Stuttgart – Ulm enthält die beiden Projekte „Stuttgart 21" und „NBS Wendlingen – Ulm". Diese enthalten einen überproportional hohen Tunnelanteil. Sie verteuern die spezifischen NBS-Streckenkilometerkosten enorm. Erschwerend kommt noch hinzu, dass Tunnelauffahrten im Karstgebirge, die kalkulierten Kosten in aller Regel übersteigen, wie die Erfahrungen aus dem Bau der NBS Nürnberg – Ingolstadt lehren [9].

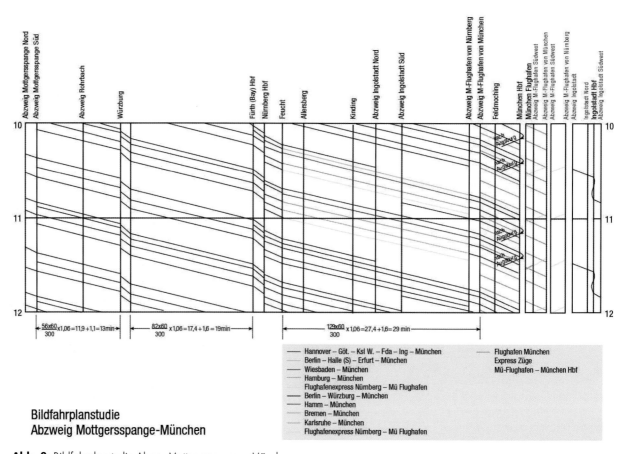

Abb. 8: Bildfahrplanstudie Abzw. Mottgersspange – München

Die geplante Neubaustrecke Wendlingen – Ulm ist aus den in ihr enthaltenen Eigenschaften kritisch zu hinterfragen. Sie enthält gegenüber der Bestandsstrecke einen um 170 m zusätzlichen Höhenaufwand auf einer Streckenlänge von rund 90 km. Im eigentlichen Albanstieg überwindet die Neubautrasse einen Höhenunterschied von 389 m auf einer Länge von fast 16 km. Dies entspricht einer durchschnittlichen Steigung von 24,47 ‰. Im unteren Abschnitt des Albanstieges befindet sich dabei ein 1,47 km langer Abschnitt von 31 ‰, der maßgebend für den Fahrzeugeinsatz bzw. die Last ist. Durch die fahrdynamisch sehr ungünstige Heimerl-Trasse können von den vorhandenen SPFV-Fahrzeugen nur die ICE 3 eingesetzt werden. „Von den HGV-Zügen der DB ist nach den von der Industrie angefertigten Berechnungen nur der ICE 3 in der Lage, diese Strecke zu bewältigen. ICE 1, ICE 2 und ICE-T sind von ihrer thermischen Auslegung für Antrieb und Bremse hierfür nicht geeignet", heißt es in [10]. Für den ICx, der als Ersatz für die Lok bespannten Reisezüge beschafft werden soll, wird nach den Ausschreibungsunterlagen die „Überwindung einer Steigung von 31 ‰ auf unbestimmte

Länge" gefordert. Die dadurch notwendigen höheren Anforderungen an die Leistungen der Fahrzeuge sind negativ auf die Wirtschaftlichkeit der NBS Wendlingen – Ulm anzusetzen. Neben den negativen technischen Eigenschaften dieser NBS ist auch ihr verkehrlicher Nutzen kritisch zu hinterfragen. Die künftige Reisezeit Stuttgart – Ulm soll 28 min betragen. Durch die Vermeidung des Fahrtrichtungswechsels im zukünftigen Durchgangsbahnhof Stuttgart/Hbf tief wird der Aufenthalt von 4 auf 2 min verkürzt. Dies betrifft aber nur einen geringen Teil der Fahrgäste, da die weitaus meisten Reisenden von Mannheim kommend in Stuttgart aussteigen.

Ein Reisezeitvergleich Ffm/Flughafen – München weist für den Laufweg über Bypass Mannheim – Stuttgart – NBS Wendlingen – Ulm – Augsburg – München 156 min aus (104 min künftige Reisezeit Stuttgart – München [11]). Für die Vergleichsroute über Ffm/Süd – Würzburg – Nürnberg ergibt sich nach der Bildfahrplanstudie eine Reisezeit von 129 min. Der Unterschied beträgt 27 min, bei der Fahrt über Mannheim Hbf, anstatt über die Bypassstrecke, sogar 36 min zugunsten

ICE-Zuglauf	Anzahl Züge pro h	Anzahl Halte	Entfernung (km)	Ø Halteabstand (km/h)	Fahrzeit Zuglauf (min)	VReise (km/h)
Hannover – Ffm Süd	3	0	330	330	83	238
Hannover – Stuttgart	1	1	509	254	139	220
Hannover – München	2	2	578	193	153	227
Berlin – Ffm Süd	2	2	561	187	149	226
Berlin – Stuttgart	1	4	741	148	213	208
Berlin – München via Würzburg	1	4	809	162	218	222
Hamburg – Ffm Süd	1	1	507	253	156	195
Hamburg – Stuttgart	1	2	687	229	212	194
Hamburg – München	1	3	756	189	226	200
Bielefeld – Ffm Süd	1 1	1 1	431 431	215 215	128 133	202 194
Bielefeld – München	1 1	3 3	679 679	170 170	194 199	210 205
Osnabrück – Ffm Süd	1	1	459	230	139	198
Osnabrück – München	1	3	708	177	241	176 *)
Köln-Deutz tief – Ffm Hbf	1	0	173	173	57	182
Köln Deutz tief – Stuttgart	1 1	1 2	347 357	173 119	102 112	204 191
Köln-Deutz tief – München	1 1	5 5	672 672	112 112	187 190	216 212
Karlsruhe – München via Würzb.	1	4	538	108	169	191
Berlin – Nürnberg via Würzburg	1	3	640	160	171	225
Berlin – Nürnberg via VDE Nr.8	1	5	441	73	172	154
Berlin – München via VDE Nr.8	1	6	610	87	219	167
Stuttgart – München	1	3	234	59	104	135

Reisegeschwindigkeiten im HGV-Kernnetz; *) inclusive eines Übergangs von 39 min in Hannover

der Route über Würzburg – Nürnberg. Im Abschnitt Stuttgart – München beträgt nach Abschluss aller Bauarbeiten die Reisegeschwindigkeit nur 135 km/h. Sie liegt damit noch deutlich unter der Reisegeschwindigkeit von 168 km/h, die bei einer marktgerechten Reisezeit von 85 min nach [12] notwendig wäre.

Schließlich ist darauf hinzuweisen, dass das Projekt „Stuttgart 21" zu einem Engpass in der Fernverkehrsrelation Mannheim – Stuttgart – Ulm – München östlich von Stuttgart führt. Im Rahmen der Schlichtung zu „Stuttgart 21" wurden ICE-Zugzahlen für die NBS Stuttgart – Ulm bekannt. Demnach sind 3 ICE-Linien je Stunde und Richtung vorgesehen. Durch die Mitbenutzung des Abschnittes Stuttgart/Hbf tief – Flughafen Abzw. Wendlinger Kurve durch andere Züge ist eine potentielle höhere Auslastung höchst unwahrscheinlich. Die vom Verfasser getroffene Entscheidung,

den Verkehr Ruhrgebiet – München über Würzburg – Nürnberg zu leiten, wird durch die Probleme bei den Projekten „Stuttgart 21" und „NBS Wendlingen – Ulm" bestätigt.

TEN-T Projekt Nr. 1 Berlin – Palermo im Abschnitt Leipzig – München

Von der Politik initiiert und über Jahre in ihrer Umsetzung forciert ist das Projekt einer HGV-Strecke von Leipzig über Erfurt nach Ebensfeld (Verkehrsprojekte Deutsche Einheit Nr. 8.1 + 8.2). Die Verbindung von Berlin nach Erfurt ist bei Benutzung der NBS über Leipzig ca. 40 km länger als über Halle(Saale). Bei der Fahrt über Leipzig muss nach dem Fahrtrichtungswechsel zusätzlich nach der Ausfahrt ein längerer Fahrtanteil entgegen der Fahrtrichtung in Kauf genommen werden. Außerdem muss bei diesem Laufweg der Flughafen Leipzig/Halle bedient werden. Es ist zu erkennen, dass nach Fertigstellung aller Bauvorhaben eine marktgerechte Zielreisezeit Berlin – Nürnberg von 2 h 45 min über Leipzig niemals zu erreichen ist.

Im Jahr 2002 hat der damalige Vorstandsvorsitzende der Deutschen Bahn die Aufhebung des Baustopps für das VDE Nr. 8 Projekt mit dem Argument begrüßt, diese Strecke sei notwendig, um die Reisezeit zwischen den Metropolen München und Berlin auf deutlich unter vier Stunden zu verkürzen [13]. Auf welchem Laufweg diese Reisezeit erzielt werden sollte, darüber hat er keine Aussage gemacht. Es sei deshalb perspektivisch ein Laufweg Berlin – Nürnberg über Halle(S) angenommen. Auf dem Laufweg über Halle(S) – Erfurt mit zwei weiteren Unterwegshalten in Nordbayern lässt sich perspektivisch eine Reisezeit von 172 min ermitteln. In der Studie des Autors ist auch eine ICE-Linie Berlin – München über Braunschweig – Würzburg – Nürnberg vorgesehen. Sie dient vorrangig den Relationen Berlin – Würzburg, Braunschweig – München, Braunschweig – Nürnberg und Braunschweig – Würzburg, kann aber auch in der Relation Berlin – München benutzt werden.

halten, dass die Umlegung der bestehenden ICE-Linie Berlin – Leipzig – Jena – Nürnberg – München mit dem Laufweg über Erfurt – Ebensfeld die einzige Nutzung darstellen wird [14].

Zielbedienungskonzept auf internationalen Relationen
In zwei internationalen Relationen werden besondere grenzüberschreitende Maßnahmen für das Zielbedienungskonzept unterstellt. Es sind dies die Relationen von Paris nach Frankfurt(M) und Paris nach Köln. Für beide sollte eine Reisezeit von ≤3 h angestrebt werden.

Paris – Frankfurt(M)
Die mehrfach vom Autor veröffentlichten Beiträge [15] zur Beschleunigung der Relation bei Realisierung der 2. Phase des TGV Est und die getroffenen Annahmen zur Verknüpfung der TGV Est-Strecke mit Deutschland werden als realisierbar vorausgesetzt. Aus der Darstellung in der Bildfahrplanstudie in Abbildung 7 ist erkennbar, dass ein ICE bzw. TGV von Paris in Karlsruhe/Hbf unmittelbar Anschluss an einen ICE Basel – Karlsruhe – Berlin vermitteln würde. Damit ergibt sich

Laufweg Berlin – Nürnberg	Reisezeit Studie
Berlin – Leipzig – Erfurt – Nürnberg	196 min
Berlin – Halle(S) – Erfurt – Nürnberg	172 min
Berlin – Braunschweig – Würzburg – Nürnberg	171 min

Reisezeitstudie für den Laufweg Berlin – Nürnberg

Bezogen auf eine NBS Erfurt – Ebensfeld war von Anfang an zu erkennen, dass sie nie den Vorstellungen der Bahn entsprechen konnte, da sie in einem Ende in einem Knoten beginnt (Erfurt), in ihrem anderen Ende aber unterwegs in eine bestehende Strecke einmündet (Ebensfeld). Auf dem UIC High-SpeedCongress 11/2005 in Mailand führte der damalige DB Netz-Vorstand im Rahmen einer Podiumsdiskussion u.a. aus: „Wir in Deutschland haben bei großen Eisenbahninfrastrukturprojekten den Fehler gemacht, dass wir viel zu schnell den Vorstellungen der Politik nachgegeben haben. Wir hätten vielmehr intensiv prüfen müssen, ob diese von der Politik initiierten Eisenbahninfrastrukturprojekte unseren Vorstellungen entsprechen und auf ihnen beharren müssen". Für die NBS Erfurt – Ebensfeld ist festzu-

insgesamt eine Reisezeit Paris – Berlin von 5 h 20 min. Dieser Wert liegt um 1 h 10 min unter dem Wert von 6 h 30 min, der für eine künftige Reisezeit Berlin – Paris in Artikel 3 Absatz (2) in [16] genannt wird. Inzwischen liegen für das Jahr 2008 erste Zahlen für den Verkehr von Deutschland nach Paris Est vor. Danach verkehren aus Deutschland nach Paris 27 % der Reisenden von Frankfurt(M), 22 % von Stuttgart, 17 % von Mannheim, 11 % von Karlsruhe, 8 % von Saarbrücken, 5 % von München und von allen übrigen Abgangsbahnhöfen insgesamt 10 %. Kaiserslautern war in dieser Statistik nicht aufgeführt. Wenn man für Kaiserslautern – halb so groß wie Saarbrücken – maximal 4 % ansetzt, so ist sachlich festzustellen, dass die Deutsche Bahn gegenwärtig für nur 4 % der Nachfrage nach Paris in den Laufweg Mannheim –

Saarbrücken investiert. Der weitaus größere prozentuale Anteil in Höhe von 88 % der Reisenden möchte auf dem schnellsten Weg von Deutschland nach Paris. Dieser führt im Südwesten Deutschlands auf einer Route, die der Verfasser in [15] beschrieben hat.

Paris – Köln

Die unter Nr. 20 in Abbildung 1 beschriebene Baumaßnahme soll eine Reisezeitverkürzung Paris – Köln knapp unter 3 Stunden bewirken. Der Streckenabschnitt Düren – Aachen ist durch internatonalen Güterzugverkehr stark belegt und soll im Abschnitt Düren – Langerwehe in Zukunft auch noch einen zusätzlichen Nahverkehr von Eschweiler Tal nach Düren aufnehmen. Eigenständige SPFV-Gleise in diesem Abschnitt würden also beide Verkehre begünstigen.

Schluss

Bei entsprechender Wahl der Neu- und Ausbauprojekte lassen sich auch beim HGV-Verkehr in Deutschland attraktive Reisezeiten erzielen. Die aufgezeigten Reisegeschwindigkeiten lassen bei einer Wirtschaftlichkeitsüberprüfung erkennen, dass ein hoher Kosten/Nutzen-Faktor für die vorgeschlagenen Maßnahmen einzuschätzen ist. Das vorgestellte Zielbedienungskonzept für den HGV-Verkehr in Deutschland könnte so als Richtlinie für entsprechende Maßnahmen in der Zukunft dienen.

Literatur

[1] HSRSummit am 09.09.2009 in London, Folie Nr. 91 der morning session

[2] European Rail Infrastructure Managers: „European Railway Technical Strategy" Broschüre Version 1.2 von September 2008.

[3] Andersen, S.: „Hochgeschwindigkeitsgipfel in London am 9. September 2009" Bericht in „ZEVrailGlasers Annalen 134. Jahrgang Heft 01/02 2010 Seiten 2 – 6.

[4] Andersen, S.: „Varianten zum Netzausbau der Eisenbahn für den Hinterlandverkehr der deutschen Nordseehäfen" in „ZEVrail Glasers Annalen" 133. Jahrgang, Heft 09/2009 Seiten 340 – 349.

[5] Weigand, W.: „Mehr Kapazität für den Schienenverkehr – Reicht das bestehende Streckennetz aus?" in „Eisenbahntechnische Rundschau" Heft 12/2009 Seiten 722 – 727.

[6] Andersen, S.: „Quo vadis, Hochgeschwindigkeitsverkehr in Deutschland?" in „Eisenbahn-Revue International" Heft 11/2002, Seiten 525 – 535.

[7] „DB und SNCF mit gutem Rat für die Industrie", Bericht in BahnTech Heft 2+3 1998 Seite 25.

[8] Barnagaud (†), J.L.: „The Construction of the Working Timetable" in „Revue Générale des Chemins de Fer" 20 years of TGV Services Special Issue in English éditions DELVILLE ISSN-0035-3183, 2002.

[9] Andersen, S.: „Der Fall NBS Nürnberg – Ingolstadt Neubaustrecken für die Bahn oder die Tunnelbauindustrie?" in „Eisenbahn-Revue International" Heft 03/2006 Seiten148 – 151?

[10] Kurz, Heinz: „InterCityExpress" erschienen im EK-Verlag ISBN: 978-3-88255-228-7, S.281.

[11] Andersen, S.: „Ein Zielbedienungskonzept für den Hochgeschwindigkeitsverkehr in Deutschland" in „Eisenbahn-Revue International" Heft 07/2010 Seiten 370 – 379.

[12] Körfgen, R. und Weigand, W.: „Einsatzfelder der ICE-Familie 10 Jahre ICE – Ergebnisse und Perspektiven" in „Eisenbahntechnische Rundschau" Heft 06/2001,

[13] Presseinformation Nr. 016/2002 der DB AG vom 12.03.2002

[14] Andersen, S.: „Die Neubaustrecke Leipzig – Erfurt – Ebensfeld: Planung und Nutzen" in BAHN-REPORT Heft 01/2010 Seiten 8 – 10.

[15] Andersen, S.: „Frankfurt(Main) – Paris unter 3 Sunden!" in „Eisenbahntechnische Rundschau" Heft 03/2008 Seiten 92 – 98.

[16] Deutsch-französische Vereinbarung von La Rochelle über die Schnellbahnverbindung Paris – Ostfrankreich – Südwestdeutschland vom 22.05.1992

Schiene

Schiene

Hauke Fehlberg

Schiene – Strategische Infrastrukturplanung im Herzen Europas
Die schweizerische Bahnnetzentwicklung und konkurrierende Verkehrsansprüche

Der öffentliche Verkehr (öV) in der Schweiz besitzt einen guten Ruf und ist in seiner Vielfalt ein wichtiger Trumpf für die Volkswirtschaft. Dafür gibt es verschiedene Gründe. Zwei Drittel der Einwohner der Schweiz wohnen in Agglomerationen. Von diesen pendelt rund die Hälfte täglich mit dem öffentlichen Verkehr zur und von der Arbeit. Die Tagesganglinie des Fernverkehrs ähnelt zunehmend der eines gesamtschweizerischen S-Bahnsystems.

Charakteristika des öffentlichen Verkehrs

Der öffentliche Verkehr wird mit rund 20 % der Tagesdistanzen in der Schweiz (Tagesdistanz im Inland im Jahr 2005: 37.3 km/Tag) auch von anderen Kreisen in der Schweiz sehr rege genutzt. Er schont die Umwelt, ist sicher und erschwinglich. Zudem zeichnet er sich durch eine flächendeckende Versorgung bis in die kleinen Dörfer im Berggebiet aus. Durchgehende Fahrausweise und kundenorientierte Angebote, wie das General- und Halbtaxabonnement, gewähren den Reisenden einfachen Zugang zum öV und hohen Komfort.

Rund 300.000 Generalabonnemente (ähnlich der DB-BahnCard 100), etwa 2 Mio. Halbtaxabonnemente (ähnlich der DB-BahnCard 50) und rund 800.000 Verbundabonnemente sind im Umlauf und gelten außer auf wenigen touristischen Strecken auf dem gesamten Schweizer Netz des öffentlichen Verkehrs. Nach Angaben des Mikrozensus 2005[1] besaßen in der Schweiz im Jahr 2005 53 % aller über 6-jährigen Einwohner ein Halbtax- oder Generalabonnement.

Der Fern- und Regionalverkehr auf Schiene und Straße wird von 46 Bahnunternehmungen und 100 konzessionierten Busunternehmungen betrieben. Mit Buslinien wird im Regionalverkehr ein Netz von 15.700 km Länge befahren. Die Länge des Normal-

spurnetzes der Bahn beträgt 3.700 km und die des Meterspurnetzes 1.500 km.

Mit dem vernetzten nationalen Taktfahrplan für Fern- und Regionalverkehr wird zudem eine geschlossene Transportkette über alle Verkehrsmittel (Bahn, Bus, Schiff) geschaffen, die eine große Errungenschaft darstellt. Einer steigenden Mobilitätsnachfrage wird mit einem kontinuierlichen Ausbau von Haltestellen, Bahnhöfen, Strecken und technischen Einrichtungen sowie mit dem Ausbau des Verkehrsangebots mit dichteren Fahrplänen nachgekommen. Gleichzeitig sind diese Maßnahmen auch Anlass für eine steigende Verkehrsnachfrage.

Die öV-Produktivität wurde in den letzten Jahren dank zweier erster Schritte der Bahnreform gesteigert. Im Regionalverkehr wurde das Bestellprinzip für Verkehrsleistungen eingeführt. Während der Personenfernverkehr der SBB auf der Basis einer Fernverkehrskonzession eigenwirtschaftlich betrieben wird, ist der regionale Personenverkehr (ohne Ortsverkehr) abgeltungsberechtigt. Dementsprechend werden nur noch die geplanten ungedeckten Kosten von Bund und Kantonen abgegolten.

Zudem wurden die Schweizerischen Bundesbahnen (SBB) entschuldet, in die Divisionen Personenverkehr, Güterverkehr (SBB Cargo), Infrastruktur und Immo-

---

[1] Bundesamt für Statistik BFS: Mikrozensus 2005 zum Verkehrsverhalten (http://www.portal-stat.admin.ch/mz05/files/de/02.xml, abgerufen 12.11.2009)

bilien aufgeteilt und in eine spezialrechtliche Aktiengesellschaft im Besitz des Bundes überführt. Eine Desintegration der SBB durch die organisatorische Trennung von Verkehr und Infrastruktur wurde nicht vorgenommen. Alle Transportunternehmen sollen so nach betriebswirtschaftlichen Grundsätzen wirtschaften, wobei weitere Reformschritte vorgesehen sind.

In der Schweiz findet kein intramodaler Wettbewerb im Schienenfernverkehr statt, sondern es erfolgt ein intermodaler Wettbewerb zwischen den Verkehrsträgern Schiene und Straße. Die SBB besitzen eine Fernverkehrskonzession und fahren damit den Fernverkehr auf eigenwirtschaftlicher Basis. Hingegen ist der intramodale Wettbewerb im alpenquerenden Transitgüterverkehr intensiv. Dort liegt der Schienenanteil mit rund zwei Dritteln weit über dem der Nachbarländer Frankreich und Österreich.

Verkehrswachstum dauert auch in Zukunft an

Für das Bahnnetz stiegen bei den Schweizerischen Bundesbahnen[2] (SBB) zwischen den Jahren 2000 und 2008 die Passagierzahlen von 222 Mio. auf 323 Mio. (+46 %). Allein in der Periode von 2007 auf 2008 fand ein Rekordzuwachs von 5,2 % statt. Auch die Verkehrsleistung erhöhte sich in diesem Zeitraum um 6,7 % auf 16.1 Mrd. Personenkilometer. Dieses anhaltende Nachfragewachstum betrifft insbesondere die täglichen Hauptverkehrszeiten und den Verkehr zwischen den großen Zentren der Schweiz.

Für die Normalstunden des Personenverkehrs wird bei aktuellen Planungen von einem rund 40 prozentigem Wachstum zwischen 2005 und 2030[3] ausgegangen.

In den Hauptverkehrszeiten dürfte das gesamtschweizerische Wachstum im Personenfernverkehr bis 2030 knapp 60 % betragen, im Regionalverkehr von Ballungsräumen wie z.B. im Großraum Zürich oder im Genfer See-Gebiet ist ein Wachstum von über 100 % zu erwarten. Der damit entstehenden Überlastung des Systems soll daher mit geeigneten Mitteln begegnet werden. Eine entsprechende Gesetzesvorlage ist unter dem Arbeitstitel „Bahn 2030" in Erarbeitung.

Für den Güterverkehr sind die Schätzungen gegenüber dem in großen Teilen planbaren Personenverkehr weniger verlässlich, daher wird die künftige Entwicklung mit Szenarien abgeschätzt. Dabei werden die Bedürfnisse des Binnen-, Import-/Export- und Transitverkehrs unterschieden. Für den Transit durch die Schweiz gilt die Annahme, dass der großprofilige Güterverkehr so stark wachsen könnte, dass Anpassungen an den Profilquerschnitten auf den Zufahrten zu den Basistunneln erforderlich werden.

Finanzierung von Verkehr und Infrastruktur

Die ungedeckten Betriebskosten für Infrastrukturleistungen von SBB und Privatbahnen werden vom Staat bezahlt, da eine Vollkostendeckung, inkl. Abschreibungen, für Eisenbahninfrastruktur in der Schweiz nicht möglich ist. Im Falle der SBB erfolgt die Zahlung über eine zwischen dem Bund und den SBB abgeschlossene vierjährige Leistungsvereinbarung. Dabei besteht eine Wechselwirkung zwischen dem Subventionsbedarf und der Trassenpreishöhe, die das zuständige Bundesamt für Verkehr auf der Basis von Normgrenzkosten weitgehend festlegt.

Im Jahr 2007 wurden von Bund und Kantonen rund € 3,5 Mrd. für Eisenbahnverkehr und -infrastruktur an die Unternehmen gezahlt. Der Anteil des Bundes betrug daran € 3 Mrd. Investitionen in neue Infrastruktur machte den größten Teil aus. Die Eidgenossenschaft zahlte für Neubauten € 1,4 Mrd., für Ersatzinvestitionen € 0,7 Mrd. und für Betriebsbeiträge € 0,4 Mrd. Die Kantone beteiligten sich daran mit € 0,2 Mrd.

┌─ Der Autor ─────────────────────────────

Hauke Fehlberg

Bundesamt für Verkehr BAV
Eidgenössisches Departement für
Umwelt, Verkehr, Energie und
Kommunikation UVEK
Schweiz

---

[2] Geschäftsbericht SBB 2008 (http://sbb-gb2008.mxm.ch/annualreport.aspx, abgerufen 11.11.2009)
[3] Perspektiven zum schweizerischen Personen- und Güterverkehr bis 2030 (http://www.are.admin.ch/themen/verkehr/00256/00511/index.html?lang=de, abgerufen 12.11.2009)

Für die Abgeltung des bestellten regionalen Personenverkehrs zahlte der Bund € 0,4 Mrd., während für Bestellungen im kombinierten Güterverkehr (Rollende Landstraße) rund € 0,1 Mrd. ausgegeben wurden. Die Kantone galten den Regionalverkehr mit etwa € 0,3 Mrd. ab.

Um die Finanzierung von Eisenbahn-Großprojekten, wie die Neue Eisenbahn-Alpentransversale (NEAT), „Bahn 2000" bzw. das Projekt „Zukünftige Entwicklung der Bahninfrastruktur" (ZEB), der Anschlüsse der Schweiz an das europäische Hochleistungs-Eisenbahnnetz (HGV-A) oder die Lärmsanierung der Eisenbahnen zu gewährleisten, gibt es eine in der Übergangsbestimmung zu Art. 87 der Verfassung[4] festgelegte Fondslösung.

Dieser Fonds für die Infrastruktur des öffentlichen Verkehrs (FinöV-Fonds), mit einem Finanzvolumen von gut € 20 Mrd. (Preisstand 1995) wird durch zwei Drittel der Einnahmen der leistungsabhängigen Schwerverkehrsabgabe (LSVA), einem Promille der Mehrwertsteuereinnahmen und – für 25 % der Kosten der NEAT-Basislinien – durch Mineralölsteuermittel alimentiert. Dabei erfolgt der größte Mittelzufluss über die LSVA-Gebühren.

Die Eidgenossenschaft besitzt zudem die Möglichkeit, den Fonds bei mangelnder Liquidität bis zu einer festgelegten Höchstgrenze zu bevorschussen, wobei die vorgeschossenen Mittel vom Fonds zurückgezahlt werden müssen. Dieser läuft so lange, bis das letzte Projekt abgeschlossen und die Bevorschussung zurückgezahlt wurde.

Angebots- und Infrastrukturausbau bei den Eisenbahnen
Strategische Planung der Infrastruktur

Die langfristige Infrastrukturplanung erfolgt aufgrund einer Abklärung des langfristigen Kapazitätsbedarfs im nationalen integrierten Taktsystem. Im Rahmen dieser Arbeiten werden die Bedürfnisse des Personen- und des Güterverkehrs berücksichtigt. Gegenwärtig wird zur Berechnung des Bedarfs des Zieljahrs 2030

das Verkehrsmodell des Bundes sowie jenes der SBB verwendet. Auf der Basis festgestellter Überlasten wird mit Blick auf das zukünftig zur Verfügung stehende Rollmaterial das künftige Verkehrsangebot in einem Personen- und Güterverkehrsfahrplan festgelegt. Durch Abgleich mit der im Zieljahr voraussichtlich bestehenden Infrastruktur werden betriebliche, organisatorische und bauliche Maßnahmen vorgesehen. Diese werden mittels des vom Bund für die Bewertung von Schieneninfrastrukturvorhaben anzuwendenden Instruments NIBA[5] (Nachhaltigkeitsindikatoren für Bahninfrastrukturprojekte) priorisiert.

Neben der Planung von Maßnahmen im Bereich der Eisenbahn ist eine Abstimmung mit dem Ausbau der Autobahnen durchzuführen. Grundsätzlich sollen für funktionsgleiche Verkehre nicht beide Verkehrsträger parallel ausgebaut werden.

Mit der Vorlage des Gesetzesprojektes ist dem Parlament auch der Stand der raumplanerischen Koordination aufzuzeigen. Auf Ebene des Bundes werden vorgesehene bzw. zu prüfende Infrastrukturmaßnahmen für die Aufnahme im (Bundes-)Sachplan Verkehr, Teil „Infrastruktur Schiene" mit den kantonalen Nutzungsplänen (Richtpläne) abgestimmt. Der programmatische Teil des Sachplans[6] wurde im Jahr 2006 vom Bundesrat verabschiedet, während der Teil „Infrastruktur Schiene" im Jahr 2010 genehmigt wurde.

Bahn 2000 – Ein Projekt zur Attraktivitätssteigerung des öffentlichen Verkehrs

Zum Fahrplanwechsel im Dezember 2004 wurde die gesamte erste Etappe des Vorhabens „Bahn 2000" abgeschlossen. Einzelne Ausbauten waren zuvor in Zweijahresschritten in Betrieb genommen worden. Die Inbetriebnahme der ersten Etappe war für das schweizerische Bahnangebot im Fern- und Regionalverkehr sowie auch im Güterverkehr ein Quantensprung.

Als Reaktion auf die Diskussionen über das Waldsterben und nach einem starken Ausbau des Autobahn-

---

[4] Bundesverfassung der Schweizerischen Eidgenossenschaft, Art. 196 (http://www.admin.ch/ch/d/sr/101/a196.html, aufgerufen 12.11.2009)

[5] NIBA – Nachhaltigkeitsindikatoren für Bahninfrastrukturprojekte (http://www.bav.admin.ch/dokumentation/grundlagen/00659/index.html?lang=de&show detail=43, aufgerufen 15.11.2009)

[6] Sachplan Verkehr, Teil Programm (http://www.are.admin.ch/themen/raumplanung/00240/01406/index.html?lang=de, aufgerufen 15.11.2009)

netzes ab den sechziger Jahren, war im Dezember 1985 das Konzept „Bahn 2000" vorgelegt worden. Ziel war es, den öffentlichen Verkehr attraktiver zu machen. Dabei ging man davon aus, dass mehr Direktverbindungen, kurze Umsteigezeiten und gute zeitliche Abstimmungen zwischen Fern- und Regionalverkehr einen Umstieg auf die Bahn leichter machen sollten. Ein Motto von „Bahn 2000" lautete: „häufiger", „schneller" und „direkter".

Der bereits 1982 in der Schweiz eingeführte Taktfahrplan wurde mit „Bahn 2000" mit dem Knotenprinzip erweitert. Mit ihm stehen in Bahnhöfen mit Verbindungen in mehrere Richtungen (sog. Knoten, gegenwärtig sind dies Basel, Olten, Zürich, Winterthur, Bern, Interlaken, Visp, Sargans und Chur) die Züge alle halbe und/oder volle Stunde gleichzeitig an den Bahnsteigen, damit Umsteigezeiten kurz gehalten werden können. Zudem sind die Regionalverbindungen auf den Fernverkehrsfahrplan abgestimmt. So werden die Gesamtreisezeiten für die Reisenden möglichst kurz und die Attraktivität des öffentlichen Verkehrs steigt.

Ziel ist es daher nicht, möglichst schnell zwischen zwei Städten zu verkehren. Der Zug soll so schnell fahren, dass er zur rechten Zeit am Bahnsteig steht, damit beim Fehlen einer Direktverbindung verzugslos umgestiegen werden kann. Dazu gehörte das Motto: „So schnell wie nötig, nicht so schnell wie möglich". Dieses Konzept ist sehr erfolgreich, wie die oben dargestellten Wachstumszahlen bei der Nutzung des öffentlichen Verkehrs zeigen.

Damit das Knotenkonzept wirksam werden kann, müssen u.a. Fahrzeiten zwischen den beabsichtigten Knoten so verkürzt werden, dass die Fahrzeit der Züge, je nach Distanz zwischen den Städten, jeweils knapp unter dem Vielfachen einer Viertelstunde liegen. So war es z.B. erforderlich, für ein Investitionsvolumen von knapp einer Mrd. Euro zwischen Mattstetten (bei Bern) und Rothrist (bei Olten) eine Neubaustrecke für 200 km/h zu erstellen. Damit ließ sich die Fahrzeit zwischen z.B. Bern und Zürich um 13 Minuten verkürzen. In der Folge besitzen die Verbindungen Bern – Zürich und Bern – Basel eine Fahrzeit unter einer Stunde und es konnten dort Vollknoten entstehen.

ZEB als Fortführung der ersten Etappe „Bahn 2000"
Das ursprüngliche Ausbaukonzept von „Bahn 2000" aus dem Jahr 1985 erwies sich nach dem parlamentarischem Finanzierungsbeschluss bei der Konkretisierung der Planung anfangs der neunziger Jahre als zu teuer. Daher wurde die Umsetzung im Jahr 1994 etappiert und „Bahn 2000" bis zum Jahr 2004 mit einer ersten Etappe umgesetzt.

Eine zweite Etappe wurde unter dem Titel „Zukünftige Entwicklung der Bahninfrastruktur" (ZEB) erarbeitet. Das entsprechende Gesetz[7] trat am 1. September 2009 in Kraft. Es sieht vor, bis etwa zum Jahr 2030 innerhalb des Finanzrahmens von € 3,6 Mrd., die Infrastruktur so auszubauen, dass einerseits die Fahrzeit zwischen Genf und St. Gallen eine halbe Stunde verkürzt wird, um weitere Knoten in Biel, Lausanne, Delsberg, Luzern, Schaffhausen, Kreuzlingen, Romanshorn und St. Gallen entstehen zu lassen und andererseits das Fernverkehrsangebot vergrößern zu können.

Das ZEB-Gesetz fordert zudem, dass die Regierung bis Ende 2010 dem Parlament eine Gesetzesvorlage über die weitere Angebotsentwicklung und den weiteren Ausbau der Bahninfrastruktur in allen Landesteilen unterbreitet. Diesen Maßnahmen soll ein betriebs- und volkswirtschaftlich abgestütztes Bedarfs- und Angebotskonzept zugrunde liegen. Der Arbeitstitel dieses sich gegenwärtig in Bearbeitung befindlichen Programms lautet „Bahn 2030". Mit ihm sollen die Bedürfnisse des Personen- und des Güterverkehrs bis etwa 2035 berücksichtigt werden. Für den FinöV-Fonds sind gemäß gesetzlichem Auftrag weitere Finanzquellen zu bestimmen, da der Fonds während einiger entscheidender Jahre keine ausreichende Liquidität besitzt.

---

[7] Bundesgesetz über die zukünftige Entwicklung der Bahninfrastruktur (ZEBG) vom 20. März 2009 (http://www.admin.ch/ch/d/sr/742_140_2/index.html, abgerufen 12.11.2009)

Die NEAT – wichtiges Element zur Verlagerung des Schwerverkehrs auf die Schiene

Die Verfassung der Schweiz sieht nach einer Volksinitiative in Art. 84 vor, dass der Bund das Alpengebiet vor den negativen Auswirkungen des Transitverkehrs schützt. Dabei soll der alpenquerende Gütertransitverkehr von Grenze zu Grenze auf der Schiene erfolgen, Ausnahmen sind jedoch möglich.

Die konkrete Umsetzung des Verlagerungsauftrags ist im Güterverkehrsverlagerungsgesetz, GVVG[8] festgelegt. Es fordert,

- dass für den alpenquerenden Güterschwerverkehr auf den Transitstraßen im Alpengebiet das Ziel von höchstens 650.000 Fahrten pro Jahr gilt,
- dass dieses Ziel spätestens zwei Jahre nach Inbetriebnahme des Gotthard-Basistunnels erreicht werden soll,
- und dass dieses auf Dauer einzuhalten ist und nur in einzelnen Jahren mit besonders starker Wirtschafts- und Verkehrsentwicklung überschritten werden darf.
- Ab dem Jahr 2011 soll das Zwischenziel von höchstens 1 Million Fahrten pro Jahr nicht überschritten werden.
- Zudem wird ein neues Verlagerungsinstrument, die Alpentransitbörse, vorgeschlagen.

Die zentralen Elemente der schweizerischen Politik zur Verlagerung des Güterverkehrs von der Straße auf die Schiene sind

- die Erhebung einer leistungsabhängigen Schwerverkehrsabgabe (LSVA) für in- und ausländische Fahrzeuge über 3,5 t, die nach einem Volksentscheid 1994 eingeführt und mit der EU im Landverkehrsabkommen abgestimmt wurde. Sie ist im Gegensatz zur deutschen und österreichischen Maut auf allen Straßen, nicht nur auf den Autobahnen fällig,
- das Nachtfahrverbot für Lastwagen, welches während des ganzen Jahres, jeweils von 22.00 Uhr abends bis 05.00 Uhr morgens gilt,
- der Bau von neuen Eisenbahn-Basislinien durch die Schweiz (NEAT), damit eine ausreichende Gü-

tertransportkapazität auf beiden schweizerischen Nord-Süd-Achsen zur Verfügung gestellt werden kann, um dem Straßentransport durch die Alpen eine leistungsfähige und attraktive Alternative gegenüber zu stellen sowie

- die Subventionierung des kombinierten begleiteten und unbegleiteten Güterverkehrs, darunter neben der Subventionierung von Stellplätzen der Rollenden Landstraße auch den Bau von ausländischen Güterterminals für den kombinierten Verkehr.

Im Rahmen von NEAT und ZEB werden für ein Investitionsvolumen von € 12,6 Mrd. (Preisstand 1998) zwei Basislinien durch die Schweiz realisiert. Als erster der beiden Basistunnel wurde der Lötschberg-Basistunnel im Dezember 2007 in kommerziellen Betrieb genommen. Bisher sind rund 15.000 Züge ohne größere Probleme unter Anwendung des Sicherungssystems ETCS (European Train Control System) durch den Tunnel gefahren. Der Tunnel erweist sich neben seiner wichtigen Transitfunktion auch für das Wallis als bedeutsam, da sich die Erreichbarkeit dieses Landesteils stark verbessert hat.

Während über ZEB der Ausbau der NEAT-Zufahrten finanziert wird, werden an der Gotthardachse beide Basistunnel am Gotthard (GBT) und am Ceneri (CBT) über NEAT-Mittel realisiert. Der GBT soll im Jahr 2017 in Betrieb gehen, während der CBT zwei Jahre später bereit sein wird. Auf diesen Zeitpunkt hin werden auch die innerschweizerischen Tunnelzufahrten mit Maßnahmen zur Harmonisierung und Verkürzung der Zugfolgezeiten ausgebaut.

Ab 2020 werden in der Schweiz nördlich von Bellinzona (Südschweiz) täglich 260 Gütertrassen zur Verfügung stehen. Südlich des Lötschberg-Basistunnels sind es im Querschnitt Simplontunnel täglich 130 Gütertrassen.

Auf der Lötschberg-Achse konnten bereits vor der Eröffnung des Lötschberg-Basistunnels SIM-Züge verkehren, die einen Profilbedarf größer als P/C 45 haben. Es handelt sich dabei um Züge, die eine spezielle

---

[8] Güterverkehrsverlagerungsgesetz, GVVG, http://www.admin.ch/ch/d/sr/740_1/index.html

Form der Rola (Rollende Landstraße) darstellen. SIM steht für „Simplon Intermodal". Diese Züge erlauben es auch Lastwagen mit 4 Metern Eckhöhe, auf der Schiene durch die Alpen transportiert zu werden.

Mit dem Bau der zweiten Rheinbrücke und verschiedenen anderen kapazitätserweiternden Maßnahmen werden in der Schweiz auch nördlich der Alpen entsprechende Trassenkapazitäten in guter Qualität zur Verfügung gestellt werden.

Anbindung der Schweiz an das europäische Eisenbahn-Hochleistungsnetz

Zur besseren Anbindung der Schweiz an das europäische Hochleistungsnetz investiert der Bund bis Ende 2015 eine Summe von € 0,72 Mrd. (Preisstand 2003) im In- und Ausland in das Eisenbahnnetz. Damit sollen die Reisezeiten aus der Schweiz in die Städte Paris, Lyon, München, Ulm und Stuttgart verkürzt werden.

Lärmsanierung der Eisenbahnen als Teil einer Politik des nachhaltigen Verkehrs

Das Parlament hat im Jahr 2000 das Gesetz über die Lärmsanierung der Eisenbahnen verabschiedet. Damit stehen für die Lärmsanierung der Eisenbahnen rund € 1,2 Mrd. (Preisstand 1998) zur Verfügung. Das Sanierungskonzept zielt in erster Linie auf eine Reduktion der Rollgeräusche, da dadurch ein netzweiter Nutzen zu vergleichsweise geringen Kosten erzielt werden kann. Die Lärmsanierung wird folgendermaßen priorisiert:

1. Rollmaterialsanierung,
2. Lärmschutzbauten (v.a. Lärmschutzwände) und
3. Maßnahmen am Gebäude (Schallschutzfenster, Schalldämmlüfter).

Laut Lärmprognose für das Jahr 2015 (Emissionsplan) würden ohne Lärmschutzmaßnahmen rund 265.000 Personen mit Lärm über dem Grenzwert leben. Für mindestens zwei Drittel der von übermäßigem Lärm betroffenen Anwohner soll die Belastung soweit mit Maßnahmen am Rollmaterial und mit Lärmschutz-

wänden reduziert werden, dass die Immissionsgrenzwerte eingehalten sind. Wo dies nicht möglich ist, werden Maßnahmen an Gebäuden vorgesehen.

Das Bundesamt für Verkehr (BAV) hat die Gesamtverantwortung für den Vollzug der Lärmsanierung. Es koordiniert die Umsetzung der verschiedenen Maßnahmen. Die Neubaustrecken der NEAT und „Bahn 2000" werden von Anfang an so gebaut, dass die maßgebenden Planungswerte eingehalten werden können.

Schweizerische Prioritätenregelung bei der Zuteilung von Zugtrassen: Personen- contra Güterverkehr

Die Gewährung des Netzzugangs ist in Art. 9a des Eisenbahngesetzes[9] (EBG) festgelegt. Dort heißt es, dass bei der Gewährung des Netzzugangs der vertaktete Personenverkehr Vorrang genießt. Anschlüsse innerhalb einer abgestimmten Transportkette des öffentlichen Verkehrs dürfen nicht gebrochen werden. Jedoch kann der Bundesrat Ausnahmen von dieser Prioritätenordnung unter Berücksichtigung volkswirtschaftlicher und raumplanerischer Anliegen gewähren.

In der auf dem EBG beruhenden Eisenbahn-Netzzugangsverordnung[10] (NZV) von 1998 ist des Weiteren bestimmt worden, dass das Bundesamt für Verkehr dem Güterverkehr auf Antrag der Infrastrukturbetreiberin vollständig oder teilweise Vorrang im oben erwähnten Sinne gewähren kann, wenn er nur so auf der Schiene abgewickelt werden kann. Auf Strecken, auf denen pro Tag und Sparte mindestens 1.000 Fahrgäste befördert werden, bleibt der Vorrang für je ein stündliches Zugpaar des Fern- und Regionalverkehrs bestehen. Beträgt die Zahl der Fahrgäste einer Sparte mehr als 4.000, erstreckt sich der Vorrang auf zwei Zugspaare.

In der NZV wird weiter ausgeführt, dass die Strecke von der Infrastrukturbetreiberin für überlastet erklärt werden kann, wenn Anträge auf Trassenzuteilung wegen ungenügender Kapazität der Strecke nicht berücksichtigt werden kann. Wenn alternative, nicht überlastete Strecken zur Verfügung stehen, so sind diese als Ersatz anzubieten.

---

[9] Eisenbahngesetz vom 20. Dezember 1957 (EBG) (http://www.admin.ch/ch/d/sr/c742_101.html, aufgerufen 15.11.2009)

[10] Eisenbahn-Netzzugangsverordnung (NZV) vom 25. November 1998 (http://www.admin.ch/ch/d/sr/742_122/index.html, aufgerufen 15.11.2009)

Schiene

Fazit

Der im kommenden Vierteljahrhundert zunehmende Güter- und Personenverkehr wird in der Schweiz in der langfristigen Planung bereits berücksichtigt. Dabei sind auch für den die Schweiz querenden Transitgüterverkehr regelmäßige Systemtrassen vorgesehen. Ein Teil der zur Bedarfsdeckung notwendigen Investitionen sind über eine Fondslösung langfristig abgesichert, zusätzliche Quellen sind jedoch zu evaluieren.

Die Prioritäten bei der Trassenvergabe sind rechtlich klar vorgegeben, allerdings hat die Regierung, der Bundesrat, einen gewissen Handlungsspielraum. Da die Schweiz einen nationalen integralen Taktfahrplan über Jahre hinweg mit sehr hohen Investitionsausgaben entwickelt hat, ist es kaum wahrscheinlich, dass dieser zugunsten weiterer Güterverkehrstrassen aufgegeben wird. In Hinblick auf die Entwicklung im nächsten Vierteljahrhundert ist dies aufgrund des angenommenen Verkehrswachstums und der vorgesehenen Maßnahmenplanungen aber auch nicht erforderlich.

Schiene

Stadtverkehr
Urbane Mobilität im Wandel

In der Betrachtung der Stadtverkehrspolitik der zurückliegenden Jahre werden zwei wesentliche Probleme ersichtlich. Zum einen ist sie auf Bundesebene durch die Trennung von Stadtentwicklungs- und Verkehrspolitik nur wenig präsent und zum anderen trotz vielfacher alternativer Ansätze weiterhin stark autoaffin. Die bisherige geringe Dynamik in der Umsetzung des Ziels eines stadtverträglichen Verkehrs könnte sich jedoch ändern. Die Verkehrssysteme rücken mit der Verschärfung von Emissionsgrenzwerten und dem steigenden Anspruchsverhalten aus der Gesellschaft heraus in den Vordergrund des öffentlichen Bewusstseins. Auch kommt es durch die weitere Zunahme des städtischen Verkehrs vermehrt zur Überlastung der Verkehrssysteme, deren Ausbau und Instandhaltung durch die leeren öffentlichen Kassen zunehmend schwerer finanzierbar sind. Zudem konkurriert der Anspruch auf Verkehrsfläche zunehmend mit anderen Verwertungsmöglichkeiten.

Der vermehrte Zuzug ist das Ergebnis der Reaktivierung innerstädtischer Entwicklungspotenziale im Einklang mit erheblichen Anstrengungen in der Sanierung des Wohnungsbestands und des Rückgangs der negativen Umwelteinflüsse durch die Industrie. Verstärkt fragen Handels-, Dienstleistungs- und Freizeiteinrichtungen citynahe Flächen nach und sorgen so für eine Renaissance des urbanen Lebensstils und der städtischen Wirtschaft. Durch die Veränderungen der Wohn-, Arbeits- und Einkaufsstandorte zu Gunsten der Innenstadt und weiterer kernstädtischer Quartiere führt die Reurbanisierung zu einer kompakteren, effizienteren sowie umwelt- und sozialverträglicheren Siedlungsweise und damit zu einer neuen Lebensqualität. Reurbanisierung ist somit nicht nur ein Trend, sondern vielmehr eine erstrebenswerte Entwicklung. Die Begrenzung negativer Auswirkungen des Verkehrs und die Eröffnung alternativer Mobilitätschancen sind wesentliche Instrumente in der Gestaltung einer verbesserten städtischen Lebensqualität.

Die Verknüpfung von Stadt- und Verkehrsplanung zu einer integrierten Politik bietet eine Chance für eine höhere städtische Lebensqualität. Ziel ist eine Stadt, in der der Verkehr im Wesentlichen eine Dienstleistung für die Bewohner erbringt und nicht Selbstzweck auf Kosten der städtischen Qualitäten ist. Diese Leitvorstellung entspricht der traditionellen Form der „Europäischen Stadt", die urbane Lebensweise und nachhaltige Mobilität durch eine hohe Dichte, funktionale Mischnutzung, unterschiedliche Zentralitäten und die vernünftige Nutzung des öffentlichen Raumes ermöglicht.

Prof. Dr.-Ing. Gerd-Axel Ahrens, Dr.-Ing. Frank Ließke

Stadtverkehr – Urbane Mobilität im Wandel
Urbane Mobilität heute – Status quo

Bereits seit 1972 koordiniert der Lehrstuhl für Verkehrs- und Infrastrukturplanung der TU Dresden mindestens alle fünf Jahre die Erhebung ‚Mobilität in Städten' nach dem System repräsentativer Verkehrsbefragungen (SrV). Dabei handelt es sich um eine Haushaltsbefragung, in der neben den Kenndaten zum Haushalt und zur Person die Wege an einem werktäglichen Stichtag u.a. nach Zweck, Verkehrsmittel, Zeit und Entfernung erfragt werden [1], [2]. Die Methode der Erhebungen ‚Mobilität in Deutschland' (MiD) des BMVBS [3] ist dem SrV recht ähnlich, so dass eine weitgehende Vergleichbarkeit dieser beiden unabhängig voneinander durchgeführten Großerhebungen besteht. Die erste KONTIV-Erhebung des Bundesverkehrsministeriums fand 1977 statt. Auf der Grundlage einer Studie zur Kompatibilität [4], [5] werden seit 2002 MiD und SrV koordiniert geplant.

Im Jahre 2008 fand die 9. SrV-Erhebung in Städten statt. Die Vorläuferjahrgänge 1991, 1994, 1998 und 2003 verdeutlichen z.B. für die ostdeutschen Partnerstädte des SrV-Städtepegels[1] die unmittelbaren Folgen der Wende für die städtische Mobilität. So verdoppelte sich die Motorisierung und die Wegelängen der städtischen Wohnbevölkerung mit dem Auto vervierfachten sich in nur 10 Jahren (vgl. Abb. 3).

Abbildung 1 enthält für das Jahr 2008 die teilnehmenden Städte sowie Angaben zur Stichprobe und zu den Untersuchungsräumen. Die Gesamtstichprobe von 115.525 Personen wurde in 74 Städten und Gemeinden befragt. Zum Teil waren auch Verkehrsverbünde Auftraggeber für mehrere Gemeinden, so dass im Umland von Berlin, Dresden, Leipzig und Kassel ergänzende Befragungen mit kleineren Stichproben durchgeführt wurden.

Aus Gründen einer besseren Vergleichbarkeit, höherer Datenqualität, wegen Kostenvorteilen, höherer Planungssicherheit mit widerspruchsfreien Daten und dem möglichen Städtevergleich streben viele Städte und Regionen die regelmäßige Teilnahme

Abb. 1: Erhebungsräume des SrV 2008

an der SrV-Erhebung möglichst gemeinsam mit Verkehrsbetrieben, Verkehrsverbund und staatlichen Straßenbaulastträgern an. Die Ergebnisse werden in Verkehrsplanung und Politik auf allen Ebenen ge-

---

[1] Der SrV-Städtepegel besteht überwiegend aus ostdeutschen Großstädten, die seit 1972 an allen SrV-Erhebungen teilgenommen haben.

nutzt, vor allem aber dienen sie der Modellierung des Verkehrsgeschehens, sie ermöglichen einen methodisch sauberen Städtevergleich (Benchmarking) und Qualitätskontrollen.

Die SrV-Ergebnisse beinhalten allerdings nur die Mobilitätskennwerte der Wohnbevölkerung einer Stadt. Nicht enthalten sind Ziel- und Durchgangsverkehre, also Ortsveränderungen, deren Quellen außerhalb des Erhebungsgebietes liegen (z.B. Einpendler). Diese werden - wie auch der Wirtschaftsverkehr - im Rahmen der Verkehrsentwicklungsplanung mit gesonderten Ansätzen ermittelt. Für eine SrV-Stichprobengröße von 1.000 Personen sind bei uneingeschränkter Zufallsauswahl folgende Genauigkeiten bei einem 95 %-Konfidenzintervall zu erwarten: Spezifisches Verkehrsaufkommen ca. +/-4 % des Mittelwertes, Modal Split des motorisierten Individualverkehrs (MIV) +/-2 %. Vor diesem Hintergrund hat eine Reihe von Städten den klassischen SrV-Stichprobenumfang von 1.000 Personen erhöht, um auch für Stadtteile oder spezielle Personengruppen oder Wegezwecke Auswertungen vornehmen zu können (z.B. Berlin 38.000 Personen, Düsseldorf 8.000 Personen).

Die Leistungen für die Feldarbeit wurden europaweit von der TU Dresden für die SrV-Auftraggeber ausgeschrieben. Der größte Teil der Interviews wurde wie auch bei MiD telefonisch computergestützt durchgeführt. Daneben wurden Probanden schriftlich befragt, deren Telefonnummern nicht bekannt waren, und es bestand die Option einer Online-Befragung. Ein großes Problem verursacht die kontinuierlich abnehmende Auskunftsbereitschaft der Bevölkerung. Abbildung 2 zeigt die Entwicklung des Anteils der Antworter im SrV seit 1972. Rückläufige Antwortquoten erschweren auch andere Erhebungen. Für das nächste SrV 2013 laufen bereits Untersuchungen, wie durch differenzierte zielgruppenspezifische Ansprachen und

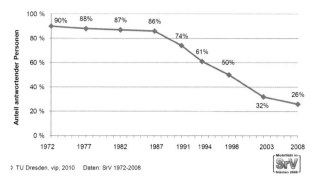

Abb. 2: Entwicklung der Antwortraten beim SrV

weitere Möglichkeiten eine Erhöhung der Antwortbereitschaft erreicht werden kann.

Wegen der besseren Vergleichbarkeit mit MiD und auch aus erhebungstechnischen Gründen wurde das SrV im Jahre 2008 erstmals über alle Monate durchgeführt. Bis 2003 fanden die Befragungen in dem für den Jahresmittelwert als repräsentativ ermittelten Zeitraum Ende März bis Anfang Juni statt. Eine umfassende Analyse der 2008 vorgenommenen Umstellung auf den Ganzjahreszeitraum zeigte, dass sie sich lediglich auf die Ergebnisse zur Verkehrsmittelwahl ausgewirkt hat. Beim Radverkehr ergab sich im Mittel ein Modal Split um 2 % geringer und beim MIV um 2 % höher als im klassischen SrV-Zeitraum.

Erstmals Rückgang des MIV

Der Blick auf die Zeitreihe der spezifischen Verkehrsleistung (durchschnittliche Wegelänge nach Verkehrsmittel pro Tag und Person) in den ostdeutschen SrV-Pegelstädten zeigt, dass erstmals die Summe des Aufwandes für Wege über alle Verkehrsmittel nicht mehr gestiegen ist (Abb. 3). Maßgeblich liegt das an einer deutlich geringeren Autonutzung im Jahre 2008 gegenüber 2003. Die durchschnittliche Verkehrsleistung für den MIV ging von 20 km auf 17 km pro Person und Tag zurück. Das ist immerhin ein Rückgang der städtischen MIV-Fahrleistung der Wohnbevölkerung um 15 %!

── Die Autoren ──

Prof. Dr.-Ing.
Gerd-Axel Ahrens

Technische Universität Dresden

Dr.-Ing.
Frank Ließke

Technische Universität Dresden

Stadtverkehr

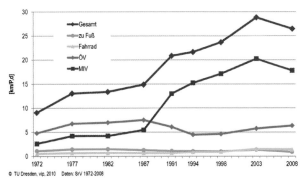

Abb. 3: Spezifische Verkehrsleistung der Wohnbevölkerung im SrV-Städtepegel 1972 bis 2008

Die prozentualen Veränderungen des Modal Split gegenüber dem Jahre 2003 verdeutlicht Abbildung 4. Dieser wird auf die Anzahl der Wege und nicht auf die Wegelängen bezogen. Danach ist in den SrV-Pegelstädten das ÖPNV-Aufkommen mit 15 % am stärksten gestiegen, gefolgt vom Fahrradverkehr mit 9 % bei nur noch geringen Verlusten von 4 % (gegenüber -15 % von 1998 bis 2003) beim Fußgängerverkehr. Der Wegeanteil des Autoverkehrs ist erstmals um 5 % zurückgegangen. Von 1998 bis 2003 stagnierte der MIV noch und größter Gewinner war der Fahrradverkehr mit 22 % Zuwachs.

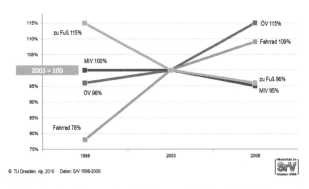

Abb. 4: Veränderung der Verkehrsmittelwahl im SrV-Städtepegel bezogen auf das Jahr 2003

Ähnliche Ergebnisse mit weniger Autoverkehr wies auch die Bundeserhebung MiD nach. Allerdings lag hier der Radverkehr im Vergleich der Jahre 2002 bis 2008 vorn, weil in der MiD-Stichprobe der Anteil von Probanden aus ländlich strukturierten Erhebungsräumen ohne gutes ÖPNV-Angebot deutlich höher liegt.

Woran mag dieser bemerkenswerte erstmalige Rückgang der Autonutzung liegen? Ist ein Wertewandel bei der Bevölkerung eingetreten? Davon muss man sicherlich ausgehen. Nicht nur die Befunde einer deutlichen

Reurbanisierung zeigen Spuren. Vor allem die junge Generation, das belegen auch Marketingstudien der Automobilindustrie, hat andere Mobilitätspräferenzen. So ist beim Neuwagenkauf der Anteil von Kunden unter 30 Jahren regelrecht eingebrochen. Zunehmend akzeptierten sie nicht mehr die hohen Anschaffungskosten für ein Auto (totes gebundenes Kapital), die steigenden Betriebskosten und die unkalkulierbaren Sonderkosten für Werkstatt, Unfälle, Parken etc. Die Autonutzung wird für sie zunehmend wichtiger als der Autobesitz. Das belegen auch die Wachstumsraten von CarSharing-Unternehmen und die Erfolge von car-2go in Ulm oder von Fahrradverleihstationen in großen Städten, gerade bei jungen Menschen.

Die SrV-Ergebnisse zeigen z.B. auch, dass Jugendliche 2008 in geringerem Umfang ihren Führerschein machten als noch 2003. Allerdings dürften auch wirtschaftliche Gesichtspunkte eine Rolle bei der abnehmenden Autonutzung gespielt haben. So stieg im SrV-Städtepegel der Anteil von Haushalten ohne Auto von 34 % im Jahre 2003 erstmals wieder auf 37 % an, obgleich die Motorisierung noch leicht von 407 auf 413 Kfz/1000 Personen angewachsen ist. Der Anteil autoloser Haushalte in Berlin liegt bei 45 %, in Leipzig bei 42 %, in Dresden bei 40 % und in Düsseldorf bei 38 %. Menschen ohne eigenes Auto nutzen den MIV für 20 bis 30 % ihrer Wege, Menschen mit eigenem Auto haben hingegen einen MIV-Anteil von 50 bis 70 % (vgl. Abb. 12).

Eine Hauptkomponente für den Rückgang der Kfz-Fahrleistung dürfte allerdings über den demographischen Wandel zu begründen sein: 2003 machte der Anteil von Rentnern im SrV-Städtepegel noch 18 % aus, 2008 waren es bereits 22 %. Obwohl der Anteil motorisierter Rentner überproportional von 7 auf 11 % gestiegen ist (Senioren ohne Pkw von 11 auf 12 %), schlägt bei den Senioren durch, dass die Wegehäufigkeit von ca. 3,0 bis 3,5 Wegen pro Tag und Person ab etwa 70 Jahre stark absinkt (vgl. Abb. 5). Insofern nimmt der Wegeaufwand der Senioren, auch wenn sie heute intensiver als in früheren Jahren Auto fahren, insgesamt ab. Da der Anteil der Senioren überall – auch in wachsenden Städten – stark zunimmt, schlägt ihre insgesamt nachlassende Mobilität insbesondere in Bezug auf ihr Hauptverkehrsmittel, den Kfz-Wegeaufwand durch. Da sie am häufigsten zwischen 10 und 12 Uhr unterwegs sind, trägt ihr Verhalten aber auch maßgeblich zur Reduktion der Spitzenstundenbelastungen bei (vgl. Abb. 9).

so dass der Anteil des Umweltverbundes schon gegen 70 % strebt. In den meisten Großstädten bis etwa 550.000 Einwohner liegt der MIV um die 40 %, aber es gibt deutliche Unterschiede zwischen autoorientier-

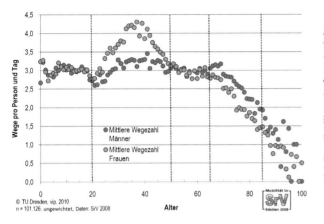

Abb. 5: Abnehmende Wegehäufigkeit ab 70 Jahre

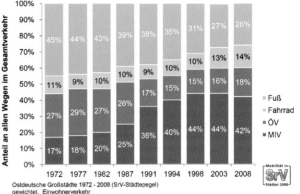

Abb. 6: Entwicklung der Verkehrsmittelwahl für alle Wege der Wohnbevölkerung im SrV-Städtepegel 1972 bis 2008

Weitere ausgewählte Ergebnisse

Das Hauptinteresse der Städte bzgl. der Auswertung ihrer Mobilitätsdaten liegt in der Regel beim Modal Split. Seine Entwicklung im SrV-Städtepegel zeigt Abbildung 6. Über 40 % der Wege der Wohnbevölkerung werden in den SrV-Pegelstädten mit dem Auto erledigt, gefolgt von Fußwegen mit 26 %, ÖPNV mit 18 % und dem kontinuierlich ansteigendem Radverkehr mit 14 %.

Abbildung 7 verdeutlicht, wie stark diese Werte im Städtevergleich variieren. Je größer die Stadt, umso besser sind die Angebote und Akzeptanz des ÖPNV. In Berlin erreicht der MIV nur etwas mehr als 30 %,

ten Städten mit 50 oder gar 60 % gegenüber Städten, die den Umweltverbund stärker fördern und wo der MIV unter 40 oder um die 40 % gehalten wird. Bemerkenswerte Beispiele dafür, dass dies auch in kleineren Großstädten gelingen kann, sind Jena und Potsdam. Die Beispiele Dessau und Coswig/Radebeul zeigen, dass ein hoher Fahrradverkehrsanteil nicht automatisch weniger Fahrleistung mit Autos und weniger CO_2-Ausstoss in der Stadt bedeutet.

Auch der Vergleich von Stadt und Umland, aus dem die Einpendler der Kernstädte primär kommen,

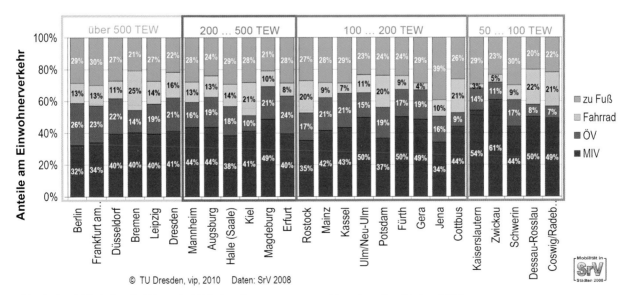

Abb. 7: Modal Split für alle Wege der Wohnbevölkerung in ausgewählten deutschen Städten 2008

machst deutliche Unterschiede sichtbar. So wurden in den kleineren Umlandgemeinden höhere MIV-Anteile zwischen fast 50 und fast 70 % ermittelt.

Abbildung 8 zeigt den Modal Split nach Wegezwecken. Deutlich wird die Dominanz des Autos für Wege zur Arbeit und sonstige vor allem dienstliche Zwecke. Der Freizeitverkehr und freizeitorientiertes Einkaufen machen bereits mehr als 50 % aller Fahrtzwecke aus. Kapazitätsengpässe, die insbesondere Wirtschafts- und Berufsverkehr betreffen, werden maßgeblich von Freizeitverkehren verursacht. Werden Kapazitäten erweitert oder neu geschaffen, liegt die verkehrsindu-zierende Wirkung primär bei den Freizeitverkehren, die sich am dynamischsten verändern.

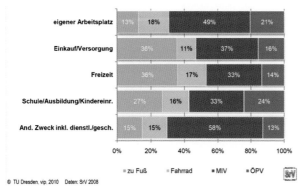

@ TU Dresden, vip, 2010   Daten: SrV 2008

Abb. 8: Verkehrsmittelwahl nach Wegezweck beim Binnenverkehr der Wohnbevölkerung im SrV-Städtepegel 2008

Ein interessanter Nebenbefund der SrV-Erhebungen ist die kontinuierliche Abnahme der Ausprägung der Spitzenstunde des Berufsverkehrs (vgl. Abb. 9). Gleitende Arbeitszeiten, Flexibilisierung der Geschäftsöffnungszeiten, aber auch der zunehmende Anteil von Senioren, deren Spitzenstunde zwischen 10 und 12 Uhr liegt, tragen zur Entspannung in den stauanfälligsten Zeiten bei.

Da im Jahr 2008 in den Sommermonaten die Benzinpreise einen sehr hohen Stand erreicht hatten, lag die Vermutung nahe, dass diese Preisentwicklung den Rückgang des MIV mit verursacht haben könnte. Die Verteilung des Modal Splits über das Jahr widerlegt allerdings diese Vermutung (vgl. Abb. 10). Deutlich wird, dass der Anteil der Radfahrer im Dezember und Januar nur die Hälfte des Spitzenmonats Juni ausmacht. Die geringeren Werte sind auf den Frei-

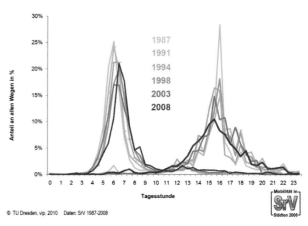

@ TU Dresden, vip, 2010   Daten: SrV 1987-2008

Abb. 9: Tagesgang des Berufsverkehrs der Wohnbevölkerung im SrV-Städtepegel 1987 bis 2008

zeitverkehr zurückzuführen. Die Berufspendler fahren offensichtlich bei jedem Wetter mit dem Rad, wie gesonderte Auswertungen ergeben haben [6].

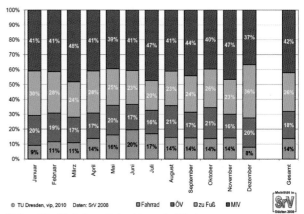

@ TU Dresden, vip, 2010   Daten: SrV 2008   ▣ Fahrrad ▣ ÖV ▣ zu Fuß ▪ MIV

Abb. 10: Verkehrsmittelwahl nach Erhebungsmonaten im SrV-Städtepegel 2008

Auch für den SrV-Städtepegel bestätigen die Erhebungen den Sachverhalt, dass 59 % der Wege in der Stadt kürzer als 5 km sind (vgl. Abb. 11). Der hohe MIV-Anteil von 47 % bei Wegen zwischen 3 und 5 km zeigt, dass hier z.B. mit dem Fahrrad die Raumüberwindung deutlich effektiver und nachhaltiger gestaltet werden könnte, ohne dass Erreichbarkeiten schlechter würden.

Privater Autobesitz –
maßgebliche Determinante des Modal Split

Die Entwicklung der Verkehrsmittelnutzung bei den so genannten verkehrssoziologischen Personengruppen verdeutlicht Abbildung 12 für MIV, ÖPNV, Fußgänger- und Radverkehr. Deutlich wird, dass Personengruppen mit Pkw, auch Senioren, diesen fast ausschließlich benutzen. Gute ÖPNV-Kunden sind

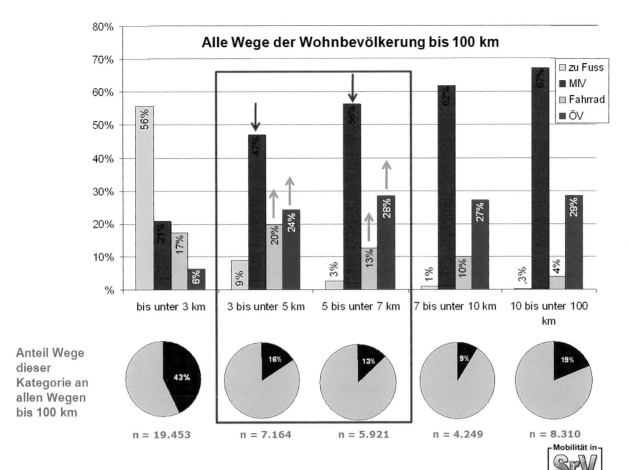

Abb. 11: Modal Split nach Wegelänge im SrV-Städtepegel 2008

die Jugendlichen und Personengruppen ohne Auto. Wahrscheinlich hat die Konzentration von Schulstandorten für die geburtenschwachen Jahrgänge bei ihnen zu den deutlich angestiegenen ÖPNV-Anteilen und einer ebenfalls stetig angestiegenen hohen Mitnahme im Auto (Taxi-Mama) geführt. Der oben bereits angesprochene ÖPNV-Zuwachs 2008 ist bei allen Personengruppen - bis auf die Jugendlichen - zu erkennen. Diese Veränderungen, aber auch die Unsicherheit in Straßenräumen, erklären bei den Kindern und Jugendlichen den hohen Rückgang der Fußwege. Die Weltgesundheitsorganisation (WHO) vermutet bereits einen Zusammenhang zwischen dem Mobilitätsverhalten von Kindern und ihrer zunehmenden Fettleibigkeit [7].

Die Unterscheidung von Personengruppen mit und ohne Auto zeigt, wie übermächtig der Einfluss des verfügbaren Pkw auf die Verkehrsmittelwahl ist. Abgesehen von einer kleinen „aktiv" umweltbewussten Bevölkerungsgruppe (die heute mit etwa 5 bis 10 %

der Ökostrom beziehenden Haushalte angesetzt werden könnte), nutzen die Menschen, die ein Auto besitzen, dies auch überwiegend. Eine Auswertung des Deutschen Mobilitätspanels (MOP) ergab, dass 46 % der Verkehrsteilnehmer im Verlaufe einer Woche ausschließlich „monomodal" mit dem Auto unterwegs sind [8]. So wundert es nicht, dass im statistischen Mittel die Menschen mit Auto dieses auch für 50 bis 70 % ihrer Wege nutzen, Menschen ohne Auto dies aber nur zu 20 bis 30 % tun.

Vor dem Hintergrund des insbesondere bei jungen Menschen zu beobachtenden Wertewandels und ihrer zunehmenden Mobilitätspräferenzen „nutzen statt besitzen", liegt hier ein enormes CO_2-Minderungspotential für den Sektor Verkehr. Beobachtungen von CarSharern zeigen, dass Menschen ohne Autobesitz ihre Ortsveränderungen und Verkehrsmittelwahl rational entscheiden und sich ähnlich verhalten, wie heute schon die Personengruppen ohne Auto. In Städten mit einem heutigen MIV-Anteil von ca. 40 % an allen

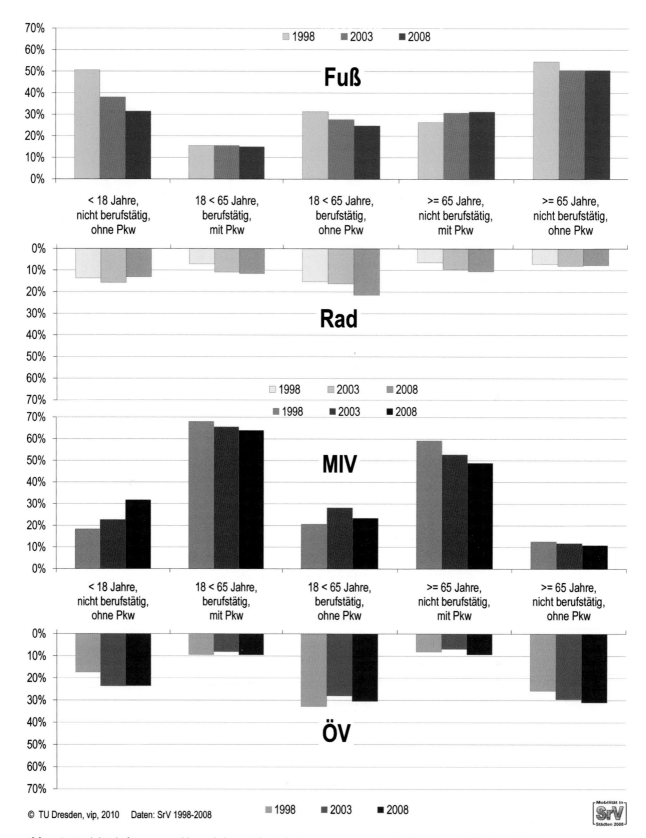

Abb. 12: Modal Split für ausgewählte verkehrssoziologische Personengruppen im SrV-Städtepegel 1998 bis 2008

Wegen der Einwohner ließe sich ein Rückgang auf 20 % erzielen, wenn die Bevölkerung nur noch Autos nutzen statt besitzen würde. Dies wäre ein Stück mehr Kostenwahrheit im Verkehr, denn die hohen fixen Kosten für die Autonutzung würden nicht mehr verdrängt. Jede Entscheidung für das richtige Verkehrsmittel würde rationaler auf der Grundlage realistischerer Kostenvergleiche für jeden Weg neu getroffen.

Ausblick

Die europäische Automobilindustrie und Städte wie Paris, London, Barcelona haben die verstärkten multimodalen Anforderungen der immer wichtiger werdenden jungen Kundengruppen erkannt. CarSharing-Unternehmen verzeichnen zweistellige Wachstumszahlen. Car2go in Ulm, Velo- und AutoLib in Paris bieten urbanen Menschen ohne eigenes Auto attraktive Optionen einer in Teilen auch „automobilen" öffentlichen Nahmobilität.

Die ÖPNV-Unternehmen erkennen zunehmend, dass Fahrräder und öffentliche Mobilitätsangebote, die sie bis vor kurzem noch als Konkurrenz gefürchtet und abgelehnt haben, das Leben in der Stadt ohne eigenes Auto attraktiver machen und damit den Trend der steigenden Fahrgastzahlen stützen. Denn Menschen, die keine Autos besitzen, sondern verfügbare (öffentliche) Autos lediglich rational nutzen, gehören zu den besten ÖPNV-Stammkunden. Damit hilft jede verkehrspolitische Strategie, die unabhängig von bislang notwendigen oder wünschenswerten Autobesitz macht, wirksam CO_2-Emmissionen zu mindern und dem ÖPNV mehr Fahrgäste zuzuführen.

Auch die Städte haben erkannt, dass sie mit Sachaufklärung zur Wahl des Wohnstandortes (preiswert mieten oder kaufen im Umland oder urban in wertvolleren Immobilien ohne teures Auto leben) Verkehrsaufwände zu und in den Städten senken können (vgl. www.womo-rechner.de).

Neue Mobilitätsdienstleistungen werden zunehmend erdacht und angeboten, auch von der Automobilindustrie und den Autovermietern, deren Trendforscher mehr als eine Halbierung der Ausgaben von Haushalten für eigene Autos vorhersagen und einen Boom beim CarSharing und ÖPNV erwarten [9]. Natürlich wollen sie – auch wenn der Verkauf von Neuwagen in Europa zurückgeht – das Marktsegment der Autonutzung mit weiterentwickeln.

Vor diesem Hintergrund sollten Aufgabenträger und Verkehrsunternehmen schnell den individualisierten ÖPNV und seinen „Mobilitätsverbund" neu definieren und sich auf die geänderten Randbedingungen und Chancen einstellen, wie es Abbildung 13 nahelegt.

Der Mobilitätskunde will günstig von A nach B und sich am Zielort frei und unabhängig bewegen, egal durch und mit wem, Hauptsache preiswert und bequem. Um kundenfreundliche inter- und multimodale Dienstleistungsangebote zu schaffen, muss noch viel Sektoral- und Konkurrenzdenken überwunden werden.

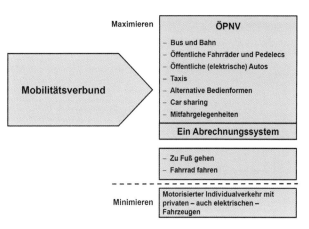

Abb. 13: Individualisierten „ÖPNV" als ganzheitliche Mobilitätsdienstleistung neu definieren

Die DB AG versteht sich bereits mit ihren Angeboten als Dienstleister von Tür-zu-Tür (Tür-zu-Tür-Auskunft, Online-Ticket, Bike sharing, Car sharing, Anbindung ÖPNV mit City mobil/City-Ticket). Unternehmen und Verbünde entdecken neben der Kernleistung moderne Informations- und Vertriebssysteme als „Kernleistung plus" und generieren neue Dienstleistungsangebote (Fahrradverleihsysteme, Fahrradmitnahme, Gepäckaufbewahrung, Mobilitäts- und Fahrradstationen, Mobilitätsmanagement).

Integration, Kooperation und Marktorientierung sind die neuen Erfolgsfaktoren am Markt [10], um mit gebündelten Mobilitätslösungen die Kunden zu gewinnen. Die anfängliche Euphorie einiger, unsere individuelle Mobilität allein mit neuen „grünen", vorwiegend elektrischen Autos zu erhalten, ist einer spürbaren Ernüchterung gewichen. Der Zwang zum multimodalen Fortschritt ist gegeben und kann am schmerzlosesten erreicht werden, wenn die „Freude am gefahren werden" Leitbild dieses möglichst freiwillig anzustrebenden und durch marktwirtschaftliche Instrumente funktionierenden Szenarios wird [11].

Literatur

[1] Ahrens, G.-A., Ließke, F., Wittwer, R. (2010b): Chancen des Umweltverbundes in nachfrageschwachen städtischen Räumen. Informationen zur Raumentwicklung, Heft 7. Bundesinstitut für Bau-, Stadt- und Raumforschung

[2] Ahrens, G.-A., Hubrich, S., Ließke, F., Wittwer, R. (2010c): Zuwachs des städtischen Autoverkehrs gestoppt!? Aktuelle Ergebnisse der Haushaltsbefragung „Mobilität in Städten – SrV 2008". Straßenverkehrstechnik, Heft 12

[3] INFAS/DLR (2010): Mobilität in Deutschland 2008. Ergebnisbericht Struktur – Aufkommen – Emissionen – Trends. Im Auftrag des BMVBS (FE-Nr. 70.801/2006), Bonn und Berlin (http://www.mobilitaet-in-deutschland.de/pdf/MiD2008_Abschlussbericht_I.pdf)

[4] Ahrens, G.-A., Badrow, A., Ließke, F. (2002): Abgestimmte Designs für Verkehrsbefragungen. Der Städtetag, Heft 11. Kohlhammer GmbH, Stuttgart

[5] Badrow, A., Ließke, F., Follmer, R., Kunert, U. (2002): Die Krux der Vergleichbarkeit. Probleme und Lösungsansätze zur Kompatibilität von Verkehrserhebungen am Beispiel von ‚Mobilität in Deutschland' und ‚SrV'. Der Nahverkehr, Heft 09. Alba-Verlag

[6] Ahrens, G.-A., Aurich, T., Böhmer, T., Klotzsch, J. (2010a): Interdependenzen zwischen Fahrrad- und ÖPNV-Nutzung – Analysen, Strategien und Maßnahmen einer integrierten Förderung in Städten. Forschungsprojekt für den BMVBS im Rahmen des Nationalen Radverkehrsplanes. Kurz gefasster Leitfaden und Bericht als Download unter www.tu-dresden.de/srv

[7] Racioppe, F., Kahlmeier, S. (2009): Cycling and Health: making the links. Velo-city 2009 "Recycling Cities", Brüssel, 12.-15.Mai 2009

[8] Hausdorf, T. (2009): Multimodale Nutzung von Rad und ÖPNV im Spiegel des Deutschen Mobilitätspanels. Diplomarbeit am Lehrstuhl für Verkehrs- und Infrastrukturplanung der TU Dresden

[9] Tomforde, J.H. (2010): Innovations on the way to post-oil cities. "Our Common Future", Konferenz der Volkswagenstiftung und Stiftung Mercator, Hannover und Essen, 2.-6.11.2010

[10] Ringat, K. (2010): Zukunftslinien des ÖPNV. Vortrag im Verkehrsplanerischen und Verkehrsökologischen Kolloquium des Instituts für Verkehrsplanung und Straßenverkehr der TU Dresden am 20.10.2010.

[11] Glockner, H., Rodenhauser, B. (2009): Zukunft der Mobilität. Z-punkt – The Forsight Company, perspektiven 02

Prof. Dr.-Ing. Dirk Zumkeller

Stadtverkehr – Urbane Mobilität im Wandel
Demographie, Lebensstile, Mobilität – Einblicke und Ausblick

Raumüberwindung – sei sie virtuell oder physisch – stellt einen der großen Menschheitsträume dar und findet in vielen Symbolen seinen Ausdruck. Diese Symbole reichen vom Sieben-Meilen-Stiefel über den ersten Schritt eines Menschen auf dem Mond bis hin zum Internet. All diese Symbole verheißen auf den ersten Blick die Befreiung von naturgegebenen Fesseln – nach einiger Gewöhnung oder auch bei näherem Hinsehen – zeigt sich jedoch durchweg eine gewisse Ambivalenz, die erst nach Jahren, manchmal nach Jahrzehnten, sichtbar wird.

Ähnliches widerfährt einem, wenn man – durchaus mit dem nüchternen Blick des Wissenschaftlers – versucht, Vergangenheitszeiträume der Mobilitätsentwicklung zu verstehen und auf dieser Grundlage ein Zukunftsbild zu zeichnen. Bei einem solchen Vorhaben ist angesichts der individuellen Wünsche und Ansprüche aber auch der Sachzwänge in Kollektiven Vorsicht geboten, um zumindest grobe Irrtümer zu vermeiden.

Prognosen werden gern als Planung für einen idealisierten Gleichgewichtszustand verstanden, der in dieser Form einen gewissen Grad an Endgültigkeit aufweist. Diese Vorstellung entspricht in keiner Weise den realen Vorgängen, da die zu beobachtende Stabilität von Verkehrsmengen darin begründet ist, dass innerhalb des Kollektivs Kompensationen stattfinden. Aufgrund der großen Zahl von Verkehrsteilnehmern führt dies kurzfristig zu immer wieder ähnlichen Belastungszuständen. Mittelfristig ist es bereits so, dass der einzelne Verkehrsteilnehmer auf kollektive Belastungszustände reagiert (z.B. Stauvermeidung). Langfristig ist davon auszugehen, dass es schleichende und damit träge Veränderungsprozesse gibt, deren Kenntnis eine Prognose wesentlich verbessern würde.

Zum besseren Verständnis dieser Prozesse ist es hilfreich, zwischen Längsschnittbeobachtungen (Beobachtung eines Elements (Individuum, PKW usw.) über die Zeitachse) und Querschnittsbeobach-

tungen (Messung von aggregierten Werten mehrerer Elemente zu einem Zeitpunkt) zu unterscheiden. So sind zum Beispiel Querschnittszählungen, Knotenstromzählungen, Kennzeichenerfassungen usw. Momentaufnahmen als Querschnittsbeobachtungen, während Haushaltsbefragungen (eingeschränkt) oder etwa Panelerhebungen auf die Beobachtung von Prozessen ausgerichtet (s. Abb. 1).

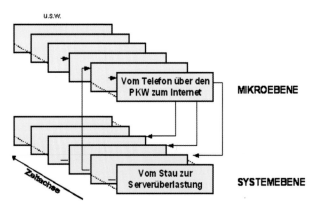

Abb. 1: Verkehrsplanung als Prozess

Ideal wären natürlich Längsschnittbeobachtungen von vielen Elementen über einen langen Zeitraum, um auf diesem Wege die intrapersonelle Varianz von der interpersonellen Varianz vollständig trennen zu können (Frage: wenn an jedem Tag 20 % ÖPNV-Nutzung beobachtet wird, ist damit noch nicht klar, ob es sich immer um die selben Nutzer (20 % der Bevölkerung nutzen immer den ÖPNV) oder um jeweils wechselnde Nutzer (alle Personen nutzen den ÖPNV zu 20 %)

handelt. Obwohl diese ideale Datenlandschaft nur in Ansätzen erreichbar ist, hilft allein dieses gedankliche Konstrukt bereits, um die im Folgenden dargestellten Prozesse besser verstehen zu können.

Einblicke in individuelle Raumüberwindungsstrategien

Um auf der Basis von Einblicken in individuelles Raumüberwindungsverhalten einen Ausblick auf unsere zukünftige Mobilität zu ermöglichen, sind also Datengrundlagen erforderlich, die in der Lage sind, Prozesse und Ursache-Wirkungs-Zusammenhänge aufzuzeigen. Querschnitterhebungen als Momentaufnahmen sind dafür ungeeignet. Erst eine Abfolge von Momentaufnahmen (z.B. die KONTIV-/MID-Erhebungen) erlaubt es, zumindest Veränderungen zwischen zwei Zeitpunkten zu dokumentieren. Für eine geschlossene Darstellung von Prozessen ist jedoch das Verfahren Paneluntersuchung vorzuziehen, das bei denselben Untersuchungseinheiten sich regelmäßig wiederholende Sachverhalte erhebt. Damit lassen sich die beobachteten Veränderungen mit den sie beeinflussenden Entwicklungen von Rahmenbedingungen in Zusammenhang bringen: Das Verfahren macht Veränderungen des Verhaltens von Individuen sichtbar. Mit der Kenntnis der Richtungen und Umfänge dieser Veränderungen werden Nachfrageveränderungen transparenter. Diese aus Paneldaten gewonnenen Informationen helfen, den Verkehrsnachfrageprozess besser zu verstehen und unterstützen damit den Verkehrsplaner bei der Prognose.

Seit 1994 steht der Verkehrswissenschaft ein solches Beobachtungs- und Messinstrument zur Verfügung. Für dieses Deutsche Mobilitätspanel (MOP) [1] wird im Auftrag des Bundesministers für Verkehr, Bau- und

┌─ Der Autor ─────────────────

Prof. Dr.-Ing.
Dirk Zumkeller

Institut für Verkehrswesen,
Karlsruher Institut für Technologie

Wohnungswesen[1] in einer kleinen auf Repräsentativität angelegten Stichprobe (ca. 750 Haushalte p.a.) wiederholt in Jahresabständen die Mobilität im Alltag erhoben. Mit der Erfassung der „Alltagsmobilität" wird im Wesentlichen auch der Fernverkehr erfasst, sofern Fernfahrten in den Erhebungszeitraum einer Woche fallen. Das MOP startete 1994 zunächst ausschließlich in den alten Bundesländern, seit 1999 wurde die Erhebung auf das Gebiet der neuen Bundesländer ausgeweitet. Der empirische Ansatz sieht jährlich die schriftliche Erhebung von Haushalts- und Personenmerkmalen sowie die Erfassung der Mobilität einer Woche vor. Um die Stichprobe zu steuern ist das MOP als rotierende Stichprobe angelegt. Das bedeutet, dass ein Teil der Stichprobe jedes Jahr neu rekrutiert wird, und andererseits ein gleich großer Teil ausscheidet, um die Repräsentativität der Stichprobe im Zeitverlauf aufrecht zu erhalten oder umgekehrt eine Alterung der Stichprobe zu vermeiden.

Der Nahbereich

Seit Beginn der Erhebungen des MOP im Jahre 1994 wurde auf dem Makrolevel in etwa dasselbe Nachfrageniveau gemessen. Zuwächse und Rückgänge der Verkehrsleistung liegen im statistischen Vertrauensbereich und deuten nicht auf eine Zunahme der Verkehrsleistung pro Kopf hin. Gegenwärtig bewegt sich das Nachfrageniveau bei ca. 40 km pro Person und Tag. Dieser Befund steht im Gegensatz zu der bisher gewohnten Wachstumsentwicklung und zu offiziellen oder auch nur unter Verkehrswissenschaftlern gehegten Wachstumserwartungen für die vor uns liegenden Jahre.

Vereinfacht ausgedrückt, zeigt sich in den Nachkriegsjahren bis ca. 1990 ein mehr oder weniger kontinuierliches Wachstum der Verkehrsleistung. Es beginnt sozusagen in grauer Vorzeit mit etwa 5 km pro Person und Tag (die für einen Fußgänger nachhaltig darstellbare Verkehrsleistung innerhalb eines Zeitbudgets von ca. 1,1 bis 1,3 Stunden/Tag) bis zu ca. 40 km pro Person und Tag (also eine ca. 8-fache Steigerung), die im wesentlichen durch wachsende verfügbare Einkommen und damit einhergehende Verbesserungen der Verkehrsinfrastruktur hin zu hö-

---

[1] Die Daten sind Eigentum des BMVBW und unter bestimmten Bedingungen nutzbar (BMVBW, Referat A 40, Postfach 20 01 00, 53170 Bonn)

heren Reisegeschwindigkeiten darstellbar wurde. Dabei hat sich die je Person verbrauchte Zeit (das sog. Zeitbudget) nur geringfügig von ca. 1,1 auf etwa 1,3 Stunden/Tag erhöht. Mit Beginn der 90er Jahre wurde dieser Wachstumsprozess deutlich gedämpft, um schließlich in einer mehr oder weniger stagnierenden Entwicklung zu münden. Hinter dieser scheinbar stabilen Entwicklung verbergen sich naturgemäß erhebliche Veränderungen der inneren Struktur, die hier beispielhaft an den sogenannten Multimodalen Personengruppen ein wenig illustriert werden sollen. Längsschnittuntersuchungen zum Verkehrsmittelwahl-

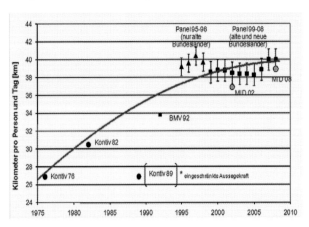

Abb. 2: Verkehrsleistung pro Kopf (eigene Darstellung, Quellen: MOP, Verkehr in Zahlen)

verhalten und zur individuellen Verkehrsmittelverwendung zeigen, dass etwa die Hälfte der autofahrenden Bevölkerung auch Kunde des ÖPNV ist. Diese als „multimodal" bezeichnete Verkehrsteilnehmergruppe wird voraussichtlich in Zukunft ein wichtigeres Kundensegment für den öffentlichen Personenverkehr werden.

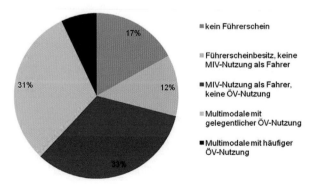

Abb. 3: Bestimmung multimodaler Gruppen nach Verkehrsmittelnutzung, Quelle: MOP, MID

Vor diesem Hintergrund stellt sich also die Frage nach dem Anteil der Personen, die multimodal sind. Aus Abb. 3 wird deutlich, dass zur Zeit ca. ein Drittel aller Verkehrsteilnehmer multimodal sind in dem Sinne, dass sie sowohl den MIV als Fahrer als auch den ÖV nutzen. Dabei ist noch nach Multimodalen mit gelegentlicher ÖV-Nutzung (ca. 31 %) und Multimodalen mit häufiger ÖV-Nutzung (ca. 7 %) zu unterscheiden. Allein aus diesen Zahlen wird bereits deutlich, dass in den Multimodalen mit gelegentlicher ÖV-Nutzung ein großes Potential für den ÖPNV besteht, um diesen Personenkreis stärker an den ÖPNV zu binden.

Nach dieser kurzen Analyse des „multimodalen Wesens" stellt sich natürlich die Frage, wie sich die Veränderung der demographischen Struktur in Zukunft auf dieses Verkehrsverhalten auswirken wird. Hierzu wird im Folgenden ein kurzer Ausblick gegeben.

Ferne Ziele

Bei einer Betrachtung der diversen Raumüberwindungsinstrumente ergibt sich bei der hier gewählten Reihenfolge insoweit ein Ordnungsprinzip, als der Nahverkehr eher Alltagscharakter aufweist, während der Fernverkehr und insbesondere die Telekommunikation höherwertige Instrumente darstellen, um den Traum vom Siebenmeilenstiefel umzusetzen. Insbesondere im Fernverkehr ist eine Längsschnittbetrachtung (die es erstmalig mit Realisierung des Projektes INVERMO[1] gibt) unerlässlich, um die inneren Strukturen dieses Marktes deutlich werden zu lassen. Dies gilt insbesondere im Hinblick auf eine extreme Heterogenität von Reiseintensitäten je Person.

In Abb. 4 wird deutlich, dass ca. 10 % der hoch- und höchstmobilen Personen bereits 50 % aller Fernreisen durchführen, während am anderen Ende 50 % der sog. wenigmobilen Personen nur ca. 10 % des Fernverkehrsreiseaufkommens aufweisen. Hier zeigt sich also bereits eine sehr deutliche Differenzierung der Verkehrsteilnehmer, die etwa dem folgenden Muster folgt (s. Abb. 5).

Von einer Gleichverteilung der Mobilitätschancen und damit von Mobilität im weiteren Sinne kann also

---

[1] INVERMO, Mobilitätspanel für den Fernverkehr. Projektträger: BMBF, Bahn AG, Lufthansa AG. siehe auch: www.verkehrspanel.de

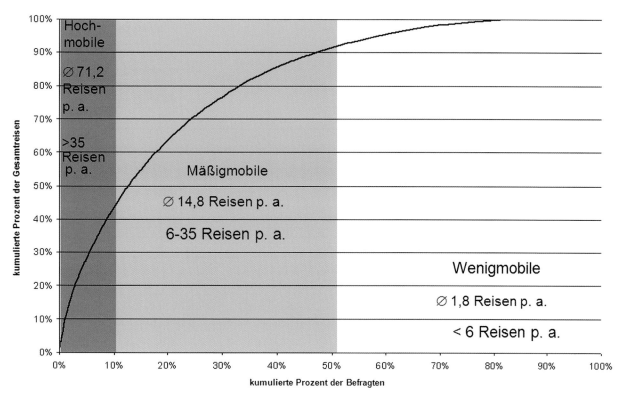

Abb. 4: Heterogenität von Reiseintensitäten je Person

Hochmobile Personen

- mittleres Alter
- hohes Bildungsniveau
- überdurchschnittliches Einkommen
- überwiegend Berufstätige

Mäßigmobile Personen

- relativ gleichverteilt oder durchschnittlich,
- tendenziell eher den Hochmobilen ähnlich

Wenigmobile Personen

- eher sehr jung oder alt
- mittleres bis geringes Bildungsniveau
- unterdurchschnittliches Einkommen
- häufig Hausfrauen und Rentner

Abb. 5: Differenzierung der Verkehrsteilnehmer

im Personenfernverkehr nur sehr eingeschränkt die Rede sein. Noch deutlicher wird dieses Muster im folgenden Kapitel, nämlich der Telekommunikation als weiterem Hilfsmittel zur Raumüberwindung.

Die Telekommunikation

Die starke Korrelation des Prozesses der Marktdurchdringung des Telefons mit dem Wachstum des PKW-

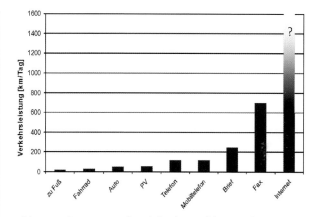

Abb. 6: Entfernungen nach Verkehrs- bzw. Telekommunikationsmitteln

Verkehrsmarktes lässt die Hypothese zu, dass unter anderem neue Telekommunikationsdienste einen Treiber zur physischen Raumüberwindung darstellen. Neue Telekommunikationsdienste können mehr Verkehr mit sich bringen, da sie die Betrachtung neuer und entfernt liegender Ziele erleichtern (s. Abb. 6).

Vergleicht man physische (Wege) und virtuelle (Kontakte) Mobilität nach Berufsgruppen (siehe Abb. 7), dann wird deutlich, dass es im physischen Mobilitätsbereich zwar eine erkennbare Hierarchie im Hinblick auf die Entfernung pro mobiler Person und Tag gibt, dass diese aber im Bereich der Kontakte wesentlich deutlicher zutage tritt.

Personen- gruppe	Wege			Kontakte		
	Anteil der immobilen Personen	Anzahl der Wege pro mob. Person und Tag	Entfernung pro mob. Person und Tag	Anteil der immobilen Personen	Anzahl der Kontakte pro mob. Person und Tag	Entfernung pro mob. Person und Tag
Manager	5	4,9	48,7	24,1	7,3	278
Arbeiter	7,9	4,6	35,5	30,8	4,8	82
In Ausbildung	4,1	5,3	24,4	30	2,6	184
Hausfrau/- mann Arbeitslose	4,9	4,2	23,7	25,7	2,4	133
Rentner	7,3	3,9	38,9	33,6	2,1	157
Alle	5,7	4,6	33,9	29	3,8	171

Abb. 7: Nutzung von Verkehrs- und Telekommunikationsmitteln nach Berufsgruppen

Ausblick – ein Simulationsbeispiel

Für die Stadt Erlangen wurde für das Jahr 2020 eine Simulationsrechnung durchgeführt, die längsschnittbasiert ist. D.h., dass der Ablauf einer gesamten Woche für einzelne Personen simuliert wurde und damit auch Aussagen zu der Entwicklung der Multimodalität getroffen werden konnten.

Aus der demographischen Entwicklung ergibt sich zunächst, dass die Kundschaft des ÖPNV nach Personengruppen erheblichen Veränderungen unterliegt. Nach Abb. 8 nehmen Schüler, Studenten und Rentner (als ÖV-Kunden) erheblich ab, während Erwerbstätige in etwa auf dem gleichen Niveau bleiben. Nur die Anzahl der Nichterwerbstätigen zeigt eine geringfügige Zunahme.

der ÖV eine Abnahme um 8 % aufweist. Zusätzlich stellt sich die Frage, wie sich die Anteile der zuvor skizzierten Personenkreise entwickeln. Im oberen Teil der Tabelle wird deutlich, dass der Anteil derjenigen, die nur den ÖV nutzen (ÖV-Captives), um 18 % abnimmt, während der Anteil derjenigen, die den MIV und den ÖV nutzen (Multimodale) um 4 % zunimmt. Daneben bleibt festzuhalten, dass der Anteil derjenigen, die nur den MIV nutzen, um 11 % zunimmt (durch Führerschein- und Pkw geprägte ältere Menschen), während der Anteil der „motorisiert Immobilien" (weder MIV noch ÖV) um 24 % bei allerdings kleinem Anteil abnimmt (junge Menschen ohne Zugang zum Pkw und zum ÖV).

Verlängert man den Prognosehorizont auf 2030, deuten erste Anzeichen (Abflauen der Suburbanisie-

ÖV-Aufkommen pro 1.000 Einwohner und Tag nach Bevölkerungsgruppe (Montag bis Freitag)			
Gruppe	**2005**	**2020**	**Veränderung [%]**
Nicht erwerbstätig	38	40	6
Schüler	55	48	-13
Student	68	56	-17
Erwerbstätig	108	108	-1
Rentner	53	48	-11
Gesamt	322	299	-7

Abb. 8: Simulationsrechnung Erlangen 2020: Kundschaft des ÖV nach Personengruppen

In Abb. 9 sind die Ergebnisse dieser Simulationsrechnung dargelegt. Zunächst ergibt sich unter der Rubrik „Modal Split" der gewohnte Blick auf die Verteilung der Verkehrsmittel an einem einzelnen Werktag. Danach verzeichnet der Pkw eine Zunahme um 5 %, während

rung, Stagnation der Verkehrsnachfrage, Revitalisierung der städtischen Bereiche) darauf hin, dass nicht vom Trend der Vergangenheit ohne weiteres auf die Zukunft geschlossen werden kann. So zeigt sich die Motorisierungsentwicklung bei Männern unter 40

langfristig festgelegte Nutzerkreise	2005	2020	Veränderung [%]
1: MIV und ÖV	46,3	48,2	4
2: ÖV	22,3	18,2	-18
3: weder MIV noch ÖV	3,3	2,5	-24
4: MIV	28,1	31	11
Summe	100	100	-

Modal-Split	2005	2020	Veränderung [%]
zu Fuß	17,2	17	-1
Fahrrad	35,7	34,9	-2
MIV als Fahrer	32,5	34,2	5
ÖV	8	7,4	-8
MIV als Mitfahrer	6,6	6,5	-1
Summe	100	100	-

Abb. 9: Ergebnisse der Simulationsrechnung Erlangen 2020 Verkehrsmittelwahl

heute schon insgesamt stagnierend bis sogar rückläufig (Shell 2004), für Männer unter 30 sogar stark rückläufig (25 % seit 1993).

Letztlich erscheint – trotz der zu erwartenden Probleme für den ÖV – auch aus demographischer Sicht ein positiver Ausblick auf die Zukunft des ÖV in Verdichtungsräumen gerechtfertigt. Dabei fällt der Blick auf drei interessante Personengruppen, die eine relativ hohe Wahrscheinlichkeit der ÖV-Nutzung aufweisen, obwohl sie auch den MIV als Fahrer nutzen: Personen mit höherem Bildungsniveau, Ältere und Singles. Die demographischen Voraussagen prognostizieren für alle diese drei Gruppen einen zunehmenden Anteil an der Bevölkerung in den kommenden Jahrzehnten.

— Literatur —

[1] www.mobilitaetspanel.de

[2] Golob, T. F.; H. Meurs (1987) A structural model of temporal change in multi-modal-travel demand, Transportation Research A, 21, S. 391-340.

[3] Kuhnimhof, T. (2007), Längsschnittmodellierung der Verkehrsnachfrage zur Abbildung multimodalen Verhaltens, Schriftenreihe des Instituts für Verkehrswesen, Heft 66, 2007, ISBN 978-3–9811078–1–4

[4] Stopher, P., Lee-Gosselin, M. (1997), Understanding Travel Behaviour in an Era of Change, Pergamon, ISBN 0-08-0423906

[5] www.verkehrspanel.de (Projekt INVERMO)

[6] Zumkeller, D., Madre J.-L.; Chlond, B.; Armoogum, J. (2006), "Panel Surveys", paper presented for Costa Rica Conference 2004, August 1-6, 2004, In: Stopher, P., Stecher, Ch. (eds.): Travel Survey Methods. Quality and Future Directions, Elsevier Oxford/Amsterdam 2006, ISBN 978-0-08-044662-2, S. 363-389

Stadtverkehr

Dr. Jens-Martin Gutsche

Stadtverkehr – Urbane Mobilität im Wandel
Wohn- und Mobilitätskosten in deutschen Stadtregionen[1]

Mobilitätskosten werden bei der Standortwahl leicht vergessen, da Privathaushalte in der Phase der Wohnstandortentscheidung vorrangig auf die Wohnkosten achten. Eine Folge dieser Orientierung an niedrigen Grundstückspreisen und niedrigen Mieten ist die Wahl eher peripherer Wohnstandorte. Die Konsequenz ist eine starke Autoorientierung, die für die Haushalte oftmals mit langen Wegen, geringer Wahlfreiheit sowie der Anschaffung eines Zweit- oder sogar Drittwagens verbunden ist.

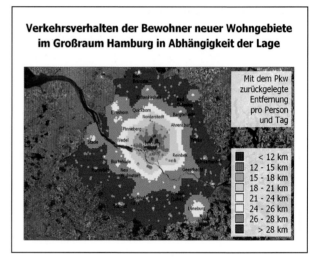

Abb. 1

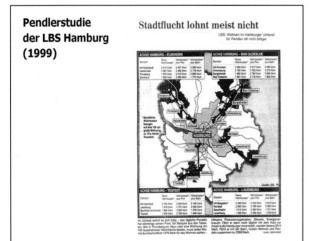

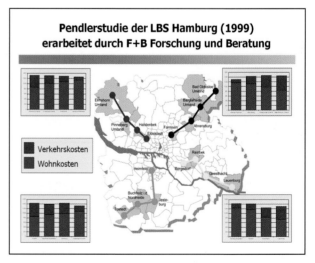

Abb. 2

---

[1] Dieser Beitrag ist weitestgehend identisch mit einem Beitrag des Autors unter dem Titel „Kosten- und Mobilitätsargumente für ein Leben in der Stadt" in: Umweltbundesamt: Tagungsband zur Tagung „Veranstaltung „Kommunal Mobil" vom 20. - 21. November 2008 in Dessau.

Stadtverkehr

Im Rahmen der LBS-Pendlerstudie[2] konnte Ende der 90er Jahre gezeigt werden, dass die Kostenersparnisse bei den Wohnkosten im Umland vielfach durch die gegenüber einem Wohnstandort in der Kernstadt deutlich erhöhten Mobilitätskosten aufgezehrt werden.

Modellrechnung für den Großraum Hamburg (2006)

Die Grundidee eines solchen Bilanzierungsrahmens aufgreifend wurde durch den Autor im Rahmen eines Forschungsprojektes für das Umweltbundesamt[3] 2006 eine Bilanzierung von Wohn- und Mobilitätskosten unterschiedlicher Wohnstandorte im Großraum Hamburg auf Basis einer deutlich differenzierteren empirischen Datenbasis vorgenommen.[4] Für die Analyse wurde der Großraum Hamburg in sieben Lageklassen unterteilt, von Lageklasse 1 (sehr zentral) bis Lageklasse 7 (sehr peripher).

Im Rahmen der empirischen Modellrechnung wurden vier Haushaltstypen untersucht. Darüber hinaus wurden drei Szenarien definiert, welche Wohnform die Haushalte an unterschiedlichen Standorten nachfragen. Szenario A unterstellt an allen Standorten der Region ein Einfamilienhaus, Szenario C eine Wohnung in einem Mehrfamilienhaus. In Abweichung von diesen statischen Annahmen unterstellt Szenario B einen sukzessiven Übergang von dichteren zu lockeren Bebauungsformen bei abnehmendem Bodenpreis und bildet daher an jedem Standort einen gewichteten Durchschnitt der Wohnkosten.

Für die sieben gebildeten Lageklassen zeigen die empirischen Daten, dass die Wohnkosten von Lageklasse 1 (sehr zentral) bis Lageklasse 7 (sehr peripher) deutlich sinken, während die Kosten der Automobi-

Abb. 3

┌─ Der Autor ─

Dr.
Jens-Martin Gutsche

Gertz Gutsche Rümenapp
Stadtentwicklung und Mobilität GbR

lität deutlich zunehmen. Die Kosten der ÖPNV-Nutzung sind im Zentrum höher, da in der Peripherie der ÖPNV kaum genutzt wird (bzw. werden kann). Die sporadische Nutzung zeigt sich auch an den hohen Kosten für Einzelfahrscheine bei großen Haushalten an peripheren Standorten.

[2] F+B Forschung und Beratung für Wohnen Immobilien und Umwelt GmbH Hamburg (1999): Gesamtkostenvergleich von Wohnstandorten in der Stadt und im Umland Hamburgs. Studie im Auftrag der Landesbausparkasse (LBS) Hamburg. LBS-Immobilienmarktinformation. Hamburg.

[3] Leibniz-Institut für ökologische Raumentwicklung (IÖR), Gertz Gutsche Rümenapp (2006): Von der Außen- zur Innenentwicklung in Städten und Gemeinden. Studie im Auftrag des Umweltbundesamtes (FKZ 203 16 123/02). Dresden, Hamburg. Das UBA plant eine Veröffentlichung in der Reihe UBA-Texte.

[4] Ein wesentlicher Bestandteil dieser Bilanzierung bildete eine Haushaltsbefragung des Autors zum Verkehrsverhalten in Neubaugebieten, dokumentiert in: Gutsche, J.-M. (2003): Verkehrserzeugung potentieller Standorte für neue Wohngebiete im Großraum Hamburg. ECTL Working Paper. Bd. 23. Hamburg. Download unter www.vsl.tu-harburg.de (Veröffentlichungen).

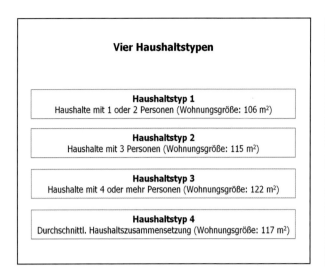

Vier Haushaltstypen

Haushaltstyp 1
Haushalte mit 1 oder 2 Personen (Wohnungsgröße: 106 m²)

Haushaltstyp 2
Haushalte mit 3 Personen (Wohnungsgröße: 115 m²)

Haushaltstyp 3
Haushalte mit 4 oder mehr Personen (Wohnungsgröße: 122 m²)

Haushaltstyp 4
Durchschnittl. Haushaltszusammensetzung (Wohnungsgröße: 117 m²)

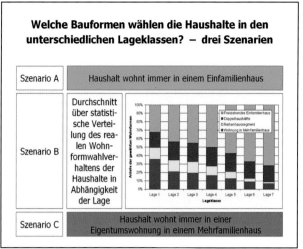

Welche Bauformen wählen die Haushalte in den unterschiedlichen Lageklassen? – drei Szenarien

Szenario A	Haushalt wohnt immer in einem Einfamilienhaus
Szenario B	Durchschnitt über statistische Verteilung des realen Wohnformwahlverhaltens der Haushalte in Abhängigkeit der Lage
Szenario C	Haushalt wohnt immer in einer Eigentumswohnung in einem Mehrfamilienhaus

Abb. 4

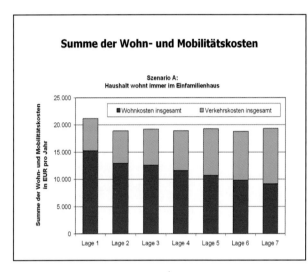

Summe der Wohn- und Mobilitätskosten

Szenario A:
Haushalt wohnt immer im Einfamilienhaus

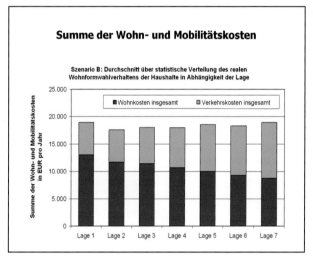

Summe der Wohn- und Mobilitätskosten

Szenario B: Durchschnitt über statistische Verteilung des realen Wohnformwahlverhaltens der Haushalte in Abhängigkeit der Lage

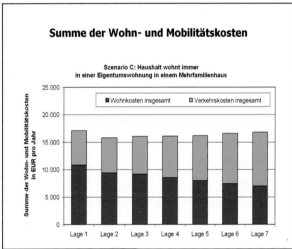

Summe der Wohn- und Mobilitätskosten

Szenario C: Haushalt wohnt immer
in einer Eigentumswohnung in einem Mehrfamilienhaus

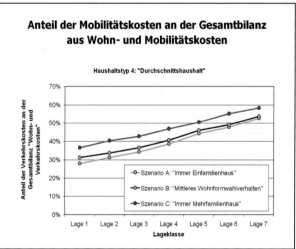

Anteil der Mobilitätskosten an der Gesamtbilanz aus Wohn- und Mobilitätskosten

Haushaltstyp 4: "Durchschnittshaushalt"

Abb. 6

Summiert man die Wohn- und Mobilitätskosten, so zeigt sich, dass die Gesamtsumme in fast allen Lageklassen in der gleichen Größenordnung liegt. Dies gilt für alle drei betrachteten Szenarien. Die Wohnkostenvorteile der peripheren Standorte werden somit durch die dortigen zusätzlichen Mobilitätskosten aufgezehrt. An peripheren Standorten übersteigen die Mobilitätskosten zum Teil sogar die Wohnkosten.

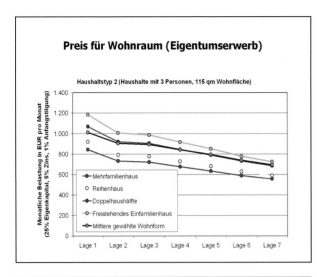

Preis für Wohnraum (Eigentumserwerb)

Haushaltstyp 2 (Haushalte mit 3 Personen, 115 qm Wohnfläche)

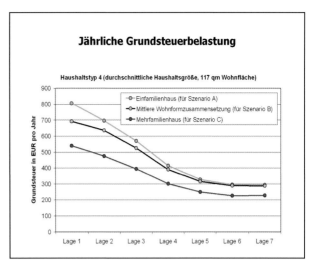

Jährliche Grundsteuerbelastung

Haushaltstyp 4 (durchschnittliche Haushaltsgröße, 117 qm Wohnfläche)

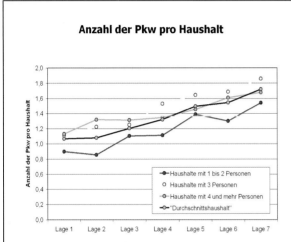

Anzahl der Pkw pro Haushalt

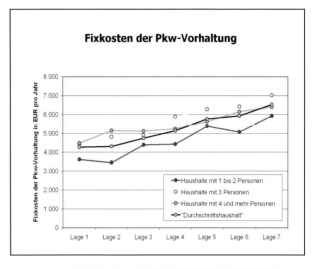

Fixkosten der Pkw-Vorhaltung

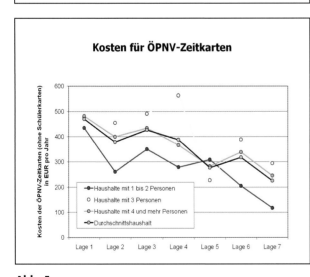

Kosten für ÖPNV-Zeitkarten

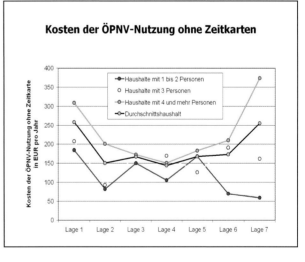

Kosten der ÖPNV-Nutzung ohne Zeitkarten

Abb. 5

Modellrechnung für den Großraum München (2008)

Im Rahmen des Projektes „Siedlungsentwicklung und Mobilität" (SuM) bestand 2008 die Möglichkeit, die Ergebnisse der Untersuchung für den Großraum Hamburg noch einmal für den Großraum München – mit seinem extrem hohen Bodenpreisniveau – zu überprüfen.[5]

---

5 Arbeitsgemeinschaft „Nachhaltige Siedlungsentwicklung" (2008): Siedlungsentwicklung und Mobilität. Studie des Planungsverbandes Äußerer Wirtschaftsraum München, des Münchner Verkehrsverbundes und Gertz Gutsche Rümenapp, gefördert durch die Oberste Baubehörde/Regierung von Oberbayern.

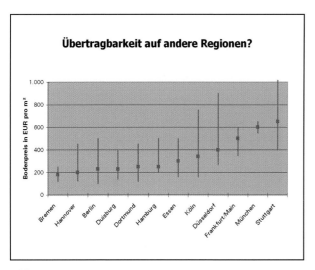

Übertragbarkeit auf andere Regionen?

Forschungs-projekt „SuM" (2008)

Planungsverband
Äußerer Wirtschafts-raum München

Münchner
Verkehrsverbund (MVV)

und Büro Gertz
Gutsche Rümenapp

gefördert durch die
Oberste Baubehörde,
Regierung von
Oberbayern

Siedlungsentwicklung und Mobilität
Kurzfassung

Abb. 7

Für die Untersuchung im Großraum München wurde die Methodik in vielen Punkten weiterentwickelt. So wurden zusätzliche Haushaltstypen untersucht und neben deren Altersstruktur auch das Haushaltseinkommen berücksichtigt. Letzteres hat z.B. Einfluss auf den Kauf von Fahrzeugen sowie die am Markt realisierte Nachfrage nach Wohnraum. Zudem hat das Einkommen Einfluss auf die Finanzierungskonditionen im Falle eines Eigentumserwerbs. Zusätzlich in die Betrachtung aufgenommen wurde zudem das Wohnen zur Miete.

Methodische Weiterentwicklung:
Mehr Haushaltstypen inkl. Haushaltseinkommen

Haushalts-grundtyp	Haushaltsnetto-einkommen des Haushaltstyps		Sozialstruktur
A	A1 A2 A3	unter 1700 1700 bis < 3600 über 3600	Haushalte mit einer erwerbstätigen Person
B	B1 B2 B3	unter 1700 1700 bis < 3600 über 3600	Haushalte mit zwei erwerbstätigen Personen
C	C1 C2 C3	unter 1700 1700 bis < 3600 über 3600	Haushalte mit zwei erwerbstätigen Erwachsenen und einem Schulkind
D	D1 D2 D3	unter 1700 1700 bis < 3600 über 3600	Haushalte mit zwei Erwachsenen, davon einer erwerbstätig mit einem Kleinkind und einem Schulkind
E	E1 E2 E3	unter 1700 1700 bis < 3600 über 3600	Haushalte mit einem erwerbstätigen Erwachsenen und einem Schulkind
F	F1 F2 F3	unter 1700 1700 bis < 3600 über 3600	Haushalte mit zwei nicht mehr erwerbstätigen Personen

Welcher Haushaltstyp
fährt welches Auto ... ?

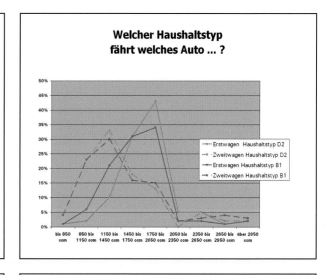

... und wie teuer ist das?

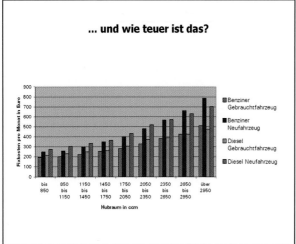

Welcher Haushaltstyp
fragt wie viel Wohnfläche nach?

Abb. 8

Welcher Haushaltstyp kriegt wie gute Kreditkonditionen?

Haushaltstyp	Eigenkapital	Anfangstilgung	Tilgungsdauer
A1	46.000	1,07%	28 Jahre
A2	58.000	1,54%	25 Jahre
A3	78.000	2,17%	22 Jahre
B1	55.000	1,07%	28 Jahre
B2	69.000	1,54%	25 Jahre
B3	93.000	2,17%	22 Jahre
C1	53.000	1,07%	28 Jahre
C2	66.000	1,54%	25 Jahre
C3	90.000	2,17%	22 Jahre
D1	53.000	1,07%	28 Jahre
D2	66.000	1,54%	25 Jahre
D3	90.000	2,17%	22 Jahre
E1	39.000	1,07%	28 Jahre
E2	50.000	1,54%	25 Jahre
E3	67.000	2,17%	22 Jahre
F1	79.000	4,57%	15 Jahre
F2	99.000	6,60%	12 Jahre
F3	134.000	8,70%	10 Jahre

Abb. 9

Wie sieht es denn im Fall von Miete aus?

Summe aus Wohn- und Mobilitätskosten im Bilanzierungsmodell Miete

Wohnkosten — Mobilitätskosten

Miete | Fixkosten des Pkw-Besitzes | Variable Kosten der Pkw-Nutzung | Kosten von ÖPNV-Zeitkarten

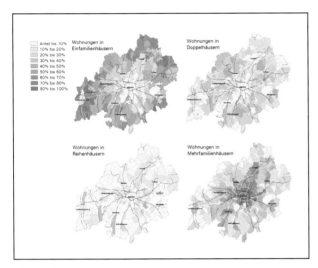

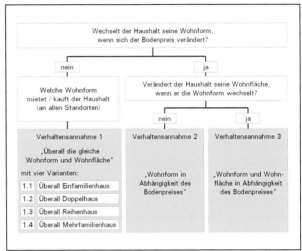

Abb. 10

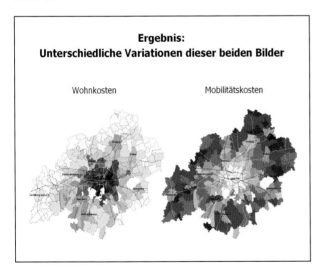

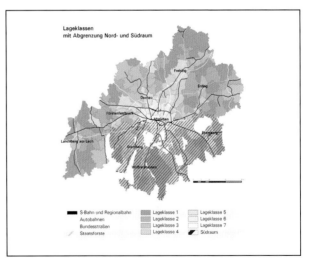

Abb. 11

Wie schon bei der Modellrechnung für den Großraum Hamburg musste die Frage geklärt werden, wie mit den unterschiedlichen Wohnformen an zentralen und peripheren Wohnstandorten umgegangen werden soll.

Es wurden daher drei Verhaltensannahmen definiert. In der ersten Verhaltensannahme fragen die Haushalte an allen Standorten der Region die gleiche Wohnform nach (z.B. immer eine Doppelhaushälfte mit 120 qm

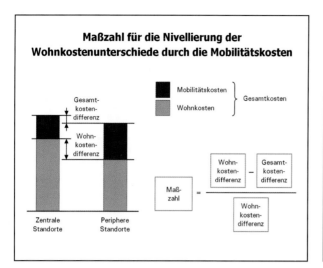

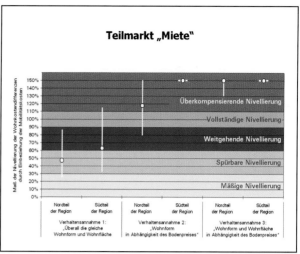

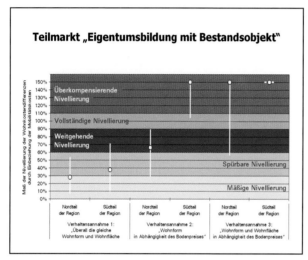

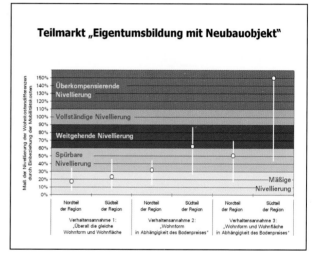

Abb. 12

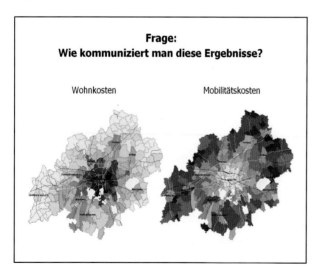

Abb. 13

Wohnfläche). Die zweite, alternativ modellierte Verhaltensannahme geht hingegen davon aus, dass die Wohnform (Einfamilienhaus, Doppelhaushälfte, Reihenhauswohnung, Wohnung im Mehrfamilienhaus) vom Bodenpreis abhängig ist. Sie setzt daher an je-

dem Standort ein gewichtetes Mittel der Wohnkosten dieser vier Wohnformen an. Die Wichtungsfaktoren entsprechen dabei den Anteilen der Wohnformen an der Bestandsbebauung. Die dritte Verhaltensannahme unterstellt zusätzlich, dass die Haushalte – wie in der

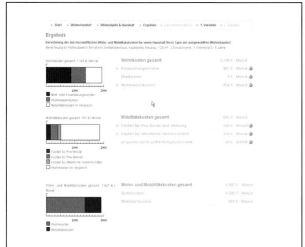
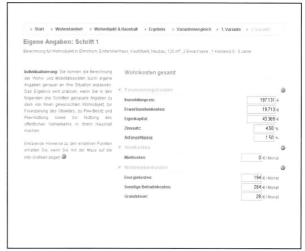
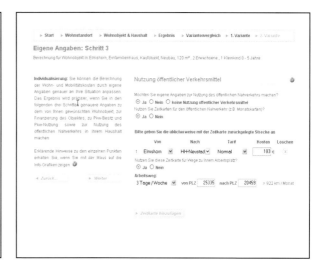

Abb. 14

Stadtverkehr

Realität zu beobachten – ihre Wohnfläche an den Bodenpreis anpassen. So fragen sie an peripheren Standorten etwas mehr Wohnfläche nach als an zentralen.

Im Ergebnis der knapp 200 betrachteten Szenarien ergibt sich immer wieder das komplementäre Bild von

Wohn- und Mobilitätskosten. Dabei nivellieren die Mobilitätskosten die Wohnkostenunterschiede deutlich. Um
genauer beschreiben zu können, wie stark diese Nivellierung ausfällt, wurden zwei Auswertungsschritte unternommen. Zum einen wurde ein Nord- und ein Südraum
definiert. Hintergrund sind die deutlich unterschiedli-

Abb. 15

chen Verläufe des Bodenpreisniveaus im nördlichen und im südlichen Umland. Letzterer ist durch die Alpennähe, die Attraktivität der Staatsforste und eine Reihe traditionell hochpreisiger Wohnstandorte (Starnberger See etc.) deutlich teurer als das nördliche Umland.

Zum anderen wurde eine Maßzahl der Nivellierung der Wohnkostenunterschiede durch die Mobilitätskosten definiert. Diese beschreibt, welcher Anteil der Wohnkostenunterschiede bei einer Einbeziehung der Mobilitätskosten ausgeglichen wird.

Für die unterschiedlichen Teilmärkte (Miete, Eigentum, Neubau/Bestand), Haushaltstypen, Verhaltensannahmen und Regionsteile ergeben sich Maßzahlen der Nivellierung in unterschiedlicher Höhe. Insgesamt lassen sich die Ergebnisse wie folgt zusammenfassen:

- In fast allen Varianten werden Wohnkostenunterschiede durch die Einbeziehung der Mobilitätskosten ganz oder teilweise nivelliert.
- In vielen Fällen kommt es zu einer vollständigen Nivellierung, nicht selten sogar zu einer Überkompensation. Die Mobilitätskosten können in fast keinem Fall vernachlässigt werden.
- Die nivellierende Wirkung der Mobilitätskosten ist für Mieter am stärksten.
- Die Annahme zum Wahlverhalten der Haushalte bezüglich Wohnform und Wohnfläche hat deutlichen Einfluss auf das Ergebnis.
- Die Haushalte sind umso stärker von den Kos-

tennivellierungseffekten betroffen, je mehr Haushaltsmitglieder täglich pendeln.

- „Zeitkosten" für das tägliche Pendeln sind in der Modellrechnung (noch) gar nicht in Ansatz gebracht.
- Das Niveau der Nivellierung in der Region München ist niedriger als in der Region Hamburg. Die Erklärung ist im Niveau des Bodenpreises zu suchen. In Regionen mit einem höheren Bodenpreisniveau existiert auch ein höherer absoluter Wohnkostenunterschied zwischen Kernstadt und Umland. Die Mobilitätskostenunterschiede sind in den Stadtregionen hingegen deutlich ähnlicher.

Wohn- und Mobilitätskostenrechner für den Großraum Hamburg (2009)

Als Ausgangspunkt der Betrachtungen wurde eingangs des Beitrags dargestellt, dass Privathaushalte in der Phase ihrer Wohnstandortentscheidung vorrangig auf die Wohnkosten, kaum aber auf die Mobilitätskosten von Standorten achten – mit den entsprechenden Folgen für die Siedlungs- und Verkehrsentwicklung. Es stellt sich daher die Frage, ob die Ergebnisse der beiden dargestellten Studien sich nicht nutzen lassen, um Beratungsangebote für private Haushalte zu entwickeln. Dieses Ziel wurde im Rahmen des REFINA-Projekts „Kostentransparenz" (HafenCity Universität Hamburg, Gertz Gutsche Rümenapp, F+B Forschung und Beratung) verfolgt. Ergebnis ist die Entwicklung und Implementierung eines Internet-gestützten Wohn- und Mobilitätskostenrechners.[6]

---

[6] Inhaltliche Federführung für den Wohn- und Mobilitätskostenrechner: Dipl.-Ing. Martin Albrecht.

Haushalte erhalten dabei die Möglichkeit, sich für einen von ihnen in die engere Wahl gezogenen Wohnstandort ihre voraussichtlichen Wohn- und Mobilitätskosten abschätzen zu lassen. Auf diese Weise werden auch verschiedene Standorte innerhalb der Region für die Haushalte vergleichbar. Abschätzungen auf Grundlage von Durchschnittsauswertungen lassen sich dabei Schritt für Schritt durch Nutzerangaben individualisieren.

Der Wohn- und Mobilitätskostenrechner wurde im Januar 2009 im Rahmen einer öffentlichen Pressekonferenz durch das Projektteam sowie Vertreter der Kernstadt und des Umlandes vorgestellt und für die Allgemeinheit freigeschaltet. Das Angebot findet sich unter der URL www.womo-rechner.de. Das entwickelte Konzept des Wohn- und Mobilitätskostenrechners ist auch auf andere Großräume übertragbar.[7]

---

[7] Interessierte Stadtregionen sind eingeladen, sich an den Autor zu wenden.

Stadtverkehr

Karlheinz Schmid

Stadtverkehr – Urbane Mobilität im Wandel
Verkehrsinfrastruktur kommunizieren und finanzieren

In den letzten Jahren scheint die einvernehmliche Realisierung von Verkehrsinfrastruktur immer schwieriger, teilweise unmöglich zu werden. Die jahrelangen Planungszeiten, die komplexen und langwierigen Genehmigungsverfahren, die interpretierbaren umweltgesetzlichen Rahmenbestimmungen und notorische Finanzierungsengpässe tragen nicht immer zur effizienten Durchführung bei. In vielen Fällen drängt sich der Eindruck auf, dass Misstrauen, Konkurrenzdenken, Floriansprinzip, 'nach mir die Sintflut-Positionen', Bequemlichkeit, Gedankenlosigkeit, Obstruktion, Unehrlichkeit und Unkenntnis maßgeblich sind. Ihre Existenz ist nicht wirklich überraschend, sondern aus meiner Sicht Ausdruck unserer gesellschaftlichen Situation.

Die apokalyptische Beschreibung des Verkehrs könnte Hieronymus Bosch nicht besser verfasst haben: lebensgefährlich, verderbend, Schadstoffe ausstoßend, lärmend, stinkend, umweltbelastend, zukunftsbedrohend etc. Positives ist kaum zu vernehmen. Freie Fahrt für freie Bürger, Fahrt ins Grüne, uneingeschränkte Mobilität für Personen und Güter sind Selbstverständlichkeiten. Auf sie hat Jedermann Anspruch, schon weil er ja infrastrukturkostendeckende Mineralölsteuer zahlt. Die deklamatorische Zweckbindung der Mineralölsteuer hat sich noch nicht überall herumgesprochen.

Verkehr hat für eine demokratisch geordnete Industrienation integrierend eine sozial, volkswirtschaftlich, ökonomisch und ökologisch geprägte Aufgabe zu erfüllen. Dies gelingt dann und umso besser, wenn die Kenntnis von Notwendigkeiten, Sachzusammenhängen und Wechselwirkungen Allgemeingut ist.

Mit Blick auf das Allgemeingut möchte ich in etwas unkonventioneller Weise und ohne Anspruch auf Vollständigkeit einige Defizite und Kritikpunkte hervorheben.

Psychologisches
Jedermann muss das Fußgängertum leben. Dazu fühlt sich die Mehrzahl gegenüber den anderen Verkehrsteilnehmern wie selbstverständlich auch befähigt und elementar bevorrechtigt. Der Gehweg wird zur privilegierten Infrastruktur. Erscheint es Fußgängern hingegen zweckmäßig, unangemeldet den Fahrbahnrand der angrenzenden Straße zu betreten, diese an ungeeigneter Stelle oder bei 'Rot' zu überqueren, wird den Autofahrern vorausschauendes und rücksichtsvolles Verhalten abverlangt.

Eine Forderung, die nicht jeder Autofahrer erfüllen kann oder erfüllen will. Er hat schon genügend damit zu tun, die zahlreichen Verkehrsbestimmungen und die unberechenbaren Fußgänger zu beachten und den zähen Verkehrsfluss zu verdauen. Am Ende seiner Fahrt ist er froh, eine geeignete Abstellmöglichkeit für sein Fahrzeug gefunden zu haben. Mit dem Verlassen seines Fahrzeugs mutiert er dann in Sekundenschnelle zum Fußgänger und verhält sich auch als solcher.

Gelegentlich kommt es vor, dass der Wochenendeinkauf nicht hundertprozentig gelingt. Es ärgert einen schon, wenn man an der gewohnten Stelle im Kühlregal statt des gewünschten Joghurtbechers eine Lücke vorfindet. Offenbar hat wieder mal die Logistik versagt. Wird einem dann der Heimweg auch noch von Lieferfahrzeugen in der Fußgängerzone eingeengt oder versperrt, ist die Stimmung endgültig getrübt.

Stadtverkehr

Nicht viel besser dürfte sie sein, wenn der Autohändler mitteilt, dass sich die Auslieferung des neuen Kraftfahrzeuges verzögert. Begründung: Die Sitze sind nicht rechtzeitig zur Montage eingetroffen. Wahrscheinlich sind die vielen Lkws schuld daran, die bekanntermaßen die Straßen verstopfen.

Das tun die sogar, wenn man zur Arbeit oder in den Urlaub fährt. Wird in solchen Fällen die gefühlte Schmerzgrenze des individuellen Verkehrsteilnehmers erreicht, wirkt der gelegentlich zu lesende Hinweis an Lkws „...ohne mich bleibt Dein Kühlschrank leer" nicht mehr aufklärend, sondern nur noch zynisch.

Der Vorwurf des Zynismus ist sicherlich unangebracht, wenn Geschäfts- oder Urlaubsreisende das Flugzeug benutzen. Sie beklagen sich ja auch nur dann über den Fluglärm, wenn sie nicht im Flugzeug sitzen.

Soziales
Alle Jahre wieder zur Hauptreisezeit machen sich die Urlauber mit ihrem Auto auf den Weg in den Stau. Die schicksalhafte Begegnung mit gleichgeschalteten Leidensgenossen hat mittlerweile Eventcharakter angenommen, der mit Erfahrungsaustausch, Grillen, Bierpause, Kartenspielen, Flirten etc. auf der Autobahn gestaltet wird. Dieses urlaubsselige Verhalten unterscheidet sich ganz enorm von dem der Drängler, Rechtsüberholer, Lehrmeister, unter Zeitdruck stehenden Lkw-Fahrern usw. Dazu kommen die Hochmotorisierten, die ihre Rennfahrerqualitäten und Allmachtsphantasien nur im Straßenverkehr ausleben können. Das Thema Rücksicht ist mehr den Plakaten des DVR vorbehalten. Dennoch: Viele private Initiativen haben zum verbesserten Schutz der Schwächeren in unserer mobilen Gesellschaft beitragen können.

┌─ Der Autor ─────────────────┐

Karlheinz Schmid

Vizepräsident der DVWG e.V.

└──────────────────────────────┘

Physikalisches
Verkehrsprobleme werden häufig mit mangelhaften oder fehlenden Verkehrswegen in Verbindung gebracht. Eine Einschätzung, die nicht ohne weiteres zu widerlegen ist. Es trifft zu, dass in zweiter Reihe abgestellte Fahrzeuge Rückstaus und Chaos verursachen können. Ein Ergebnis, das eigentlich ungewollt aber häufig als unvermeidlich dargestellt wird. Der Be- und Entladeverkehr in Fußgängerzonen erreicht gelegentlich ähnliche Wirkungen.

Hohes Verkehrsaufkommen auf den Straßen und Autobahnen hat meistens einen verminderten Verkehrsfluss zur Folge. Zeitverlust und angegriffenes Nervenkostüm sind der Preis. Erhöhte Emissionen, Treibstoff- und Fahrzeugkosten kommen noch hinzu.

Vor der Wirtschaftskrise stauten sich die Container an den Kais der Nord- und Ostseehäfen. Der Seehafenhinterlandverkehr, verantwortlich für den Abtransport der Güter, war wegen knapper Infrastruktur diesem Verkehrsaufkommen nicht gewachsen. Ein schwacher Trost für den Besteller zu wissen, dass es seine Waschmaschine aus Fernost schon so weit geschafft hat.

Wo ein Körper ist, kann kein anderer sein. Dieses Prinzip gilt in besonderem Maße für die spurgeführte Eisenbahn. Deshalb gab es seit Bestehen der Eisenbahn zumindest in den Bahnhöfen Ausweichmöglichkeiten. Bei gemischtem Betrieb zwischen schnellen und langsamen Zügen im Personen- und Güterverkehr übernehmen Überholgleise die Verkehrsentflechtung. Beim Rückbau der Überholgleise aus Kostenersparnisgründen hat dieses Prinzip nicht die notwendige Beachtung erhalten. Verspätungen, geplatzte Termine, verärgerte Kunden und ein beschädigtes Image sind die Folge.

Planerisches
Anfang der 70er Jahre wurde der Bundesverkehrswegeplan BVWP als Rahmenplan für den Neu- und Ausbau der Bundesverkehrswege von Schiene, Straße und Wasserstraße entwickelt. Die Auswahl der Maßnahmen wurde und wird so sorgfältig vorgenommen, dass ein fehlender Bedarf in der Planfeststellung für die überörtlichen Planungen nicht angenommen werden sollte.

Der aktuelle BVWP mit einem Investitionsvolumen von 150 Mrd. Euro gilt für die Jahre 2001 bis 2015. Er enthält ein Ranking des vordringlichen Bedarfs der in diesem Zeitraum zu realisierenden Maßnahmen. Das Ranking wird mit hohem Aufwand für eine objektive Bedarfsbewertung der jeweiligen Maßnahme ermittelt. Die Beurteilungskriterien sind das Kosten-Nutzen-Verhältnis, die raumordnerische Bedeutung und die Umweltverträglichkeitseinschätzung. Soweit Planungs- und Baurecht, Finanzierung und die Abstimmung mit den betroffenen Bundesländern vorliegen, kann die Maßnahme begonnen werden.

Finanzielles

Wie in anderen Volkswirtschaften kann auch in Deutschland im fiskalischen Bereich nur die Mangelwirtschaft betrieben werden. Die Verwendung der knappen Staatseinnahmen wird programmatisch von Parteien und der von ihnen getragenen Regierung bestimmt. Es liegt auf der Hand, dass die Verteilungskämpfe für die jeweiligen Interessengruppen von enormer Bedeutung für ihre Finanzausstattung sind. Auf diese Weise kommt die Aufteilung der Mittel für Soziales, Verteidigung, Bildung, Verkehr etc. zustande.

In den letzten Jahren war der Bundesverkehrswegeplan zunehmend unterfinanziert. Die vom Bundesfinanzminister bereitgestellten Bundesmittel reichten nicht für die jährlich erforderlichen Investitionsmittel. Ihre Höhe hat sich nicht am Infrastrukturbedarf des BVWP, sondern vielmehr an der investiven Absicherung der jährlich neu zu planenden Nettokreditaufnahme orientiert. Die Einführung der Nutzerfinanzierung der Verkehrsinfrastruktur hat an den bestehenden Verhältnissen nichts geändert. Die Lkw-Maut, eine Gebühr, wurde von der Bundesfinanzverwaltung wie eine Steuereinnahme behandelt. Sie führte nicht zu einer Ausweitung der Verkehrsinvestitionen, sondern zu einer Entlastung des Bundeshaushaltes für andere Zwecke. Ab 2011 werden die Mauteinnahmen aus dem Bundeshaushalt direkt an die bundeseigene Verkehrsinfrastrukturfinanzierungsgesellschaft VIFG weitergeleitet. Ob damit dann auch schon eine Verbesserung der Finanzausstattung erreicht werden wird, bleibt abzuwarten.

Musikalisches

Es gibt eine Vielzahl von Solisten und Instrumentalgruppen, die auf der Tastatur des BVWP und des Bundeshaushaltes erfolgreich spielen können. Sie können den Gruppen Politik, Lobby und Verwaltung zugeordnet werden.

Ein Bürgermeister zum Beispiel ist in großer Sorge, dass seine Ortsumgehung wieder nicht angepackt werden könnte. Dies erklärt er nachdrücklich und möglichst erfolgreich seinen Parteifreunden und Wahlkreisabgeordneten. MdBs stehen schon mal im Wort, die raumwirksame Erschließung ihrer Region voranzutreiben und fordern den Bundesminister auf, geeignete Maßnahmen zu ergreifen. Schließlich der Bundesminister, der während seiner Amtszeit natürlich auch in „seinem" Bundesland investive Spuren als Tätigkeitsnachweis hinterlassen möchte. Das Rankingverfahren für den BVWP wird damit nicht in Frage gestellt.

Es gibt Wirtschaftsverbände, deren Mitglieder ihre Unternehmensplanung direkt auf die Mittelansätze im Bundeshaushalt abstellen können. Auch für diese ist Planungssicherheit von großer Bedeutung. Haushaltsjährliche Schwankungen sollten deshalb vermieden und die sichere Mittelbereitstellung im laufenden Jahr gewährleistet werden. Andernfalls müssten die nachteiligen Auswirkungen auf den Arbeitsmarkt, die Kapazitätsauslastung und die Preisentwicklung auf breiter Front oder im kleinen Kreis erörtert werden.

Die erste Stufe erfolgreichen Verwaltungshandelns stellt die Einstellung einer Maßnahme in den Bundeshaushalt dar. Um das Projekt erfolgreich zu starten, empfiehlt sich für den Einstieg eine konservative Kostenangabe. Diese liefert der BVWP, der die einmal ermittelten Kosten nicht aktualisiert und fortschreibt mit der hinlänglichen Begründung, keine Anhaltspunkte für künftige Ausschreibungen liefern zu sollen.

Handlungsbedarf

Die holzschnittartige Darstellung des Umfeldes für Investitionen in die Verkehrsinfrastruktur markiert einen erkennbar komplexen Handlungsbedarf zum Abbau kognitiver und informeller Defizite im Hinblick auf die Verkehrsinfrastruktur und ihren Zweck.

Unterstellt man Mobilität für Menschen und Güter als notwendige Voraussetzung für den Wohlstand einer industrialisierten Gesellschaft, dann ist es zwingend, das Verständnis dafür zum Allgemeingut zu machen.

Geeignete Verkehrsinfrastruktur kann einen gesamtwirtschaftlichen Nutzen stiften. Es ist wichtig, den Nutzen in wirtschaftlich vertretbarer Weise zu heben. Die Öffentlichkeit verfügt praktisch über keine Kenntnis über geldwerte Nutzenausfälle durch unterlassene Investitionen.

Mobilität findet in der Gesellschaft statt. Der Grad der Individualisierung und die Ausschöpfung aller Rechtsmittel haben mit jedem Einzelfall den notwendigen gesellschaftlichen Gemeinsinn ausgehöhlt. Andernfalls könnte beispielsweise das „Reißverschlussverfahren", möglicherweise sogar ohne Fahrschullektion funktionieren.

Die FFH-Richtlinie der EU und die nationalen Umweltgesetze haben dem Naturschutz zur angemessenen Geltung verholfen. Soll mit dem Bau einer Ortsumgehung den geplagten Anliegern an der innerörtlichen Durchgangsstraße endlich ein emissionsärmeres und ungefährlicheres Leben beschert werden, kommt es auch zu einer Verkehrsverlagerung. In diesem Fall danken etwaige künftig Betroffene dem Hl. St. Florian für die FFH-Richtlinie. Denn mit ihrer Hilfe können sie gegebenenfalls gesichtswahrend ihre eigenen Interessen sichern.

Neu- und Ausbau von Verkehrsinfrastruktur sind von ihrem Sinn und Zweck nicht in jedem Fall auf Anhieb einleuchtend. Handelt es sich um Rationalisierungsmaßnahmen, Verbesserung von verkehrstechnischen Betriebsabläufen, Modernisierung oder Rückbau von Anlagen, sollten neben den angepeilten wirtschaftlichen Verbesserungen auch ihre Auswirkungen auf andere öffentlich wirksame Bereiche ungeschminkt dargestellt werden. Der Hinweis, interne Kalkulationsgrundlagen etc. würden solche Informationen nicht zulassen, sind wenig überzeugend und schaffen Misstrauen.

Die Planung von Verkehrsinfrastrukturen verlangt einen sachgerechten, zeitaufwendigen, teils kostspie-

ligen und manchmal direkt politisch getriebenen Aufwand. Mit Rücksicht auf die Dringlichkeit der Maßnahme und die ungewisse Verfügbarkeit von ausreichend Investitionsmitteln wird frühzeitig nach regelkonformen, optimalen Lösungen einschließlich Alternativen gesucht. Inwieweit dies erfolgreich gelingt bzw. nicht gelingt, hängt von Umständen ab, die von Dritten nicht immer zu erkennen sind. Für die Akzeptanz der Planungen sind deshalb eine sehr früh einsetzende Dokumentation der Planungsschritte und ihre öffentliche Darlegung nützlich.

Vor dem Hintergrund der knappen Kassen ist der Wettbewerb zwischen den drei Verkehrsträgern Straße, Schiene und Wasserstraße erheblich. Ihre Bedeutung für das Gemeinwesen wird nicht nur von ihrer Verkehrsleistung, ihrem Kostendeckungsbeitrag und ihrer Wirtschaftlichkeit, sondern auch von ihrer Umweltverträglichkeit bestimmt. Nach gängiger Klassifizierung steht unter Umweltgesichtspunkten das Binnenschiff an erster Stelle. Dies gilt jedoch nur so lange, bis die Wasserstraße in Anspruch genommen werden soll. Die Schiene hat ebenfalls einen Emissionsbonus. Aber deshalb das Eisenbahnnetz ganz konkret mit einer Neu- und / oder Ausbaustrecke weiter zu entwickeln, geht dann doch zu weit. Bei der Straße sind die Fronten klar. Ideologische und parteipolitische Positionen haben eine Gemengelage geschaffen, die eine überzeugende Auseinandersetzung bei der Realisierung von Verkehrsinfrastruktur behindern.

Kostensteigerungen bei öffentlichen Investitionsmaßnahmen sind keine Seltenheit. Nach der Ausschreibung wird das wirtschaftlichste Angebot gesucht. In Ermangelung anderer Erkenntnisse wird häufig das billigste Angebot zum wirtschaftlichsten. Clever vorbereitete Nachtragsangebote des Gewinners der Ausschreibung, auftragsseitig veranlasste Zusatzleistungen, Unvorhergesehenes, Störungen im Zeitablauf, Finanzierungsprobleme usw. lassen die Gesamtkosten steigen. Konsequenzen ergeben sich in aller Regel nur auf der Zeitachse für anschließend zu finanzierende Maßnahmen.

Empfehlung

Für eine künftig erfolgreiche, volkswirtschaftlich vorteilhafte und effiziente Realisierung von Verkehrsinfrastrukturinvestitionen fehlen in weiten Bereichen die Voraussetzungen für eine faire Diskussion und überzeugungsfähige Auseinandersetzung. Dieses Defizit hat eine gesellschaftliche Dimension erreicht.

Es empfiehlt sich, unter Einbindung von Pädagogen, Psychologen, Politikern, Planern, Verkehrswissenschaftlern und Volkswirten den erforderlichen Handlungsbedarf zu ermitteln und Strategien für seine Reduzierung zu erarbeiten. Die DVWG bietet dafür eine geeignete wissenschaftliche Plattform und kann die erforderliche Koordinierung im Zusammenwirken mit der öffentlichen Hand und Verbänden durchführen. Ein entsprechendes Konzept sollte von der DVWG erstellt und Bund und Ländern zur Durchführung vorgeschlagen werden.

Prof. Sigurd Trommer

Stadtverkehr – Urbane Mobilität im Wandel
Zukunft Stadt

Was sich über Jahrhunderte, bei einigen Städten sogar über Jahrtausende als Organisationsstruktur für das menschliche Zusammenleben bewährt hat, wird auch weiterhin tauglich sein, wenn kriegerische oder Umweltkatastrophen die Stadt nicht auslöschen. Zukunft also in rein existentiellem Sinn bedeutet: Es gibt – gemessen an der Gesamtzahl – nur wenige verschwundene, versunkene Städte oder die so genannten Wüstungen. Allerdings hat es enorme Auf- und Abschwungphasen in der Geschichte der Stadtentwicklungen gegeben. Rom ist vielleicht das bekannteste Beispiel: Über Jahrhunderte Zentrum des Römischen Imperiums mit rd. 1 Mio. Einwohner im 1. Jh. v. Chr., erlebte es mit dem Einfall von Westgoten und Vandalen im 5. Jh. n. Chr. einen Jahrhunderte langen Niedergang und schrumpfte auf rd. 20.000 Einwohner im frühen Mittelalter. Heute hat die Hauptstadt Italiens rd. 2,7 Mio. Einwohner.

Unser persönliches Stadtmodell

Wie nie zuvor in der Menschheitsgeschichte ist der Lebensraum Stadt wählbar: Mexiko-City, Tokio, Moskau, Shanghai? Oder doch eher Kassel, Witzenhausen, Bonn oder Rheinbach, Hamburg, Stade? Oder vielleicht Görlitz, Marktredwitz oder Pirmasens? Wer wohnt und lebt noch oder wieder in der Stadt seiner Geburt? Gefragt nach den Ursachen, die Menschen zu einem Wechsel in eine andere Stadt veranlasst haben, liegen die Gründe prioritär im Beruf, im Image und im persönlichen Eindruck der Stadt und deren Umgebung. Aus diesen individuellen Gründen lässt sich schon ableiten, was eine Stadt anziehend macht für Neubürger und damit zukunftsträchtig: Arbeitsmöglichkeiten und ein positives Wohnambiente, ein guter Ruf, ein gutes Image, das sich aus ungezählten Komponenten zusammensetzt.

Erwartungen an die Stadt

In Mitteleuropa wären noch vor wenigen Generationen kaum besondere Erwartungen an eine Stadt gestellt worden. Weg von der Fronarbeit und Unfreiheit auf dem Land und auf in die Stadt, den Ort der Verheißung! Der Armut, dem Hunger und der Verfolgung zu entrinnen und in einer Stadt von Null an zu beginnen:

Dafür nahm man fast alles in Kauf, eine oft gefährliche, lebensverkürzende und schlecht bezahlte Arbeit, die Überseefahrt auf einem Seelenverkäufer. Und ist es nicht immer noch oder schon wieder so, wenn man die Tragödien auf dem Mittelmeer anführt, wo Menschen ihr Leben aufs Spiel setzen, um eine Zukunft in einer europäischen Stadt zu finden? Nicht weit von unserem Alltag. Die Stadt hat früher verlassen, wer verfolgt wurde oder in anderer Gefahr war oder wer keine Arbeitsmöglichkeiten fand. Heute werden umfangreiche Ansprüche an eine Stadt gestellt: angemessene und bezahlbare Wohnungen, sichere Arbeitsplätze, Betreuungs- und Ausbildungsangebote für Kinder, staufreie, zuverlässige und sichere Mobilitätsangebote sowie Kultur- und Freizeitangebote. Dies alles integriert in ein schönes Stadtbild mit einem vielseitigen Dienstleistungs- und Geschäftsangebot in der Innenstadt zu Dauertiefstpreisen. Wir erwarten, erwarten, erwarten....

Doch die Bedingungen für die moderne Stadt von heute haben sich dramatisch verändert: Vom Schalter mit Trennscheibe und Sprechfeld „Hier sprechen" im Einwohnermeldeamt oder in der Vermietungsabteilung der städtischen Wohnungsgesellschaft zum Werben um Menschen und Unternehmen, Werben um

Anmeldung für den Erstwohnsitz anstatt Zweitwohnsitz. Die Städte finden sich in Ranking-Listen wieder und stehen in einem intensiven bis gnadenlosen Wettbewerb zueinander.

Randbedingungen für die Zukunft

Was schon vor einem Vierteljahrhundert die Titelseite des Spiegels zierte, ist jetzt Allgemeingut geworden: Wir werden älter, weniger, bunter. Und das mit größter Sicherheit für die nächsten 50 Jahre. Gleichzeitig zu den demografischen Veränderungen ändern sich die Arbeitsstrukturen für die Menschen:

Im Zuge des fortschreitenden Strukturwandels nehmen gleich bleibende, wieder kehrende Arbeiten ab, sich wandelnde, Kreativität fordernde Arbeiten nehmen zu. Wirtschaft und Verwaltung reagieren tendenziell darauf, Arbeitsverhältnisse zu befristen oder Leiharbeitsunternehmen einzubinden, um sich dem Wandel anpassen zu können. Demzufolge müssen sich die Menschen mehr eigen verantworteten Tätigkeiten zuwenden, so dass wir uns von einem Land der Angestellten, Arbeiter und Beamten in ein Land mit befristeten Arbeitsverhältnissen und mehr beruflicher Selbständigkeit wandeln.

Es ändern sich auch die sozialen Strukturen: Die traditionelle soziale Leistung der Familie für Erziehung und Betreuung verlagert sich immer mehr auf den Staat.

Wie müssen sich die Städte darauf einstellen? Aus einem Land der Angestellten, Arbeiter und Beamten, werden wir zu einem Land mit befristeten Arbeitsverhältnissen und müssen den Weg zur beruflichen Selbständigkeit finden. Die Städte sind gnadenlos dazu verdammt, junge, gut ausgebildete Menschen an sich zu binden oder an sich zu ziehen und müssen dafür attraktive Lebens- und Arbeitsbedingungen bie-

---

┌─ Der Autor ─────────────────────

Prof.
Sigurd Trommer

Präsident
der Bundesarchitektenkammer

---

ten. Wer in diesem Wettbewerb nicht mithalten kann, gerät in einen Teufelskreis von Wegzug, Verarmung, Auseinandersetzung und Segregation zwischen Einheimischen und Migranten, Slumbildung. Dieser Teufelskreis wird noch beschleunigt durch die Mechanismen der Finanzmärkte im Rating der Kreditnehmer: Schlecht aufgestellten Kreditnehmern, also eben auch schlecht aufgestellten Städten, werden höhere Kreditzinsen abverlangt als gut aufgestellten.

Wege in die Zukunft

Wegweiser 1: Die Städte müssen ihre Bürger, Unternehmen und Institutionen für den Weg in die Zukunft gewinnen! Das bedeutet für die Stadtregierung, einen solchen Weg auch bewusst zu gehen und die eigenen Zukunftsvorstellungen zu benennen und sich dazu zu bekennen.

Wegweiser 2: Die Städte müssen sich in einem gemeinschaftlichen Lebensraum, ihrer Region, zusammenfinden! Dieser gemeinschaftliche Lebensraum hat heute nichts mehr mit den herkömmlichen Stadtgrenzen zu tun. Er ist eher in einem Arbeits- und Beziehungsgeflecht in einstündiger Zeitdistanz rund um einen zentralen Ort zu suchen. Raumforscher sprechen von der Ein-Stunden-Stadt, der Region. Bevölkerung, Unternehmen und Institutionen sind ihren Stadtregierungen schon weit voraus. Sie nutzen täglich die Angebote und Ziele in der Region für Beruf, Ausbildung, Leben, Kultur und Freizeit und haben kein Verständnis für kostenträchtige Koordinationsunterlassung und Gezänk über gemeinsame kommunale Grenzen hinweg, die kaum jemanden interessiert. Es ist nicht zu begreifen, dass selbst schwierigste Kommunalfinanzen die Stadtregierungen nicht zu mehr regionaler Kooperation veranlassen!

Wegweiser 3: Für die gemeinsame Region müssen die Städte in sinnvollen Zeitabständen Leitideen für die gemeinsame Zukunft mit ihren Bürgern, Unternehmen und Institutionen erarbeiten! Es geht um mehr als die Möglichkeit, in klassischen Beteiligungsverfahren Anregungen und Bedenken zu äußern. Es geht um das gemeinsame Erarbeiten einer tragfähigen und zündenden Zukunftsidee, eines Konzepts, eines Leitbilds für den gemeinsamen Raum, für die Region. Damit wird

Mitarbeit und Engagement angeregt und Identifikation erzeugt. Es darf allerdings nicht verkannt werden, dass Entscheidung und Verantwortung bei den Stadtregierungen in freiwilliger regionaler Kooperation oder einer regionalen Instanz verbleiben. Von dort muss Führung kommen und Führung wahrgenommen werden!

Wegweiser 4: Die Städte müssen das Bildungs- und Wissenspotential ihrer Bevölkerung, ihrer Unternehmen und ihrer Institutionen zur Entfaltung bringen! Schon heute sind unsere Städte voller Bildungs- und Wissenspotential. Schon die Stadt selbst, ihre Geschichte und Struktur bietet wie viele Unternehmen Wissens- und damit Bildungspotential. Viele Menschen, z.B. voller Erfahrungen aus einem langen Berufsleben, könnten ihr Wissen in die Gesellschaft einbringen, auch zu ihrer eigenen Zufriedenheit. Die Menschen, Unternehmen und Institutionen in Stadt und Region müssen in Kommunikation miteinander gebracht werden. Daraus entsteht Innovation, entsteht Zukunft.

Wegweiser 5: Die Städte müssen hohe Qualitätsmaßstäbe setzen und sie für ihre eigenen Angelegenheiten beispielhaft erfüllen! Es geht um die Qualität der Architektur und im Städtebau, die Qualität der möglichen Nutzungen, der Aufenthaltsstrukturen und der sozialen Sicherheit, die Qualität der Kommunikation, der Freundlichkeit, Toleranz und Offenheit der Menschen, die Qualität der Wahrnehmung, des Images sowie der Qualität des Besonderen, der Individualität, des Alleinstellungsmerkmals.

Wegweiser 6: Die Städte müssen der Garantie einer langfristigen Qualität den Vorrang geben! Nicht zuletzt der Zusammenbruch der Finanzwirtschaft mit seinen katastrophalen Auswirkungen auf die Weltökonomie zeigte, wie gefährlich Kurzfrist-Optimierungen sind. Das Vorausdenken für mindestens eine Generation, der Mut, über Utopien und Visionen sich einen Zugang zur Zukunft zu verschaffen, bedeuten sicherlich nicht die Garantie für eine erfolgreiche Zukunft. Aber sie bieten allen Kräften in der Stadt Orientie-

rung und Gelegenheit zur Mitwirkung und verbessern dadurch die Chancen auf den richtigen Zukunftsweg zu gelangen. Und sie ermöglichen bewusste Kurskorrekturen, die in der Ziellosigkeit nicht gegeben sind. Entweder Langfrist-Qualität oder gegebenenfalls Verzicht sind besser als kurzfristige Strohfeuer!

Beitrag der Verkehrswissenschaft für Zukunft Stadt
Die Experten für Mobilität müssen sich für die Bearbeitung genereller und spezieller Verkehrsprobleme mit der Stadt in ihrer Ganzheit beschäftigen. Das Erfassen des Wesens einer Stadt, ihrer Struktur, das Erkennen ihrer Begabungen und Chancen führt zu einer integrierten Herangehensweise und damit zu langfristig tragfähigen Lösungen von Verkehrsproblemen.

Nicht selten hat die alleinige Fokussierung auf unmittelbare Verkehrsprobleme wie Kfz-Überlastungen oder Mangel an Stellplätzen den Blick auf eine zukunftsweisende Mobilitätsentwicklung verstellt. Es sind heute eher erfolgreiche und gut aufgestellte Städte, die frühzeitig und nicht selten zum Gespött anderer Städte mit dem Ausbau von innerstädtischen Fahrradwegenetzen oder von Parkraumbewirtschaftungskonzepten oder von Job-Ticket-Strukturen, den Mainstream aufwendiger Straßenausbauten, Großgaragen und anderer flächenzehrenden und unwirtlichen Verkehrseinrichtungen verlassen haben. Dies war nur möglich mit komplexen Langfristbetrachtungen und dem Mut, eine Stadt nicht nur als das Wunschbild einer funktionierenden Maschine zu sehen, sondern als einen lebendigen Organismus mit einer eigenen und nicht kopierbaren Identität.

Mit dem Engagement und der Ausbreitung des Themas Baukultur ist es erstmals in Deutschland gelungen, alle planenden und unser Lebensumfeld gestaltenden Berufe vom Städtebauer, Architekten und Freiraumplaner bis hin zum Bau- und Verkehrsingenieur zu gemeinsamen Aktivitäten für mehr Baukultur in Deutschland zusammen zu bringen. Auch dies ist ein Baustein, der Stadt Zukunft zu geben.

Stadtverkehr

Verkehrsmodelle
Qualität und Quantität in Verkehrsmodellen und Prognosen

Die Verkehrs- und Ingenieurwissenschaften unterliegen den an sie gestellten Anforderungen, systembedingte Wirkungszusammenhänge darzustellen und zu erklären. Grundlagen dieser Forschungsarbeiten sind empirische Arbeiten und modellbasierte Berechnungen, welche zur Erklärung und Entwicklung von Systemzuständen bei unterschiedlichen Rahmenbedingungen herangezogen werden. Aufgrund der hohen gesellschaftlichen Bedeutung von Mobilität und der damit einhergehenden öffentlichen Diskussion verkehrspolitischer Entscheidungen, kommt der objektiven Analyse der zugrunde liegenden Mechanismen und Anpassungsreaktionen der Verkehrsmittelnutzung bei veränderten Rahmenbedingungen eine hohe Bedeutung zu.

Innerhalb der integrierten Verkehrsplanung ist der Einsatz hochwertiger Verkehrsnachfrage- und Verkehrsflussmodelle zur Modellierung von Analysezuständen und Wirkungszusammenhängen sowie zur anschließenden Berechnung ausgewählter Szenarien- und Prognosezustände mittlerweile unumgänglich. Größe und Ausdehnung der zu untersuchenden Gebiete und Zeiträume nehmen heutzutage stetig zu, was den Einsatz leistungsfähiger praxisorientierter Modelle erfordert. Die entstehenden Modellergebnisse, welche stets im Spannungsfeld der geforderten Planungsaufgabe, der verfügbaren Eingangsdaten und der Modellhandhabung bzw. -kalibrierung zu betrachten sind, müssen entsprechenden Qualitätsanforderungen genügen. Im zunehmenden Maße bilden diese Instrumente eine wesentliche Grundlage der politischen Entscheidungsfindung auf Bundes-, Landes- oder kommunaler Ebene. Modellbasierte Verkehrsberechnungen sind als unterstützende Instrumente für die Entscheidungsfindung allgemein anerkannt.

Aus dem Spannungsfeld zwischen verkehrlichen Rahmenbedingungen, Verkehrsinfrastrukturplanung und Verkehrsaufkommen heraus wird sich zunehmend eine veränderte Gewichtung der Anforderungen an Verkehrsmodelle ergeben. Gerade der Wandel der verkehrlichen Rahmenbedingungen für die Verkehrsentwicklung in Deutschland, erhöht die qualitativen und quantitativen Anforderungen an die Verkehrsmodelle für ihren wertfreien Einsatz in der Verkehrsplanung.

Geographisches Institut
der Universität Kiel

Prof. Dr.-Ing. Markus Friedrich

Verkehrsmodelle – Qualität und Quantität in Verkehrsmodellen und Prognosen
Qualitätsmanagement für Verkehrsnachfragemodelle

Verkehrsingenieure haben die Aufgabe, bestehende Zustände zu untersuchen und die Wirkungen von Maßnahmen zu ermitteln. Zur Lösung dieser Aufgabe stehen grundsätzlich die empirische Erhebung und die modellbasierte Berechnung zur Verfügung. Erhebungen versprechen auf den ersten Blick die besten Daten zur Beschreibung des bestehenden Zustandes. Bedenkt man jedoch, dass viele Daten nicht direkt oder nur sehr aufwändig über Befragungen, Beobachtungen oder Messungen erfasst werden können, dann erkennt man, dass ergänzende Modellrechnungen unumgänglich sind. Zudem können mit Erhebungen Daten nur für den Ist-Zustand und nicht für zukünftige Zustände ermittelt werden. Um diese Einschränkungen zu überwinden, bildet man Modelle, die die Wirklichkeit beschreiben. Verkehrsmodelle stellen wie alle Modelle eine zweckbezogene Abstraktion der realen Welt dar. Ziel der Modellierung ist die modellgestützte Vorbereitung von Entscheidungen, die in der realen Welt getroffen werden.

Im Verkehrswesen kommt eine Vielzahl von Modellen zum Einsatz. Zentrale Modelle sind Verkehrsnachfragemodelle und Verkehrsflussmodelle:

- Verkehrsnachfragemodelle bilden die Entscheidungen Aktivitätenwahl, Zielwahl, Verkehrsmittelwahl, Abfahrtszeitwahl und Routenwahl im Personenverkehr nach.
- Verkehrsflussmodelle bilden die Geschwindigkeitswahl, die Fahrstreifenwahl und das Abstandswahlverhalten im Straßenverkehr nach.

Da die Modelle von Verkehrsingenieuren für die Planung des Verkehrsangebots und von politischen Institutionen für die Entscheidungsfindung eingesetzt werden, müssen die Modellergebnisse gewissen Ansprüchen genügen. Das Modell muss den Ist-Zustand und zukünftige Zustände sowohl quantitativ als auch von den Wirkungszusammenhängen realitätsnah abbilden. Für die Verwaltung der Daten und die Modellierung der Wirkungszusammenhänge sind Softwareprogramme notwendig. Auch diese Softwareprogramme haben Anforderungen zu erfüllen.

In diesem Beitrag werden zuerst die Begriffe Verkehrsnachfragemodell, Qualität und Qualitätsma-

nagement definiert. Dann werden Anforderungen an die Qualität von Softwareprogrammen und Verkehrsplanungsmodelle diskutiert.

Verkehrsnachfragemodelle

Ein Verkehrsnachfragemodell ist ein Modell, das alle relevanten Entscheidungsprozesse der Menschen nachbildet, die zu Ortsveränderungen führen. Im Personenverkehr umfassen diese Entscheidungen die Aktivitätenwahl, die Zielwahl, die Verkehrsmittelwahl, die Abfahrtszeitwahl und die Routenwahl. Das Nachfragemodell ist Teil eines umfassenderen Verkehrsplanungsmodells, das verschiedene Teilmodelle umfasst:

- Das Datenmodell Mobilitätsverhalten umfasst alle Daten, die das Mobilitätsverhalten der Bevölkerung beschreiben. Sie stammen in der Regel aus Haushaltsbefragungen (Welche Personengruppe fährt wie häufig zu welchem Zweck mit welchem Verkehrsmittel?).
- Das Datenmodell Verkehrsangebot, oft als Netzmodell bezeichnet, enthält die Daten des Verkehrsangebotes einschließlich der Kosten für die Benutzung des Verkehrsangebots. Es besteht u.a. aus Knoten bzw. Haltestellen, den Strecken des Straßen- und Schienennetzes und aus den ÖV-

Verkehrsmodelle

Linien mit ihren Fahrplänen. Aber auch Steuerungseinrichtungen, wie Lichtsignalanlagen oder Fahrzeuge mit ihren spezifischen Eigenschaften (Kapazität, Kraftstoffverbrauch) können Bestandteil des Verkehrsangebots sein.

- Das Datenmodell Siedlungsstruktur umfasst alle Daten, die die Verteilung der Nutzungen (Standorte von Wohnungen, Arbeitsplätzen, Schulen, Einkaufsgelegenheiten, Freizeitstätten) beschreiben. Diese Daten können in Form von Gebäudedaten oder in der Form von Verkehrszellen vorliegen.
- Das Wirkungsmodell Ortsveränderungen entspricht dem eigentlichen Verkehrsnachfragemodell. Es ermittelt aus den Strukturdaten, den Verhaltensdaten und aus den Daten des Verkehrsangebots die Ortsveränderungen für Personengruppen oder einzelne Personen. Das Modell bildet dazu die verkehrsrelevanten Entscheidungsprozesse der Menschen nach.
- Das Wirkungsmodell Verkehrsauswirkungen ermittelt die Wirkungen, die sich direkt als Folge der Ortsveränderungen ergeben (z.B. Emissionen) oder die indirekt dadurch entstehen, dass das Verkehrsangebot in Form von Verkehrswegen oder Fahrzeugen zur Verfügung gestellt werden muss (z.B. Betriebskosten für den ÖPNV).
- Die Ergebnisse der Wirkungsmodelle sind die Eingangsdaten für Bewertungsmodelle. Bewertungsmodelle bewerten zum einen die Qualität des Verkehrsangebots aus Sicht der Nutzer. Zum anderen bewerten sie die Auswirkungen des Verkehrs auf die Betreiber des Verkehrsangebots, auf die Gesellschaft, die Wirtschaft und die Umwelt.

Qualitätsmanagement

Qualität beschreibt das Maß, in dem ein Produkt die an es gestellten Anforderungen erfüllt. Qualitätsma-

nagement ist ein kontinuierlicher Prozess, der dazu dient die Qualität eines Produktes regelmäßig zu überprüfen. Ziel eines Qualitätsmanagements ist es, die Qualität zu dokumentieren und zu sichern. Die Erkenntnisse des Qualitätsmanagements können dann dazu genutzt werden, die Qualität zu verbessern.

Abb. 1 zeigt Begriffe aus dem Qualitätsmanagement und bezieht die Begriffe beispielhaft auf die Verkehrsnachfragemodellierung. Man erkennt, dass der Modellierer dabei sowohl als Kunde (gegenüber den Herstellern der Modellierungssoftware) als auch als Lieferant (Ergebnisse der Modellrechnungen an Verkehrsingenieure, Politik und Verwaltung) auftritt.

Anforderungen an Modellierungssoftware

Anforderungen an ein Softwareprogramm lassen sich folgendermaßen formulieren:

- Das Programm soll bedienungsfreundlich sein und so eine effiziente Modellerstellung unterstützen.
- Das Programm soll die Daten korrekt verwalten und Datenverluste vermeiden. Datenverluste können zum Beispiel durch Programmabstürze entstehen, dadurch dass alte Datenbestände nicht mehr gelesen werden können, durch eine falsche Umwandlung von Inputdaten in Dialogboxen oder durch Probleme beim Runden.
- Das Programm soll die in einem Algorithmus beschriebenen Wirkungszusammenhänge formal und numerisch richtig berechnen und dabei hinreichend schnell sein.
- Das Programm soll gut dokumentiert sein, so dass die implementierten Verfahren und die Modellparameter nachvollziehbar beschrieben sind.
- Programmänderungen, die das Berechnungsergebnis beeinflussen, müssen dokumentiert werden.

Anforderungen an die Modellierungssoftware lassen sich beispielhaft anhand des Umgangs mit Wahrscheinlichkeiten illustrieren. Bei der Berechnung von einzelnen Wegeketten und Wegen ergeben sich in makroskopischen Verkehrsnachfragemodellen sehr kleine Wahrscheinlichkeiten. Die Wahrscheinlichkeit für eine einzelne Wegekette Wohnen-Arbeiten-Einkaufen-Wohnen liegt in einem Verkehrsmodell mit 1.000 Verkehrszellen für viele Ketten bei etwa

┌─ Der Autor ─────────────────────

Prof. Dr.-Ing.
Markus Friedrich

Universität Stuttgart

Verkehrsmodelle

Begriff	Definition	Beispiel
Lieferant	Organisation oder Person, die ein Produkt bereitstellt.	• Die Hersteller der Modellierungssoftware sind Lieferanten an den Modellierer. • Der Modellierer ist Lieferant des Verkehrsnachfragemodells bzw. der mit dem Modell berechneten Ergebnisse. • Der Bürger ist ein Datenlieferant, der mit seinen Antworten in einer Haushaltsbefragung Informationen zum Mobilitätsverhalten bereitstellt.
Kunde	Organisation oder Person, die ein Produkt empfängt.	• Der Modellierer ist Kunde der Modellierungssoftware, die vom Softwarehersteller erbracht wird. • Der Verkehrsingenieur, der mit den Ergebnissen des Verkehrsnachfragemodells das Verkehrsangebot plant, ist Kunde, der eine vom Modellierer erbrachte Dienstleistung empfängt.
Produkt	Ein Produkt ist das Ergebnis eines Prozesses. Die DIN EN ISO 9000 benennt vier Produktkategorien: Dienstleistungen, Software, Hardware und verfahrenstechnische Produkte.	• Modellierungssoftware: Lieferant Softwarehersteller Kunde Modellierer • Verkehrsnachfragemodell: Lieferant Modellierer Kunde Verkehrsingenieur, Politik und Verwaltung, Bürger • Daten: Lieferant Datenlieferant, Bürger Kunde Modellierer
Anforderung	Erfordernis oder Erwartung, das oder die festgelegt, üblicherweise vorausgesetzt oder verpflichtend ist.	• Die modellierten Verkehrsstärken sollen an 90 % der Messstellen um maximal 10 % bzw. 100 Fahrzeuge abweichen.

Abb. 1: Begriffe der DIN EN ISO 9000:2005 im Bezug auf die Verkehrsnachfragemodellierung.

$1:1.000^2$. Diese Wahrscheinlichkeit wird dann mit dem Verkehrsmittelanteil und dem ebenfalls eher kleinen Verkehrsaufkommen einer Personengruppe multipliziert. Wenn in solchen Fällen auf ganze Zahlen oder eine fest Anzahl von Nachkommastellen gerundet wird, können systematische Fehler entstehen. Hier sollte der Modellierer entweder wissen, wie gerundet wird oder er sollte die Rundungseinstellungen wählen können.

Anforderungen an Nachfragemodelle

Anforderungen an ein Verkehrsnachfragemodell sind vergleichsweise schwerer zu benennen. Da ein Verkehrsnachfragemodell häufig der Vorbereitung verkehrspolitischer Entscheidungen dient, kommen die Anforderungen nicht von den Modellierern (= Lieferant des Produktes), sondern von Verkehrsingenieuren oder politischen Entscheidern. Aufgrund mangelnder Hintergrundkenntnisse werden in der Praxis selten konkrete Anforderungen vor der Modellerstellung formuliert. Nachträgliche Fragestellungen stellen oft unrealistische Anforderungen. Gleichzeitig fehlen klare Vorgaben oder Empfehlungen, wie die Aussagegenauigkeit der Modellergebnisse überprüft werden können.

Anforderungen an die Einsatzbereiche

Verkehrsnachfragemodelle werden eingesetzt, um vorhandene Zustände in einem Verkehrsnetz zu rekonstruieren und die Wirkungen zukünftiger Entwicklungen (z.B. Bevölkerung oder Preise) und geplanter verkehrlicher Maßnahmen abzuschätzen. Abb. 2 zeigt typische Maßnahmen und Entwicklungen, deren Wirkungen mit Verkehrsnachfragemodellen nachgebildet werden. Um die Wirkungen zu quantifizieren und zu bewerten, werden Kenngrößen berechnet. Typische Kenngrößen sind in Abb. 3 dargestellt. Sie werden von Verkehrsingenieuren und Politikern für eine große Bandbreite von Einsatzbereichen benötigt. Aus den Einsatzbereichen ergeben sich dann Anforderungen an die Modellbildung und damit auch an den Aufwand für die Modellerstellung. Hier einige Beispiele für Anforderungen, die aus speziellen Fragestellungen bzw. Einsatzbereichen resultieren:

• Ein Verkehrsnachfragemodell, das die Wirkungen von Straßenbenutzungsgebühren oder Kraftstoffpreisen abbilden soll, benötigt ein Teilmodell zur Kostenermittlung und eine Nutzenfunktion mit einer Preiskomponente.

• Sollen die Zugangswege im ÖV durch eine Haltestellenplanung optimiert werden, muss das Modell ein Fußwegenetz enthalten. Die Verkehrszellen dürfen dann nicht an die Haltestellen, sondern müssen an das Fußwegenetz angebunden werden.

- Sind Aussagen zur stündlichen Verkehrsstärke für einzelne Tageszeiten gefordert, dann müssen mit Hilfe von fahrzweckspezifischen Ganglinien die Abfahrtszeiten einzelner Wege bestimmt werden. Soll zusätzlich ein Peak-Spreading nachgebildet werden, dann muss die Abfahrtszeitwahl modelliert werden.

- Aussagen zur Verkehrsstärke auf einzelnen Abbiegern sind mit Verkehrsnachfragemodellen nur eingeschränkt möglich. Sollen solche Aussagen gemacht werden, müssen auf alle Fälle die Knotenpunktwiderstände detailliert modelliert und eine feine Verkehrszelleneinteilung gewählt werden.

- die Auftraggeber (=Kunde) ihre Anforderungen bereits in der Ausschreibungen formulieren,
- die Auftragnehmer (=Lieferant) Anforderungen einfordern,
- Anforderungen schriftlich festhalten werden.

Anforderungen an die Aussagegenauigkeit

Makroskopische Verkehrsnachfragemodelle modellieren das durchschnittliche Verhalten einer Personengruppe. Wenn die Personen einer betrachteten Personengruppe an einem Werktag im Mittel 3,5 Wege durchführen, dann wird im makroskopischen Verkehrsnachfragemodell jede Person dieser Gruppe exakt 3,5 Wege erzeugen. In der Realität wird es aber innerhalb einer Personengruppe Schwankungen geben. Vergleicht man die Weganzahl, die die Personen einer Verkehrszelle in der Realität erzeugen mit den Modellwerten, dann werden sich mehr oder weniger deutliche Abweichungen ergeben. Der relative Fehler nimmt dabei mit abnehmender Personenzahl zu (siehe Abb. 4).

Betrachtet man anderseits den Einfluss der Zellengröße auf die Aussagegenauigkeit relationsbezogener Kenngrößen (z.B. Reisezeit), dann stellt man leicht fest, dass die Aussagegenauigkeit mit zunehmender Zellengröße sinkt. Abb. 5 illustriert diesen Zusammenhang beispielhaft.

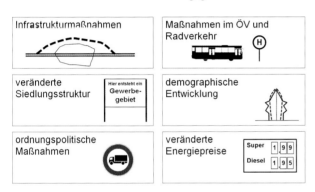

Abb. 2: Typische Maßnahmen und Entwicklungen, deren Wirkungen mit Verkehrsnachfragemodellen ermittelt werden.

Kenngröße	Einsatzbereich
Verkehrsstärke (DTVw) auf Straßen	Straßenplanung
Verkehrsstärke auf ÖV-Linien	ÖV-Planung
Reisezeiten Pkw	Wirtschaftlichkeitsuntersuchungen
relationsfeine Kenngrößen Pkw und ÖV	Standardisierte Bewertung Nachfrageberechnung
Modal Split	Verkehrsplanung
Verkehrsstärke in der HVZ auf Abbiegern	verkehrstechnische Bemessung
Verkehrsstärke in der HVZ auf ÖV-Fahrten	Dimensionierung Platzangebot
Verkehrsstärke differenziert nach Pkw, Lkw<7,5t, Lkw <12t, Lkw >12t	Planung von Durchfahrtsverboten

Abb. 3: Typische Kenngrößen zur Quantifizierung von Wirkungen, die von Verkehrsingenieuren für verschiedene Einsatzbereiche in der strategischen und technischen Verkehrsplanung benötigt werden.

Die Beispiele zeigen, dass Anforderungen an die Einsatzbereiche bereits bei der Modellbildung berücksichtigt werden müssen. Bei einer Vergabe eines Verkehrsnachfragemodells sollten deshalb

Die beiden Beispiele zeigen, dass eine feinere, disaggregierte Modellierung (Zahl der Personengruppen, Zellengröße, Abbildung von Knotenwiderständen) die Aussagegenauigkeit in der Regel erhöht.

Personenzahl in der Zelle	max. relativer Fehler	Modellwert	Minimum Realität	Maximum Realität	absolute Abweichung
[Personen]	[%]	[Wege/Tag]	[Wege/Tag]	[Wege/Tag]	[Wege/Tag]
1	84	3,5	0,6	6,4	3
10	27	35	26	44	9
100	8	350	321	379	29
1000	3	3500	3407	3593	93
10000	1	35000	34706	35294	294

Annahmen:

- Mittelwert 3,5 Wege/Tag
- Standardabweichung 1,5 Wege/Tag
- Normalverteilung
- Konfidenzlevel von 95 %

Abb. 4: Relativer und absoluter Fehler in Abhängigkeit der Größe der betrachteten Grundgesamtheit.

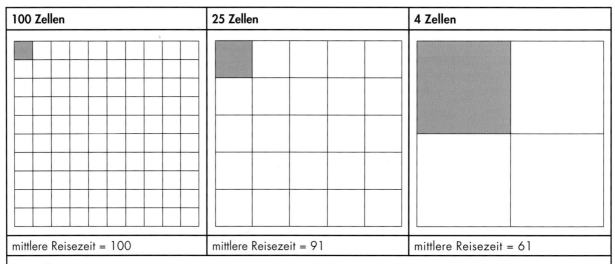

100 Zellen	25 Zellen	4 Zellen
mittlere Reisezeit = 100	mittlere Reisezeit = 91	mittlere Reisezeit = 61

Annahmen:

- Quelle ist Zelle links oben
- alle Ziele haben gleiche Anfahrwahrscheinlichkeit
- konstante Geschwindigkeit
- Anbindung in der Zellenmitte
- direkte Verbindung ohne Umwegfaktor
- Zeit normiert, so dass mittlere Reisezeit im Bild links = 100

Abb. 5: Einfluss der Zellengröße auf die Reisezeit

Trotzdem sind abgesicherte Aussagen nur auf einer aggregierten Ebene möglich. Die Aussagegenauigkeit steigt dabei mit zunehmender Aggregation. Die Tatsache, dass ein Nachfragemodell Wegeketten nachbildet, darf also nicht zu der Annahme (ver-)führen, dass das Modell statistisch abgesicherte Aussagen zu den Aktivitätenorten der Personen einer Verkehrszelle machen kann.

Überprüfung der Aussagegenauigkeit

Ziel einer Überprüfung der Aussagegenauigkeit ist es, die Qualität der berechneten Werte durch einen Vergleich mit beobachteten Werten zu bewerten. Bei der Überprüfung können folgende Werte verglichen werden:

- berechnete mittlere Wegezahl je Personengruppe mit den Werten aus einer Haushaltsbefragung,
- berechnete Reiseweiten- oder Reisezeitverteilung der

Verkehrsverteilung mit Reiseweiten- oder Reisezeitverteilung, die aus Befragungen abgeleitet werden,

- berechnete Mittelwerte des Modal-Split der Verkehrsmoduswahl mit mittleren Modal-Split Anteilen aus Befragungen,
- berechnete Quelle-Ziel Reisezeiten mit gemessenen Reisezeiten für ausgewählte Relationen,
- berechnete Streckenbelastungen der Umlegung mit gezählten Streckenbelastungen an ausgewählten Zählstellen oder an Screenlines. Eine Screenline umfasst eine Menge von Strecken, die durch eine Polygonlinie definiert werden. Alle Strecken, die durch die Polygonline geschnitten werden, gehören zur Screenline. Die Verkehrsbelastungen aller Strecken einer Screenline werden zu einer Screenline-Belastung aufsummiert.

Bei der Überprüfung sollte mit der Überprüfung der Reisezeiten begonnen werden, da die Reisezeiten Einfluss auf alle weiteren Modellergebnisse haben.

Kalibrierung und Validierung

Die Wirkungszusammenhänge zwischen den Einflussgrößen (Input) und den Wirkungen (Output) werden durch Modellparameter wiedergegeben. Die Parameterwerte werden durch Eichung des Modells an Messwerten des heutigen Zustands gewonnen. Dieser Prozess, in dem das Modell an die Realität angepasst wird, wird als Kalibrierung bezeichnet. Dabei wird der Parameter entweder mit Hilfe eines Optimierungsverfahrens bestimmt oder iterativ solange verändert, bis die Abweichungen zwischen den aus dem Modell errechneten Werten und den gemessenen Werten minimal sind.

Die Validierung dient sowohl der Überprüfung der Aussagegenauigkeit als auch der Erkennung grundsätzlicher Fehler, die z.B. im Netzmodell (falsche Geschwindigkeit, fehlende Anschlussstellen, falsche Strukturdaten) oder in Verhaltensannahmen (z.B. Einflüsse der Parkraumverfügbarkeit werden nicht berücksichtigt) auftreten können. Beim Vergleich der Modellwerte mit den Messwerten dürfen jedoch nicht die Messwerte herangezogen werden, die nicht bereits für die Kalibrierung benutzt wurden. In Plausibilitätstests kann zum Beispiel geprüft werden, ob es Knoten mit 6 Zufahrten gibt oder ob Strecken

sehr hohe Auslastungen aufweisen. Man kann auch in Sensitivitätsanalysen prüfen, wie das Modell reagiert, wenn die Verkehrsnachfrage im Pkw-Verkehr pauschal um 10 % erhöht oder die Fahrzeit im ÖV um 10 % reduziert wird. Außerdem bietet es sich an, die Verkehrsströme für einzelne Zellen oder Strecken visuell zu analysieren, um die Routenwahl und die Fahrtweite zu überprüfen.

Fazit

Um eine angemessene Qualität des Produktes Verkehrsnachfragemodell sicherzustellen, sind alle Beteiligten vom Softwarehersteller über den Modellierer bis zum Nutzer der Modellergebnisse gefordert.

Die Nutzer des Verkehrsnachfragemodells

- sind in der Regel die Verkehrsingenieure und Politiker in Kommunen und Kreisen,
- vergeben die Erstellung und die Fortschreibung des Verkehrsnachfragemodell intern oder extern,
- müssen die Einsatzbereiche des Modells z.B. in der Ausschreibung festlegen und angemessene Aussagegenauigkeiten fordern,
- sollten zusätzliche Messwerte für die Validierung erheben bzw. erheben lassen,
- können externe Reviewer mit der Überprüfung des Modells beauftragen.

Die Modellersteller

- sind in der Regel Angestellte der Modellnutzers oder externe Büros,
- sind für die Modellerstellung einschließlich der Kalibrierung und Validierung verantwortlich,
- müssen die Modellerstellung dokumentieren,
- müssen die Aussagegenauigkeit quantifizieren und den Nutzer auf Grenzen der Modellierung hinweisen,
- sollten Kunden auf die Notwendigkeit guter Inputdaten hinweisen,
- sollten sich regelmäßig fortbilden.

Die Softwarehersteller

- müssen Sorge tragen, dass die Software die Wirkungszusammenhänge formal und numerisch richtig berechnet,
- müssen durch eine bedienungsfreundliche Oberfläche und geeignete Daten- und Programmier-

schnittstellen dem Modellierer eine effiziente Modellerstellung ermöglichen,

- sollten Methoden zur Kalibrierung und Validierung in die Software integrieren,
- müssen die Verfahren gut dokumentieren.

Forschungsgesellschaften und Forschungseinrichtungen

- sollten Empfehlungen zur Verkehrsnachfragemodellierung entwickeln,
- Aussagen machen, was eine angemessenes Aussagegenauigkeit ist,
- könnten die Softwaresysteme testen,
- sind für die Ausbildung der Modellierer verantwortlich.

Univ.-Prof. Dr.-Ing. Bert Leerkamp

Verkehrsmodelle – Qualität und Quantität in Verkehrsmodellen und Prognosen
Qualität von Verkehrsmodellberechnungen

An der Hochschule Bochum wurde 2006/07 das FE-Vorhaben „Qualitätsanforderungen und –standards für Verkehrsmodellberechnungen" [1] in Zusammenarbeit mit IVV Aachen und mit Unterstützung durch die Städte Bremen und Dortmund erarbeitet. Ziel war es, einen Ansatz für praxisgerechte Qualitätsstandards für Daten zu entwickeln, die mit Verkehrsmodellen erzeugt werden. Die Arbeit beschränkte sich auf makroskopische Verkehrsmodelle und konzentrierte sich auf Teilmodelle für den Kfz-Verkehr. Der Vortrag im Rahmen des DVWG-Symposiums „Qualitätsanforderungen an Verkehrsnachfragemodelle" bezieht darüber hinaus Erkenntnisse einer Analyse der Anwendung von Verkehrsmodellen in der kommunalen Planungspraxis der Gebietskörperschaften im Bereich des Verkehrsverbundes Rhein-Ruhr ein, die ebenfalls an der Hochschule Bochum im Zeitraum 2007/2008 durchgeführt wurde [2].

Standards und Anforderungen für die Qualität von Verkehrsplanungen und Planungsdaten

Die „Hinweise zur Anwendung von Qualitätsmanagement in kommunalen Verkehrsplanungsprozessen" [3] formulieren vier allgemeine Anforderungen an Verkehrsplanungsprozesse, die auch auf die Gewinnung von Planungsdaten aus Verkehrsmodellen bezogen werden können:

- Effektivität (Erreichen der angestrebten Ziele)
- Effizienz (möglichst geringer Ressourceneinsatz)
- Korrektheit (fachlich korrekte Methoden, Verfahren und Abläufe)
- Akzeptanz (der Abläufe und Ergebnisse bei Beteiligten und Betroffenen).

Für Verkehrsplanungsprozesse wurden über die Hinweise zum Qualitätsmanagement hinaus weitere Regelwerke aufgestellt, die die Prozessqualität sicherstellen sollen. Hierzu gehören u.a.

- der „Leitfaden für Verkehrsplanungen" [4] und
- die „Hinweise zur Evaluation von verkehrsbezogenen Maßnahmen", die derzeit in der FGSV erarbeitet werden [5].

Neben diesen Veröffentlichungen, die in der Systematik der FGSV den relativ unverbindlichen Status von W1-Dokumenten haben (werden), sind gesetzliche Regelungen für Planungsabläufe in verschiedenen Fachgesetzen (BFStrG, PBefG, AEG, BauGB, ROG, UVPG, …) zu beachten, die die Einhaltung von Mindeststandards für die Struktur von Planungsprozessen und insbesondere die Information und Beteiligung der Betroffenen bzw. der Öffentlichkeit sicherstellen sollen.

Für die Ergebnisse von Planungen wurde in Deutschland mit dem 2001 veröffentlichten „Handbuch für die Bemessung von Straßenverkehrsanlagen" [6] das Level-of-Service-Konzept als Element der Qualitätssicherung eingeführt, das die Beurteilung von Verkehrsanlagen aus Sicht ihrer Benutzer mit den einheitlichen Qualitätsstufen A bis F ermöglicht. Inzwischen wurde dieser Ansatz auf Netzplanungen übertragen („Richtlinien für die integrierte Netzgestaltung - RIN´08" [7]). Beide Regelwerke sind in der FGSV-Systematik über den prozessbezogenen Qualitätshinweisen angesiedelt. Wesentlich schärfere Qualitätsanforderungen an Planungsergebnisse stellt insbesondere das Bundesimmissionsschutzgesetz.

Und wie sieht es bei den Datengrundlagen aus, die Bestandteil jeder Planung sind, deren Gewinnungsmethoden prozessrelevant sind und deren Akzeptanz in der Praxis nicht selten kritischen Fragen ausgesetzt ist?

Verkehrsmodelle

Die „Empfehlungen für Verkehrserhebungen – EVE´91" [8] stellen in dieser Hinsicht derzeit das höchstrangige Regelwerk dar. Allerdings werden Qualitätsstandards nur indirekt durch die Formulierung von Anforderungen an Erhebungsverfahren gesetzt und sie beziehen sich nur auf empirische Daten. Die laufende Neufassung der EVE wird den Gedanken der Datenqualitätssicherung vertiefen, um der in der Praxis leider manchmal zu beobachtenden Fahrlässigkeit im Umgang mit empirischen Planungsdaten zu begegnen.

Für den Bereich der Mikrosimulationsmodelle (Verkehrsflusssimulation auf Basis der Betrachtung einzelner Verkehrsteilnehmer) liegen seit 2006 die „Hinweise zur mikroskopischen Verkehrsflusssimulation" [9] vor, die sich explizit an Anwender und Auftraggeber wenden und die die in der Planungspraxis aufgekommene Unsicherheit in der Bewertung von derartig erzeugten Planungs- und Bewertungsdaten aufgegriffen haben. Demgegenüber enthalten die 2001 veröffentlichten „Hinweise auf Verfahren bei Verkehrsplanungen im Personenverkehr" [10], die sich – aus dem Titel nicht zu entnehmen – mit wichtigen Qualitätsaspekten von Verkehrsnachfragemodellen befassen, sehr allgemein gehaltene Empfehlungen zur Qualitätssicherung in der Modellierung. Explizite Anforderungen an die Qualität der Modellausgangsdaten werden nicht formuliert.

Neue Handlungserfordernisse für die Sicherung der Modelldatenqualität werden voraussichtlich mit der zur Zeit laufenden Fortschreibung des HBS ausgelöst. Neben der ausdrücklichen Befassung mit modelltechnisch gewonnenen Bemessungsverkehrsstärken wird diskutiert, auf „alternative" (modellgestützte) Verfahren zur Bemessung und Qualitätsbewertung hinzuweisen, für die dann datenbezogene Qualitätsanforderungen aufzustellen sind.

┌─ Der Autor ─────────────────

Univ.-Prof. Dr.-Ing.
Bert Leerkamp

Bergische Universität Wuppertal

Beschreibung von Datenqualitäten

Steyer et.al. [11] haben mit dem Focus auf Geodaten die Qualitätsmerkmale

- Vollständigkeit
- Genauigkeit
- Aktualität und
- Zuverlässigkeit

definiert. Binnenbruck [12] nennt mit Blick auf Statistikdaten zusätzlich die Qualitätsmerkmale

- Vergleichbarkeit und
- Verständlichkeit.

Daraus wurde im Rahmen von Qualimod ein Qualitätskonzept erarbeitet, das die o.g. Qualitätsmerkmale einerseits mit den „klassischen" Teilmodellen (Erzeugung, Verteilung, Aufteilung, Umlegung) und andererseits mit relativen und absoluten Standards, Methoden-bezogenen und Modelleingangsdatenbezogenen Qualitätsanforderungen verknüpft. Damit können baukastenartig projektbezogene Qualitätsstandards formuliert werden, die die Anforderungen an die konkrete Planungsaufgabe und die verfügbaren Ressourcen für die Modellierung und Gewinnung von Modelleingangsdaten berücksichtigen. Die Abbildung 1 zeigt zusammengefasst, welche Indikatoren vorgeschlagen werden. Durch den umfassenden Qualitätsansatz soll auch verhindert werden, dass für Analysenullfall-Kalibrierungen Einbußen in der Prognosefähigkeit der Modelle hingenommen werden.

Die Anforderungen an die Planungsaufgabe und die verfügbaren Ressourcen zur Modellierung und zur Gewinnung von Modelleingangs- und –kalibrierungsdaten bestimmen jeweils die zu setzenden Qualitätsstandards für das Verkehrsmodell. Dabei ist in der Praxis festzustellen, dass die Fortschreibungsfähigkeit des Modells vielfach nicht angemessen berücksichtigt wird. Die räumliche, zeitliche und inhaltliche Verdichtung von Planungsdaten im Verlauf des Planungsprozesses gelingt dann nur durch aufwändige nachträgliche Modellmodifikationen. Und für Nutzen-Kosten-Analysen im Rahmen der Bedarfsplanerstellung verwendete Modelldatengerüste sind nicht geeignet, um für die anschließende technische Projektentwicklung genutzt zu werden.

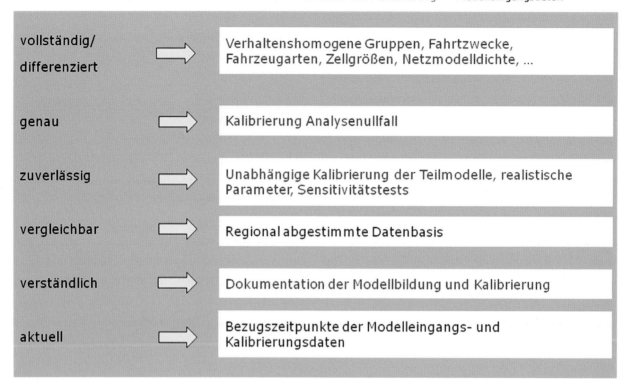

Abb. 1: Übersicht über Qualitätskriterien und Indikatoren für Verkehrsmodelle (nach [1])

Hier besteht Forschungs- und erheblicher Handlungsbedarf in methodischer und planungsorganisatorischer Hinsicht. Ziel sollte die vertikale und horizontale Integration der räumlichen Modelle durch aufeinander abgestimmte Modelle sein, deren kontinuierlicher Datenaustausch administrativ gewährleistet ist.

Wie gut ist mein Modell?

Die Modellierungsqualität wird in der Praxis vorrangig an der Genauigkeit (Übereinstimmung von Analysenullfall-Umlegungen mit Verkehrszähldaten) festgemacht. Im Zentrum der Forschungsarbeit Qualimod [1] standen daher statistische Auswertungen der Abweichungen zwischen diesen Größen anhand der kleinräumigen Verkehrsmodelle für die Städte Bremen und Dortmund. Durch den langjährigen Aufbau und die ständige Weiterentwicklung dieser städtischen Verkehrsmodelle und ihren Einsatz in vielfältigen kommunalen Verkehrsplanungsaufgaben repräsentieren diese beiden Modelle den Stand der Technik im Bereich der praxisrelevanten Modellanwendungen und bilden das Ergebnis eines kontinuierlichen Abstimmungsprozesses zwischen gewünschter Modellqualität und praktisch verfügbaren Ressourcen ab.

Da Daten aus Verkehrsmodellen zunehmend auch für kurzfristige Prognosen und Analysefallbetrachtungen eingesetzt werden und – trotz aller im Einzelfall berechtigten Einwände gegen eine solche Vorgehensweise – bis auf Bemessungsverkehrsstärken für einzelne Verkehrsströme heruntergebrochen werden, sind absolute Qualitätsstandards bzw. Qualitätsaussagen im Sinne der Kalibrierungsgenauigkeit als Forderung nicht wegzudiskutieren. In Qualimod wurden u. a. die Abweichungen zwischen Zählwerten und Analysenullfallumlegungen als MARF (Mittelwert des Absolutbetrags der relativen Abweichungen) berechnet. Dabei ergaben sich über alle Streckentypen die in Abbildung 2 dargestellten Mittelwerte des „Kalibrierungsfehlers" von rd. 18 % für Dortmund und rd. 14 % für Bremen.

Diese mittleren Fehler können nicht unmittelbar als Orientierungswerte für kleinräumige Verkehrsmodelle herangezogen werden. Die genauere Betrachtung der Streckentypen und der Anzahl der zur Kalibrierung verfügbaren Zähldaten zeigt, dass – unabhängig von den Eigenschaften des Verkehrsnachfragemodells und des Umlegungsmodells – allein durch die Vorgehensweise bei der Analyse der Fehlerverteilungen erhebli-

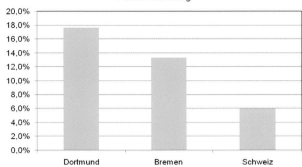

Abb. 2: Mittelwerte der relativen Abweichungen zwischen Zähl-werten und Analysenullfallumlegung (Werte aus [1])

che Unterschiede auftreten können. Beide betrachteten kommunalen Verkehrsmodelle weisen im höherrangigen Straßennetz deutlich geringere und nur geringfügig unterschiedliche Abweichungen auf. Das Dortmunder Modell greift außerdem auf wesentlich mehr Zähldaten insb. im untergeordneten Netz zurück. Dies erklärt zumindest teilweise auch die wesentlich höhere Genauigkeit, mit der das Nationale Verkehrsmodell der Schweiz die Daten der Verkehrszählungen trifft.

Für die Ableitung von Qualitätsstandards und -prüfverfahren bedeutet dies, dass sehr detaillierte Messvorschriften für die beobachteten Abweichungen zu formulieren sind. Die in der praktischen Planung eingesetzten Verkehrsmodelle sollten mit einheitlichen Routinen für Fehlerauswertungen ausgestattet werden, die diese Zusammenhänge berücksichtigen. Die erforderlichen Vorgaben begründen die Notwendigkeit einer Verankerung im Technischen Regelwerk.

Das Forschungsvorhaben Qualimod hat sich darüber hinaus mit der Frage befasst, welchen Einfluss unsichere Modelleingangsdaten auf die Berechnungsergebnisse haben können. Die Untersuchungsergebnisse, die allerdings streng genommen nur für das im Vorhaben benutzte Nachfragemodell gelten, zeigen auch hier ein differenziertes Bild. Während z.B. die Variation der Absolutbeträge ausgewählter Strukturdaten überraschend geringe Auswirkungen auf das Umlegungsergebnis hatte, führten Modellvereinfachungen (Reduzierung von Verhaltenshomogenen Gruppen, Verzicht auf Differenzierung der Beschäftigtengruppen) zu deutlich stärkeren und gerichteten Verzerrungen der Umlegungsergebnisse. Daraus ergibt sich die Forderung, Sensitivi-

tätsanalysen für die Modelleingangsdaten durchzuführen, mit denen die im Anwendungsfall erforderlichen Struktur- und Mobilitätsdatenqualitäten sowie die Effekte unsicherer Daten eingeschätzt werden können.

Räumliche Integration von Verkehrsmodellen

Der Bund lässt in regelmäßigen Abständen für die Aufstellung des Bundesverkehrswegeplans ein nationales Verkehrsmodell erarbeiten. Mehrere Bundesländer und einige Regionsverwaltungen haben entsprechende Modell- und Datenbasen aufgestellt, und auf der kommunalen Ebene existieren vielfältige kleinräumige Modelle. Ihnen allen gemeinsam ist, dass es keinerlei systematische Abstimmung zwischen den Raumebenen gibt, teilweise unter Auslassung der regionalen Ebene Verkehrsbeziehungen vom Bundesmodell auf die kommunale Ebene heruntergebrochen werden, für den Wirtschaftsverkehr auf der kommunalen Ebene vielfach keinerlei explizite Modellbildung stattfindet und benachbarte kommunale Modelle zumeist auch nicht aufeinander bezogen werden. Nur wenige Planungsregionen (dazu gehören: Frankfurt/Rhein-Main, Hannover, Stuttgart, Berlin-Brandenburg, München) haben bislang Daten- und Modellplattformen geschaffen, die eine modelltechnische Abstimmung räumlich benachbarter und räumlich gestufter Planungen gewährleisten.

Folgen dieser vernachlässigten vertikalen und horizontalen Modellintegration sind zusätzliche Kosten und Zeitverzögerungen, wenn für ein Projekt die Modellabstimmung nachträglich herbeigeführt werden muss. Hinzu kommen Gefährdungen von rechtsetzenden Planverfahren, wenn die Abstimmungs- und Plausibilitätsdefizite in der Normenkontrolle aufgedeckt werden.

Hier bedarf es zunächst einmal eines Konsenses zwischen allen Planungsebenen, dass eine solche vertikale und horizontale Integration notwendig ist, die erforderlichen Ingenieurleistungen erbracht werden müssen und hierfür Finanzmittel bereitzustellen sind. Dann können Verfahren und Standards entwickelt werden, wie die räumlichen Modellebenen miteinander gekoppelt werden können, welche Festlegungen unabdingbar sind und inwieweit die jeweiligen Ebenen in der Modellierung unabhängig voneinander sind.

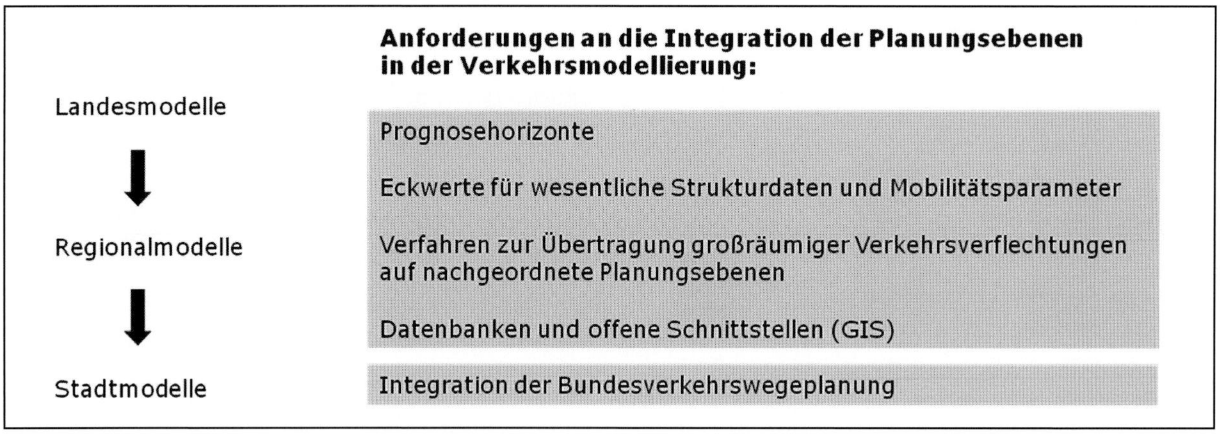

Abb. 3: Integration der Planungsebenen in der Verkehrsmodellierung

Damit ergibt sich auch die Möglichkeit, im Rahmen der Bundesverkehrswegeplanung lediglich eine Nachfrageprognose (Matrix) zu erstellen und die Ermittlung der Streckenbelastungen im Bereich Straße auf die Landesmodelle zu verlagern (Mengengerüst der Bewertung). Wenn künftig weniger großräumige Autobahnvorhaben und stattdessen mehr Ortsumfahrungsprojekte zu bewerten sein werden, würde dies die Qualität des Mengengerüstes für die BVWP-Bewertung deutlich verbessern können. Die städtebaulichen Effekte der Vorhaben, die sich häufig nicht nur auf die entlastete Ortsdurchfahrt beschränken, wären auf diesem Wege besser zu beschreiben und ebenso könnten Belastungsverlagerungen im nachgeordneten Netz besser in die verkehrliche Bewertung einbezogen werden.

Literatur

[1]   Althoff, T.; Goebel, D.; Janßen, Th.; Leerkamp, B., Qualitätsanforderungen und –standards für Verkehrsmodellberechnungen. Forschungsvorhaben im Auftrag der Arbeitsgemeinschaft industrieller Forschungseinrichtungen (AiF), Hochschule Bochum, 2007

[2]   Leerkamp, B., Bestandsanalyse und Workshop zur Anwendung von Verkehrsmodellen im Ballungsraum Rhein-Ruhr als Grundlage für eine landesweite Verkehrsdatenbasis. Im Auftrag des Ministeriums für Bauen und Verkehr des Landes Nordrhein-Westfalen, Hochschule Bochum, 2008

[3]   Forschungsgesellschaft für Straßen- und Verkehrswesen. Hinweise zur Anwendung von Qualitätsmanagement in kommunalen Verkehrsplanungsprozessen. Köln, 2007

[4]   Forschungsgesellschaft für Straßen- und Verkehrswesen. Leitfaden für Verkehrsplanungen. Köln 2001

[5]   Forschungsgesellschaft für Straßen- und Verkehrswesen. Hinweise zur Evaluation von verkehrsbezogenen Maßnahmen. Unveröffentlichter Entwurf, Köln 2010

[6]   Forschungsgesellschaft für Straßen- und Verkehrswesen. Handbuch für die Bemessung von Straßenverkehrsanlagen. Köln 2001

[7]   Forschungsgesellschaft für Straßen- und Verkehrswesen. Richtlinien für die integrierte Netzgestaltung. Köln 2009

[8]   Forschungsgesellschaft für Straßen- und Verkehrswesen. Empfehlungen für Verkehrserhebungen. Köln 1991

[9]   Forschungsgesellschaft für Straßen- und Verkehrswesen. Hinweise zur mikroskopischen Verkehrsflusssimulation. Köln 2006

[10] Forschungsgesellschaft für Straßen- und Verkehrswesen. Hinweise auf Verfahren bei Verkehrsplanungen im Personenverkehr. Köln 2001

[11] Steyer, R. et. al., Qualität von Daten im Straßen- und Verkehrswesen. Heft 904 der Schriftenreihe Straßenverkehrstechnik und Straßenverkehrsplanung, Bonn 2004

[12] Binnenbruck, H.H., Zur Notwendigkeit von Qualitätsstandards für bedarfsorientierte Ad-hoc-Verkehrserhebungen im Schwer-Lkw-Verkehr, In: Straßenverkehrstechnik, Heft 01/2006

Rita Cyganski, Andreas Justen , Alexander Kihm

Verkehrsmodelle – Qualität und Quantität in Verkehrsmodellen und Prognosen
Chancen der Differenzierung von Pkw-Typen in Verkehrsnachfragemodellen

Aufgrund von Ressourcenverknappung und Klimawandel werden nachhaltige Lösungen für den Verkehrssektor gesucht, da dieser mit etwa 20 % einen erheblichen Anteil an den CO_2-Emissionen in Deutschland aufweist. In Anbetracht dessen kommt der Erforschung der zugrunde liegenden Mechanismen und Anpassungsreaktionen der Verkehrsmittelnutzung eine hohe Bedeutung zu. Verkehrsnachfragemodelle haben in diesem Zusammenhang eine lange Tradition als unterstützende Instrumente für die politischen Entscheidungsträger.

Die Weiterentwicklung dieser Modelle findet sich hierbei vorrangig im Bereich der Verkehrsentstehung, bei der mit Hilfe der Ausdifferenzierung von Personengruppen, Wegezwecken, Modalwahlverhalten und (multimodalen) Wegeketten versucht wird, ein genaueres Abbild der Realität zu schaffen. In der Regel verwenden die etablierten 4-Stufen-Modelle den Pkw-Besitz als eine der wichtigen, erklärenden Variablen bei der Verkehrsentstehung und Modalwahl. Dabei werden Aspekte wie die Antriebsart des Pkw, das Alter oder der spezifische Verbrauch in den Entscheidungsstufen des Modells in der Regel nicht berücksichtigt, selbst wenn oftmals gleichzeitig Pkw-Besitzmodelle existieren, die diese Informationen enthalten [14]. Durch diese Vereinfachungen kann auch die Berechnung der Fahrzeugemissionen im nachgelagertern Analyseschritt nur mit entsprechenden Einschränkungen erfolgen. Die Berechnung wird meist anhand von Durchschnittsemissionswerten für die empirisch ermittelte Zusammensetzung der Fahrzeugflotte vorgenommen. Die Fahrzeugkilometer werden im Anschluss an die Umlegung zumeist nach Aufkommensort (innerorts/außerorts/Autobahn) fest aufgeteilt und mit den Emissionsfaktoren multipliziert. Beispiele hierfür sind das in den USA weit verbreitete MOBILE 6 [14] sowie die europäische Software COPERT [6].

Implizite Annahme dieses Vorgehens ist eine gleichmäßige Verteilung von Pkw-Eigenschaften für die erzeugte Nachfragematrix. Es wird also davon ausgegangen, dass die oftmals vorhandene Wahl zwischen verschiedenen Fahrzeugalternativen keinen Einfluss auf Fahrtengenerierung, Fahrziele und Reiseweiten aufweist. Im Verlauf des Artikels wird anhand von Auswertungsbeispielen auf Basis der Erhebung „Mobilität in Deutschland 2008" (MiD) [10] aufgezeigt, dass diese Annahme mit einer starken Vereinfachung der realen Situation einhergeht. Bisher findet die Ausdifferenzierung von Pkw-Typen teilweise in neueren, simulationsbasierten Ansätzen von Verkehrsnachfragemodellen Berücksichtigung: „The new generation of travel models can explicitly track auto allocation by household drivers throughout the travel day. In addition to providing more behavioural realism in travel models, maintaining these details (…) has a direct impact on air quality analysis" [4].

Neben einer präziseren Bestimmung der Fahrzeugemissionen sprechen weitere Gründe für eine Ausdifferenzierung von Pkw-Typen in Verkehrsnachfragemodellen: dazu gehört z.B. die Abbildung von gebietsbezogenen Einschränkungen für unterschiedliche Fahrzeugtypen (z.B. Umweltzonen) sowie die verhaltensgetreue Abbildung von Entscheidungssituationen hinsichtlich der Nutzung von Pkw-Typen im Verkehrsentstehungsprozess, insbesondere im Falle von aktivitätenbasierten Nachfragemodellen.

Forschungsstand
Untersuchungen zum Entscheidungsverhalten von Personen und Haushalten in Bezug auf Fahrzeugbe-

sitz, Nutzung und auch die Zuweisungsvorgänge bei mehreren verfügbaren Pkw innerhalb der Haushalte haben bereits eine lange Tradition. Insbesondere zur Vorhersage des Pkw-Besitzes von Haushalten in Bezug auf die Anzahl, den Fahrzeugtyp bzw. dessen Größe sowie die Nutzung wurden seit den 1980er Jahren verschiedene Modelle entwickelt [7], [11]. Als Erklärungsfaktoren für die Modelle dienen in der Regel Charakteristika des Haushaltes, des Fahrers sowie des Pkw [3]. Analog zu Verkehrsnachfragemodellen existieren inzwischen auch im Bereich Pkw-Kauf mikroskopische Simulationen, die den Entscheidungsprozess des Käufers sehr detailliert abbilden [12], allerdings in der Regel keine Anbindung an ein Verkehrsnachfragemodell aufweisen.

Parallel dazu existieren zahlreiche, oftmals stärker aggregierte Modelle, die die Entwicklung der Neuzulassungen und des Flottenbestandes abbilden und prognostizieren [15]. Auch bestehen detaillierte Datenbanken wie beispielsweise TREMOD, in denen Informationen zu den Emissionen differenziert nach Größe, Antriebsart und Emissionsstandard bereits verfügbar sind und die in Kombination mit Resultaten von Verkehrsnachfragemodellen eine Emissionsberechnung ermöglichen [2].

Es bleibt festzuhalten, dass die Disaggregation der Daten in den einzelnen Fahrzeugflotten-, Verkehrsnachfrage- und Emissionsmodellen bereits sehr fein ist und spezifische Betrachtungen erlaubt. Allerdings werden die Potenziale, die sich aus einer Kopplung der jeweiligen Informationen auf hohem Detaillierungsgrad ergeben können, bisher kaum genutzt. Insbesondere bei den aktivitätenbasierten Nachfragemodellen nimmt die Anzahl der Modelle, die eine differenzierte Betrachtung des eingesetzten Pkw sowie die Allokation der Pkw innerhalb des Haushaltes modellieren, in den letzten Jahren jedoch zu [14]. Die in diesen Modellen erzeugte Nachfrage kann analog zu den 4-Stufen-Modellen als aggregierte Matrix auf ein Straßennetz umgelegt werden. Die sehr detaillierte Betrachtungsweise der aktivitätenbasierten Ansätze bietet jedoch auch die Kopplung mit einem mikroskopischen Verkehrsflussmodell an und ermöglicht dann, zumindest für kleinräumige Analysen, eine deutlich verbesserte Abbildung der emittierten Schadstoffe. Entsprechende Arbeiten finden sich unter [1], [8], [9].

Ausdifferenzierung der Pkw nach Größe und Antriebsart

Wie eingangs angeführt, können z.B. Umweltzonen oder Diskussionen um ein emissionsbasiertes Maut-System als Beispiele für steuernde Maßnahmen genannt werden, die in den Nachfragemodellen adäquat abzubilden sind. Diese erweiterten Anforderungen an die Modelle lässt Petersen und Vovsha [13] folgerichtig argumentieren: "In order to support planning decisions and policies of this kind, travel demand models should incorporate a structural typology of vehicles the same way they incorporate various travel purposes and person/household types." Idealerweise berücksichtigt eine solche Typologie Größe und Fahrzeugaufbau, Antriebsart und Reichweite sowie Alter und Abgasnormklasse, da diese neben den eigentlichen Bedingungen auf der Straße (Geschwindigkeiten und Brems-/Beschleunigungssituationen) die Hauptkriterien für Emissionen und Kosten darstellen.

In der Modellierungspraxis wird die Differenzierung nach Pkw-Typen in der Nachfrageberechnung dennoch weniger komplex ausfallen als hier gefordert. Mit dem in der Zukunft erwarteten verstärkten Auftreten neuer Antriebe erscheint jedoch zumindest eine Unterscheidung nach Antriebstypen sinnvoll.

┌─ Die Autoren ─────────────────────────────

Rita Cyganski

Institut für Verkehrsforschung, DLR Berlin

Andreas Justen

Institut für Verkehrsforschung, DLR Berlin

Alexander Kihm

Institut für Verkehrsforschung, DLR Berlin

Verkehrsmodelle

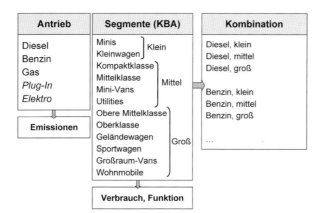

Abb. 1: Beispiel einer einfachen Differenzierungsmöglichkeit nach Größenklasse und Kraftstoff

Eine derartige Ausdifferenzierung ist heute bereits möglich, findet in der Regel in den Modellen aber noch keine Berücksichtigung. Abbildung 1 zeigt eine mögliche Einteilung nach Größenkategorien und der Antriebsart. Die Einteilung orientiert sich an den Segmentdefinitionen des Kraftfahrtbundesamt (KBA) und dient als Basis für ein nachfolgendes Rechenbeispiel. In die Segmentbildung fließen vor allem die Fahrzeuggröße, die Bauform (z.B. Cabrio oder Van) sowie der Fahrzeugpreis ein. Die Unterscheidung nach Antriebsarten ist aufgrund der unterschiedlichen Kostenstrukturen und Fahreigenschaften erforderlich, insbesondere auch im Hinblick auf elektrische Antriebe, die wegen ihrer beschränkten Reichweite eine ge-

sonderte Betrachtung bei der Verkehrsmittelwahl und Verteilung erfordern. Der Hubraum als Unterscheidungsmerkmal spielt keine entscheidende Rolle mehr, da Leistung und Größe eines Fahrzeugs aufgrund intensiver Downsizing-Anstrengungen im Motorenbau wesentlich weniger mit dem Hubraum korrelieren als in vorherigen Fahrzeuggenerationen.

Lohnt sich der Aufwand?

Die klassische Pkw-Abbildung in den Modellen geht implizit davon aus, dass keine substantiellen Unterschiede in der Nutzung der verschiedenen Pkw-Typen im Vergleich zum Referenz-Pkw existieren. Gleichzeitig zeigen sowohl Pkw-Käufermodelle als auch Datenanalysen auf Basis von Verkehrsverhaltenserhebungen deutlich, dass die Wahl und Nutzung der Pkws innerhalb eines Haushaltes nicht als zufällig betrachtet werden kann. So weisen Petersen & Vovsha [13] anhand eines Datensatzes aus Georgia, USA, von 2001 für Haushalte, denen mehrere Pkw zur Wahl zur Verfügung stehen, deutliche Unterschiede bei der Nutzung der vorhandenen Pkw nach. Die Größe des eingesetzten Pkw unterscheidet sich deutlich nach Geschlecht, Wegezweck und Anzahl der mitfahrenden Haushaltsmitglieder. Insbesondere auf längeren oder gemeinsamen Wegen kommt zumeist das neueste der zur Verfügung stehenden Autos zum Einsatz [14]. Auch findet sich in

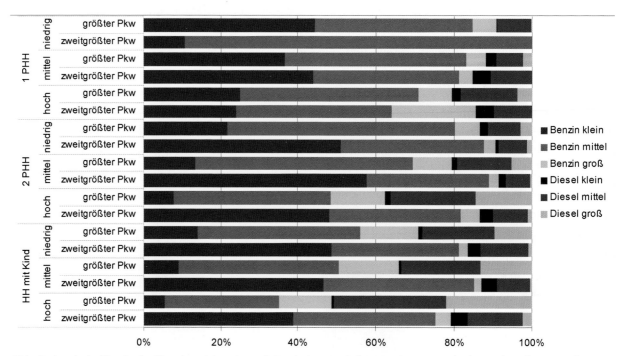

Abb. 2: Anteile der Pkw-Größenklassen und Antriebe nach Haushaltstyp und ökonomischem Status (hoch, mittel, niedrig); Berechnungen auf Basis der MiD 2008

urbanen Räumen ein höherer Anteil von Kleinwagen. Darüber hinaus überrascht wenig, dass mit steigendem Haushaltseinkommen und Erwerbstätigkeit der Anteil der Kleinwagen an der Haushaltsflotte sowie das Durchschnittsalter der vorhandenen Pkw sinkt.

Analysen der MiD 2008 weisen ähnliche Tendenzen auf. Beispielhaft stellt Abbildung 2 die Verteilung der Fahrzeuggrößen- und Kraftstoffarten beim Pkw-Besitz nach Haushaltstyp und ökonomischen Status dar. Dargestellt sind die Anteile für Haushalte mit Pkw(s), wobei jeweils nach dem größten und zweitgrößten Pkw im Haushalt unterschieden wird. Aus Gründen der Übersichtlichkeit sind die Anteile an Haushalten ohne Pkw hier nicht angeführt (im Wesentlichen sinken mit steigender Haushaltsgröße und ökonomischem Status die Anteile an Haushalten ohne Pkw). Die Angaben zum ökonomischen Status wurden nach dem Prinzip des Äquivalenzeinkommens berechnet, durch das die Haushaltsgröße Berücksichtigung findet. Deutlich zu erkennen ist der höhere Anteil an kleineren Fahrzeugen (vor allem Benziner) bei den Zweitwagen sowie der steigende Anteil an Dieselmodellen mit höherem ökonomischem Status.

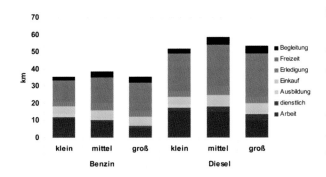

Abb. 3: Durchschnittliche Tagesstrecke pro Person nach Wegezwecken und Pkw-Segmenten; Berechnungen auf der Basis der MiD 2008

Abbildung 3 zeigt darüber hinaus die Ergebnisse einer Auswertung der Wegetagebücher auf Personenbasis nach Wegezweck und Segment des genutzten Pkw. Dabei ist zu beachten, dass bei der Ermittlung der Wegeanteile Fahrten mit mehreren Haushaltsmitgliedern, d.h. Pkw-Fahrten mit höherem Besetzungsgrad, mehrfach aufgenommen werden. In der Tendenz bleibt der Unterschied in den gefahrenen Tagesstrecken nach Antriebstyp gut erkennbar. Demnach unterscheiden

sich die mittleren Tagesstrecken zwischen rund 36 km (Benzin klein und groß) und 59 km (mittlerer Diesel). Aus diesem deutlichen Unterschied kann geschlussfolgert werden, dass mit den verschiedenen Antrieben (und Größen) auch unterschiedliche Gelegenheiten im Raum aufgesucht werden. Dieser für die Verkehrsmodelle so wichtige Zusammenhang ist – wie bereits erwähnt – nur unzureichend abgebildet.

Die Auswertungen zeigen, dass ein Zusammenhang zwischen der Fahrzeugklasse und der Nutzung des Pkws besteht. Der ökonomische Status eines Haushalts beeinflusst nicht nur die Anzahl, sondern auch die Größe bzw. Antriebsart des Pkws im Haushalt. Eine Unterscheidung nach Benzin- und Dieselantrieb macht deutlich, dass Dieselfahrzeuge tendenziell längere Tagesstrecken zurücklegen. In Konsequenz müsste auch im Verkehrsmodell eine derartige Ausdifferenzierung berücksichtigt werden, auch aufgrund der räumlich spezifischen Verteilung der Emissionen je nach Antriebstyp.

Das nachfolgende Rechenbeispiel greift die bisher verwendete Einteilung nach kleinen, mittleren und großen Fahrzeugen auf und versucht die Frage zu beantworten, inwiefern die Ausdifferenzierung bei der Abschätzung der Emissionen sinnvoll ist. Anhand der in der MiD 2008 enthaltenen Angaben zu Pkw-Besitz und Nutzung wurden in Abbildung 4 die Pkw-Anteile sowie die Jahresfahrleistungen berechnet. Zusammen mit Durchschnittsverbrauchswerten und den spezifischen CO_2-Emissionen ergaben sich die jährlichen CO_2-Emissionen in Mio. Tonnen sowie der Jahreskraftstoffverbrauch. Den Segmentwerten wurden die entsprechenden Jahreswerte für einen nach Kraftstoffart unterschiedenen Referenz-Pkw (VW Golf) sowie einer gemittelten Variante gegenübergestellt.

Das Rechenbeispiel zeigt, dass sich eine differenzierte Abbildung im Hinblick auf die Gesamtsummen nicht in jedem Falle lohnt, da die Abweichungen vergleichsweise gering sind. Relevanz gewinnt die beispielhafte Unterscheidung allerdings dann, wenn das Analyseziel in einer räumlich differenzierten Untersuchung der Emissionen besteht und/oder räumliche und fahrzeugtypspezifische Restriktionen abgebildet

Verkehrsmodelle

	∑ Fahrzeuge	%-Anteil	Ø Verbrauch (l/km)	Ø CO$_2$ (g/km)	Ø J-Fahrleistung	Verbrauch Jahr (Mrd. Liter)	CO$_2$ Jahr (Mio. Tonnen)
Benzin, Klein	9.531.616	23,1	0,064	148	10.892	6,6	15,4
Benzin, Mittel	16.242.911	39,3	0,082	191	12.277	16,4	38,0
Benzin, Groß	3.317.958	8,0	0,111	258	12.402	4,6	10,6
Diesel, Klein	753.948	1,8	0,041	108	18.953	0,6	1,5
Diesel, Mittel	5.765.174	14,0	0,059	157	22.668	7,8	20,5
Diesel, Groß	2.516.757	6,1	0,081	215	23.024	4,7	12,4
andere / keine Angabe	3.192.808	7,7	0,076	178	14.268	3,5	8,1
∑	41.321.171					44,0	106,6
Referenz-Golf, Benzin	33.385.870	80,8	0,082	190	12.122	33,1	77,1
Referenz-Golf, Diesel	7.935.301	19,2	0,059	156	21.812	10,2	27,1
∑	41.321.171					43,4	104,1
Referenz-Golf	41.321.171		0,077	184	14.023	44,9	106,4

Abb. 4: Vergleich von Verbrauch und CO$_2$-Emissionen bei Verwendung eines Referenz-Pkws gegenüber der Berücksichtigung differenzierter Pkw-Größenklassen; Berechnungen auf Basis der MiD 2008

werden sollen. Für diese Fälle kann schlussgefolgert werden, dass sich eine Ausdifferenzierung vorrangig dann lohnt, wenn

a) zwischen den Pkw-Typen starke (regionale) Unterschiede in der Anzahl der Fahrten, den durchschnittlichen Reiseweiten und damit angefahrenen Zielen zu erwarten sind,

b) typabhängige Restriktionen geltend gemacht werden (z.B. emissionsabhängige Straßennutzungsgebühr) oder

c) wenn Fahrverbote oder Exklusivrechte für ausgewählte Antriebstypen abgebildet werden.

Angesichts der aufkommenden NO$_X$-Problematik und der Diskussionen zu Sonderrechten von Elektrofahrzeugen – um nur zwei Beispiele zu nennen – sollten die Verkehrsmodelle in Zukunft in der Lage sein, mit diesen Anforderungen aus der Praxis umzugehen.

Schlussfolgerungen

Die Berücksichtigung ausdifferenzierter Pkw-Typen in Modellen der Verkehrsnachfrage bietet deutlich erweiterte Analysemöglichkeiten als bisher. Für die Berechnung von Gesamtemissionsmengen sind die Effekte eher gering, allerdings kann eine Unterscheidung in den etablierten 4-Stufen-Modellen für andere Zwecke schon heute sinnvoll sein. Eine einfache Datenauswertung zeigt, dass sich die gefahrenen Distanzen und damit auch die angefahrenen Ziele im Raum nach Antriebsart unterscheiden. Mit dem Auftreten neuer, ggf. reichweitenbeschränkter, elektrischer Antriebe erlangt dieser Aspekt weitere Bedeutung. Zur Quantifizierung der Reduktion lokaler Emissionen aufgrund von Be-

günstigungen für Elektrofahrzeuge, ist eine Differenzierung hilfreich, wenn nicht gar erforderlich. Nicht nur vor diesem Hintergrund sollte beim Aufbau eines Verkehrsmodells die Option der Ausdifferenzierung von Pkw-Typen ebenso mitbedacht werden, wie über die Anzahl der Wegezwecke oder die Anzahl der verhaltenshomogenen Gruppen im Vorfeld diskutiert wird.

Der Zugewinn an Information geht allerdings mit erhöhten Anforderungen an die Verfügbarkeit von Daten und später auch mit erhöhtem Aufwand bei der Erstellung des Verkehrsmodells einher. Bei kleinen Stichproben der Verkehrsverhaltensdaten kann eine zusätzliche Differenzierung nach Pkw-Typen ggf. eine Zusammenfassung anderer Größen (Altersgruppen, Wegezwecke) erfordern. Hier ist die statistische Analyse der für das Modell relevanten Einflussgrößen im Vorhinein nötig, um zu entscheiden, welche Größen mit minimalem Informationsverlust zusammengefasst werden können. Auch sind umfangreiche Verhaltensdaten zur Nutzung der neuen Antriebe bisher nicht verfügbar. Darüber hinaus entsteht bei der Arbeit mit dem Verkehrsmodell ein erweiterter Kalibrierungsaufwand aufgrund der höheren Anzahl an Matrizen. Bei der Umlegung sind die Fahrtenmatrizen nach Pkw-Typ separat umzulegen, wenn die Belastungs- und Emissionseffekte adäquat abgebildet werden sollen.

Dennoch ist zu erwarten, dass die Ausdifferenzierung von Pkw-Typen in zukünftigen Modellen eine zunehmend wichtigere Rolle spielen wird. Die Umsetzung wird in Abhängigkeit des Modelltyps unterschiedlich differenziert ausfallen. Für die 4-Stufen-Modelle ist davon auszugehen, dass zunächst eine Unterscheidung nach Antriebstypen erfolgt, bei der nicht mehr als drei Pkw-Typen unterschieden werden (Kriterien hier sind die Handhabbarkeit und die Datenverfügbarkeit). Für die aktivitätenbasierten Ansätze, die in der Regel auch die Entscheidungssituationen von Haushalten abbilden, werden über den Antriebstyp hinaus weitere Kriterien Berücksichtigung finden, die dann vor allem bei der Modellierung haushaltsinterner Entscheidungen Einfluss ausüben.

Literatur

[1] iTETRIS Consortium (2010): iTetris: Deliverable D3.2: Traffic Modelling: ITS Algorithms.

[2] ifeu (2010): Fortschreibung und Erweiterung "Daten- und Rechenmodell: Energieverbrauch und Schadstoffemissionen des motorisierten Verkehrs in Deutschland 1960-2030" (TREMOD, Version 5): Endbericht im Auftrag des Umweltbundesamtes.

[3] Choo, S.; Mokhtarian, P. L. (2004): What type of vehicle do people drive? The role of attitude and lifestyle in influencing vehicle type choice. In: Transportation Research Part A: Policy and Practice Bd. 38, Nr. 3, S. 201 - 222.

[4] Davidson, W. et al. (2007): Synthesis of first practices and operational research approaches in activity-based travel demand modeling. In: Transportation Research Part A Bd. 41, Nr. 5, S. 464-488.

[5] Fritsche, U. R.; Schmidt, K. (2008): Globales Emissions-Modell Integrierter Systeme (GEMIS): Handbuch zu GEMIS 4.5 : Öko-Institut e.V.

[6] Gkatzoflias, D. et al. (2007): COPERT 4 Computer programme to calculate emissions from road transport - Users Manual (Version 5.0), Artistotele University Thessaloniki.

[7] Golob, T. F. et al. (1996): How households use different types of vehicles: A structural driver allocation and usage model. In: Transportation Research Part A Bd. 30, Nr. 2, S. 103-118.

[8] Hao Yang, J. (2009): TASHA-MATSim integration and its application in emission modelling, Department of Civil Engineering, University of Toronto, Masterarbeit.

[9] Hatzopoulou, M.; Miller, E. J. (2010): Linking an activity-based travel demand model with traffic emission and dispersion models: Transport's contribution to air pollution in Toronto. In: Transportation Research Part D Bd. 15, Nr. 6, S. 315-325.

[10] infas; DLR (2010): Mobilität in Deutschland 2008: Ergebnisbericht. Struktur – Aufkommen – Emissionen – Trends.

[11] de Jong, G. et al. (2002): Audit of Car Ownership Models: RAND Europe.

[12] Mueller, M. G.; de Haan, P. (2009): How much do incentives affect car purchase? Agent-based microsimulation of consumer choice of new cars – Part I: Model structure, simulation of bounded rationality, and model validation. In: Energy Policy Bd. 37, Nr. 3, S. 1072-1082.

[13] Petersen, E.; Vovsha, P. (2006): Intra-household car type choice for different travel needs. In: Annual Meeting CD-ROM. Washington, D.C., USA: Transportation Research Board.

[14] Vovsha, P.; Petersen, E. (2007): Incorporating car-type preferences and intra-household car allocation into travel demand models. In: Annual Meeting CD-ROM. Washington, D.C., USA: Transportation Research Board.

[15] Vance, C. und Mehlin, M. (2009): Fuel Costs, Circulation Taxes, and Car Market Shares: Implications for Climate Policy. Transportation Research Record (2134), S. 31-36.

Dr.-Ing. Tobias Kuhnimhof, Dr.-Ing. Martin Kagerbauer

Verkehrsmodelle – Qualität und Quantität in Verkehrsmodellen und Prognosen
Infrastruktur für weniger Menschen –
Verkehrsmodelle zwischen Erwartungen und Ergebnisplausibilität

In den vergangenen Jahrzehnten war die Entwicklung der Verkehrsleistung in Deutschland, wie in den meisten Industrieländern, von starkem Wachstum geprägt. Der daraus entstehende Bedarf, eine für steigende Verkehrsmengen angepasste Infrastruktur bereitzustellen, prägt in vielen Fällen die gegenwärtige Planungskultur.

Vor dem Hintergrund des Wandels von äußeren Rahmenbedingungen und Verkehrsnachfragestrukturen ergeben sich jedoch neue Herausforderungen für die Verkehrsplanung in Deutschland. Verkehrsprognosen sind zwar häufig nach wie vor durch Ausbauwünsche vor dem Hintergrund von Wachstumserwartungen motiviert. Angesichts der Rahmenbedingungen, wie z.B. der Bevölkerungsentwicklung und des demografischen Wandels, aber auch multimodaleren Mobilitätsbedürfnissen, dürften diese Wachstumserwartungen aber immer seltener einer realistischen Zukunftseinschätzung entsprechen. Dieses Spannungsfeld wird sich zunehmend in einer veränderten Gewichtung der Anforderungen an Personenverkehrsmodelle niederschlagen.

Der vorliegende Beitrag setzt sich mit dem Wandel von Rahmenbedingungen für die Verkehrsentwicklung in Deutschland auseinander, die in den nächsten Jahren von zunehmender Bedeutung für die Planung sind. Darauf aufbauend werden Konsequenzen für Modelle abgeleitet, die in der Planung eingesetzt werden.

Zeitenwende mit Folgen für die Planung

Für die Verkehrsplanung und -modellierung sind Bevölkerungszahl und Alterszusammensetzung der Bevölkerung die grundlegendsten Rahmenbedingungen. Seit für Deutschland bereits vor Jahrzehnten eine Alterung und langfristige Schrumpfung der Bevölkerung absehbar wurde, ist es unerlässlich das Thema in der Verkehrsplanung zu berücksichtigen [1], [2]. In großen Teilen Deutschlands sind Alterung

und Schrumpfung der Bevölkerung nicht mehr nur eine zukünftig zu erwartende Entwicklung, sondern bereits heute Realität [3]. Hinzukommt, dass seit einigen Jahren insgesamt kein nennenswertes Wachstum der Verkehrsleistung pro Kopf in Deutschland mehr zu verzeichnen ist (siehe Abbildung 1, [4]).

Abb. 1: Entwicklung der Verkehrsleistung pro Kopf in Deutschland seit 1976

Gleichzeitig wird deutlich, dass sich die Entwicklung der Verkehrsnachfrage zunehmend heterogen darstellt: In unterschiedlichen Räumen, für unterschiedliche Verkehrsträger und in unterschiedlichen Segmenten der Bevölkerung zeigen sich parallel Wachstums- und Schrumpfungsprozesse. Als Beispiel zeigt Abbildung 2, wie sich bei jüngeren Altersklassen in den letzten Jahren unerwartete Verlagerungen vom MIV zum ÖV ergeben haben [4].

Insgesamt ergibt sich aus diesen Entwicklungen die Anforderung an die Planungspraxis, sich von einer auf Wachstum ausgerichteten Kultur zu lösen und immer stärker die Heterogenität und Unsicherheit

Verkehrsmodelle

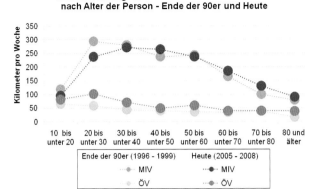

Abb. 2: Verkehrsleistung pro mit MIV und ÖV in unterschiedlichen Altersklassen Ende der 1990er Jahre und Ende der 2000er Jahre im Vergleich

sowie Variabilität von Nachfrageprozessen zu berücksichtigen. Zudem steigt die Verantwortung für die Verkehrsplanung, den sinnvollen Einsatz öffentlicher Mittel zu befördern. Dies wird besonders deutlich in den Bemerkungen des Bundesrechnungshofes 2009, in denen kritisiert wird: „Bundesministerium finanziert wegen veralteter Verkehrsprognosen zu breite Straßen". Seit 1993 seien Einsparungen in zweistelliger Millionenhöhe möglich gewesen, wenn das zu erwartende Verkehrsaufkommen nicht zu hoch eingeschätzt worden wäre [5].

Aus diesen Rahmenbedingungen folgen für die Planung der Verkehrsinfrastruktur maßgebliche Konsequenzen: Planung sollte robuste Lösungen hervorbringen, die unter unterschiedlichen Zukunftsszenarien sinnvoll sind. Insgesamt dürften in Zukunft weniger die Infrastrukturerweiterung als vielmehr die effiziente Nutzung bestehender Infrastrukturen und die Erhaltung des Bestandes im Vordergrund stehen. In diesem Zusammenhang positiv zu sehen sind die zunehmenden Optionen von Verkehrsteilnehmern, die sich etwa durch Verkehrsmittelverfügbarkeit, durch zeitliche Flexibilität und durch IuK-Technologien ergeben.

Konsequenzen für Verkehrsprognosen und Modelle

Aus den oben dargestellten Entwicklungen ergeben sich neue Anforderungen für Verkehrsprognosen. Diese stehen zunehmend in einem Spannungsfeld: Auf der einen Seite herrschen Wachstumserwartungen und –wünsche, die oft Anlass für Planungen und Verkehrsprognosen sind. Auf der anderen Seite sind realistische und plausible Zukunftseinschätzungen bei der dargestellten, verhaltenen Entwicklung von Rahmenbedingungen notwendig. Insgesamt lassen sich die Anforderungen an Verkehrsprognosen, die immer stärker an Bedeutung gewinnen, in folgende Bereiche zusammenfassen:

Prognosen und Modellrechnungen...

...sollten regelmäßig aktualisiert werden: Die Heterogenität der Nachfrageentwicklung und die Unsicherheiten bei ihrer Abschätzung erfordern Aktualisierungen in kurzen Abständen unter Berücksichtigung jeweils aktueller Inputdaten.

...sollten in der Lage sein, eine Bandbreite unterschiedlicher wahrscheinlicher Szenarien darstellen zu können: Von jeder Ausgangssituation sind verschiedene zukünftige Entwicklungen möglich. Um robuste Planungslösungen zu unterstützen, die unter verschiedenen Zukunftsszenarien tragfähig sind, sollten Verkehrsprognosen diese Bandbreite unterschiedlicher plausibler Entwicklungen darstellen. Dies kann eine Planungskultur hervorbringen, die nicht mehr – wie heute – auf Punktprognosen aufbaut, sondern die Unsicherheit von Prognosen berücksichtigt.

...sollten auch unerwartete und unerwünschte zukünftige Entwicklungen – etwa Schrumpfung – überzeugend darstellen können: Entscheider in Planung und Politik bringen Prognosen mit unerwarteten oder unerwünschten Ergebnissen häufig weniger Vertrauen entgegen als Berechnungen, die ins Bild passen. Um dennoch überzeugen zu können, sind für Prognosen Transparenz und Klarheit von entscheidender Bedeutung.

┌─ Die Autoren ──────────────

Dr.-Ing.
Tobias Kuhnimhof

Institut für Verkehrswesen am
Karlsruher Institut für Technologie

Dr.-Ing.
Martin Kagerbauer

Institut für Verkehrswesen am
Karlsruher Institut für Technologie

Verkehrsmodelle

Verkehrsmodelle haben dabei die Aufgabe, relevante Inputdaten – etwa zu Bevölkerungsstruktur und Verkehrsangebot – in Kenngrößen zu überführen, die für weitere Nutzungen verwendbar sind. Hierzu gehören beispielsweise Kantenbelastungen, die in Wirtschaftlichkeitsbewertungen oder zur Dimensionierung eingesetzt werden. Bei Erfüllung der grundsätzlichen Anforderung an Modelle, Verhaltens- und Nachfragestrukturen realitätsnah abzubilden, sollten dabei die Ergebnisse verschiedener Modelle bei gegebenem Input in einer ähnlichen Größenordnung liegen.

Einen deutlich größeren Einfluss auf das Ergebnis einer Verkehrsmodellierung als das Modell selbst haben die eingesetzten Inputdaten. Sie entsprechen dem jeweiligen Szenario von Rahmenbedingungen, das einer Verkehrsprognose zugrunde liegt. Ein solches Inputszenario ist einerseits mit großen Unsicherheiten behaftet, etwa weil die Entwicklung von Arbeitsplatzzahlen für eine Region nur geschätzt werden kann. Andererseits ist das Inputszenario für das Ergebnis einer Modellierung von entscheidender Bedeutung. Unterschiedliche Szenarien von Rahmenbedingungen führen also zu deutlich unterschiedlichen Modellergebnissen.

Vor diesem Hintergrund folgt somit für den Einsatz von Verkehrsmodellen, dass Modellrechnungen zum einen regelmäßig aktualisiert, zum anderen mit unterschiedlichen sinnvollen Input-Szenarien versorgt werden sollten, um die Sensitivität des Modells zu prüfen. Verkehrsmodelle sollten somit in der Lage sein, eine Bandbreite unterschiedlicher Inputdaten flexibel verarbeiten zu können, vor allem wenn Mobilitätsstile oder Optionen der Verkehrsteilnehmer Teil der modellierten Szenarien sind.

Auch am anderen Ende des Modellierungsprozesses – beim Bereitstellen von Modellergebnissen (Output) für die weitere Verwendung – verändern sich die Ansprüche an Verkehrsmodelle: Heutige detailgenaue Emissionsberechnung oder Ermittlung von Kundenkreisen von Verkehrsmitteln sind Beispiele für mögliche Nutzungen von Modelloutputs, die in klassischen Verkehrsmodellanwendungen noch keine Rolle spielten. Ebenso wie die flexible Verarbeitung unterschiedlicher Inputs wird somit immer wichtiger, dass Verkehrs-

modelle Outputs bereitstellen, die für eine vielseitige weitere Verwendung eingesetzt werden können.

Darüber hinaus sollten Modelle zunehmend in der Lage sein, neue mögliche Faktoren zu berücksichtigen, von denen Einflüsse auf das Verkehrsverhalten zu erwarten sind. Hierzu können etwa Nutzerinformationen zählen oder Budgetrestriktionen auf Seiten der Verkehrsteilnehmer. Eine solche Sensitivität für neue Einflussfaktoren ist oft dann von Bedeutung, wenn die Wirkung von Maßnahmen modelliert werden soll, die auf eine effiziente Nutzung bestehender Infrastrukturen abzielen, z.B. durch Telematik.

Abbildung 3 fasst die Anforderungen an Verkehrsmodelle, die vor dem Hintergrund der beschriebenen Entwicklungen an Bedeutung gewinnen, zusammen. Dabei ist das Formulieren sinnvoller Inputszenarien eher eine Anforderung an den Einsatz von Verkehrsmodellen, während die anderen Punkte die Modelle selbst betreffen.

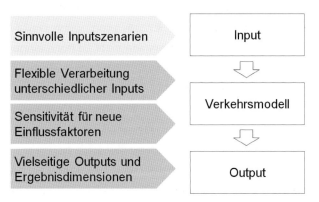

Abb. 3: Anforderungen an Verkehrsmodelle mit zunehmender Bedeutung

Die Rolle agentenbasierter Modelle

Angesichts dieser sich ändernden Gewichtung von Anforderungen an Verkehrsmodelle stellen agentenbasierte oder mikroskopische Verkehrsmodelle oft flexible und gute Lösungen zur Verfügung. Sie finden deshalb in Deutschland und international zunehmend Verbreitung. Das Grundkonzept agentenbasierter Verkehrsmodellierung besteht dabei darin, das Verhalten einzelner Verkehrsteilnehmer (Agenten) kohärent abzubilden. Alle Entscheidungen von Agenten, die verkehrsrelevant sind, werden in agentenbasierten Modellen simuliert. Die Agenten bilden somit eine virtuelle Welt von Individuen, die sich im Modellraum bewegen und untereinander interagieren. Im Folgenden werden die wichtigsten Eigenschaften von agentenbasierten Verkehrsmodellen, die ihre besondere Eignung zur Bearbeitung aktueller und zukünftiger Fragestellen verdeutlichen, dargestellt.

Ausgangspunkt eines agentenbasierten Modells ist stets die Erstellung einer virtuellen Bevölkerung von Agenten mit all ihren relevanten Eigenschaften. Die sozidemografische Verteilung der Agenten soll die Bevölkerung in dem zu untersuchenden Raum widerspiegeln. Dabei kann den Agenten eine Bandbreite sehr unterschiedlicher Eigenschaften zugeordnet werden. Dies können beispielsweise auch eine Affinität zu einem bestimmten Verkehrsmittel, subjektive Optionen bei Verkehrsmittelwahl oder ein bestimmtes verfügbares Kostenbudget sein. Dadurch, dass der Ausdifferenzierung von Eigenschaften der Agenten keine prinzipiellen Grenzen gesetzt sind, führt das Konzept einer virtuellen Bevölkerung zu einem sehr hohen Grad an Flexibilität für die Inputdaten, die in einem agentenbasierten Modell verarbeitet werden können. So können je nach Anwendungsfall, Datenverfügbarkeit und Szenario sehr unterschiedliche Inputdaten eingesetzt werden.

In agentenbasierten Modellen führt jeder simulierte Verkehrsteilnehmer sein Aktivitätenprogramm und die dafür notwendige Mobilität in der virtuellen Welt durch. Dieses wird in einer Aktivitäten- und Wegeliste gleichsam mitgeloggt. Die zeitliche Auflösung ist dabei vom jeweiligen Modell abhängig und in der Regel sehr fein. Diese Liste steht nach Abschluss einer Modellrechnung für Auswertungen zur Verfügung, ähnlich wie Tagebücher einer Mobilitätsbefragung. Auf Basis dieser Liste kann eine Vielzahl interessierender Auswertungen durchgeführt werden. Diese beginnt bei einfachen Nachfragematrizen und kann bis hin zu genauen Analysen gehen, welche Personen sich zu welchem Zeitpunkt wo befanden und mit welchen anderen Personen zusammentrafen, womit z.B. Ausbreitung ansteckender Krankheiten simuliert werden könnte. Dieses Beispiel verdeutlicht, dass die aus einem agentenbasierten Modell resultierende Aktivitäten- und Wegeliste maximale Flexibilität für Auswertungen bietet.

Darüber hinaus bieten agentenbasierte Modelle zahlreiche Möglichkeiten, Sensitivitäten gegenüber neuen Einflussfaktoren zu ergänzen. Hier ist insbesondere die mikroskopische Simulation von Verkehrsverhalten über mehrere Tage hinweg zu erwähnen [6]. Das Verhalten von Verkehrsteilnehmern unterscheidet sich zwar von Tag zu Tag deutlich, ist jedoch mittelfristig gesehen – etwa im Verlauf einer Woche – sehr stark den herrschenden Budgets, besonders Zeit und Kosten, unterworfen. Um die Wirkung der Einschränkungen durch Budgets auf individuelles Verhalten zu modellieren, ist somit eine Simulation individuellen Verhaltens über mehrere Tage notwendig. Andererseits nutzen Verkehrsteilnehmer an einzelnen Tagen meist nur einen sehr geringen Teil der ihnen zur Verfügung stehenden Optionen. Deshalb ist eine Simulation über mehrere Tage notwendig, um zu modellieren, wie Personen ihre Optionen ausnutzen, z.B. ob sie monomodale oder multimodale Verkehrsmittelnutzung aufweisen [7].

Es wurde deutlich, dass gerade agentenbasierte Verkehrsmodelle Eigenschaften aufweisen, aufgrund derer sie sich für aktuelle und zukünftige Planungsfragestellungen besonders eignen. Allerdings bringen agentenbasierte Modelle im praktischen Einsatz auch große Herausforderungen mit sich. Hier sind insbesondere die langen Modelllaufzeiten zu erwähnen. Dieses Problem wird dadurch vergrößert, dass einzelne Modelldurchläufe mit einem stochastischen Fehler behaftet sind, da agentenbasierte Modelle in der Regel stochastische Komponenten enthalten. Dies führt dazu, dass erst mehrere Modelldurchläufe ein belastbares Modellergebnis ermöglichen. Deshalb werden im praktischen Einsatz häufig Kombinationen von mikro- und makroskopischen Modellansätzen eingesetzt. Dies ist eine Entwicklungslinie, die für die Praxis angesichts neuer Herausforderungen vielversprechend ist.

Zusammenfassung

Der vorliegende Beitrag setzte sich mit neuen Herausforderungen an Planung und in der Planung eingesetzte Modelle auseinander. Dabei erscheint es durch die Entwicklung der Rahmenbedingungen für die Verkehrsnachfrage unwahrscheinlich, dass sich das allgemeine Wachstum der Verkehrsnachfrage weiterhin fortsetzt. Stattdessen nehmen Heterogenität und Variabilität der Verkehrsnachfrageentwicklung und die Unsicherheiten bei ihrer Prognose zu. Die Planung sollte dieser Entwicklung Rechnung tragen, indem wesentlich stärker als bisher Szenarien der zukünftigen Verkehrsnachfrage entwickelt werden.

Die erste Herausforderung für Verkehrsmodelle besteht in diesem Zusammenhang darin, dass sie in der Lage sein müssen, sehr unterschiedliche Inputdaten für verschiedene Szenarien zu verarbeiten. Zweitens sollten sie zugleich Output-Daten zur Verfügung stellen, die sich für eine vielseitige weitere Verwendung eignen, die z.T. deutlich über heute übliche Planungsanwendungen hinausgeht. Drittens ist zu erwarten, dass bei immer mehr Modellanwendungen eine Modellsensitivität für neue Einflussfaktoren auf Mobilitätsverhalten gefordert ist. Agentenbasierte Modelle stellen eine Modellfamilie dar, die vor dem Hintergrund dieser Herausforderungen eine zunehmende Eignung für den Einsatz in der Verkehrsmodellierung aufweist.

Literatur

[1] Forschungsgesellschaft für Straßen- und Verkehrswesen (FGSV). Hinweise zu verkehrlichen Konsequenzen des demografischen Wandels. Forschungsgesellschaft für Straßen- und Verkehrswesen (FGSV), Köln, 2006.

[2] Zumkeller, D., Chlond, B. und Manz, W. Infrastructure Development in Germany under Stagnating Demand Conditions: A new Paradigm? Transportation Research Board (TRB), National Research Council, Washington D.C., 2004. pp. 121-128.

[3] Bertelsmann Stiftung. Wegweiser demografischer Wandel. 2007.

[4] Zumkeller, D., Kuhnimhof, T., Kagerbauer, M., Ottmann, P., Chlond, B. und Wirtz, M. Erhebungswellen zur Alltagsmobilität (Herbst 2008) sowie zu Fahrleistungen und Treibstoffverbräuchen (Frühjahr 2009). Zwischenbericht. Institut für Verkehrswesen, Karlsruhe, 2009.

[5] Bundesrechnungshof. Bemerkungen 2009 zur Haushalts- und Wirtschaftsförderung des Bundes. Bonn, 2009.

[6] Zumkeller, D., Kuhnimhof, T. und Gringmuth, C. Longitudinal Simulation of Travel under Budget Constraints. 11th International Conference on Travel Behaviour Research. Conference paper 1117, Kyoto, 8.2006.

[7] Kuhnimhof, T. Measuring and Modeling Multimodal Mode Use in The Longitudinal Section. 88th Annual Meeting of the Transportation Research Board (TRB). 1.2009.

Prof. Dr.-Ing. Christoph Hebel

Verkehrsmodelle – Qualität und Quantität in Verkehrsmodellen und Prognosen
Makroskopische Personenverkehrsnachfragemodelle: Anwendungspraxis in deutschen Großstädten

In den letzten 10 bis 15 Jahren hat der Einsatz makroskopischer Verkehrsmodelle durch PC-gestützte Programme breitere Verbreitung auch in der kommunalen Praxis gefunden [8]. Um Erfahrungen, Anwendungen und Probleme beim Modelleinsatz zu erhalten, wurde in einer vom Autor initiierten und im Rahmen einer Diplomarbeit am Institut für Stadtbauwesen und Stadtverkehr der RWTH Aachen University durchgeführten Befragung, die Anwendungspraxis makroskopischer Personenverkehrsmodelle in Kommunen mit über 100.000 Einwohnern erhoben [3], [8]. Zusätzlich wurden vom Autor Interviews mit Modellanwendern in Kommunen geführt, damit weitergehende Informationen zum Umgang mit den Modellen gewonnen werden konnte [2].

Befragung von Städten zur Modellanwendung

Im Rahmen einer schriftlichen Erhebung wurden bundesweit alle Städte mit mehr als 100.000 Einwohnern zum Einsatz von makroskopischen Personenverkehrsnachfragemodellen befragt. Die Wahl der Befragungsart und die Eingrenzung der Stichprobe über die Einwohnerzahl wurden aus Gründen der Praktikabilität der Erhebung und auf Grundlage der Vermutung durchgeführt, dass mit abnehmender Stadtgröße der Verbreitungsgrad wegen des damit verbundenen Aufwands sinkt. Der siebenseitige Fragebogen gliedert sich in vier Abschnitte:

- Verwaltung, Personal und Art der Implementierung der Modellbausteine (intern/extern), Software, Verwendungszweck
- Modellstruktur und –differenzierung, Kalibrierung und Validierung
- Eingangsdaten und deren Verfügbarkeit
- Qualitätsmanagement und Probleme bei der Modellanwendung.

In Deutschland verfügen insgesamt 81 Städte über mehr als 100.000 Einwohner [10]. Davon haben 58 Städte (Rücklaufquote 71,6 %) den Fragebogen beantwortet. Von den 58 Städten wenden 38 Kommunen (65,5 %) Verkehrsmodelle bzw. Teile davon selber an. Die übrigen Städte lassen Modellrechnungen durch Dritte vornehmen. Es zeigte sich, dass vor allem die Städte zwischen 100.000 und 150.000 Einwohnern kein eigenes Modell vorhalten. Dies kann hilfsweise als Bestätigung der Annahme interpretiert werden, dass mit sinkender Einwohnerzahl auch der Verbreitungsgrad eigens formulierter und gepflegter Verkehrsmodelle sinkt.

Vor dem Hintergrund, dass Modelldaten in vielfältigen - für den kommunalen Kontext wichtigen - Planungs- und Entscheidungsprozessen als Grundlage eingesetzt werden, ist die Zahl von rd. 35 % der befragten Kommunen ohne eigene Modellanwendung von Bedeutung. Ohne eigenes Modell und vertiefte Kenntnis der Modellstruktur können die Ergebnisse aus den Berechnungen lediglich übernommen und nur mit größerem Aufwand nachvollzogen bzw. interpretiert werden. Die weiteren Aussagen zum Modelleinsatz beziehen sich, wenn nicht anders angegeben, auf die o.g. 38 Kommunen, die ein Verkehrsmodell im eigenen Haus ganz oder teilweise anwenden.

Personal, Software und Anwendungsbereiche

Der Ausbildungshintergrund des für die Modellanwendungen eingesetzten Personals ist unterschiedlich und reicht von Diplom-Ingenieuren (TH/FH) über Geographen bis hin zu Naturwissenschaftlern (z.B.

Verkehrsmodelle

Mathematiker). Daneben finden sich auch Personen mit einem technischen Ausbildungsberuf (z.B. MaTa). In jeder Stadt ist mindestens ein Diplom-Ingenieur mit der Thematik befasst. In den Städten mit bis zu 500.000 Einwohner sind durchschnittlich 1,6 Personen pro Kommune, in den Städten mit mehr als 500.000 Einwohnern durchschnittlich 2 Personen in ihrer Tätigkeit überwiegend mit der Modellanwendung befasst. Kenntnisse mit dem Umgang der verwendeten Software im Rahmen ihrer Berufsausbildung (i.d.R. Studium) erlangten lediglich rd. ein Drittel der Befragten. Die Softwarekenntnisse resultieren mehrheitlich aus Selbststudium (92,1 %) und Schulungen der Anbieter (76,3 %). Hieraus lässt sich die Forderung ableiten, dass konkrete Modellanwendungen mit Softwaresystemen im Rahmen der Hochschulausbildung stärker als bisher verankert werden sollten[1]. Im Bereich der Weiterbildung der Mitarbeiter gaben 19 Städte (50 %) an, nach der Ersteinweisung nicht mehr an Fortbildungen teilzunehmen.

Bei den eingesetzten Softwarepaketen dominieren eindeutig Produkte der PTV AG (VISUM, VISEM, VISEVA). Allein die VISUM-Software wird von 27 Kommunen (71,1 %) eingesetzt. Danach folgen mit großem Abstand die Systeme PSV der Firma Software-Kontor Helmert (10,5 %), VSS der HHS-Ingenieurgesellschaft (7,8 %) und VENUS der Ingenieurgruppe IVV (5,2 %).

Hinsichtlich des Einsatzes der Modelle ergab die Befragung, dass die Schwerpunkte im Bereichen „Untersuchung von Einzelvorhaben" (100 %), „Verkehrsentwicklungsplanung (VEP)" (92,1 %) und „Nahverkehrsplanung (NVP)" (55,2 %) liegen. Während die

┌─ Der Autor ─────────────────────────

Prof. Dr.-Ing.
Christoph Hebel

FH Aachen
University of Applied Sciences

Untersuchung von Einzelvorhaben (z.B. Straßennetzergänzungen) überwiegend von den Kommunen komplett eigenständig bearbeitet werden (57,9 %), ist die Vergabequote bei vergleichsweise komplexen Aufgabenstellungen wie Untersuchungen zu Verkehrsentwicklungs- und Nahverkehrsplänen höher (komplette Eigenbearbeitung: 40 % der VEP bzw. 28,5 % der NVP). Das bedeutet, dass in der eigenständigen kommunalen Anwendung häufig auf der Umlegungsebene gearbeitet wird, die Nachfragemodellierung wird dann ggf. extern bearbeitet. Gerade in diesem Modellsegment könnten jedoch „interne" Modellanwender bei entsprechender Fachqualifikation mit ihrer Ortskenntnis Vorteile gegenüber externen Beratern haben.

Herauszuheben ist, dass der Umweltbereich (Lärm- und Schadstoffuntersuchungen) nur von 4 Kommunen für den Modelleinsatz benannt wurde. Hintergrund dieser geringen Nennungshäufigkeit könnte sein, dass der Beitrag aus den Modellberechnungen nicht direkt nachvollzogen werden kann, da diese Fragestellungen oftmals von externen Gutachtern bearbeitet werden. Gegebenenfalls schlummert hier auch noch ein Nutzungspotenzial für Personenverkehrsnachfragemodelle, das bislang noch nicht vollständig aktiviert wurde.

Modellstruktur und -differenzierung

Im Rahmen der Befragung wurde auch erhoben, inwieweit Nachfrage-, Netz- sowie Umlegungsmodelle eigenständig bearbeitet und angewendet werden und inwieweit auf Grundlage der Modellberechnungen weitere Wirkungsanalysen durchgeführt werden. Insgesamt formulieren 40 % der Kommunen das Nachfragemodell selber, die Mehrheit lässt sich dabei also durch Externe unterstützen. Die Netzmodelle werden von 60 % der Kommunen in Eigenarbeit erstellt. Nahezu alle Kommunen setzen das Umlegungsmodell eigenständig ein, 70 % führen darauf aufbauend weitere Wirkungsanalysen durch.

Die Befragungsergebnisse belegen, dass in vielen Fällen eine Entkopplung von Nachfrage- und Umlegungs-

---

[1] Dabei ist zu beachten, dass bei Teilen der mit der Thematik befassten Personen in deren Ausbildungszeit noch keine PC-gestützten Modelle zur Verfügung standen.

modell stattfindet. Sowohl beim klassischen 4-Stufen-Algorithmus als auch beim Simultan-Ansatz ergeben sich Wechselwirkungen, die beim Modellaufbau und bei der späteren Modellanwendung berücksichtigt werden müssen. So sollte bei der Anwendung auf der Netz- und Umlegungsebene stets hinterfragt werden, inwieweit die z.B. im Rahmen von Varianten angesetzten Änderungen in den Verkehrsnetzen mit resultierenden neuen Netzbelastungen (und damit auch neuen Widerständen) Rückwirkungen auf die Nachfrageberechnung (Aufkommen, Verflechtung, Verkehrsmittelwahl) haben könnten. Es könnte also in der Anwendungspraxis passieren, dass Belastungszahlen vor dem Hintergrund einer kausal nicht passenden Nachfrageberechnung ermittelt werden. Damit wäre der für die Modellanwendung geforderte Ursache-Wirkungs-Kontext zumindest aufgeweicht, bei tief greifenden Maßnahmen sogar überhaupt nicht mehr gegeben. Diese Vermutung wird durch den Befund erhärtet, dass zur Frage der konkret angewendeten Teilmodelle bei den Nachfragemodellen nur noch rd. 50 % der Befragten eine Antwort geben.

Rund 32 % der Kommunen setzen neben dem Personennachfragemodell noch ein eigenes Wirtschaftsverkehrsmodell ein. Auffällig ist dabei, dass die Kommunen über 500.000 Einwohner hier mit fast 60 % einen deutlich höheren Anteil als die kleineren Städte aufweisen.

Darüber hinaus ist zu berücksichtigen, dass die verschiedenen Softwaresysteme spezielle Eigenschaften besitzen, die sich ggf. auch auf die räumliche Einteilung in Verkehrszellen auswirken könnte. So wird der Preis für eine PTV-Software-Lizenz in Abhängigkeit von der Zellenanzahl bzw. der Anzahl von Strecken und Knoten generiert [7]. Dies könnte sich unter Umständen auch auf die räumliche Strukturierung des Modells auswirken. Eine Analyse der Befragungsergebnisse hinsichtlich möglicher Häufungen der Verkehrszellenzahl unterhalb der jeweiligen Lizenzgrenzen hat diesen Verdacht jedoch nicht bestätigt.

Insgesamt schwankt die Zahl der Verkehrszellen für den Planungsraum von unter 100 bis zu über 1.000. Die Auswertungen des Bestimmtheitsmaßes der Regressionsrechnung zur Untersuchung des Zusammenhangs Einwohnerzahl-Zellenanzahl im Planungsraum ergab einen Wert von unter 0,3 [8]. Darüber hinaus wurde im Rahmen dieser Arbeit eine Analyse des Zusammenhangs zwischen Zellenanzahl im Planungsraum und der Stadtfläche durchgeführt. Auch hier lassen sich auf Grund der starken Streuung der Ergebnisse zwischen 0,6 Zellen/km² und fast 10 Zellen/km² keine statistisch belastbaren Erkenntnisse gewinnen. Die Güte verbessert sich nicht mit der Differenzierung nach Stadtgröße. Die im Rahmen des Projekts Qualimod [4] vermuteten Zusammenhänge für den städtischen Raum können hier nicht bestätigt werden.

22 der 38 Städte (58 %) der befragten Kommunen gaben an, einen Wegekettenansatz einzusetzen. 5 Kommunen konnten dazu keine Angaben machen. 11 Kommunen (28,9 %) haben explizit verneint, einen Wegekettenansatz anzuwenden.

Eingangsdaten und deren Verfügbarkeit
Wesentlicher Gesichtspunkt bei der Modellauswahl und Formulierung, Anwendung sowie Fortschreibung von Verkehrsmodellen ist die Verfügbarkeit der notwendigen Eingangsdaten. Dies sind Strukturdaten, Daten zum Verkehrsverhalten und Daten zu den Verkehrsnetzen.

Als wesentliche Quellen für die Strukturdaten werden in der Befragung amtliche oder eigene Statistiken, Marktzellendaten sowie Daten von anderen Institutionen (z.B. IHK) angegeben. Zur konkreten Verwendung der Daten in den Modellen werden oftmals noch Hochrechnungen, Umrechnungen und Datenzusammenführungen (z.B. zur Ermittlung der Pkw-Verfügbarkeit) durchgeführt. Dies hängt auch damit zusammen, dass verschiedene Daten zwar als Eckwerte (z.B. für die Gesamtstadt) vorliegen, die kleinteilige Differenzierung jedoch nicht verfügbar ist. Auffällig ist, dass speziell im Bereich der Daten zu Arbeitsplätzen und Erwerbstätigkeit oftmals Strukturdaten abgeschätzt werden müssen. So gaben 10 von 33 Kommunen (30,3 %) an, die Zahl der Beschäftigten durch Schätzung zu ermitteln. Insgesamt gaben 16 Städte (42,1 %) an, dass sie im Bereich der Datenverfügbarkeit zu Erwerbstätigkeit und Arbeitsplätzen Defizite sehen, da hierzu oftmals keine Primärstatistik analog z.B. zu den Einwohnerdaten vorliegt.

Die Ausdifferenzierung der Einwohner in verhaltens-homogene Personengruppen erfolgt bei den befragten Kommunen unterschiedlich. Die Untergliederung schwankt bei den 21 Städten, die hierzu Angaben machten, zwischen 2 und 54 Personengruppen, 8 Kommunen (21,1 %) verwenden keine weitere Differenzierung der Einwohner. 9 Kommunen (23,7 %) machten dazu keine weiteren Angaben.

Zur Bestimmung des Zielverkehrsaufkommens im Einkaufsverkehr wird von 27 Städten (71 %) die Strukturgröße „Verkaufsfläche" verwendet. Nur 5 Kommunen (13,2 %) verwenden Daten aus Freizeiteinrichtungen. Dies ist vor dem Hintergrund, dass die meisten Wege im Freizeitverkehr (31,2 %, [6]) zurückgelegt werden und ein nennenswerter Anteil davon auf Freizeiteinrichtungen bezogen ist (etwa 7 % bis 10 % aller Wege, [6]), kritisch zu sehen.

Neben den Strukturdaten basieren die Verkehrsmodelle auf Informationen zum Verkehrsverhalten der Einwohner und Pendler. Als Informationsquellen für die Verhaltensdaten ergaben sich folgende Nennungen:

- Haushaltsbefragung im Untersuchungsgebiet (Stichtag): 22 Städte (57,9 %)
- Auswertung „Mobilität in Deutschland" [5], „Kraftfahrzeugverkehr in Deutschland", „System repräsentativer Verkehrsbefragungen" [9]: 17 Städte (44,7 %)
- Panelerhebung: 3 Städte (7,9 %).

Analysiert man bei der Beantwortung dieser Frage die Mehrfachnennungen, so ergibt sich, dass 8 Städte (21,1 %) keine empirisch gestützten Informationen zum Verkehrsverhalten verwenden und 8 weitere Kommunen (21,1 %) nicht über spezielle Verhaltensdaten aus dem eigenen Untersuchungsgebiet verfügen.

Die Angebote der verschiedenen Verkehrsmittel werden über die verkehrsmittelspezifischen Netze oder implizit über Widerstandsmatrizen berücksichtigt. Alle befragten Kommunen gaben an, ein MIV-Netz zu verwenden. ÖV-Netze halten 34 Städte (89,5 %) vor, 8 Kommunen (21,1 %) codieren ein Fahrradnetz. Netze für den Fußgängerverkehr werden nur bei 3 Kommunen (7,9 %) verwendet. In diesem Zusam-menhang erscheint es auffällig, dass die Angebote im Fußgänger- und Fahrradverkehr in der Mehrzahl der Kommunen nur implizit berücksichtigt werden, obwohl deren Anteil an allen Wegen mehr als 30 % [6] beträgt und gerade im Stadtverkehr diesen Verkehrsmitteln eine wesentliche planerische Bedeutung beigemessen wird [1].

Daten zur Modellkalibrierung
Die Kalibrierung dient zur Anpassung des Modells an den abzubildenden Realzustand. In diesem Zusammenhang kommt der Beantwortung der Frage nach dem eigentlichen „Realzustand" eine wesentliche Bedeutung zu, da das zu beobachtende Verkehrsgeschehen sich im Tages-, Wochen-, Monats- und Jahresgang z.T. sehr unterschiedlich darstellt. Im Rahmen der Befragung wurde untersucht, welche Daten zur Beschreibung des örtlichen Mobilitäts- und Verkehrsgeschehens verwendet werden.

Das Ergebnis lässt sich zunächst grob aus der Art bzw. Herkunft der Daten in die Kategorien
- Verkehrszählungen
- Befragungen
- Sonstige Verflechtungsdaten
unterteilen.

Nahezu alle Städte nutzen Daten aus Verkehrszählungen zur Kalibrierung der Modelle. Obwohl 34 Städte angeben, ein ÖV-Netz zu verwenden, liegen nur 26 Städten Fahrgastzählungen vor. Analog zum Umfang der Vorhaltung von Netzen für den Fußgänger- und Fahrradverkehr gaben 4 bzw. 11 der befragten Kommunen an, über zugehörige Verkehrszählungen zu verfügen. Ergebnisse von Kennzeichenverfolgungen und Kordonbefragungen zur empirischen Ermittlung von Kfz-Verflechtungen verwenden 6 bzw. 15 Städte. Insgesamt wurde die Verfügbarkeit von Daten zur Modellkalibrierung als verbesserungswürdig eingestuft (s.u.).

Die Beteiligung bei der Durchführung und Auswertung von verhaltensbezogenen Erhebungen (Haushaltsbefragungen, KiD Panel etc.) ist bereits oben dargestellt worden. Im Zusammenhang mit der Modellkalibrierung ist hier jedoch nochmals darauf hinzuweisen, dass ohne verhaltensbezogene Daten für den Untersuchungsraum nur Analogieschlüsse aus ähnlichen Erhebungen anderer Städte gezogen werden können oder auf die Informationen aus den „großen" Mobilitätserhebungen (z.B. MiD) zurück gegriffen werden kann, um die Modelle zu kalibrieren.

Die Verwendung von Verflechtungsdaten wird, wie vorher beschrieben, oftmals auf der Fahrzeugebene durch Kennzeichenverfolgungen und Kordonbefragungen realisiert. Darüber hinaus können auch Daten der Schulträger und Informationen der Arbeitsämter sowie auf Landes- und Bundesebene durchgeführte Pendlerrechnungen einfließen. Von dieser Möglichkeit machen derzeit jedoch nur 2 der 38 Kommunen Gebrauch (5,2 %).

Qualitätsmanagement und Probleme bei der Modellanwendung
Wesentlich für die Zuverlässigkeit und Akzeptanz der Modellberechnungen ist die Überprüfung der Güte der Berechnungsergebnisse. Von allen 38 befragten Städten gaben nur 4 an (10,5 %), über ein Qualitätsmanagementkonzept bei der Modellanwendung zu verfügen.

Darüber hinaus wurde erhoben (offene Frage), wie die Qualität der Berechnungsergebnisse überprüft wird. 28 Städte (73,7 %) geben an, Vergleiche von Umlegungsergebnissen mit Zählungen oder Kennwerten aus anderen Verkehrserhebungen vorzunehmen. 10 Kommunen machten zu diesem Punkt keine Angaben. Hinsichtlich des Abgleichs mit Belastungszahlen aus Zählungen/Detektion kann jedoch angenommen werden, dass das Heranziehen dieser Informationen ein Mindestmaß an Kontrollmöglichkeit darstellt, das bei jeder Modellanwendung verwendet wird.

Die zweithäufigste Antwort auf diese Frage lässt sich unter der Kategorie „Plausibilität, eigene Erfahrungswerte und Ortskenntnis" (10 Nennungen, 26,3 %) zusammenfassen. Da die Bearbeiter der Modelle oftmals über einen langjährigen Erfahrungsschatz im Umgang mit „ihrem" Modell verfügen, wird die Qualität der Modellsimulation auf Grundlage eigener Erfahrungswerte beurteilt. Dies ist insofern kritisch zu beurteilen, da diese Erfahrungswerte aktuell offensichtlich nicht mehr empirisch gestützt werden,

sondern nur noch auf Grundlage der subjektiven Eindrücke des Planers beruhen.

Vergleiche von Parametern des Verkehrsverhaltens (Reisezeiten, Reiseweiten) werden explizit nur von 4 Städten benannt (10,5 %).

In einem gesonderten Teil des Fragebogens wurde nach Problemen bei der Anwendung von Personenverkehrsnachfragemodellen gefragt. 28 Städte (73,7 %) sehen Schwierigkeiten hinsichtlich Verfügbarkeit, Differenzierung und Aktualität der Eingangsdaten. Immerhin geben noch 11 Kommunen (28,9 %) an, im Bereich der Verfügbarkeit und Aktualität von Kalibrierungsdaten Schwierigkeiten zu sehen.

Im Bereich der Softwareanwendungen treten mit 23 Nennungen (60,5 %) überwiegend keine Probleme auf. Auffällig ist jedoch, dass dort, wo Probleme in diesem Bereich gesehen werden, mit 8 Nennungen (21,1 %) der so genannte „Black-Box-Effekt", also die nicht gegebene Nachvollziehbarkeit von Berechnungsergebnissen, häufig genannt wird.

Neben Aspekten der rein technischen Modellanwendung ergab die Befragung deutlich, dass Probleme der allgemeinen Arbeitsorganisation und Arbeitsauslastung in der kommunalen Anwendungspraxis auftreten. 17 Kommunen (44,7 %) gaben an, dass wegen der Zuständigkeit für zusätzliche Aufgaben (außerhalb der Modellberechnungen) Probleme bestehen. Darüber hinaus gaben 4 Städte (10,5 %) an, dass für die Mitarbeiter kaum Zeit besteht, sich adäquat in die Software und Modellanwendung einarbeiten zu können. Dem gegenüber stehen 19 Kommunen (50 %), die angeben, keinerlei Probleme im Bereich der Arbeitsorganisation zu haben. Die Vermutung, dass speziell in kleineren Städten mehr über arbeitsorganisatorische Mängel berichtet wird, konnte durch die Datenauswertung nicht bestätigt werden.

Zusammenfassung
Bedingt durch die hohe Rücklaufquote lässt sich aus der durchgeführten Befragung für die deutschen Großstädte für einige Aspekte ein guter Überblick

zum Stand der Anwendungspraxis gewinnen:

- Rd. 66 % der befragten Städte führen (teilweise) eigene Modellberechnungen durch.
- Das eingesetzte Personal verfügt über gute Softwarekenntnisse, zu den modelltheoretischen Hintergründen werden teilweise jedoch nur lückenhafte Angaben gemacht.
- Die Modelle beinhalten nur zum Teil alle Verkehrsarten.
- Hauptanwendungsbereiche für die Modelle sind die Untersuchung von Einzelmaßnahmen sowie der Einsatz im Rahmen der Erarbeitung von VEP und NVP.
- Hauptsächlich wird das MIV-Umlegungsmodell selbst angewendet.
- Mehr als 40 % der Städte verfügen nicht über „eigene" Verkehrsverhaltensdaten aus dem Planungs- oder Untersuchungsgebiet.
- Die Anwender sehen wesentliche Probleme bei der Datenverfügbarkeit und -differenzierung sowie bei der sonstigen Arbeitsbelastung.
- Ein Qualitätsmanagementkonzept ist überwiegend nicht vorhanden, mehr als die Hälfte der Anwender nehmen nach der Ersteinweisung nicht mehr regelmäßig an Weiterbildungen teil.

Im Rahmen der Interviews wurde deutlich, dass die Modellanwender jeweils für sich sehr praktikable Verfahren und Herangehensweisen entwickelt haben, die aus der Datenverfügbarkeit, der jeweiligen Modellhistorie und dem individuellen Kenntnis- und Ausbildungsstand der Bearbeiter resultieren. Von allen Befragten wurde explizit eine neutrale Stelle gewünscht, die für den Erfahrungsaustausch und Diskussion rund um die konkrete Modellanwendung genutzt werden kann. Dies ist insofern zu unterstützen, als dass viele Anwendungs- und Verfügbarkeitsprobleme in den verschiedenen Kommunen identisch sein dürften.

Literatur

[1] Apel, D. (Hrsg., o.J.): Handbuch der kommunalen Verkehrsplanung, Loseblattsammlung, Economica Verlag, Bonn

[2] Hebel, C. (2010): Einsatzmöglichkeiten und Anforderungen von makroskopischen Personenverkehrsnachfragemodellen, Bericht B 53 der Schriftenreihe Stadt Region Land des Instituts für Stadtbauwesen und Stadtverkehr der RWTH Aachen University, Aachen.

[3] Hebel, C., Schmidt, R. (2009): Makroskopische Verkehrssimulationsmodelle in der kommunalen Planungspraxis, Schriftenreihe Stadt Region Land, Heft 86, Institut für Stadtbauwesen RWTH Aachen University, S. 63 - 72, Aachen.

[4] Herkt, S., Leerkamp, B., Althoff, T., Goebel, D., Janßen, T., Meißner, A. (o.J.): Qualimod –Qualitätsanforderungen und -standards für Verkehrsmodellrechnungen, Hochschule Bochum, FB Bauingenieurwesen, Institut für Mobilität und Verkehrssysteme, Bochum.

[5] MiD (2002): Download www.mobilitaet-in-deutschland.de/03_kontiv2002/pdf/ mid2002 _beitrag_staedtetag.pdf, Abgerufen am 13.05.2009.

[6] MIT (2003): Tabellen-Tool zur Auswertung der KONTIV 2002 –Mobilität in Deutschland, Clearingstelle Verkehr der DLR, Berlin.

[7] PTV AG (2009): www.ptv.de, Seitenaufruf vom 20.01.2009.

[8] Schmidt, R. (2008): Makroskopische Verkehrssimulationsmodelle in der kommunalen Planungspraxis, Diplomarbeit am Institut für Stadtbauwesen und Stadtverkehr der RWTH Aachen University, Aachen.

[9] SrV (2003): System repräsentativer Verkehrsbefragungen, Verkehrserhebung Mobilität in Städten, Lehrstuhl Verkehrs- und Infrastrukturplanung der Technischen Universität Dresden, omniphon Leipzig.

[10] Statistische Ämter des Bundes und der Länder, 2008

Wulf Hahn

Verkehrsmodelle – Qualität und Quantität in Verkehrsmodellen und Prognosen
Vergleichende Betrachtung aktueller Verkehrsprognosen und zukünftige fachliche Anforderungen an Prognosen

Anhand von drei Fallbeispielen werden Mängel von Verkehrsprognosen diskutiert. Darauf aufbauend werden Anforderungen für die Erstellung von Verkehrsprognosen formuliert.

Am Beispiel der A4 wird erörtert, ob eine Trendprognose bei einem Ausbauprojekt mit parallel laufenden Neubaumaßnahmen im Bundesfernstraßennetz ausreichend sein kann. Am Beispiel der Oberlausitz (Sachsen) wird dargestellt, welche Auswirkungen der demographische Wandel auf die Verkehrsentwicklung hat. Dabei werden insbesondere die Unterscheide zwischen der aktuellen Verkehrsentwicklung und der Verkehrsprognose für die B 178n dargestellt. Abschließend wird am Beispiel einer Ortsumfahrung in Norddeutschland gezeigt, wie wichtig die Auswertung der Verkehrsbeziehungen zwischen den einzelnen Verkehrszellen für den Analyse- und Prognosefall sein kann.

Fallbeispiel 1:
Verlegung der A 4, Niederzier – Kerpen

Bei dem Projekt sind die Verlegung der A4 zwischen AS Düren und AS Kerpen und der sechsstreifige Ausbau der A 4 in diesem Abschnitt geplant. Die Verlegung wird durch die Ausweitung des Braunkohletagebaus Hambach nach Süden erforderlich. Im Rahmen der Festlegung der Aufgabenstellung der Verkehrsuntersuchung von 2003 wurde vor Auftragserteilung mit dem Landesbetrieb Straßenbau NRW sowie der RWE Power AG abgeklärt, dass für die Fortschreibung der Untersuchungsergebnisse keine neuen Kennzeichenerhebungen erforderlich sind. Stattdessen wurden „flächendeckend" Querschnittszählungen für den Zeitraum 15.00 – 19.00 Uhr zur „Eichung" der Entwicklung der Analysedaten über den Zeitraum von neun Jahren von 1994 bis 2003 durchgeführt und an maßgeblichen Querschnitten 24-Stunden-Zählungen zur ortsspezifischen Hochrechnung auf DTVw - Werte ausgewertet. Darüber hinaus wurden auf der A 4 an zwei Querschnitten westlich und östlich der Anschlussstelle Buir 24-Stunden-Zählungen durchgeführt. Eine Eichung an den Tages-, Monats- oder Jahres-Ganglinien der Dauerzählstellen Buir und Kerpen an der A 4 zur Ermittlung des DTVw erfolgte jedoch nicht. Alternativ hätten die Ergebnisse der Stichprobenzählung anhand von standardisierten und typisierten Ganglinien auf DTV- und DTVw-Werte hochgerechnet werden können.

Um diese Vorgehensweise einordnen zu können, muss darauf hingewiesen werden, dass in der Verkehrsuntersuchung von 1994, auf der die Verkehrsuntersuchung 2003 aufbaut, für die Verkehrsbelastung der A 4 keine Prognose erstellt wurde, sondern nur für die damals diskutierten Ersatzanschluss-Stellen Ellen an der L 264 und Geilrath an der B 477 neu.

Die Linienbestimmung für die Verlegung der A 4 durch das Bundesverkehrsministerium wurde offenbar ohne projektspezifische Verkehrsuntersuchung genehmigt. Das Planfeststellungsverfahren erfolgte erst 2005, die 11 Jahre alte Untersuchung von 1994 kann für die Bewertung eines Ausbauvorhabens auch nach der „Fortschreibung" 2003 keine geeignete Grundlage sein, da sich die Verkehrsverflechtungen verändert haben.

In der Verkehrsuntersuchung von 2003 wurde der Prognose des Güterverkehrs das Integrationsszenario der Bundesverkehrsprognose 2015 zugrunde gelegt.

Im Gegensatz dazu erfolgte die Prognose des Personenverkehrs auf Basis des Trendszenarios. Es wurden für die Prognose also unterschiedliche Szenarien verwendet. Da dem BVWP das Integrationsszenario zugrunde gelegt wurde, wäre zu erwarten gewesen, dass sowohl für den Güter- als auch den Personenverkehr das Integrationsszenario angewendet wird. Die unterschiedlichen Annahmen werden in der Verkehrsuntersuchung nicht begründet.

Grundsätzlich ist diese Vorgehensweise nicht zulässig, wie die Antwort auf eine Anfrage an das BMVBS verdeutlicht: „Beigefügt übersende ich die Ergebnisse der Bedarfsplanprognose 2015 auf CD-ROM (Stufe "Vordringlicher Bedarf"), getrennt nach KFZ- und LKW-Verkehr. Für eine weitere Entwicklungsabschätzung auf den Prognosehorizont 2020 ist eine Liste, die regionalisierte Hochrechnungsfaktoren enthält, ebenfalls beigefügt. Diese Hochrechnungsfaktoren wurden aus den Angaben der Statistischen Landesämter zur Entwicklung der Bevölkerung 2015 - 2020 auf der Basis der 10. koordinierten Bevölkerungsprognose abgeleitet. Die sich daraus ergebenden Fahrleistungsänderungen im PKW- und LKW-Verkehr wurden in der Bedarfsplanprognose pauschal berücksichtigt. Weitere Grundlage ist das Integrationsszenario der BVWP 2003. Die Bedarfsplanprognose 2015 dient in Verbindung mit dem Bedarfsplan 2004 bis zur jeweiligen Fortschreibung als verbindliche Planungsgrundlage für die Bundesfernstraßen. Die Bedarfsplan-Prognosewerte gelten für die Maßstabsebene der Bundesverkehrswegeplanung und damit im Allgemeinen für eine netzweite Betrachtung. Sie kann eine Projektprognose für die weitere Realisierungsplanung im Regelfall nicht ersetzen [1]."

Ohnehin ist die Trendprognose nach RAS-Q bzw. HBS nur für den Bestand anwendbar. Zusätzlich zur Verlegung und Verbreiterung der A 4 mit einer Baulänge

— Der Autor —

Wulf Hahn

RegioConsult
Verkehrs- und Umweltmanagement
W. Hahn & Dr. R. Hoppe GbR

von 17,6 km sind im unmittelbaren Umfeld jedoch weitere Fernstraßenbaumaßnahmen, wie die Ortsumfahrung Düren B 56n sowie die Ortsumfahrung Blatzheim im Zuge der B 477n geplant. Auch deshalb wäre eine Modellprognose erforderlich gewesen.

Ein weiterer Mangel der Verkehrsuntersuchung ist die fehlende Erfassung der LKW ab 2,8 t. Korrigiert man den in der Verkehrsuntersuchung angegebenen LKW-Anteil mit den Umrechnungsfaktoren der BASt so ergibt sich im Prognosejahr 2020 ein LKW-Anteil von 35 % (anstatt 30 %).

Zusammenfassend ist also festzuhalten, dass die Verkehrsuntersuchung folgende Mängel aufweist:

- Es wurde keine projektspezifische Prognose durchgeführt.
- Statt einer Modellprognose erfolgte nur eine Trendprognose.
- Für die Trendprognose wurden unterschiedlicher Szenarien für den Personen- und Güterverkehr verwendet.
- Die LKW-Anteile ab 2,8 t wurden zu niedrig angesetzt.

Das BVerwG hat diese Prognose dennoch in seinem Urteil vom 13.05.2009 zur A 4 (vgl. AZ 9 A 72.07, Rn 52 und 56) als ausreichend erachtet.

Fallbeispiel 2:
B178n von der A4 bei Weißenburg nach Zittau
Mit dem Vorhaben soll in Ostsachsen eine leistungsfähige Nord-Süd-Verbindung zwischen dem Dreiländereck bei Zittau und der Bundesautobahn A 4 geschaffen werden (vgl. Abb. 2). Das Projekt war in den Bundesverkehrswegeplan aufgenommen worden, weil aufgrund früherer Prognosen von einer erheblichen Verkehrszunahme ausgegangen worden war. Die erwartete Verkehrsentwicklung hat aber auch nicht annähernd stattgefunden (vgl. Abb.1). Im Gegenteil ist der Verkehr insgesamt betrachtet rückläufig.

Durch den in dieser Region besonders stark ausgeprägten demographischen Wandel kommt es zu gravierenden Veränderungen (vgl. Abb. 3). So wird prognostiziert, dass die fahrfähige Bevöl-

Abschnitt	SVZ 2000	SVZ 2005	Veränderung
B178n: S148-S143	9.200	9.500	+ 300
B178n: S144-S143	11.079	9.819	- 1.160
B178n: S128-S144	7.996	7.958	- 38

Abb. 1: Verkehrsentwicklung auf der B 178, Quelle: SVZ 2000 und 2005

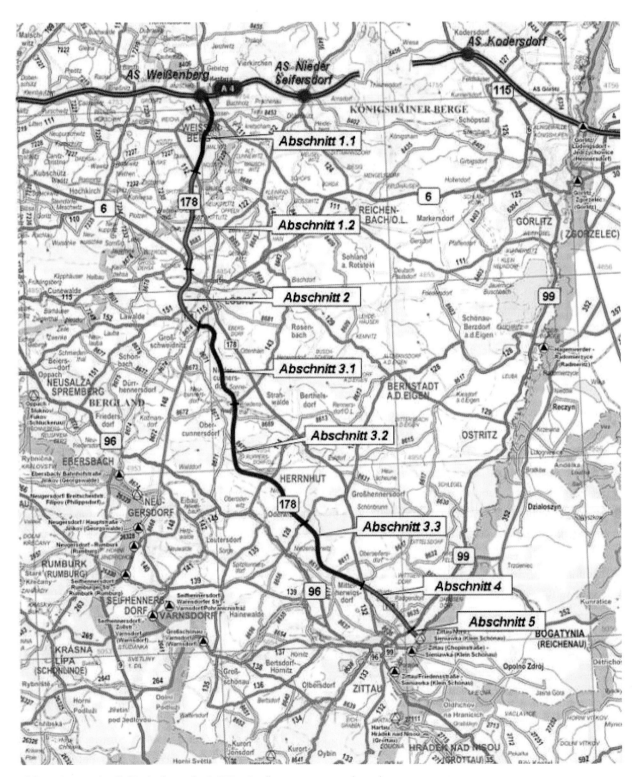

Abb. 2: Lage und Verkehrsabschnitte der B 178n, Quelle: www.smwa.sachsen.de

Alter	2002	2015	2020
18-75 Jahre	350.903	278.473	265.584

Abb. 3: Entwicklung der fahrfähigen Bevölkerung in den Kreisen Bautzen, Görlitz, Löbau-Zittau und Oberlausitz von 2002 bis 2020, Quelle: Statistisches Landesamt des Freistaates Sachsen (2008): Landkreise vor der Gebietsreform Auswertung der regionalisierten Bevölkerungsprognose 2002-2020

Landkreis	Bevölkerung am 31.12.2006	Bevölkerung am 2020*	Rückgang
Bautzen	338.100	294.200	-43.900
Görlitz	292.800	248.200	-44.600
Summe	630.900	542.400	-88.500

Abb. 4: Bevölkerungsentwicklung 2006 bis 2020 in den Landkreisen Görlitz und Bautzen, Quelle: Statistisches Landesamt des Freistaates Sachsen, 2008: Neue Landkreise im Freistaat Sachsen, S. 4, * Grundlage: 4. Regionalisierte Bevölkerungsprognose, Variante 3

kerung (18-75 Jahre), in den an die B 178n angrenzenden ehemaligen Kreisen Bautzen, Görlitz, Löbau-Zittau und Oberlausitz von 2002 bis 2020 um 85.000 Personen zurückgeht. Auch von 2015 bis 2020 wird sie sich um rund 13.000 Personen noch weiter verringern.

Nach den Ergebnissen der aktuellsten Bevölkerungsprognose kommt es in den neuen Landkreisen Bautzen und Görlitz zwischen 2006 und 2020 zu einem Bevölkerungsrückgang von 88.500 Einwohnern (Abb. 3).

Der Bevölkerungsrückgang ist so massiv, dass der dadurch verursachte Verkehrsrückgang auch nicht durch andere Entwicklungen ausgeglichen werden kann. Nach den Ergebnissen der Studie „Szenarien der Mobilitätsentwicklung unter Berücksichtigung von Siedlungsstrukturen bis 2050" gehört der gesamte Planungsraum zu den schrumpfenden Regionen in Deutschland. Der Bevölkerungsrückgang ist in diesen Regionen so hoch, dass es trotz unterstellter Wohlstandseffekte, einer zunehmenden Motorisierung der Älteren und der Frauen nicht zu einer Kompensation, des durch den Bevölkerungsrückgang ausgelösten Rückgang des PKW-Bestandes und der Verkehrsleistungen des ÖV und des MIV kommt.

Ein Ergebnis des Forschungsprojektes ist, dass es in schrumpfenden Regionen in allen drei Szenarien zur Mobilitätsentwicklung, die im Rahmen des Projektes entwickelt wurden, vor 2020 zu einem deutlichen Rückgang der Verkehrsleistung kommt (vgl. Abb. 5). Bis 2020 gehen die MIV-Wege im Vergleich zu 2002 deutlich zurück.

Neben der rückläufigen Entwicklung der MIV-Wege ist zusätzlich im Planungsraum mit einem Rückgang des Gütertransportaufkommens zu rechnen. Nach der aktuellen Güterverkehrsprognose 2025 geht das Transportaufkommen zwischen 2004 und 2025 bezogen auf den neuen Landkreis Görlitz um mindestens -2,1 Mio. t und im ehemaligen Landkreis Bautzen um -0,5 Mio. t zurück. Es ist also auch aus diesem Segment kein Verkehrswachstum zu erwarten [3].

Das bedeutet, dass nicht zu erwarten ist, dass das Verkehrswachstum wesentlich über das in Abbildung 6 dargestellte Niveau für 2005 hinausgehen wird. Trotz der dargestellten negativen Entwicklungen kommt eine Verkehrsprognose für das Jahr 2020 zur Verdoppelung des Verkehrs von 2005 bis 2020 (vgl. Abb. 6).

Auch durch die teilweise Umlegung von Verkehren auf die B 178n von der im Abschnitt Oderwitz – Zittau parallel zur B 178n verlaufenden B 96, die zwischen 2000 und 2005 ebenfalls deutliche Rückgänge aufweist, ist keine so starke Verkehrszunahme zu erwarten.

Die Verkehrszunahme auf der B 178n müsste also ausschließlich auf überregionalen Fernverkehren beruhen, da regional keine Verkehrszunahme zu er-

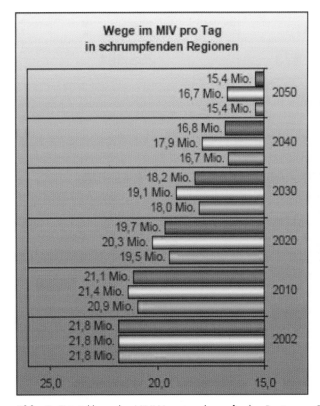

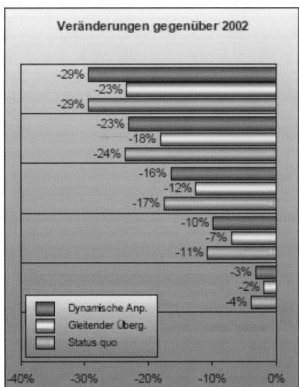

Abb. 5: Entwicklung der MIV-Wege in schrumpfenden Regionen, Quelle: Szenarien der Mobilitätsentwicklung unter Berücksichtigung von Siedlungsstrukturen bis 2050 (FE-Nr. 070.757/2004, S. 123)

Abschnitt	SVZ 2000	SVZ 2005	Prognose 2020	Zunahme 2005 bis 2020 in %
B178n: S148-S143	9.200	9.500	19.632	+ 106,65 %
B178n: S144-S143	11.079	9.819	21.144	+ 115,34 %
B178n: S128-S144	7.996	7.958	20.640	+ 159, 36 %

Abb. 6: Verkehrsentwicklung 2000 bis 2020, Quelle: SVZ 2000 und 2005, PTV, 2006, Anlage 3-4 – Prognose 2020

warten ist. Grundsätzlich ist eine starke Verkehrszunahme, die aus dem neuen Grenzübergang entstehen könnte, jedoch zweifelhaft. Die angebundenen Wirtschaftsräume sind wirtschaftlich nicht so bedeutend, dass daraus ein hohes Wachstum zu erwarten wäre. Außerdem stellt die Route über die E 65 und die B 178n auch zukünftig keine Alternative für Verkehre aus Prag dar, da diese das Bundesgebiet über die leistungsfähigere Verbindung E 55/A 17 schneller erreichen.

Es stellt sich die Frage, wie eine Verkehrsprognose ⸺dem zu solch hohen Belastungen kommen kann. ⸺e Erklärung für die Prognosewerte kann ⸺lle Verkehre auf allen parallel verlau⸺ B 178n umgelegt wurden.

Dieses Beispiel zeigt, dass es erforderlich ist, die einer Prognose zugrunde liegenden Annahmen sowie die Quell-, Zielmatrizen offen zu legen. Nur so ist es möglich Fehlerquellen zu identifizieren.

Fallbeispiel 3:
Ortsumfahrung Harsefeld bei Stade
Eine 2001 durchgeführte Verkehrsuntersuchung für eine Umgehungsstraße des Ortes Harsefeld in Niedersachsen wurde 2006 aktualisiert.

Die Matrix von 2001 wurde dabei mit den im Jahr 2006 erhobenen Verkehrsstärken aktualisiert. Die Verkehrsbeziehungen wurden nicht erneut erhoben, da davon ausgegangen wurde, dass sich diese seit 2001 nicht verändert haben. Diese Annahme ist angesichts der tatsächlichen Belastungsveränderungen nicht zutreffend. Bei deutlichen Abnahmen und Zunahmen im Netz kann nicht ohne weiteres von der Konstanz der Verkehrsverflechtungen ausgegangen werden.In der Verkehrsuntersuchung von 2006 wurden die Verkehrszellen zur „leichteren Aktualisierung und zur Prüfung der Plausibilität" im Vergleich zur Untersuchung des Jahres 2001 zusammengefasst (26 Zellen wurden zu 12 Zellen). Dadurch sind die Ergebnisse nicht direkt überprüfbar.

Als Ergebnis einer Analyse dieser Quell-/Zielmatrizen zeigte sich, dass die Prognosematrix 2020 fehlerhaft erstellt worden sein muss:

- Auf fast allen Relationen soll es zu enormen bzw. völlig unrealistischen Steigerungen (sowohl absolut als auch relativ) kommen. Die Zunahmen lassen sich nicht durch strukturelle Veränderung (Gymnasium in Zelle 12) oder neu entstandene Baugebiete (z.B. Feldbusch) erklären.
- Andererseits gibt es auf einzelnen Relationen erhebliche Rückgänge.
- Auf einigen Relationen ist die Belastung der Stundenmatrix 2006 sogar höher als die der Tagesmatrix 2020.

Wie der Prognosefall modelliert wurde, ist im Einzelnen nicht dargestellt und daher nicht nachvollziehbar.

Das Ergebnis der Überprüfung der Matrizen ist, dass in der Prognose völlig unrealistische Werte enthalten sind, die der aktuellen strukturellen Entwicklung widersprechen. Die Umlegungsergebnisse sind bei weitem überhöht.

Nach der Vorlage des Gutachtens war die Gemeinde Harsefeld zu weitgehenden Zugeständnissen an die Betroffenen der Ortsumgebung Harsefeld bereit, sogleich ein außergerichtlicher Vergleich möglich wurde.

Anforderung an die Erstellung von Verkehrsmodellen
Aus den Ergebnissen der gezeigten Beispiele lassen sich folgende Anforderungen für die Erstellung von Verkehrsmodellen ableiten:

- Kartographisch exakte Darstellung des Untersuchungsgebietes, des Planungsraumes und der Verkehrszellen

- Erhebung der Verkehrsbeziehungen (Kordonzählung) und Erhebung der Mobilitätskennwerte mittels Haushaltsbefragung zur Kalibrierung des Modells
- Kalibrierung:
  - Plausibilitätsprüfungen (bspw. Verkehrsströme für einzelne Zellen oder Strecken visuell analysieren, um die Routenwahl und Fahrtweite zu überprüfen)
  - Überprüfung der Fahrtweiten und Fahrtzeiten im Modell mit Echtzeitanalysen und anhand der empirischen Mobilitätskennwerte
  - Berechnung von Gütemaßen zur Bestimmung der Umlegungsqualität (GEH-Wert)
- Validierung :
  - Erkennung grundsätzlicher Fehler im Netzmodell
  - falsche Geschwindigkeiten, fehlende Anschlussstellen
  - falsche bzw. nicht aktuelle Strukturdaten

- Aufbau und Dokumentation einer Matrix mit Quell-, Ziel- und Durchgangsverkehren, Überprüfung der Wachstumsannahmen zur Strukturentwicklung in Rückkopplung zur Prüfung der Matrizen
- Plausibilitätsprüfung der Matrizen und der Umlegungsrechnung („richtige" Belastung der Alternativrouten).
- Matrizen, die älter als fünf Jahre sind, sollten nicht mehr für die Modellierung verwendet werden.
- Die Kalibrierung und Validierung ist für die Ergebnisse von besonderer Bedeutung. Deshalb müssen diese Arbeitsschritte nachvollziehbar dokumentiert werden.
- Für die Berücksichtigung subjektiver Einflussfaktoren, zum Beispiel für die Berechnung von Verkehrspotenzialen des Umweltverbundes, sollte das Modellierungswerkzeug weiterentwickelt werden. Hierzu müssen Daten aus Stated-Preference-Befragungen sowie Befragungen auf Basis der Theorie des geplanten Verhaltens in die Modelle integriert werden.
- Die Verkehrsmodellierung muss die Effekte des demografischen Wandels und Änderungen des Verkehrsverhaltens (vgl. Veränderungen Mobilität in Deutschland (MiD) 2002 zu MiD 2008) stärker berücksichtigen.

Verkehrsmodelle

- Bei Ausbauprojekten, bei denen es während der Planungsphase zu erheblichen Veränderungen im Netz kommt, entsprechen Trendprognosen nicht den fachlichen Anforderungen.
- In diesen Fällen ist eine Modellprognose durchzuführen.

- Ein „Musterbeispiel" in diesem Sinne ist die Gesamtverkehrsprognose Berlin-Brandenburg 2025 (Stand 2010), da bei ihr die Auswirkungen des demografischen Wandels und von Kostensteigerungen für die Nutzung von Verkehrsmitteln berücksichtigt wurden.

Literatur

[1] BMVBW – Bundesministerium für Verkehr, Bau und Wohnungswesen (2006): Schreiben vom 17.07.2006 zu den Ergebnissen der Bedarfsplanprognose 2015 und regionalisierte Hochrechnungsfaktoren zur Entwicklungsabschätzung auf den Prognosehorizont 2020

[2] BASt (2003/2007): Straßenverkehrszählung 2000 und 2005

[3] ITP & BVU Prognose der deutschlandweiten Verkehrsverflechtungen 2025. 14.11.2007, S. 220

[4] PTV (2006): Verkehrsuntersuchung zur B 178n, A4 – Zittau, Anlage 3-4 – Prognose 2020

[5] Statistisches Landesamt des Freistaates Sachsen (2008): Landkreise vor der Gebietsreform regionalisierte Bevölkerungsprognose 2002-2020

[6] Statistisches Landesamt des Freistaates Sachsen (2008): Neue Landkreise im Freistaat Sachsen, S. 4, * Grundlage: 4. Regionalisierte Bevölkerungsprognose, Variante 3

[7] TRAMP, DIFU und IWH (2006): Szenarien der Mobilitätsentwicklung unter Berücksichtigung von Siedlungsstrukturen bis 2050 (FE-Nr. 070.757/2004)

Verkehrsmodelle

Damaris Aeppli

Wissenschaftliche Mitarbeiterin
INFRAS

Binzstr. 23
Postfach 8045 Zürich, Schweiz

Tel: +41 4 42 05 95 95, E-Mail: damaris.aeppli@infras.ch

Prof. Dr.-Ing. Gerd-Axel Ahrens

Technische Universität Dresden
Lehrstuhl für Verkehrs- und Infrastrukturplanung

Hettnerstr. 1
01062 Dresden

Tel: +49 351 46 33 29 75, E-Mail: gerd-axel.ahrens@tu-dresden.de

Dipl.-Ing. Sven Andersen

Liliencronstr. 34
40472 Düsseldorf

Tel: +49 2 11 65 65 97, Fax: +49 2 11 65 65 88, E-Mail: sven.andersen@t-online.de

Cuno Bieler

Wissenschaftlicher Mitarbeiter
INFRAS

Binzstr. 23
Postfach 8045 Zürich, Schweiz

Tel: +41 4 42 05 95 95, E-Mail: cuno.bieler@infras.ch

Prof. Dr. Karl-Heinz Breitzmann

Ostseeinstitut für Marketing
Verkehr und Tourismus an der Universität Rostock, Geschäftsführender Direktor

Ulmenstr. 69
18057 Rostock

Tel: +49 38 14 98 44 55, E-Mail: ostseeinstitut@uni-rostock.de

Aleksej Bugakov

Kaliningrad Maritime Port

Petra Velikogo eml. / Box 096
236950 Kaliningrad, Russland

Tel: +7 40 12 57 93 58, Fax: +7 40 12 57 93 11, E-Mail: aba@mapkld.ru

Dipl.-Ing. Stephan Bunge

Technische Universität Berlin
Fachgebiet Schienenfahrwege und Bahnbetrieb

Salzufer 17-19
10587 Berlin

E-Mail: stephan.bunge@gmx.de

Dipl.-Geogr. Rita Cyganski

Wissenschaftliche Mitarbeiterin
Deutsches Zentrum für Luft- und Raumfahrt e.V., Institut für Verkehrsforschung

Rutherfordstr. 2
12489 Berlin

Tel: +49 30 67 05 51 47, E-Mail: rita.cyganski@dlr.de

Franz Dirnbauer

Geschäftsführer
ÖKOMBI GmbH

Erdberger Lände 40-48
1030 Wien, Österreich

Tel: +43 1 33 15 61 10, E-Mail: management@oekombi.at

Toni Eder

Vizedirektor
Bundesamt für Verkehr

3003 Bern, Schweiz

Tel: +41 31 3 22 57 78, E-Mail: toni.eder@bav.admin.ch

Markus Engemann

Deutsche Verkehrswissenschaftliche Gesellschaft e.V.
Hauptgeschäftsstelle

Agricolastr. 25
10555 Berlin

Tel: +49 30 29 36 06 22, Fax: +49 30 29 36 06 29, E-Mail: markus.engemann@dvwg.de

Hauke Fehlberg

Bundesamt für Verkehr
Sektion Planung

3003 Bern, Schweiz

Tel: +41 31 3 22 58 46, Fax: +41 31 3 22 55 95, E-Mail: hauke.fehlberg@bav.admin.ch

Prof. Dr. Frank Fichert

Fachhochschule Worms
Competence Center Aviation Management

Erenburger Str. 19
67549 Worms

E-Mail: fichert@fh-worms.de

Prof. Dr.-Ing. Markus Friedrich

Universität Stuttgart
Lehrstuhl für Verkehrsplanung und Verkehrsleittechnik

Pfaffenwaldring 7
70569 Stuttgart

Tel: +49 711 68 58 24 80, Fax: +49 711 68 57 24 84, E-Mail: markus.friedrich@isv.uni-stuttgart.de

Dipl.-Ing. Karl-Heinz Garre

Leiter Fahrzeug- und Infrastrukturplanung
Angebotsmanagement der DB Fernverkehr AG

Stephensonstr. 1
60326 Frankfurt am Main

E-Mail: karl-heinz.garre@deutschebahn.com

Univ.-Prof. Dr.-Ing. Jürgen Gerlach

Bergische Universität Wuppertal
Lehr- und Forschungsgebiet Straßenverkehrsplanung – und technik (SVPT)

Pauluskirchstr. 7
42285 Wuppertal

Tel: +49 202 4 39 40 87, Fax: +49 202 4 39 43 88, E-Mail: jgerlach@uni-wuppertal.de

Dr. Jens-Martin Gutsche

Gertz Gutsche Rümenapp – Stadtentwicklung und Mobilität GbR

Ruhrstr. 11
22761 Hamburg

Tel: +49 40 85 37 37 48, E-Mail: gutsche@ggr-planung.de

Dr. oec. habil. Ralf Haase

Hauptgeschäftsführer der DVWG a. D.
Mitglied des Vorstandes des Friedrich-List-Forums Dresden e.V.

Schelsberg 4
01108 Dresden

E-Mail: ralfhaase@t-online.de

Dipl.-Geogr. /SRL Wulf Hahn

RegioConsult
Verkehrs- und Umweltmanagement, Wulf Hahn & Dr. Ralf Hoppe GbR

Am Weißenstein 7
35041 Marburg

Tel: +49 6421 68 69 00, E-Mail: hahn@regioconsult-marburg.com

Prof. Dr.-Ing. Christoph Hebel

FH Aachen University of Applied Sciences
Lehrgebiet Verkehrsplanung und -technik, Stadt- und Raumplanung

Bayernallee 9
52066 Aachen

Tel: +49 241 6 00 95 11 23, Fax: +49 241 6 00 95 14 80, E-Mail: hebel@fh-aachen.de

Dipl.-Geogr. Andreas Justen

Wissenschaftlicher Mitarbeiter
Deutsches Zentrum für Luft- und Raumfahrt e.V., Institut für Verkehrsforschung

Rutherfordstr. 2
12489 Berlin

Tel: +49 30 67 05 52 34, E-Mail: andreas.justen@dlr.de

Dr.-Ing. Martin Kagerbauer

Wissenschaftlicher Mitarbeiter
Institut für Verkehrswesen am Karlsruher Institut für Technologie

Kaiserstr. 12, Geb. 10.30
76131 Karlsruhe

E-Mail: kagerbauer@kit.edu

Dr. Theodoros Kallianos

Lehrbeauftragter an der Universität Bonn
Europäische Kommission

Rue de la Loi (G-12)
1049 Brüssel, Belgien

E-Mail: theodoros.kallianos@ec.europa.eu

Dipl. Wi.-Ing. Alexander Kihm

Wissenschaftlicher Mitarbeiter
Deutsches Zentrum für Luft- und Raumfahrt e.V., Institut für Verkehrsforschung

Rutherfordstr. 2
12489 Berlin

Tel: +49 30 67 05 51 78, E-Mail: alexander.kihm@dlr.de

Clemens Klinke

Mitglied des Vorstands der DEKRA SE
Vorsitzender der Geschäftsführung der DEKRA Automobil GmbH

Handwerkstr. 15
70565 Stuttgart

Tel: +49 711 78 61 27 27, E-Mail: clemens.klinke@dekra.com

Dr.-Ing. Tobias Kuhnimhof

Wissenschaftlicher Mitarbeiter
Institut für Verkehrswesen am Karlsruher Institut für Technologie

Kaiserstr. 12, Geb. 10.30
76131 Karlsruhe

E-Mail: kuhnimhof@kit.edu

Dipl.-Ing. Tanja Langescheid

Bergische Universität Wuppertal
Lehr- und Forschungsgebiet Straßenverkehrsplanung – und technik (SVPT)

Pauluskirchstr. 7
42285 Wuppertal

Tel: +49 202 4 39 40 88, Fax: +49 202 4 39 43 88, E-Mail: langescheid@svpt.de

Univ.-Prof. Dr.-Ing. Bert Leerkamp

Bergische Universität Wuppertal
Lehr- und Forschungsgebiet Güterverkehrsplanung und Transportlogistik

Pauluskirchstr. 7
42285 Wuppertal

Tel: +49 202 4 39 43 54, Fax: +49 202 4 39 43 52

Prof. Dr. Burkhard Lemper

Direktor Maritime Wirtschaft und Verkehr
Institut für Seeverkehrswirtschaft und Logistik

Universitätsallee 11-13
28359 Bremen

Tel: +49 422 2 20 96 63, E-Mail: lemper@isl.org

Jens Leven

Büro für Forschung, Entwicklung und Evaluation

Nordstr. 5
42105 Wuppertal

Tel: +49 202 4 29 79 35, Fax: +49 202 4 29 79 95, E-Mail: info@bueffee.de

Dr.-Ing. Frank Ließke

Technische Universität Dresden
Lehrstuhl für Verkehrs- und Infrastrukturplanung

Hettnerstr. 1
01062 Dresden

Tel: +49 351 46 33 29 75, E-Mail: frank.liesske@tu-dresden.de

Markus Maibach

Geschäftsleiter
INFRAS

Binzstr. 23
Postfach Ch-8045 Zürich

Tel: +41 44 205 95 95, Fax: +41 44 205 95 99, E-Mail: markus.maibach@infras.ch

Prof. Dr.-Ing. Ullrich Martin

Universität Stuttgart
Institut für Eisenbahn- und Verkehrswesen

Pfaffenwaldring 7
70569 Stuttgart

Tel: +49 711 6 856 68 36, E-Mail: ullrich.martin@ievvwi.uni-stuttgart.de

Prof. Dr.-Ing. Jörn Pachl

Technische Universität Braunschweig
Institut für Eisenbahnwesen und Verkehrssicherung

Pockelsstr. 3
38106 Braunschweig

E-Mail: j.pachl@tu-bs.de

Dipl.-Ing. Karlheinz Schmid

Vizepräsident der Deutschen Verkehrswissenschaftlichen Gesellschaft e.V.
ehemaliger Geschäftsführer der Verkehrsinfrastrukturfinanzierungsgesellschaft mbH

Agricolastr. 25
10555 Berlin

Tel: +49 30 2 93 60 60, Fax: +49 30 2 93 60 629, E-Mail: hgs@dvwg.de

Prof. Dr.-Ing. habil. Jürgen Siegmann

Vizepräsident der DVWG

Technische Universität Berlin, Fachgebiet Schienenfahrwege und Bahnbetrieb

Salzufer 17-19, Sekretariat SG 18
10587 Berlin

Tel: +49 30 31 42 33 14, Fax: +49 30 31 42 55 30, E-Mail: jsiegmann@railways.tu-berlin.de

Prof. Dipl.-Ing. Sigurd Trommer

Präsident der Bundesarchitektenkammer

Askanischer Platz 4
10963 Berlin

Tel: +49 30 26 39 44 10, Fax: +49 30 26 39 44 13, E-Mail: trommer@bak.de

Prof. Dr. Paul Wittenbrink

Duale Hochschule Baden-Wuerttemberg Lörrach
Studiengang Transport und Logistik

Hangstr. 46-50
79539 Lörrach

Tel: +49 178 7 85 54 54, E-Mail: wittenbrink@dhbw-loerrach.de

Dr. Wiebke Zimmer

Öko-Institut e.V.

Schicklerstr. 5-7
10179 Berlin

Tel: +49 30 4 05 08 53 63, E-Mail: w.zimmer@oeko.de

Prof. Dr.-Ing. Dirk Zumkeller

Institut für Verkehrswesen
Karlsruher Institut für Technologie

Kaiserstr. 12, Gebäude 10.30
76131 Karlsruhe

Tel: +49 721 6 08 22 51, Fax: +49 721 6 08 80 31, E-Mail: dirk.zumkeller@kit.edu